全球化时代与朱子学研究

福建省社会科学院
中国社科院哲学所
宋明理学研究中心　编

张品端　主　编
黎晓铃　副主编

厦门大学出版社
XIAMEN UNIVERSITY PRESS
国家一级出版社
全国百佳图书出版单位

图书在版编目(CIP)数据

全球化时代与朱子学研究/张品端主编.—厦门:厦门大学出版社,2020.4
(宋明理学研究丛书)
ISBN 978-7-5615-7768-4

Ⅰ.①全… Ⅱ.①张… Ⅲ.①朱熹(1130—1200)—哲学思想—国际学术会议—文集 Ⅳ.①B244.75-53

中国版本图书馆 CIP 数据核字(2020)第 047262 号

出 版 人 郑文礼
责任编辑 薛鹏志
封面设计 李嘉彬
技术编辑 朱 楷

出版发行 厦门大学出版社
社　　址 厦门市软件园二期望海路 39 号
邮政编码 361008
总　　机 0592-2181111 0592-2181406(传真)
营销中心 0592-2184458 0592-2181365
网　　址 http://www.xmupress.com
邮　　箱 xmup@xmupress.com
印　　刷 厦门集大印刷厂

开本 720 mm×1 000 mm 1/16
印张 23.25
插页 2
字数 380 千字
印数 1～1 000 册
版次 2020 年 4 月第 1 版
印次 2020 年 4 月第 1 次印刷
定价 90.00 元

厦门大学出版社
微信二维码

厦门大学出版社
微博二维码

出版说明

“宋明理学研究丛书”是福建社会科学院·中国社会科学院哲学所宋明理学研究中心组织各地学者研究宋明理学的成果而出版的系列学术丛书。

2005 年 10 月,本中心成立以来,致力于收集整理宋明理学,特别是闽中理学的文化遗产,先后推出了一批具有重要理论价值和实践意义的研究成果。这些学术研究成果有古籍整理、学者论集和个案研究专著等。组织出版“宋明理学研究丛书”,是本中心进一步加强研究成果出版的规范化、制度化建设的重要举措。

今后,我们将视财力情况,逐年组织宋明理学研究的学者,有计划地开展课题研究,然后将其研究成果,编入“宋明理学研究丛书”陆续出版,我们希望通过丛书系列学术著作的出版,展示本中心在这方面的学术成就,同时为宋明理学研究优秀学术成果的面世创造出版条件。

“宋明理学研究丛书”分设宋明理学家研究、理学著作研究、理学学派研究、宋明理学在海外研究等方面内容。出版包括专著、论文集、学术资料、古籍整理等。

出版“宋明理学研究丛书”,是一项浩大的工程。我们殷切期待并欢迎五湖四海贤哲都来关心、支持和参与这项工作,为丛书各辑的出版提供指导和帮助,共同为弘扬中华优秀传统文化,促进中外学术交流而努力!

宋明理学研究中心

2012 年 6 月

目　录

导　言

◎ 张品端

由福建社科院·中国社科院哲学所宋明理学研究中心和台湾大学东亚儒学研究中心主办，武夷学院朱子学研究中心承办的“全球化时代朱子学的新价值”的国际学术研讨会，于 2018 年 9 月 8 日至 9 日在武夷山举行。60 多位海内外学者参加了这次学术盛会。

会议首先由清华大学陈来教授和台湾大学王俊杰教授做大会主旨学术报告。王俊杰教授认为，在朱子的世界中，“理一分殊”、“仁”和“公共”精神三个核心价值之间有其连环互动之关系。在“分殊”之中求“理一”，必须以“心之德，爱之理”的“仁”作为运作的形上学原理，并落实在世界中成为政治经济学的“公共”精神之基础。而“理”、“仁”和“公共”三个核心价值，均以“普遍性”为其特质。朱子对“理一分殊”之新意，为文明互动或冲突之中求同存异之新方向；对“仁”学的新诠释，开启东亚儒家仁学传统之新境界；对“公共”精神之强调，则在东亚儒者中更别树一帜。朱子学所开启之新典范，在 21 世纪具有深刻的启示与当代价值。陈来教授从哲学建构的视域，认为朱子的《太极解义》是他的太极本体论和太极本源论的建构之始，这一建构不仅把周敦颐的《太极图说》正式作为哲学建构的主要依据和资源，开发了《太极图说》的本体论和宇宙论意义，把太极动静阴阳论引向了理气哲学。而且谋求太极与人极的对应，太极与人性的一致，更以“全体太极”为成圣成贤的新内涵，从而形成了以太极为中心，集理气、性情、道器、体用为一体的一套哲学体系。这是朱子对道学的贡献，也是他对儒学的贡献。

一、关于朱子学在东亚日本、韩国的新诠释

与会学者围绕朝鲜性理学、日本朱子学展开了热烈的讨论。台湾大学助理教授姜智恩认为，17世纪是韩国儒学发生思想史转换的年代，对于继承朱子学式道统的朝鲜时代的儒者，中华继承的实质就是担负起朱子未完成遗留下来的经书整理和经书意涵的新诠释，开辟东亚朱子学的新精神。武夷学院教授张品端认为，16世纪中叶韩国著名的性理学家曹植，一生服膺朱子学，其为学主反己修身，笃实践履，并通过自我修养，把所学用“身教”的形式呈现出来，形成其独自的身心性命之学。在曹植的性理学中，为己之学，是南冥从学入身，并倾其一生为之努力躬身实践的典范；敬义之学，是南冥修养论的核心，为南冥学的宗旨；心性之学，以“心统性情”论为核心，是南冥的治心之学；穷理之学，是南冥对善恶这一道德行为进行判断和分析的根据。南冥学对当代世人的人格修养和道德实践有着重要的实践意义。

台湾“中央大学”杨祖汉教授指出，朝鲜的性理学虽然以朱子思想为主，但并非只重复朱子本有的义理内容，而是有进一步的发展。通过朝鲜性理学者的有关论辩，可以看出其中有许多很有哲学意义的理论发明，给出对朱子思想的不同诠释。如栗谷一系对朱子学的理解，肯定心虽然是气，但作为气之灵的心并非一般的形气，而是可以通彻于理的，只要维持本性是清虚的气之本然，就可以表现善的行为，即道德实践的根据在于人具有本然之气。这是主气一系对于成德如何可能，给出一个说明，即肯定了人人都有成德的超越根据。退溪一系则突显了理必须有其作用，才能产生真正的道德实践之义，即道德实践的根据在于理在心有直接的作用。此系对于朱子学特别有贡献，可以参考他们的理解，用主理的观点来理解朱子学的形态，重新诠释朱子学，为儒家成德之教开辟可行的理论形态。

韩国在南京大学访问学者郑墡谟专门对朱子社仓法在韩国的发展做了分析，他指出，朝鲜儒家学者秉承朱子的爱民思想，为了寻找乡村的经济互助和救恤方法，推行朱子社仓法。如李栗谷在故乡海州石潭，与乡党一族共同设立社仓。海州社仓参考了朱子的社仓法，并添加了具体的实施细则，制定了社仓契约，从中可见朝鲜知识分子试图通过乡村的经济互助和救恤，来实现“大同社会”这一儒教的理想社会。南昌师范大学教授邓庆平指出，韩国性理学者对陈淳的《北溪字义》，在深入研读的基础上，就陈淳的许多具体观点提出了较多的质疑。这些质疑更集中体现出韩儒对包括朱子门人在内的中国朱子学的理解已达到精微境界，超越了同时期的中国学者，是东亚朱子学的一个新发展。台湾大学助理教授史甄陶指出，韩儒朴文镐在韩元震的“性三层说”上，再加入“习成之性”，提出“性四层说”。这不仅凸显“变化气质”在修养工夫论中的重要地位，并且明确指出用力之地。朴文镐强调“由情见性”，重视从形而下的经验层面，思考形而上的性理，充分体现朱子“体用一源，显微无间”思想的特点。这是19世纪末朝鲜儒学对东亚朱子学“性”论的创新之处。

台湾师范大学教授张崑将指出，朱子学在德川时代的发展，未能如朝鲜与中国般的流行。其主要原因是日本“以武立国”的幕府体制限制朱子学定为一尊。朱子学者林罗山和山崎闇斋等都具有浓厚的神道思想，发展出日本独特的理学神道。德川幕府末期，阳明学赢得了下层武士的推崇，从精神世界中脱颖而出，成为一股风潮，形成学者所称的“阳明学的季节”。这股风潮持续到日本明治维新，并染上了国家主义的色彩。厦门大学博士熊娟、厦门大学教授吴光辉认为，作为东亚科举文化圈的日本，在平安时代曾推行中国式的科举制度来选拔人才，在江户时代幕府官办的教育机构——昌平坂学问所亦曾实行以“学问吟味”（即学问测试）为名称的考试选才制度。该考试制度以朱子学的诠释为正典，模仿明、清时代的科举考试，以落实奖励学问、扩充幕府臣僚的目的，故而被称为“江户版的科举制度”。这一考试制度展现了以朱子学为内容、以科举考试为形式、以选拔人才为目的的异文化间的对话，可以让我们进一步反思作为东亚传统的科举考试，作为东亚文明体现的“科举文化圈”。

二、关于朱子思想内涵的阐发

与会学者围绕朱子的价值观、修养论和其他学派的关系等进行了热烈的讨论。美国亚利桑那州立大学教授田浩认为，《朱子家训》是中国优秀道德的读本，它被翻译成多国语言，对促进全球化时代的共同价值观的建立有极大的贡献。如果朱子学的研究能更加明确地聚焦于人性议题和全球共同关心的问题，那么朱子学的研究将有助于消除在全球逐渐漫延的原始部落主义和极端狭窄的民族主义，形塑一个更加良善美好的世界。也期望当代学者能够针对当前全球性的挑战和全球性的合作进行思考，并阐明朱子学所表彰的人类良善本性的重要作用。华侨大学教授冯兵则以《朱子家训》中“怨者以直解之，仇者以义解之”为考察对象，认为“仇”与“怨”分属人际关系矛盾的两个不同层面。“仇”往往是“怨”的进一步发展，“义”也是“直”的深化与升华。“以直报怨”历来都被儒家视为解决怨恨心理的最合理方式，而“以义解仇”与公羊春秋学和礼学的“大复仇”主张，以及以张载“仇必和而解”为代表的朴素辩证法思想相比，则显得更加意味深长。“怨者以直解之，仇者以义解之”的核心精神都是以和而不同、求同存异之道消弭矛盾，无论是人际关系，还是国际关系，都是如此。

中国社会科学院哲学所研究员李存山指出，宋代“新儒学”先有了“孔颜乐处”的价值取向，有了儒家所区别于佛、道二教的安身立命之地，然后才有了以“理、气、心、性”为核心范畴的思想体系。这一思想体系的开山就是周敦颐的《太极图说》，经朱熹对《太极图说》的“解义”，以及对二程“性即理”和张载“心统性情”等的阐发，遂有了“濂洛关闽”的理学谱系，又有了以四书为五经之“阶梯”的新经学体系。这就是“创通经义，其业至晦庵而遂”，也就是朱熹集宋代理学之大成。

武夷学院教授兰宗荣认为，朱子学是在中国优秀文化传统基础上发展起来的，反映了中华民族的精神追求，是中华民族生生不息、发展壮大的重要思想源泉，奠定了中国传统文化价值系统的基本层次与规模。朱子学和社会主义核心价值观的12个主题词，从词源、词意上看，具有一脉相承、明确而直接的关系，而有些词意的内涵扩展说明社会主义核心价值观是朱子学的创造性转化和创新性发展。

中国人民大学教授向世陵认为，朱熹对以吕祖谦学术为代表的浙学持负面的评价，认为浙学不“高”则“卑”，均不能于中间“亲切合理会处”有恰当的体贴。但相较于陆学之“高”，朱熹对吕学之“卑”给予了更多的批评。认为吕祖谦注重实用，被历史陈迹和实用利益所陷溺，不能由具体物事上升到天道性命这一形而上的“大本”。而陆九渊之学虽被朱熹指斥为“禅学”，但相较于吕学以及永康、永嘉等事功学，陆学反倒有更多合理的因素。朱熹肯定陆九渊能“做个人”，双方的共性落在了一致坚守作为“儒”之内核的义利之辨上。

上饶师范学院教授徐公喜则对中国传统法律发展轨迹进行了梳理，认为从先秦到汉唐是伦理法阶段，从宋到清是义理法阶段，并对以孔子为代表的伦理法与以朱熹为代表的义理法进行了比较，指出了伦理法律思想与义理法律思想的根本立法司法原则的差异性，从而提出律法应因“势”顺“理”出发，“趋时更新”，顺应时代发展的潮流。武夷学院副研究馆员陈国代考察了朱熹安贫恬退的廉政思想，认为朱熹作为南宋的士大夫官员，却淡于名利、安于退让，长期过着清贫生活，不但没有沉沦，而且以弘道为己任。这种安贫恬退、廉洁自律的思想，是其理学伦理思想体系的重要组成部分，也是儒家道德伦理思想的一个缩影。

武夷学院副教授衷鑫恣以朱熹为代表的道学明确认可“三纲五常”，惟此纲常说在朱子哲学体系中分量不重，被提次数较少，且未获论证。“三纲”有二义：普通义指君臣、父子、夫妇三伦构成人世纲领，此儒者（含朱子）所常言，而“君为臣纲、父为子纲、夫为妻纲”是普通义下的特殊义之一。朱子述此特殊义，见于《论语集注》《通书注》。其所暗含的尊卑关系，在朱子所继承的儒家礼法中，确也充分体现。依《礼记》《朱子家礼》《宋刑统》等所具，夫妻同尊而有别，父子尊卑最多相去一等，而君臣尊卑可相去四等。凡此皆就角色而言，非在某角色，即无某尊卑可言。南平市朱熹研究中心实习研究员叶梦婷对“吾道南矣”做了辨析，认为儒家道统只有一个，不能理解为某人说的“吾道”是个人的学术思想。历史上儒家学者阐发儒家思想、传播心法，是围绕儒家的道统而展开，他们或对儒家经典作出注释，或提出个人的见解，都没有离开儒家道统。如果把“吾道”理解为个人的学术思想，就会造成天下“多道”，既不符合历史事实，更给学术界带来思想上的混乱。

闽南师范学院副教授马海燕认为，静坐属于传统哲学中修养工夫论范畴，而朱子静坐法的初衷是“以静坐补小学收放心一段工夫”，不同于佛道二家的静坐法。其主要内容有立志实行、读书静坐、居敬穷理、唤醒持守、动静适宜。从修养工夫的视角来看，朱子静坐法是一种精神境界的提高。

值得注意的是，福建省炎黄研究会常务副会长马照南则以朱子“理一分殊”（即从“分殊”求“理一”）思想，考察“协商民主”制度，认为“协商民主”是我国社会主义民主政治的特有形式和独特优势。“理一分殊”体现了“大道之行，天下为公”，“协商民主”是社会治理的“公共道理”。协商民主应立足于“理一”“求同”，协商民主要尊重“分殊”，广泛吸纳各个方面的意见和主张。“理一分殊”思想，有利于认识多元文化，协商协调多元文化国家之间的关系。

三、关于朱子文献的考察和研究

华东师范大学教授朱杰人对其主编的《朱子全书》第 13 册《太极图说解》“附录”中收录了两篇张栻的序文：一为《太极图解序》，一为《太极图解后序》。在陈来教授的质疑下，进行了翔实的考证。这两篇序文，在各种传世和现存的张栻文集中都没有收录。它们的原始出处为《周元公文集》。该序文究竟是否可靠，它们的来龙去脉究竟如何？通过文献考证发现，这是因为宋刻时的错误一直影响到今天。最后利用现已发现的文献，把张栻的两篇序文做一个版本学和校勘学上的再现。

武夷学院副教授王志阳考察了朱子编撰《仪礼经传通解》所处的学术环境，认为朱子着手编撰《仪礼经传通解》的目的主要有三个方面：一是纠正以

《周礼》《礼记》为主流的学术观念，树立以《仪礼》为经的地位；二是纠正宋代疑经的学术思潮，树立尊崇古代文献的学术观念；三是继承汉唐经学传统与宋代经学发展新成果，开创礼学新传统。中国人民大学博士陈石军认为朱子于绍兴二十九年(1159年)初次编订的《上蔡语录》(主要以胡安国的《谢子雅言》为底本)后，在谢良佐思想的启发下，提出忠体恕用说。又在乾道四年(1168年)再编《上蔡语录》定本的基础上，提出性体心用说。这一思想变化过程表明在李侗之外，朱子早年理学思想的另一个侧面，即从谢良佐、胡安国到胡宪这一脉的影响。这补充了学界对朱子早年学术活动的研究。

台湾东吴大学博士江俊亿以朱子《玉山讲义》为中心，旁及朱子其他的文献资料，将智藏思想置于朱子思想进行考察，以尝试推导出智藏说是如何自朱子的学思系统中产生的，并讨论智为何能藏且如何可藏等界说，及其与朱子其他重要学说观念的内在关系。福建社科院助理研究员陈文庆认为，《福建文化》杂志是民国时期福建协和大学创办的区域文化研究刊物，该刊把福建理学作为重要研究方向，组织学者整理和研究福建理学学术遗产，发表了有关福建理学系列文章。《福建文化》杂志在民国时期已经明确提出了“福建理学”的概念，在对两宋明清的理学家及其思想方面已经进行了深入的阐释，达到了较高的水平，填补了福建理学研究的空白。《福建文化》是现代学术意义上的福建理学研究，在问题意识、研究方法和材料搜集等方面，对于当今福建理学研究仍有可资借鉴的学术作用。

朱子《太极解义》的哲学建构

◎ 陈　来

朱子乾道己丑(1169 年)春中和之悟后,在将中和之悟报告张栻等湖南诸公的同时,立即开始了他的哲学建构。当年六月,他刊行了建安本《太极通书》,接着写作《太极图解》和《太极图说解》,二者合称《太极解义》。次年春,《太极解义》完成,他立即寄给当时在严州的张栻和吕祖谦。此后数年,在与张吕的讨论中不断修改,至乾道癸巳(1173 年)定稿。

一、太极本体论

让我们先来看《太极图解》。由于图解的图形不易印刷,所以我们这里把代表太极、阴阳的图形直接转为概念,使得文句明白通贯,便于讨论。

对于太极图最上面的第一圆圈,朱子注:

> 此所谓无极而太极也,所以动而阳、静而阴之本体也。然非有以离乎阴阳也,即阴阳而指其本体,不杂乎阴阳而为言尔。[①]

这是说第一圆圈就是指代《太极图说》的首句“无极而太极”,而落实在“太极”,因为所谓“无极而太极”就是指“无形无象的太极”。朱子解义最突出的一点,就是明确把太极解释为“本体”。朱子这里是把“本体”作为道学形上学的最高范畴。这一“本体”概念在图解中反复出现,成为《太极图解》哲学建构的突出特点。这也是二程以来道学所不曾有过的。照朱子的解释,太极是动静阴阳的本体,此一本体乃是动静阴阳的所以然根据和动力因。而这一作

---

① 周敦颐:《周敦颐集》,北京:中华书局,1990 年,第 1 页。

为本体的太极并不是离开阴阳的独立存在者，它即阴阳而不杂乎阴阳。“即阴阳”就是不离乎阴阳，“不杂乎阴阳”说明太极并不是阴阳，也不是与阴阳混合不分。这一“不离不杂”的说法，开启了朱子学理解太极与阴阳、理与气的存在关系模式。

对于太极图的第二圆圈，就是所谓坎离相抱图。他以为左半边是阳之动，右半边代表阴之静，而包围在中间的小圆圈则是太极。他指出，太极“其本体也”，意味着太极是阳动阴静的本体。又说阳之动是“太极之用所以行也”，阴之静是“太极之体所以立也”。这就区分了太极的体和用，认为阳动是太极之用流行的表现，阴静则是太极之体得以贞立的状态。按这里所说，不能说太极是体，阴阳是用，或太极是体，动静是用，也不能说阳动是太极之体，阴静是太极之用。因为阴和阳同是现象层次，太极是本体层次，故不能说阳动是现象层次的用，阴静就是本体层次的体，只是说阳动可以见太极之用的流行，阴静可以显示太极之体的定立。朱子《答杨子直书》说明，他一开始曾经以太极为体，动静为用，后来不再用体用的关系去界定太极和动静的关系。这也可以看出，在《太极解义》初稿写成的时期，朱子从《太极图说》文本出发，更为关注的是太极动静的问题，而不是太极阴阳的问题。阴阳是存在的问题，动静是运动的问题，本体与此二者的关系是不同的。

朱子总论自上至下的前三图说：

> “五行一阴阳”，五殊二实无余欠也。“阴阳一太极”，精粗本末无彼此也；“太极本无极”，上天之载无声无臭也。“五行之生，各一其性”，气殊质异，各一其(太极)无假借也。①

这显然是依据《太极图说》的文字来加以解释，《太极图说》说：“五行一阴阳也，阴阳一太极也，太极本无极也。五行之生也，各一其性。”《太极图说》本来就是阐发太极图的文字，朱子要为太极图作注，就不可避免地要引用《太极图说》本身并加以解释，于是就难免和他的《太极图说解》有所重复。这里“太极本无极，上天之载无声无臭也”，指明了“无极”的意思是“上天之载无声无臭”。这比《太极图说》第一句的解释之所指更为清楚。

图解接着说：“乾男、坤女，以气化者言也。各一其性，而男女一太极也。”又说：“万物化生，以形化者言也。各一其性，而万物一太极也。”②这和《太极

① 周敦颐：《周敦颐集》，北京：中华书局，1990年，第2页。

② 周敦颐：《周敦颐集》，北京：中华书局，1990年，第2页。

图说》解也类似："自男女而观之，则男女各一其性，而男女一太极也；自万物而观之，则万物各一其性，而万物一太极也。"[①]不同的是，在图解这里的重点是区分"气化"和"形化"。

以下谈到圣人与主静：

惟圣人者，又得夫秀之精一，而有以全乎（太极）之体用也。是以一动一静，各臻其极。而天下之故，常感通乎寂然不动之中。盖中也、仁也、感也，所谓（阳动）者也，太极之用之所以行也。正也、义也、寂也，所谓（阴静）也，（太极）之体所以立也。中正仁义，浑然全体，而静者常为主焉。则人（极）于是乎立。[②]

这里对圣人提出了新的理解，不是按照《太极图说》本文那样，只从"得其秀而最灵"的生理基础去谈圣人之所以为圣人，而是从"全乎太极之体用"的德行来理解圣人的境界。就是说，圣人之所以为圣人，是因为圣人能够完全实现太极之用，完全贞立太极之体。具体来说，是以中正仁义贯穿动静，而以静为主，于是"人极"便得以确立起来了。人极就是人道的根本标准，人极与太极是贯通的，人能全乎太极，便是人极之立。

二、太极动静阴阳论

现在我们来看《太极图说》解。周敦颐《太极图说》，最重要的是七段话，朱子的解义也主要是围绕这七段话来诠释的。

1.无极而太极。

朱子注：上天之载，无声无臭，而实造化之枢纽、品汇之根柢也。故曰"无极而太极"，非太极之外，复有无极也。[③]

这是以"上天之载，无声无臭"解释无极，用"造化之枢纽、品汇之根柢"解释太极。并且强调，无极只是太极无声无臭的特性，并不是太极之外的独立实体。这就从根本上截断了把《太极图说》的思想理解为道家的无中生有思想的可能性。这也就点出《太极图说》在根本上是一太极本体论体系，或太极根源论的体系。"枢纽"同中枢，"造化之枢纽"指世界变化运动系统中其主导

① 周敦颐：《周敦颐集》，北京：中华书局，1990 年，第 5 页。

② 周敦颐：《周敦颐集》，北京：中华书局，1990 年，第 2 页。

③ 周敦颐：《周敦颐集》，北京：中华书局，1990 年，第 3 页。

作用的关键。“根柢”即根源,“品汇之根柢”指万物的根源。枢纽的提法表示太极的提出及其意义,不仅是面对世界的存在,更是面对世界的运动,这也是《太极图说》本文所引导的。值得注意的是,与《太极图解》第一段对太极所做的“本体”解释相比,《太极图说解》的第一段解释中却没有提及本体这一概念,也许可以说,在《太极图说解》中,“本体”已化为“枢纽”和“根柢”。前者针对动静而言,后者针对阴阳而言。

2.太极动而生阳,动极而静,静而生阴。静极复动。一动一静,互为其根。分阴分阳,两仪立焉。

朱子注:太极之有动静,是天命之流行也,所谓“一阴一阳之谓道”。诚者,圣人之本,物之终始,而命之道也。其动也,诚之通也,继之者善,万物之所资以始也;其静也,诚之复也,成之者性,万物各正其性命也。动极而静,静极复动,一动一静,互为其根,命之所以流行而不已也;动而生阳,静而生阴,分阴分阳,两仪立焉,分之所以一定而不移也。盖太极者,本然之妙也;动静者,所乘之机也。太极,形而上之道也;阴阳,形而下之器也。是以自其著者而观之,则动静不同时,阴阳不同位,而太极无不在焉。自其微者而观之,则冲漠无朕,而动静阴阳之理,已悉具于其中矣。虽然,推之于前,而不见其始之合;引之于后,而不见其终之离也。故程子曰动静无端,阴阳无始。非知道者,孰能识之。①

朱子《太极解义》的主导思想体现在这一段的解释中,他首先用《通书》的思想来解说太极的动静,把太极动而生阳、静而生阴理解为“天命流行”的过程,认为这个过程就是《系辞传》所说的一阴一阳往来变化的过程。他认为这个过程就是《通书》所说的诚之通和诚之复交替流行不已的过程,动是诚之通,静是诚之复,二者互为其根。

因此,《太极图说》的根本哲学问题,在朱子《太极解义》看来,就是太极和动静的关系。这是首要的和基本的,而不是像他晚年和陆九渊辩论时主张的只把太极和阴阳的关系问题看作首要的问题。这是符合《太极图说》本文脉络的。在这个前提下,太极和阴阳的问题也被重视。因此,《太极解义》中最重要的论述是“太极者,本然之妙也;动静者,所乘之机也。太极,形而上之道也;阴阳,形而下之器也”。这两句话,先讲了太极和动静的分别及关系,又讲了太极和阴阳的分别及关系。就太极与动静的关系而言,《太极解义》的体系

① 周敦颐:《周敦颐集》,北京:中华书局,1990年,第3～4页。

可称为太极本体论;就太极与阴阳的关系而言,此一体系可称为太极本源论。据朱子在写作讨论《太极解义》过程中与杨子直书,他最初是用太极为体、动静为用来理解太极与动静的关系,但后来放弃了,改为我们现在所看到的本然之妙和所乘之机的关系。那就是说,他以前认为太极是体,动静是太极所发的用,二者是本体和作用的关系,这显然不适合太极与动静的关系。而本然之妙和所乘之机,是本体和载体的关系,把动静作为载体,这就比较适合太极和动静的关系了。本然之妙表示太极既是本体,又是动静的内在原因(动力因)。"妙"字就是特别用来处理与动静关系的、用来说明运动根源的,这也是中国哲学长久以来的特点。与《周易》传统以"神"为妙运万物的动力因不同,朱子以"道",即太极作为妙运万物的动力因。

"太极,形而上之道也;阴阳,形而下之器也",则明确用形而上和形而下来区别太极与阴阳,即太极是形而上的道,阴阳是形而下的器,二者有清楚的分别。把太极明确界定为道,这样就与把太极解释为理,更为接近了。

"是以自其著者而观之,则动静不同时,阴阳不同位,而太极无不在焉。自其微者而观之,则冲漠无朕,而动静阴阳之理,已悉具于其中矣。虽然,推之于前,而不见其始之合;引之于后,而不见其终之离也",著是显著的用,微是内在深微的体。从微的角度看,太极就是动静阴阳之理,在内在的体;从著的角度看,动静阴阳运行变化不同,是表现著的用。所以朱子认为太极和动静阴阳还是存在着体用的分别。特别是这里直接以太极为理,为动静阴阳之理,提出理和动静阴阳始终是结合一起的,强化了理的意义。朱子认为,既不能说从某一个时期开始理和动静阴阳二者才相结合,也不能说将在某一个时期二者会分离。太极始终是内在于动静和阴阳的。本来,在宇宙论上,动静就是阴阳的动静。但由于《太极图说》讲动而生阳、静而生阴,在这个意义上,相对地说,动静就成为先在于阴阳、独立于阴阳的了。

3.阳变阴合,而生水、火、木、金、土。五气顺布,四时行焉。

朱子注:有太极,则一动一静而两仪分;有阴阳,则一变一合而五行具。然五行者,质具于地,而气行于天者也。以质而语其生之序,则曰水、火、木、金、土,而水、木,阳也,火、金,阴也。以气而语其行之序,则曰木、火、土、金、水,而木、火,阳也;金、水,阴也。又统而言之,则气阳而质阴也。又错而言之,则动阳而静阴也。盖五行之变,至于不可穷。然无适而非阴阳之道。至其所以为阴阳者,则又无适而非太极之本然也,夫岂有所亏欠间隔哉![1]

如果说第2段的解释关注在动静,这一段的解释关注的中心则在阴阳。从太极的动静,导致阴阳的分化与变合;有阴阳的一变一合,则产生了五行的分化。“五行之变,至于不可穷。然无适而非阴阳之道。至其所以为阴阳者,则又无适而非太极之本然也”,这是一套由阴阳五行展开的宇宙生化论。与前面第2段不同,这里对太极的定义不是从动静的枢纽来认识太极,而是从阴阳的所以然根据来认识太极。或者说,前面是从“所以动静者”来认识太极,这里是从“所以阴阳者”界定太极。“所以为阴阳者”的视角就是存在的视角,而不是运动的视角了。至于“太极之本然”,就是《太极图解》的“本体”“所以动而阳、静而阴之本体也”“即阴阳而指其本体”。“所以阴阳者”的观念本来自二程,区分“阴阳”和“所以阴阳”,认为前者是形而下者,后者是形而上者,这种思维是朱子从程颐吸取的最重要的哲学思维之一。对照张栻的太极图说解义和吕祖谦的太极图解质疑,可以明显看出朱子此时的哲学思维的优势。这也是何以张吕对朱子解义的意见只集中在“圣人定之以中正仁义而主静”的一句上,而对其太极本体论、太极根源论、太极生化论并未提出意见的原因。

三、太极本性论

从第4段开始,由太极动静阴阳论转到太极本性论。

4.五行,一阴阳也;阴阳,一太极也。太极,本无极也。五行之生也,各一其性。

朱子注:五行具,则造化发育之具无不备矣。故又即此而推本之,以明其浑然一体,莫非无极之妙。而无极之妙,亦未尝不各具于一物之中也。盖五行异质,四时异气,而皆不能外乎阴阳;阴阳异位,动静异时,而皆不能离乎太极。至于所以为太极者,又初无声臭之可言,是性之本体然也,天下岂有性外之物哉!然五行之生,随其气质而所禀不同,所谓“各一其性”也。各一其性,则浑然太极之全体,无不各具于一物之中。而性之无所不在,又可见矣。[2]

① 周敦颐:《周敦颐集》,北京:中华书局,1990年,第4页。

② 周敦颐:《周敦颐集》,北京:中华书局,1990年,第4页。

前面已经说过，宇宙中处处是阴阳，而凡有阴阳处必有所以为阴阳者。这就是“无适而非阴阳”“无适而非太极”。阴阳分化为五行，五行发育为万物，万物中也皆有太极，故说“无极之妙，亦未尝不各具于一物之中也”。各具于事物之中的太极就是事物之性，太极就是“性之本体”，这就转到了万物的本性论。万物因气禀不同而造成“各一其性”，即各异其性，各有各的性，互不相同。“各一其性”是说明万物由气禀不同带来的性的差异性。但朱子同时强调，太极无不具于每一物之中，这才真正体现出“性无所不在”的原理。这样，朱子的解释就有两个“性”的概念，一个是“各一其性”的性，一个是“太极之全体”的性。前者是受气禀影响的性，现实的、差别的性，后者是不受气禀影响的本然的性，本体的、同一的性。故每一个人或物都具备太极作为自己的本性，但这种具备不是部分具有，而是全体具有。每一个人或物都具有一太极之全体作为自己的本性，这是朱子对《太极图说》自身思想的一种根本性的发展，即从各一其性说发展为各具太极说。

5.无极之真，二五之精，妙合而凝。乾道成男，坤道成女，二气交感，化生万物。万物生生，而变化无穷焉。

> 朱子注：夫天下无性外之物，而性无不在。此无极、二五所以混融而无间者也，所谓“妙合”者也。“真”以理言，无妄之谓也；“精”以气言，不二之名也。“凝”者，聚也，气聚而成形也。盖性为之主，而阴阳五行为之经纬错综，又各以类，凝聚而成形焉。阳而健者成男，则父之道也；阴而顺者成女，则母之道也。是人物始，以气化而生者也。气聚成形，则形交气感，遂以形化。而人物生生，变化无穷矣。自男女而观之，则男女各一其性，而男女一太极也；自万物而观之，则万物各一其性，而万物一太极也。盖合而言之，万物统体一太极也；分而言之，一物各具一太极也。所谓天下无性外之物，而性无不在者，于此尤可以见其全矣。①

上段最后讲性无不在，这里接着把无极、二五混融无间也作为性无不在的证明。这就是说，气质所禀与二五之精相联系，太极本体与无极之真相对应，各一其性与各具太极混融无间，此即性无不在的体现。重要的是，此段明确声明，“真以理言，无妄之谓也；精以气言，不二之名也。凝者，聚也，气聚而成形也”。这就把无极之真，同时也就把太极解释为“理”了。把太极和理贯通，由此打开了南宋理气论哲学的通途。当然，太极也仍被确定为“性”。“性

① 周敦颐：《周敦颐集》，北京：中华书局，1990年，第5页。

为之主”本是胡宏的思想，这里显示出湖湘学派把太极理解为性对朱子仍有影响。这里的性为之主，也从特定方面呼应了太极为造化之枢纽、品汇之根柢的意义。“以理言”和“以气言”的分析使得理气论正式登上道学思想的舞台。没有《太极解义》，朱子学的理气论就不可能发展起来，成为宋明理学的基本哲学论述。

对照《太极图解》可知，太极本性论是朱子《太极解义》的重要思想。朱子强调，男与女虽然各有其性，互不相同，但男与女所具的太极是相同的，这就是“男女一太极也”。万物各异其性，而万物所具的太极是相同的，这就是“万物一太极也”。尤其是这里提出了万物各具的太极与宇宙本体太极的关系，朱子认为“合而言之，万物统体一太极也；分而言之，一物各具一太极也”。万物统体是万物的存在总体，其存在的根据是太极，而每一个人或物，也具有此一太极为其本性。每个人或物对宇宙总体而言是分，但每个人或物具有的太极并不是只有太极的部分，而是全体。因为前面已经说过，“浑然太极之全体，无不各具于一物之中”。后来朱子在《语类》中反复申明了这个道理。如朱子与张栻书所讨论的，朱子认为“各具一太极”的说法，意在强调“一事一物上各自具足此理”，用太极的概念来表达性理学的主张。

四、全体太极论

以下开始转到人生论。

6.惟人也，得其秀而最灵。形既生矣，神发知矣。五性感动，而善恶分，万事出矣。

> 朱子注：此言众人具动静之理，而常失之于动也。盖人物之生，莫不有太极之道焉。然阴阳五行，气质交运，而人之所禀独得其秀，故其心为最灵。而有以不失其性之全，所谓天地之心，而人之极也。然形生于阴，神发于阳，五常之性，感物而动。而阳善、阴恶，又以类分。而五性之殊，散为万事。盖二气五行，化生万物，其在人者又如此。自非圣人全体太极有以定之，则欲动情胜，利害相攻，人极不立，而违禽兽不远矣。[①]

“全”或“全体”是《太极解义》后半部的重要概念，是属于人生境界与工夫论的概念。朱子认为人物之生，皆有太极之道。此太极之道，即人与物生活、

① 周敦颐：《周敦颐集》，北京：中华书局，1990年，第5页。

活动的总原则，也是人与物的太极之性的体现。物所禀的气浑浊不清，故不能有心，亦不可能实现太极之道。只有人独得气禀之秀，其心最灵，才有可能使人不失其太极本性，体现天地之心，确立人极标准。然而在现实生活中并非人人皆能如此，唯有圣人能“全体太极”，即完全体现太极，完全体现太极之道和太之性，真正确立人极。这也就是下段所说的“定”，和“立人极焉”。

7.圣人定之以中正仁义，而主静，立人极焉。故圣人与天地合其德，日月合其明，四时合其序，鬼神合其吉凶。

> 朱子注：此言圣人全动静之德，而常本之于静也。盖人禀阴阳五行之秀气以生，而圣人之生，又得其秀之秀者。是以其行之也中，其处之也正，其发之也仁，其裁之也义。盖一动一静，莫不有以全夫太极之道，而无所亏焉。则向之所谓欲动情胜、利害相攻者，于此乎定矣。然静者诚之复，而性之真也。苟非此心寂然无欲而静，则又何以酬酢事物之变，而一天下之动哉。故圣人中正仁义，动静周流，而其动也必主乎静。此其所以成位乎中，而天地、日月、四时、鬼神，有所不能违也。盖必体立而后用有以行，若程子论乾坤动静，而曰“不专一则不能直遂，不翕聚则不能发散”，亦此意尔。[1]

《太极图说》以太极为开始，以人极为结束，而人极的内涵是中正仁义而主静。中正仁义是基本道德概念，主静是修养方法，以人极而兼有二者，这在儒学史上是少见的。但《荀子》中也谈到静的意义，《礼记》的《乐记》本来强调“人生而静，天之性也”，故“静”在儒学史上也曾受到注意，尤其是《乐记》的思想在宋代道学中很受重视。在这个意义上，主静的提出不能仅看作受到佛道修养的影响。但对朱子和南宋理学而言，必须对主静做出新的论证。

根据第6、7两段的朱子注，他提出众人虽然具动静之理，即具有太极，但常常失之于动。其表现是“欲动情胜，利害相攻”，即欲望、情欲的妄动，对私利的追逐，必须以人极“定”之。“定”是对于“失之于动”的矫正，也是使人不致失之于动的根本方法。所以在朱子的解释中，静与定相通，一定要分别的话，可以说静是方法，定还是目的。这就是“于此乎定矣”。

在第6段，朱子注强调“不失其性之[illegible]”“圣人[illegible]”。在第7段里，又提到“圣人全动静之德”“一动一静莫[illegible]”。“全体”就是全景体现，是一实践的概念。这里所说[illegible]人对动静之理的

---

① 周敦颐：《周敦颐集》，北京：中华书局，1990 [illegible]

体现而言。全动静之德的人，就不会失之于动，而是动亦定、静亦定，行事中正仁义。因此全动静之德就是全太极之道，全体太极也就是全体太极之道，这是人生的最高境界。所以在第7段之后，朱子还说："圣人，太极之全体，一动一静，无适而非中正仁义之极。"我们记得，在《太极图解》中也说过"全乎(太极)之体用也"，这些都是相同的意思。

当然，由于《太极图说》强调主静，故朱子也同意"圣人全动静之德，而常本之于静""圣人中正仁义，动静周流，而其动也必主乎静"。为什么要本于静，主于静？照朱子说，这是因为"必体立而后用有以行"，就是说静是体，动是用，所以以主静为本。《太极图解》比《太极图说解》这里说得更具体："盖中也、仁也、感也，所谓(阳动)者也，太极之用之所以行也。正也、义也、寂也，所谓(阴静)也，(太极)之体所以立也。中正仁义，浑然全体，而静者常为主焉。则人(极)于是乎立。"正是在这个问题上，朱子与张栻、吕祖谦做了反复的讨论。此外朱子也指出，主静所指的这种"静"不是专指行为的，而是指心的修养要达到"此心寂然无欲而静"。这当然是合乎周子本人主张的"无欲故静"的。

应当指出，朱子《太极解义》在论及主静时没有提到程颐的主敬思想，只在一处提及"敬则欲寡而理明"。这对于在己丑之悟已经确认了"主敬以立其本，穷理以进其知"宗旨的朱子，是一欠缺。而张栻的《太极图说解义》则重视程门主敬之法，对朱子是一个重要补充。

五、《太极解义》引起的哲学论辩

朱子《太极解义》文后有《附辩》，其中提到四种主要的反对意见(或谓)和三种次要的反对意见(有谓)。朱子简单叙述了这些意见：

> 愚既为此说，读者病其分裂已甚，辨诘纷然。苦于酬应之不给也，故总而论之。大抵难者：或谓不当以继善成性分阴阳，或谓不当以太极阴阳分道器，或谓不当以仁义中正分体用，或谓不当言一物各具一太极。又有谓体用一源，不可言体立而后用行者；又有谓仁为统体，不可偏指为阳动者；又有谓仁义中正之分，不当反其类者。是数者之说，亦皆有理。然惜其于圣贤之意，皆得其一而遗其二也。……①

---

① 周敦颐：《周敦颐集》，北京：中华书局，1990年，第7～8页。

所谓"读者病其分裂已甚",应是张栻的意见(见张栻《寄吕伯恭》)。四个"或谓"中,第一个或谓不当以继善成性分阴阳,应是廖德明的意见(见朱子《答廖子晦一》);第二个或谓不当以太极阴阳分道器,应是吕祖谦的意见(见吕氏《太极图义质疑》);第三个或谓不当以仁义中正分体用是吕祖谦的意见(见《张栻答吴晦叔又》),第四个或谓不当言一物各具一太极,应是张栻的意见(见朱子《答张敬夫十三》)。至于"有谓体用一源,不可言体立而后用行者;有谓仁为统体,不可偏指为阳动者;有谓仁义中正之分,不当反其类者",应该都与张栻、吕祖谦的意见有关。

朱子在《附辩》中对这些意见做了回应:

> 夫善之与性,不可谓有二物明矣。然继之者善,自其阴阳变化而言也;成之者性,自夫人物禀受而言也。阴阳变化,流行而未始有穷,阳之动也;人物禀受,一定而不可易,阴之静也。以此辨之,则亦安得无二者之分哉?然性善,形而上者也;阴阳,形而下者也。周子之意,亦岂直指善为阳而性为阴哉。但话其分,则以为当属之此耳。①

这是关于阴阳观的讨论,在朱子看来,阴阳变化流行,属于阳动。而成型固定,属于阴静。认为这也就是《系辞传》所说的继之者善和成之者性的分别。所以把继之者善作为阳动,把成之者性作为阴静,这是很自然的。

> 阴阳太极,不可谓有二理必矣。然太极无象,而阴阳有气,则亦安得而无上下之殊哉?此其所以为道器之别也。故程子曰形而上为道,形而下为器,须着如此说。然器亦道也,道亦器也。得此意而推之,则庶乎其不偏矣。②

太极是理,无形无象,阴阳是气,已属形象,二者有形而上和形而下的分别。这是二程哲学分析的主要方法之一,朱子完全继承了这一点。特别把道器的分别运用于理气的分析。

> 仁义中正,同乎一理者也。而析为体用,诚若有未安者。然仁者,善之长也;中者,嘉之会也;义者,利之宜也;正者,贞之体也。而元亨者,诚之通也;利贞者,诚之复也。是则安得为无体用之分哉!③

朱子认为仁义中正如同元亨利贞,既然在《通书》中元亨属于诚之通,利

---

① 周敦颐:《周敦颐集》,北京:中华书局,1990年,第8页。

② 周敦颐:《周敦颐集》,北京:中华书局,1990年,第8页。

③ 周敦颐:《周敦颐集》,北京:中华书局,1990年,第9页。

贞属于诚之复，则四德之中，元亨与利贞之间就有体用之分。同理，中正仁义也就可以有体用之分。

> 万物之生，同一太极者也。而谓其各具，则亦有可疑者。然一物之中，天理完具，不相假借，不相陵夺。此统之所以有宗，会之所以有元也。是则安得不曰各具一太极哉！[①]

这是朱子用吕祖谦的意思回应张栻的怀疑。吕祖谦《质疑》云："'五行之生，随其气质而所禀不同，所谓各一其性，则各具一太极'，亦似未安。深详立言之意，似谓物物无不完具浑全。窃意观物者当于完具之中识统宗会元之意。"朱子吸取了吕氏的这一意见。

> 若夫所谓体用一源者，程子之言盖已密矣。其曰"体用一源"者，以至微之理言之，则冲漠无朕，而万象昭然已具也。其曰"显微无间"者，以至著之象言之，则即事即物，而此理无乎不在也。言理则先体而后用，盖举体而用之理已具，是所以为一源也。言事则先显而后微，盖即事而理之体可见，是所以为无间也。然则所谓一源者，是岂漫无精粗先后之可言哉！况既曰体立而后用行，则亦不嫌于先有此而后有彼矣。[②]

张栻最重视体用一源的思想，张栻以"体用一源"反对"体立而后用行"的主张，认为如果体用有先后，就不是一源了。朱子也重视体用一源这一思想，认为这一思想讲的是理事关系。理是体，事物是用，一源是言体言理，无间是言用言事。言理体先而用后，言事先用而后体，二者角度不同。所以朱子认为虽然从实存上说理即在事物之中，但二者在形上学上可分为先后。

> 所谓仁为统体者，则程子所谓专言之而包四者是也。然其言盖曰四德之元，犹五常之仁。偏言则一事，专言则包四者，则是仁之所以包夫四者。固未尝离夫偏言之一事，亦未有不识夫偏言之一事而可以骤语夫专言之统体者也。况此图以仁配义，而复以中正参焉。又与阴阳刚柔为类，则亦不得为专言之矣，安得遽以夫统体者言之，而昧夫阴阳动静之别哉？至于中之为用，则以无过不及者言之，而非指所谓未发之中也。仁不为体，则亦以偏言一事者言之，而非指所谓专言之仁也。对此而言，则正者所以为中之干，而义者所以为仁之质，又可知矣。其为体用，亦岂为

① 周敦颐：《周敦颐集》，北京：中华书局，1990 年，第 9 页。

② 周敦颐：《周敦颐集》，北京：中华书局，1990 年，第 9 页。

无说哉！[①]

最后这点较为复杂。照“有谓仁为统体，不可偏指为阳动者”的质疑，这是反对把仁归属于阳动，认为仁是包含四德的统体，怎么能把仁只归结为一个特定方面呢？朱子的辩解是，太极图说以“仁”配“义”，然后以“仁义”与“中正”相对。这说明图说中的仁不是专言包四德的仁，因而也就不是“统体”的仁，只是偏言的仁、分别而言的仁。这个仁是义之体，义是仁之质，具有体用的差别。朱子此段回应的对象不甚确定，参与太极解义之辩的人中，只有吕祖谦《答朱侍讲六》提及仁包四德，但所论与这里所说并不相同。无论如何，这几条都和体用问题有关，而张栻颇注重体用之论，吕祖谦也就体用问题提出一些质疑，可见体用问题是太极解义之辩的一个重要的讨论。

总之，朱子的太极解义是他的太极本体论和太极本源论的建构之始。这一建构不仅把周敦颐的《太极图说》正式作为哲学建构的主要依据和资源，开发了《太极图说》的本体论和宇宙论意义，把太极动静阴阳论引向了理气哲学的发展，而且谋求太极与人极的对应，太极与人性的一致，更以“全体太极”为成圣成贤的新内涵，从而形成了以太极为中心，集理气、性情、道器、体用为一体的一套哲学体系。这不仅使他自己在其后期思想发展中以此为基础，实现了更为宏大的发展，也使得北宋以来的道学，在理论上和体系上更加完整和完善。这是朱子对道学的贡献，也是他对儒学的贡献。

① 周敦颐：《周敦颐集》，北京：中华书局，1990年，第9～10页。

全球化时代朱子学核心价值的新意义

◎ 黄俊杰

在东亚儒学史上，孔子与朱子双峰并峙，各自融旧铸新、开宗立范，并遥相呼应，“前圣后圣，其揆一也”。[①] 朱子进四书而退五经，并对四书施以章句集注，开启中国历史进入“近世”之先声，[②]并融贯汉注唐疏与北宋诸老先生精义，建立一个崭新的以“理”为中心的思想世界，对 14 世纪以后东亚思想界影响深远。[③] 善夫钱穆(宾四，1895—1990)先生之言也：“自有朱子，而后孔子以下之儒学，乃重获新生机，发挥新精神，直迄于今日。……盖自有朱子，而儒学益臻光昌。自有朱子，而儒学几成独尊。”[④]在朱子的思想世界中，朱子继程颐(1033—1107)之后赋“理一分殊”说以新义；朱子对“仁”学的新诠释开启东亚儒家仁学传统之新境界；朱子对“公共”精神之强调，则在东亚儒者中更别树一帜。朱子学所开启之新典范，在 21 世纪具有深刻的启示与当代之价值。

本文主旨在于论证朱子学的核心价值。在 21 世纪全球化与“反全球化”潮流激荡的新时代中之新意义，全文论述将从下列三大问题依序展开：21 世纪世局主要问题何在？“一带一路”宏观规划在中国史与世界史有何意义？

---

① 朱熹：《孟子集注》，《四书章句集注》，北京：中华书局，1983 年，第 289 页。

② [日]宇野精一：《五经から四书へ：经学史觉书》，《东洋の文化と社会》第 1 辑，京都，1952 年，第 1～14 页。

③ Wing-tsit Chan(陈荣捷)，“Chu Hsi's Completion of Neo-Confucianism,” *in Études Song in Memoriam Étienne Balazs, Editées par Françoise Aubin, Serie II, # I*, Paris: Mouton & Co., and École Practique de Haute Études, 1973, pp. 60-90.

④ 钱穆：《朱子新学案》，《钱宾四全集》第 11 册，台北：联经出版公司，1998 年，第 2～3 页。

面对何种挑战？从21世纪观点来看，朱子学的核心价值理念有哪些？对新时代有何新启示？

一、当前世局的根本问题：全球化与“反全球化”的激荡

首先是我们纵观21世纪的世界局势。人类进入21世纪以后，国际秩序从单极迈向多极结构，权力关系重组，世局剧变，舆图换稿，但我想指出的是：当前世局之所以风狂雨骤的根本原因，在于全球化与“反全球化”两大潮流的激烈震荡。

所谓全球化趋势，虽然有学者追溯到哥伦布开启的大航海时代，但是全球化之成为近代世界史的主流，实开始于19世纪的工业革命。诚如青年马克思与恩格斯在《共产党宣言》中所说：“资产阶级由于开拓了世界市场，使一切国家的生产和消费都成为世界性的了。……古老的民族工业被消灭了……”[①]19世纪开始快速发展的工业化使世界成为一个巨大市场，开启了全球化的潮流。20世纪下半叶，随着通信科技的突飞猛进，全球化趋势迅猛发展，国家之间的藩篱逐渐消融，全球化造成了德国学者贝克(1944—2015)所说的“解疆域化”的效果，[②]世界各地区与各国之间的相互连结性(interconnectedness)[③]与日俱增，产业、信息、投资以及个人愈来愈快速地自由流动，使大前研一(Kenichi Ohmae，1943—　)所说的“无国界的世界”[④]的新时代逐渐形成。19世纪以来的民族国家(nation state)，在“解疆域化”过程中逐渐走向终结，区域经济(regional economy)已经隐然形成。[⑤] 欧盟(EU)的形成与发展，可以具体说明全球化的主流趋势。

在全球化快速发展的同时，也埋下了“反全球化”的种子。英国管理学家罗格曼(1945—2014)就宣称，所谓企业的“全球策略”，其实只是一个神话，真

---

① 马克思、恩格斯：《共产党宣言》，《马克思恩格斯选集》第1卷，北京：人民出版社，1972年，第254页。

② [德]贝克著，孙治本译：《全球化危机》，台北：台湾商务印书馆，1999年，第4页。

③ Anthony Gidden, *Beyond Left and Right: The Future of Radical Politics*, Cambridge: Polity Press, 1994, pp. 4-5.

④ [日]大前研一著，黄柏祺译：《无国界的世界》，台北：联经出版公司，1993年。

⑤ 参考 Kenichi Ohmae, *The End of the Nation State: The Rise of Regional Economies*, New York: Mckinsey & Company, Inc., 1995；中译本，李宛容译：《民族国家的终结：区域经济的兴起》，台北：立绪文化事业公司，1990年。

正重要的是区域市场。因为80%的外国直接投资以及超过一半的世界贸易活动，都是在区域经济的范围内进行，各国之间严格的政府规定以及巨大的文化差异，使全世界的经济活动形成北美、欧洲与日本等三大区块，他称为“三极”(triad)。所谓全球化的驱动力，其实是来自全球前500家大企业的CEO。[①] 管理学大师彼得·杜拉克(1909—2005)也曾指出，在全球化时代中，国家的力量仍不可忽视，各国的中央银行仍主掌货币政策，主导着国际的贸易活动。[②]

不论全球化是不是一个“神话”，全球化所造成许多负面效应已经非常严重，尤其是在国际以及各国国内，M型社会都加速发展，全球财富集中在北美、欧洲和部分亚洲国家，各国国内贫富不均之现象也日益严重。全球化所造成的负面效应，遂激起了“反全球化”的滔天巨浪。2017年在德国汉堡举行的20大工业国高峰会，就吸引了十万名反全球化群众的抗议。在政治上的“反全球化”最具代表意义的事件，首先是2016年1月特朗普当选美国总统，并在就任后宣布美国退出《跨太平洋伙伴协议》(TPP)、联合国教科文组织、联合国人权委员会、巴黎气候协定，并与加拿大、墨西哥重新谈判北美自由贸易区联盟(NAFTA)。其次是2016年6月23日英国经由公民投票，51.9%民众选择退出欧盟。在21世纪“反全球化”的新浪潮中，各国的经贸保护主义卷土重来，政治唯我论(political solipsism)再度兴起，各国民族主义也甚嚣尘上，而与全球化潮流相激相荡。

二、21世纪“一带一路”的展开及其挑战

随着21世纪中国的再起，“一带一路”的倡议具有重要的意义。“一带一路”的重要性不仅在于全球将近70个国家参加，涵盖全球人口约70%，涵盖全球总面积41.3 %，经济规模占全球GDP的三成，更是在于“一带一路”具有能纾解当前世局中全球化与“反全球化”斗争的潜力。因为“一带一路”涵盖了许多开发中经济体，虽然不免潜藏冲突或摩擦之火种，但也具有与各国共

① Alan Rugman, *The End of Globalization: Why Global Strategy Is a Myth & How to Profit from the Realities of Regional Markets*, New York: Amacom, 2001.

② Peter F. Drucker, "The Global Economy and the Nation State," *Foreign Affairs*, Vol. 76, No. 5 (September/October, 1997), pp. 159-171.

存共荣之潜力。从中国史的视野来看,“一带一路”也代表“内陆中国”“海洋中国”的会合在21世纪的新开展,而台湾由于位于“内陆中国”与“海洋中国”的交会点上,也处于东北亚与东南亚的交会点,台湾更是大中华圈中华文化的瑰宝,在“一带一路”新格局中,扮演重要的新角色。再从世界史角度来看,“一带一路”也具有将21世纪世界历史的重心从过去的“欧美”转移为“欧亚”之潜力。

但是“一带一路”的展开却也面对巨大的挑战,就政治经济学的挑战而言,21世纪多极世界秩序如何建立,是一个重大的课题。就思想文化的领域而言,随着“一带一路”的展开,如何与多元文化和宗教传统互动调融,更是重大的课题。但思想文化领域的挑战比政治经济领域的挑战更重要,正如马克思在《黑格尔法哲学批判》导言中所说:“理论一经掌握群众,也会变成物质的力量。理论只要说服人,就能掌握群众。而理论只要彻底,就能说服人。所谓彻底,就是抓住事物的根本。……”[①]盱衡21世纪的新挑战,必须建构“一带一路”新时代的理论基础,而朱子学正是新时代重要的思想与理论之源头活水。

三、朱子学的核心价值及其新启示

朱子学博大精深,显微无间,在东亚儒学史上前有孔子后有朱子,影响深远。在朱子庞大的思想体系中,对21世纪“一带一路”新时代最具有相关性与启示意义的,至少有以下三大核心价值理念。

(一)“理一分殊”说

朱子所提出的“理一分殊”理论,主张“天下事虽千头万绪,其实只一个道理,‘理一分殊’之谓也”[②],“理一”与“分殊”之关系乃相即而不相离,我过去的研究曾指出:“在朱子学的‘理一分殊’论中,‘理一’与‘分殊’并不相离,‘理一’融渗于‘分殊’之中。换言之,只有从具体而特殊的‘事’之中,才能观察并

① 马克思:《黑格尔法哲学批判·导言》,《马克思恩格斯全集》第1卷(上),北京:中共中央马恩列斯著作编译局,1972年,第9页。

② 朱熹:《谟录》,《朱子语类》卷一三六,朱杰人等主编:《朱子全书》第18册,上海:上海古籍出版社,合肥:安徽教育出版社,2002年,第4222页。

抽离出抽象而普遍的'理'。也就是说,'共相'存在于'殊相'之中。"[①]"理一"与"分殊"在理论上可以区分,但是在实际运作中却是不断为两橛,"理一"通贯于"分殊"之中,又在"分殊"之中才能体现"理一"。

朱子的"理一分殊"说在21世纪之所以取得新意义,主要原因在于"一带一路"宏观规划的展开,涉及将近70个不同国家,与将近70%的全球人口,也与许多不同宗教与文化,如伊斯兰文化、基督教文化、东正教文化等接触并互动。进入"一带一路"新时代的中国,迫切需要从朱子"理一分殊"的智慧中汲取新的灵感,在诸多不同宗教与文化的碰撞之中,求同存异,在"分殊"之中求其"理一"。在中国古代思想史中,"同"的重要性特受重视,孟子称赞舜"善与人同",[②]并告诉齐宣王狩猎场应"与民同之"[③]。洎乎汉末儒学衰微,新道家兴起,"异"的价值才受到重视。[④] 但是在21世纪中国文化与异文化接触互动时,如何在"异"中求"同"才是更值得深思的问题。正是在求"同"存"异"这个问题上,朱子的"理一分殊"说特别具有当代的新启示。

朱子的"理一分殊"说建立在"理""气"不离不杂的哲学基础之上,既受程

---

① 黄俊杰:《全球化时代朱子"理一分殊"说的新意义与新挑战》,《儒家思想与中国历史思维》,台北:台湾大学出版中心,2014年,第297页。

② 《孟子·公孙丑上》:"孟子曰:子路,人告之以有过,则喜。禹,闻善言,则拜。大舜有大焉,善与人同。舍己从人,乐取于人以为善。……"见朱熹:《孟子集注》,《四书章句集注》,朱杰人等主编:《朱子全书》第6册,上海:上海古籍出版社,合肥:安徽教育出版社,2002年,第239页。

③ 《孟子·梁惠王下》:"文王之囿方七十里,刍荛者往焉,雉兔者往焉,与民同之。民以为小,不亦宜乎?……"见朱熹:《孟子集注》,《四书章句集注》,朱杰人等主编:《朱子全书》第6册,上海:上海古籍出版社,合肥:安徽教育出版社,2002年,第214页。

④ 参看 Ying-shih Yü,"Individualism and the Neo-Taoist Movement in Wei-chin China," in Donald Munro ed., *Individualism and Holism: Studies in Confucian and Taoist Values* (Ann Arbor: The University of Michigan, 1985), pp. 121-156。中译本:李彤译:《魏晋时期的个人主义和新道家运动》,收入余英时著,程嫩生、罗群等译:《人文与理性的中国》,台北:联经出版公司,2008年,第23~58页。

颐与张载(1020—1077)的启发,又与佛教华严哲学有其渊源关系。[①] 抽象的“理”既存乎具体的各别现象或存在(“气”)之中,又超越于其上。朱子的学说对“一带一路”新时代具有极为重要的启示。但是朱子“理一分殊”说的“理”的性格却值得进一步分析,我过去的研究曾归纳朱子思想中的“理”的特质有五:(1)“理”(或“道”)是一元的;(2)“理”可以在林林总总的具体历史事实之中以不同方式体现出来;(3)“理”是超越时间和空间的存在,它是永不灭绝的;(4)“理”的延续或发展,有待于圣贤的心的觉醒与倡导;(5)历史中之“理”具有双重性,“理”既是规律又是规范,既是“所以然”,又是“所当然”。[②] 具有这种特质的“理”既存在于圣人的心中,又可以如朱子所说“流出来”[③]“仁”“义”“礼”“智”“信”等行为。那么,这种意义下的“理”是否具有某种“独断论”(dogmatism)的色彩,而难以因应多元文化并存的21世纪之新挑战呢?

上述质疑引领我们进入朱子“理一分殊”说之思想史背景。公元10世纪以后,最早提出“理一分殊”说这个思想内涵的是北宋大儒程颐。伊川在与学生杨时(1053—1135)讨论张载的《西铭》一文提出“理一而分殊”的说法,他说:

> 《西铭》明理一而分殊,墨氏则二本而无分。分殊之蔽,私胜而失仁;无分之罪,兼爱而无义。分立而推理一,以止私胜之流,仁之方也。无别而迷兼爱,至于无父之极,义之贼也。子比而同之,过矣。且谓言体而不及用,彼欲使人推而行之,本为用也。反谓不及,不亦异乎?[④]

杨时由此而却除在此之前他对《西铭》“言体而不及用”[⑤]的怀疑,从而肯

① 陈荣捷先生已指出此一事实,见陈荣捷著,杨儒宾等译:《中国哲学文献选编》(下),台北:巨流图书公司,1993年,第753页。《华严经》云:“譬如净满月,普现一切水。”见实叉难陀译:《大方广佛华严经》卷二十三,第24品,大藏经刊行会编:《大正新修大藏经》第10册,台北:新文丰出版公司,1983年,第122页;《华严经疏》的“大海十相”之喻,见澄观撰:《华严经疏》卷四十四,《大正新修大藏经》第35册,第833页;《大集经》的“大海印”之喻,见天竺三藏昙无谶译:《大方等大集经》卷十五,《大正新修大藏经》第13册,第106页,均可视为“理一分殊”思想之渊源。

② 黄俊杰:《儒家思想与中国历史思维》,上海:华东师范大学出版社,2016年,第202页。

③ 黎靖德:《朱子语类》卷九八,朱杰人等主编:《朱子全书》第17册,上海:上海古籍出版社,合肥:安徽教育出版社,2002年,第3321页。

④ 程颐:《答杨时论西铭书》,《二程集》,北京:中华书局,1981年,第609页。

⑤ 杨时:《寄伊川先生》,《杨龟山全集》卷一六,台北:台湾学生书局,1974年,第742页。

定“天下之物理一而分殊。知其理一，所以为仁；知其分殊，所以为义”[①]。

朱子也是从对张载《西铭》的解释出发，而提出“理一分殊”说，朱子说：

> 《西铭》一篇，始末皆是“理一分殊”。以干为父，坤为母，便是理一而分殊；“予兹藐焉，混然中处”，便是分殊而理一。“天地之塞吾其体，天地之帅吾其性”，分殊而理一；“民吾同胞，物吾与也”，理一而分殊。逐句推之，莫不皆然。某于篇末亦尝发此意。[②]

在《西铭解》之末，朱子进一步提出他自己的解释说：

> 天地之间，理一而已。然“乾道成男，坤道成女，二气交感，化生万物”，则其大小之分、亲疏之等。至于十百千万，不能齐也。不有圣贤者出，孰能合其异而会其同哉！《西铭》之作，意盖如此。程子以为明理一而分殊，可谓一言以蔽之矣。盖以乾为父，以坤为母，有生之类，无物不然，所谓“理一”也。而人、物之生，血脉之属，各亲其亲，各子其子，则其分亦安得而不殊哉！一统而万殊，则虽天下一家、中国一人，而不流于兼爱之弊；万殊而一贯，则虽亲殊异情、贵贱异等，而不梏于为我之私。此《西铭》之大指也。[③]

将朱子的解释与程颐的解释互做比较，我们就可以发现：程颐对《西铭》的解释，主要是以君臣父子之伦理为中心。朱子虽然也循着程颐的伦理学思路，但更将“理一分殊”提高到形上学之层次，《朱子语类》有这一条对话：

> 问理与气，曰：“伊川说得好，曰‘理一分殊’。合天地万物而言，只是一个理。及在人，则又各自有一个理。”[④]

经过这种“形上学的翻转”之后，朱子将每个人所具有的“殊别之理”等同

① 杨时：《答胡康侯其一》，《杨龟山先生集》卷二，第857页。

② 黎靖德：《朱子语类》卷九八，朱杰人等主编：《朱子全书》第17册，上海：上海古籍出版社，合肥：安徽教育出版社，2002年，第3316页。

③ 朱熹：《西铭解》，朱杰人等主编：《朱子全书》第13册，上海：上海古籍出版社，合肥：安徽教育出版社，2002年，第145页。

④ 黎靖德：《朱子语类》卷一，朱杰人等主编：《朱子全书》第14册，上海：上海古籍出版社，合肥：安徽教育出版社，2002年，第114页。陈荣捷先生已指出朱子的“理一分殊”说之形上学内涵，参考 Wing-tsit Chan，“Patterns for Neo-Confucianism：Why Chu Hsi Differed from Ch'eng I，” *Journal of Chinese Philosophy*，5：2（June，1978），pp. 101-126。本文见陈荣捷：《新儒家范型：论程朱之异》，《朱学论集》，台北：台湾学生书局，1982年，第69～97页。

于天地万物的“共同之理”，因此将宋儒所追求的“大我之寻证”（钱穆先生语）[①]提高到一个新的高度。

但是我们在这里不免滋生疑问：朱子从《西铭》所开展的“理一分殊”新说，从程颐的伦理学提高到形上学的高度，是否潜藏着以“理一”宰制“分殊”，使“一”成为“多”之上（the “one” over the “many”）的主宰力量呢？果如是，则朱子“理一分殊”说可能并不能充分因应21世纪多元宗教与文化交流互动所带来的新挑战。

以上的质疑固然持之有故，言之成理，但是在朱子思想中“理一”实贯乎“分殊”之中，两者乃相即而不相离之关系。所以朱子学中的“理一”并不会出现宰制性之性格。朱子在《答郭仲晦书》中这样说：

> 盖乾之为父，坤之为母，所谓理一者也。然乾坤者，天下之父母也；父母者，一身之父母也。则其分不得而不殊矣。故以“民为同胞，物为吾与”者，自其天下之父母者言之，所谓理一者也。然谓之“民”，则非真以为吾之同胞，谓之“物”，则非真以为我之同类矣。此自其一身之父母者言之，所谓分殊者也。……其所谓理一者，贯乎分殊之中，而未始相离耳。[②]

在朱子哲学里，“理一”存在于“分殊”之中，而不是在“分殊”之上。这项事实既是宇宙万物之所以然，又是人事之所当然。朱子说：

> 天下之理，未尝不一，而语其分，则未尝不殊。此自然之势也。盖人生天地之间，禀天地之气，其体即天地之体，其心即天地之心。以理而言，是岂有二物哉？……若以其分言之，则天之所为，固非人之所及。而人之所为，又有天地之所不及者，其事固不同也。[③]

“理一”与“分殊”之间有其不可分割性，所以朱子解释孔子“吾道一以贯之”一语时就说：“盖至诚无息者，道之体也，万殊之所以一本也；万物各得其

---

① 钱穆：《国学概论》，《钱宾四先生全集》第1册，台北：联经出版公司，1998年，第278页。

② 朱熹：《与郭冲晦二》，《朱子文集》卷三七，台北：德富文教基金会，2000年，第1517～1518页。关于朱子《西铭》解释中所见的“理一”与“分殊”的关系的讨论，参看[日]市川安司：《朱晦庵の理一分殊解》，《朱子哲学论考》，东京：汲古书院，1985年，第73～79页。

③ 朱熹：《中庸或问》，朱杰人等主编：《朱子全书》第6册，上海：上海古籍出版社，合肥：安徽教育出版社，2002年，第595～596页。

所者,道之用也,一本之所以万殊也。”[①]朱子在此运用“体”“用”这一组概念,以“体”“用”之不可分,喻“理一”与“分殊”之互渗。[②] 朱门高第陈淳(1159—1223)说:“理一所以包贯乎分殊,分殊只是理一中之差等处,非在理一之外也。”[③]最能说明朱子虽重“理一”但不遗“分殊”之思想内涵,而且“理一”存在于“分殊”之中,而“分殊”也不是“在理一之外”。

从朱子“理一分殊”说中“理一”与“分殊”之互相渗透关系出发,我们可以说:朱子的“理一分殊”说完全可以因应 21 世纪诸多不同宗教与文明互动新时代的新挑战。朱子所强调的“理一”并不会成为压制异文化的“殊别之理”的意识形态工具,因为在朱子学的思想体系之中,“理一”正如“太极”,正是存在于“两仪”“四象”“八卦”之中。朱子说:“太极便是一,到得生两仪时,这太极便在两仪中;生四象时,这太极便在四象中;生八卦时,这太极便在八卦中。”[④]

朱子进一步指出他所谓的“理一”有其普遍性:“盖万物各具一理,而万理同出一原。此所以可推而无不通也。”[⑤]那么我们要问:“万理同出一源”的“一源”何在呢?关于这一点,朝鲜儒者朴知诚(字仁之,号潜治,1573—1635)指出“心即一本,理即万殊也”,[⑥]主张“理一”之源头在于人的“心”,因为“心”具有同然性。这样理解下的“理一分殊”说,既强调人“心”的普同性,又指出“理一”存在于“分殊”之中,很可以为 21 世纪指出在诸多文明互动或冲突之中求同存异的新方向。陈来曾呼吁:在全球化时代中,必须弘扬中国文化“和而不

---

① 朱熹:《论语集注》,《四书章句集注》,北京:中华书局,1983 年,第 72 页。

② 陈荣捷先生曾说“理一”与“分殊”以及“体”与“用”是两组最重要的“新儒学范型”,见陈荣捷:《朱学论集》,台北:台湾学生书局,1982 年,第 69～97 页。

③ 陈淳:《北溪先生大全》卷八,四川古籍整理研究所编:《宋集珍本丛刊》第 70 册,北京:线装书局,2004 年,第 48 页。参考[日]市川安司:《北溪字义に见える理一分殊の考え方》,《朱子哲学论考》,东京:汲古书院,1985 年,第 195～238 页,尤其是第 230～234 页。

④ 黎靖德:《朱子语类》卷二七,朱杰人等主编:《朱子全书》第 15 册,上海:上海古籍出版社,合肥:安徽教育出版社,2002 年,第 967 页。关于朱子对周敦颐《太极图说》与《通书》的解释,可以参考 Joseph A. Adler, *Reconstructing the Confucian Dao: Zhu Xi's Appropriation of Zhou Dunyi*, Albany: State University of New York Press, 2014.

⑤ 朱熹:《大学或问》下,朱杰人等主编:《朱子全书》第 6 册,上海:上海古籍出版社,合肥:安徽教育出版社,2002 年,第 525 页。

⑥ [韩]朴知诚:《札录—论语》,《潜治集》卷十,《韩国经学资料集成》第 18 册,首尔:成均馆大学校大东文化研究院,1988 年,第 232～234 页。

同"之精神，建立"多元普遍性"之概念。[①] 朱子的"理一分殊"说，正是建立"多元普遍性"最重要的本土思想资源。

(二)"仁"说

朱子学中另一个具有 21 世纪新启示的核心价值在于"仁"说。"仁"字乃儒门第一义，在《论语》58 章中共出现 105 次，但先秦孔门师生论"仁"均作为社会伦理言之，孔子答弟子问"仁"，或曰"爱人"，[②]或曰"己所不欲，勿施于人"，[③]或曰"己欲立而立人，己欲达而达人"，[④]孟子亦云"仁者无不爱也"，[⑤]均与"仁"之古义为"爱人"[⑥]一脉相承。汉儒均承古义，以"爱"言"仁"，董仲舒"仁之法在爱人"[⑦]一语最为汉儒代表。

朱子在儒家"仁"学诠释史上之卓越贡献，在于将"仁"从社会伦理学提高至形上学与宇宙论之层次，赋予人之存在以超越之意义。朱子撰写《论语》《孟子》集注，常将"仁"诠释为"心之德，爱之理"[⑧]。在南宋孝宗乾道九年(1173 年)他所撰《仁说》一文中，更宣示："吾之所论，以'爱之理'而名'仁'者也。"[⑨]诚如李明辉(1953—)所说，《仁说》一文列举人"心"的四种秩序："存有论的秩序(元、亨、利、贞)、宇宙论的秩序(春、夏、秋、冬)、存有—伦理学的(onto-ethical)秩序(仁、义、礼、智)、伦理—心理学的(ethico-psychological)秩

---

① 陈来：《走向真正的世界文化：全球化时代的多元普遍性》，《文史哲》2006 年第 2 期，第 133～139 页。

② 朱熹：《论语集注》，《四书章句集注》卷六，北京：中华书局，1983 年，第 139 页。

③ 朱熹：《论语集注》，《四书章句集注》卷六，北京：中华书局，1983 年，第 132 页。

④ 朱熹：《论语集注》，《四书章句集注》卷四，北京：中华书局，1983 年，第 92 页。

⑤ 朱熹：《孟子集注》，《四书章句集注》卷九，北京：中华书局，1983 年，第 305 页。

⑥ 廖名春根据出土文献，论证"仁"之古义为"爱人"，见廖名春：《"仁"字探源》，《中国学术》总第 8 辑，2001 年 4 月，第 123～139 页。

⑦ 苏舆著，钟哲点校：《春秋繁露义证》卷八，《仁义法》，北京：中华书局，1992 年，第 250 页。

⑧ 例如《孟子集注·梁惠王上》，收入朱熹：《四书章句集注》卷一，北京：中华书局，1983 年，第 201 页。又如《论语集注·学而》，《四书章句集注》卷一，北京：中华书局，1983 年，第 48 页。

⑨ 朱熹：《仁说》，《朱子文集》卷六七，台北：德富文教基金会，2000 年，第 3391 页。

序(爱、恭、宜、别)”[①],并以“仁”通贯之。

在朱子的“仁”学新诠中,“仁”的涵义不再是先秦古义中的“爱人”,而跃升成为爱之所以然之“理”。当代新儒家牟宗三(1909—1995)先生说:

> 仁是爱之所以然之理,而为心知之明之所静摄(心静理明)。常默识其超越之尊严,彼即足以引发心气之凝聚向上,而使心气能发为“温然爱人利物之行”(理生气)。久久如此,即可谓心气渐渐摄具此理(当具),以为其自身之德(心之德,理转成德)。简言之,即是仁者,爱之所以然之理,而为心所当具之德也。[②]

牟宗三先生进一步解释朱子的“仁者,爱之理”的含义是指“爱之存在的存在性”,[③]最能探骊得珠,切入朱子“仁”学之肯綮。

朱子“仁”说东传日韩地区之后,引起极大反响。朝鲜时代(1392—1910)儒者如郑介清(1529—1590,中宗二十四年至宣祖二十三年)[④]、尹舜擧(1596—1668,宣祖二十九年至显宗九年)[⑤]、柳致明(1777—1861,正祖元年至哲宗十二年)[⑥]、徐圣耈(1663—1735,显宗四年至英祖十一年)[⑦]、李野淳(1755—1831,英祖三十一年至纯祖三十一年)[⑧]、李滉(1501—1570,燕山君七

---

① 李明辉:《四端与七情——关于道德情感的比较哲学探讨》,台北:台湾大学出版中心,2005年,第88页。Ming-huei Lee, *Confucianism: Its Root and Global Significance* (Honolulu: University of Hawaii Press,2017),pp. 41-53.关于早期中国儒家“仁”学之演变,参考Wing-tsit Chan,“The Evolution of the Confucian Concept of Jen,” *Philosophy East and West*, Vol. 4, No. 4 (Jan.,1955),pp. 295-319.

② 牟宗三:《心体与性体》第3册,台北:正中书局,1983年,第244页。

③ 牟宗三:《心体与性体》第3册,台北:正中书局,1983年,第244页。

④ [韩]郑介清:《修道以仁说》,《愚得录》卷二,《释义》,民族文化推进会编:《韩国文集丛刊》第40集,首尔:民族文化推进会,1989年,第365b~365c页。

⑤ [韩]尹舜举:《公最近仁说》,《童土集》卷五,《杂著》,民族文化推进会编:《韩国文集丛刊》第100集,首尔:民族文化推进会,1992年,第54a~55c页。

⑥ [韩]柳致明:《读朱张两先生仁说》,《定斋集》卷一九,《杂著》,民族文化推进会编:《韩国文集丛刊》第297集,首尔:民族文化推进会2002年,第404a~405b页。

⑦ [韩]徐圣耈:《仁说图》,《讷轩集》卷五,《杂著·学理图说(下)》,民族文化推进会编:《韩国文集丛刊》第53集,首尔:民族文化推进会,2008年,第542c~543d页。

⑧ [韩]李野淳:《仁说前图》,《广濑集》卷七,《杂著》,民族文化推进会编:《韩国文集丛刊》第102集,首尔:民族文化推进会,2010年,第571b页。

年至宣祖三年)[①]、金昌协(1651—1708,孝宗二年至肃宗三十四年)[②]、李喜朝(1655—1724,孝宗六年至景宗四年)[③]、李縡(1680—1746,肃宗六年至英祖二十二年)[④]、韩元震(1682—1751,肃宗八年至英祖二十七年)[⑤]、金乐行(1708—1766,肃宗三十四年至英祖四十二年)[⑥]、李象靖(1711—1781,肃宗三十七年至正祖五年)[⑦]、金履安(1722—1791,景宗二年至正祖十五年)[⑧]、李震相(1818—1886,纯祖十八年至高宗二十三年)[⑨]、郭钟锡(1846—1919,宪宗十二

---

① [韩]李滉:《答李叔献》,《退溪集》卷一四,《书》,民族文化推进会编:《韩国文集丛刊》第29集,首尔:民族文化推进会,1989年,第379c~383a页。

② [韩]金昌协:《与李同甫(丙戌)》,《农岩集》卷一三,《书》,民族文化推进会编:《韩国文集丛刊》第161集,首尔:民族文化推进会,1996年,第558c~564a页。

③ [韩]李喜朝:《答金仲和(乙酉)》,《芝村集》卷八,《书》,民族文化推进会编:《韩国文集丛刊》第170集,首尔:民族文化推进会1996年,第170a~173c页。

④ [韩]李縡:《答南宫道由(棂)问目(甲寅)》,《陶庵集》卷一八,《书(十)》,民族文化推进会编:《韩国文集丛刊》第194集,首尔:民族文化推进会,1997年,第393a~394d页。

⑤ [韩]韩元震:《上师门(辛卯五月)》,《南塘集》卷七,《书(师门禀目)》,民族文化推进会编:《韩国文集丛刊》第201集,首尔:民族文化推进会,1998年,第174b~177b页;韩元震:《农岩四七知觉说辨》,《南塘集》卷六,《杂著》,民族文化推进会编:《韩国文集丛刊》第202集,首尔:民族文化推进会,1998年,第435a~448b页。

⑥ [韩]金乐行:《答李景文》,《九思堂集》卷四,《书》,民族文化推进会编:《韩国文集丛刊》第222集,首尔:民族文化推进会,1999年,第343a~348d页;金乐行:《拟与李景文(丙戌)》,《九思堂集》卷四,民族文化推进会编:《韩国文集丛刊》第222集,首尔:民族文化推进会,1999年,第350a~357c页;金乐行:《朱书爱之之理便是仁辨》,《九思堂集》卷三,《杂著》,民族文化推进会编:《韩国文集丛刊》第222集,首尔:民族文化推进会,1999年,第488a~489b页。

⑦ 李象靖:《再答金退甫论朱书疑义》,《大山集》卷一二,《书》,民族文化推进会编:《韩国文集丛刊》第226集,首尔:民族文化推进会,1999年,第255a~256c页;李象靖:《重答别》,《大山集》卷一二,《书》,民族文化推进会编:《韩国文集丛刊》第226集,首尔:民族文化推进会,1999年,第256c~266d页;李象靖:《与崔立夫(丁丑)》,《大山集》卷一五,民族文化推进会编:《韩国文集丛刊》第226集,首尔:民族文化推进会,1999年,第303b~305a页;《答赵圣绍》,《大山集》卷二八,《书》,民族文化推进会编:《韩国文集丛刊》第227集,首尔:民族文化推进会,1999年,第028b~031d页。

⑧ [韩]金履安:《答俞擎汝》,《三山斋集》卷五,《书》,民族文化推进会编:《韩国文集丛刊》第238集,首尔:民族文化推进会,1999年,第392b~393d页。

⑨ [韩]李震相:《答张仲谦·别纸》,《寒洲集》卷一二,《书》,民族文化推进会编:《韩国文集丛刊》第317集,首尔:民族文化推进会,2003年,第287d~290c页。

年至 1919 年)[①]、李显益(1678—1717,肃宗四年至肃宗四十三年)[②]、杨应秀(1700—1767,肃宗二十六年至英祖四十三年)[③]、柳长源(1724—1796,景宗四年至正祖二十年)[④]、金宗燮(1743—1791,英祖十九年至正祖十五年)[⑤]、李仁行(1758—1833,英祖三十四年至纯祖三十三年)[⑥]、柳栻(1755—1822,英祖三十一年至纯祖二十二年)[⑦]、李秉远(1774—1840,英祖五十年至宪宗六年)[⑧]等人,均撰文探讨朱子的仁学论述。

德川时代的日本儒者如伊藤仁斋(维桢,1627—1705)[⑨]、丰岛丰洲

---

① [韩]郭钟锡:《答金献纳(丁丑)》,《俛宇集·书》卷一五,民族文化推进会编:《韩国文集丛刊》第 340 集,首尔:民族文化推进会,2004 年,第 320d～321a 页;郭钟锡:《答姜士行(道熙—丙辰)》,《俛宇集·书》卷一二 ,民族文化推进会编:《韩国文集丛刊》第 343 集,首尔:民族文化推进会,2005 年,第 268d～269b 页。

② [韩]李显益:《上遂庵先生(乙酉)》,《正庵集》卷三,《书》,民族文化推进会编:《韩国文集丛刊》第 60 集,首尔:民族文化推进会,1990 年,第 197a～199c 页;李显益:《上遂庵先生·别纸》,《正庵集》卷三,《书》,民族文化推进会编:《韩国文集丛刊》第 60 集,首尔:民族文化推进会,1990 年,第 199d～203c 页。

③ [韩]杨应秀:《知觉说》,《白水集》卷六,《说》,民族文化推进会编:《韩国文集丛刊》第 77 集,首尔:民族文化推进会,1990 年,第 158c～160c 页;杨应秀:《不仁故不智说》,《白水集》卷六《说》,民族文化推进会编:《韩国文集丛刊》第 77 集,首尔:民族文化推进会,1990 年,第 160c～161d 页。

④ [韩]柳长源:《答金道彦》,《东岩集》卷三,《书》,民族文化推进会编:《韩国文集丛刊》第 88 集,首尔:民族文化推进会,1990 年,第 213b～214b 页;柳长源:《答金定之·别纸》,《东岩集》卷四《书》,民族文化推进会编:《韩国文集丛刊》第 88 集,首尔:民族文化推进会,1990 年,第 230d～231c 页。

⑤ [韩]金宗燮:《读朴南野甲乙录札疑》,《济庵集》卷七,《杂著》,民族文化推进会编:《韩国文集丛刊》第 99 集,首尔:民族文化推进会,1990 年,第 230d～232c 页。

⑥ [韩]李仁行:《与壶谷柳丈》,《新野集》卷三,《书》,民族文化推进会编:《韩国文集丛刊》104 集,首尔:民族文化推进会,1990 年,第 470d～472d 页。

⑦ [韩]柳栻:《上立斋先生》,《近窝集》卷二,《书》,民族文化推进会编:《韩国文集丛刊》第 103 集,首尔:民族文化推进会,1990 年,第 438d～433d 页。

⑧ [韩]李秉远:《答姜擎厦(庚寅)》,《所庵集》卷五,《书》,民族文化推进会编:《韩国文集丛刊》第 115 集,首尔:民族文化推进会,1990 年,第 098a～099c 页。

⑨ [日]伊藤仁斋:《仁说》,《古学先生诗文集》卷三,《近世儒家文集集成》第 1 册,东京:株式会社ぺりかん社,1985 年,第 60～61 页。

(1736—1814)[①]、赖杏坪(1756—1834)[②]、浅见炯斋(1652—1711)[③]、山崎闇斋(1619—1682)[④]都撰有以〈仁说〉为题的论文。此外,伊藤东涯(名长胤,字原藏,1685—1780)[⑤]、贝原益轩(名笃信,号损轩,1630—1714)[⑥]、荻生徂来(物茂卿,1666—1728)[⑦]、久米订斋(顺利,1699—1784)[⑧]、高半[⑨]、大高坂芝山(1647—1713)[⑩]、蟹维安(号养斋,1705—1778)[⑪]、平瑜(平俞)[⑫]、中井竹山(号积善,1730—1804)[⑬]、上月专庵(信敬,1704—1752)[⑭]、太宰春台(1680—

① [日]丰岛丰洲:《仁说》,关仪一郎编:《日本儒林丛书》第6册,东京:凤出版,1978年,第1～8页。

② [日]赖杏坪:《原古编》,朱子学派の部卷三,井上哲次郎、蟹江义丸编:《仁说》,《日本伦理汇编》(八),东京:育成会,1903年,第449～454页。

③ [日]浅见絅斋:《记仁说》,《絅斋先生文集》卷六,《近世儒家文集集成》,东京:ぺりかん社,1987年,第2册。

④ [日]山崎闇斋:《仁说答问》,井上哲次郎、蟹江义丸编:《日本伦理汇编》第8册,东京:育成会,1903年,第378～387页。

⑤ [日]伊藤东涯:《间居笔录》,关仪一郎编:《日本儒林丛书·随笔部第一》第1册,东京:凤出版,1978年。

⑥ [日]贝原笃信(贝原益轩)著,大野通明(大野北海)点校:《大疑录》,关仪一郎编:《日本儒林丛书·続编解说部第二》第6册,东京:凤出版,1978年,第29～30页。

⑦ [日]荻生徂徕:《蘐园十笔》,关仪一郎编:《日本儒林丛书·続编随笔部第一》,东京:凤出版,1978年,第7册。

⑧ [日]久米订斋:《晚年谩录》,关仪一郎编:《日本儒林丛书·随笔部第二》,东京:凤出版,1978年,第2册。

⑨ [日]高半:《难徕学》,关仪一郎编:《日本儒林丛书·儒林杂纂》第14册,东京:凤出版,1978年。

⑩ [日]大高坂芝山:《南学遗训》,关仪一郎编:《日本儒林丛书·史伝书简部》第3册,东京:凤出版,1978年。

⑪ [日]蟹维安:《非徂徕学》,关仪一郎编:《日本儒林丛书·论弁部》第4册,东京:凤出版,1978年。

⑫ [日]平瑜(平俞):《非物氏》,关仪一郎编:《日本儒林丛书·论弁部》第4册,东京:凤出版,1978年。

⑬ [日]中井竹山:《闲距余等》,关仪一郎编:《日本儒林丛书·论弁部》第4册,东京:凤出版,1978年。

⑭ [日]上月信敬:《徂徕学则弁》,关仪一郎编:《日本儒林丛书·论弁部》第4册,东京:凤出版,1978年。

1747)[①]、海保渔村(1798—1866)[②]、薮悫(薮孤山,1735—1802)[③]、渡边弘堂(1689—1760)[④]、藤原惺窝(肃、敛夫,1561—1619)[⑤]、山鹿素行(名高兴、高祐,1622—1685)[⑥]、雨森芳洲(名俊良,字伯阳,号芳洲,1668—1755)[⑦]、中村惕斋(1629—1702)[⑧]、佐藤一斋(坦、大道,1772—1859)[⑨]、帆足万里(1778—1852)[⑩]、大塩中斋(平八郎,1794—1837)[⑪]等人在各自著作中,也对儒家"仁"学多所探讨。我们如将日韩儒者对朱子"仁"学之论述比而观之,则朝鲜儒者浸润在朱子学思想之中,登堂入室,深入朱子仁学的"诠释之环"(Hermeneutical circle)。至于行文通畅,文理密察,则犹其余事也。但日本儒者却努力解消朱子"仁"学的形上学基础,常以"气一元论"批判朱子学的伦理学二元架构。日韩儒者对朱子"仁"学之讨论意见,与17世纪以降日韩地区实学思想之昂扬颇有关系。[⑫] 东亚各国儒者可以反对朱子,可以批判朱子,可

---

① [日]太宰春台着,稻垣白嵓、原尚贤校:《斥非》(付春台先生杂文九首),关仪一郎编:《日本儒林丛书·论弁部》第4册,东京:凤出版,1978年。

② [日]海保渔村:《论语驳异》,关仪一郎编:《日本儒林丛书·儒林杂纂》第14册,东京:凤出版,1978年。

③ [日]薮悫:《崇孟(付読崇孟·崇孟解)》,关仪一郎编:《日本儒林丛书·论弁部》第4册,东京:凤出版,1978年。

④ [日]渡边弘堂:《字义弁解》,关仪一郎编:《日本儒林丛书·儒林杂纂》第14册,东京:凤出版,1978年。

⑤ [日]藤原惺窝《惺窝先生文集抄录》,朱子学派之部卷之七,《五事之难》,井上哲次郎、蟹江义丸共编:《日本伦理汇编》,东京:育成会,1903年。

⑥ [日]山鹿素行:《山鹿语类》,古学派之部卷之四、卷三七,《圣学》,井上哲次郎,蟹江义丸编:《日本伦理汇编》,东京:育成会,1903年。

⑦ [日]雨森芳洲:《橘窗茶话》,朱子学派之部卷之七、卷上,井上哲次郎,蟹江义丸编:《日本伦理汇编》,东京:育成会,1903年。

⑧ [日]中村惕斋:《讲学笔记》第1册,朱子学派之部卷之七,井上哲次郎,蟹江义丸编:《日本伦理汇编》,东京:育成会,1903年。

⑨ [日]佐藤一斋著,简野道明校阅:《言志晚录》,国语汉文研究会编:《言志四录:新注》,东京:明治书院,1936年。

⑩ [日]帆足万里:《入学新论》上卷,《原教第一》,五郎丸延、小野精一编:《帆足万里全集》,日出:帆足纪念图书馆,1926年。

⑪ [日]大塩中斋:《洗心洞札记》,《后自序》,东京:松山堂,1907年,第3~4页;大塩中斋:《儒门空虚聚语》,阳明学派之部卷之三,附录《答弟子学名学则》,井上哲次郎、蟹江义丸编:《日本伦理汇编》,东京:育成会,1903年。

⑫ 我最近曾详论朱子"仁"学在日韩之新发展,参看黄俊杰:《东亚儒家仁学史论》第六、七章,台北:台湾大学出版中心,2017年,第299~350页。

以与朱子论争，但不能跳过朱子所建立的“仁”学新典范。

那么朱子的“仁”学新说，在21世纪全球化时代具有何种新意义呢？21世纪是一个不同文明互相碰撞的新时代，早在20世纪末，美国政治学家亨廷顿(Samuel Huntington，1927—2008)就预言，21世纪国与国之间的传统战争会日趋减少，战争最容易爆发于文明与文明的断层在线。[①] 亨廷顿学说的创见在于他指出“文化认同”(cultural identity)问题在21世纪国际政治中的重要性。当代国际关系著名学者如入江昭(Akira Iriye，1934—)[②]与平野健一郎(1937—)[③]也都强调国际关系中“文化认同”的重要性，但是杭廷顿的论述仍不免带有19世纪德国俾斯麦(Otto Eduard Leopold von Bismarck，1815—1898)以来以“国家利益”为核心的“现实政治”(Realpolitik)的旧思维。正是在这一点上，儒家政治思想可以弥补当代政治学说之不足。[④]

自孔子以来，东亚各国儒家学者思考“自我”与“他者”之互动，以及“政治认同”与“文化认同”之抉择问题时，均以“文化认同”为最居首出之地位。孔子早已说过“远人不服，则修文德以来之。既来之，则安之”[⑤]。唐代魏征(580—643)写《九泉宫醴泉铭》说唐太宗(598—649)“始以武功一海内，终以文德怀远人”，[⑥]以文化价值理念作为“自”“他”互动之基础，始终是东亚儒家文化圈的共同理想。所以17世纪日本古学派大儒伊藤仁斋(1627—1705)的长子伊藤东涯(1670—1736)，听到山崎闇斋(1619—1682)弟子转述山崎先生所提出，如果中国攻打日本而以孔孟为大将及副将之问题时，笑曰：“子幸不以孔孟之攻我邦为念，予保其无之。”[⑦]当18世纪朝鲜大儒丁茶山(1762—

---

① Samuel Phillips Huntington, *The Clash of Civilization and the Remaking of World Order*, New York: Simon & Shuster, Inc., 1996.

② Akira Iriye, *Cultural International and World Order*, Baltimore and London: Johns Hopkins University Press, 1997, pp. 177-185.

③ [日]平野建一郎：《国际文化论》，东京：东京大学出版会，2000年，第189～200页。

④ 我以前曾对杭亭顿学说有所探讨评论，见 Chun-chieh Huang, "A Confucian Critique of Samuel P. Huntington's Clash of Civilization," *East Asia: An International Quarterly*, Vol.16, No.1/2, spring/ summer 1997, pp. 146-156.

⑤ 《论语·季氏》，见朱熹：《论语集注》，《四书章句集注》卷六，北京：中华书局，1983年，第170页。

⑥ 魏征：《九泉宫醴泉铭》，周绍度等编：《全唐文新编》第3册，长春：吉林文史出版社，2000年，第1603～1604页。

⑦ [日]原念斋：《先哲丛谈》，文化十三年(1816年)第3卷，江户：庆元堂、拥万堂，第4～5页。

1836)读过日本儒者著作后,就写信给儿子说日本不会攻打朝鲜。[①] 上述日韩儒者所持对国际关系的看法,都是以"文化认同"作为基础而提出的。

在21世纪东亚传统文化中,最具有理论潜力而可以成为人类共同接受的普世价值的,就是儒家的"仁"学。东亚儒家"仁"学特重人与人相与之际应有的行为准则(如"仁者,爱人""克己复礼为仁")与伦理规范。用现代的语言来说,儒家"仁"学的核心价值在于强调"主体间性"(inter-subjectivity)的重要性。辛正根曾撰二书,析论儒家"仁"学之发展史及其含义。陈来最近撰书有心于综摄自古至今之中国儒家"仁"学论述,编成新仁学体系,贡献良多。[②]

但是在21世纪多元主体并立而且互相冲突的新时代里,如果只讲属于现实生活层面的"爱人",可能尚难以因应21世纪复杂的问题。因为不同文明可能有不同的"爱人"之具体方式或思维,因而冲突仍难以完全避免。在这一点上,朱子以"爱之理"言"仁",就取得了新意义。朱子"仁"学的核心理念就是牟宗三先生所谓"爱之存在的存在性",是"爱"之所以然的原理,它属于本体界而不是现象界。如果21世纪各不同文明与社会,都接受作为形上原理的"爱之理",然后因人因时因地而制宜,形成各自不同的"爱人"之具体方法,当可为21世纪带来更大的和平。事实上,这种愿景也与朱子学"理一分殊"的原则若合符节,并互相呼应。

(三)"公共"精神

朱子学中对21世纪具有新启示的第三个核心价值是"公共"这个概念。我过去的研究曾说:孔孟都认为"公"乃"私"之扩大与延伸,荀子才明辨"公""私"。朱子常以"天理之公"与"人欲之私"对举,主张以前者克后者。[③] 到了17世纪,日本古文辞学派儒者荻生徂来(1666—1728),更严格分别"公""私"

---

① [韩]丁若镛:《示二儿》,《集一·诗文集》卷二一,《与犹堂全书》第3册,首尔:民族文化文库,2001年,第373页;丁若镛:《日本论一》,《集一·诗文集》卷一二,《与犹堂全书》第2册,首尔:民族文化文库,2001年,第282~283页。

② 陈来:《仁学本体论》,北京:三联书店,2014年。

③ 参看黄俊杰:《东亚近世儒者对"公""私"领域分际的思考:从孟子与桃应的对话出发》,《东亚儒学:经典与诠释的辩证》,台北:台湾大学出版中心,2007年,第395~418页;Chun-chieh Huang, *East Asian Confucian: Texts in Contexts* (Goettingen and Taipei: V&R unipress, National Taiwan University Press, 2015), chapter 3, pp. 57-80.

之分际。[①] 至于“公共”一词首次出现于史书，则是在西汉文帝之时宰相张释之对文帝曰：“法者，天子所与天下公共也。”[②]

朱子“仁”学论述特重“公”之一字，朱子所说“公是仁底道理”[③]一语，非常受到朝鲜儒者的重视，17 世纪尹舜举（字鲁直，号童土，1596—1668）就曾撰文，长篇大论“公”与“仁”之关系。[④] 朱子在“仁说”与《克斋记》（完成于《仁说》之前一年，南宋孝宗乾道八年，公元 1172 年）中，虽然未出现“公是人底道理”这句话，但在《朱子语类》中却常见朱子与学生讨论“公是仁底道理”。这句话出自程颐所说“公只是仁之理，不可将公便唤作仁”[⑤]一语，朱子极看重这句话，在各种场合一再发挥这句话的义理。朱子说：“公了方能仁，私便不能仁。”又说：“仁是爱底道理，公是仁底道理。故公则仁，仁则爱。”朱子又强调：“公是仁之方法，人身是仁之材料”“无公，则仁行不得”。朱子又说：“惟仁，然后能公。……故惟仁然后能公”“公不可谓之仁，但公而无私便是仁”“无私以间之则公，公则仁”。[⑥] 可见在朱子思想中，“仁”与“公”实不可分割。

最近有学者统计发现：“公共”一词在约 5400 万字的《朝鲜王朝实录》中，共出现 623 次。但在约 3900 万字的中国《二十五史》（含《清史稿》）中，却只出现 14 次；在约 300 万字的《资治通鉴》中，只出现 6 次；在约 1600 万字的《明实录》中，只出现 10 次；在约 3100 万字的《清实录》中，只出现 34 次。[⑦] 中日两国史书中“公共”一词出现次数之强烈对比，不知是否与朝鲜时代朝鲜君臣与史官深刻地浸润在朱子学的思想氛围中有关系？这是一个值得进一步探讨

---

① [日]荻生徂徕：《辨名》，古学派の部（下）卷上，《公正直》，井上哲次郎、蟹江义丸编：《日本伦理汇编》第 6 册，东京：育成会，1903 年。

② 司马迁：《张释之冯唐列传》第四十二，《史记》卷一〇二，北京：中华书局，1959 年，第 2754 页。

③ 黎靖德：《朱子语类》卷六，朱杰人等主编：《朱子全书》第 14 册，上海：上海古籍出版社，合肥：安徽教育出版社，2002 年，第 258 页。

④ [韩]尹舜举：《公最近仁说》，《童土集》卷五《杂著》，民族文化推进会编：《韩国文集丛刊》第 100 集，首尔：民族文化推进会，1992 年，第 54a～55c 页。

⑤ 程颐：《伊川先生语一》，《河南程氏遗书》卷十五，《二程集》，北京：中华书局，1981 年，第 153 页。

⑥ 以上引文均见《朱子语类》卷六，朱杰人等主编：《朱子全书》第 14 册，上海：上海古籍出版社，合肥：安徽教育出版社，2002 年，第 258 页。

⑦ [日]片冈龙：《“朝鲜王朝实录”に见える“公共の用例の検讨”》，法政大学国际日本学研究所编：《相互探究としての国际日本学研究：日中韩文化关系の诸相》，东京：法政大学国际日本学研究所，2013 年，第 247 页。

的问题。

朱子不仅说“公”是“仁”的原理，而且也常将“公”与“理”“气”“法”等概念联结，例如朱子说：“祖考亦只是此公共之气”[①]“道是个公共底道理”[②]“此理亦只是天地间公共之理”[③]“盖法者，天下公共”[④]。朱子对“公共”精神的强调，在中国思想家中最为特出。

那么，朱子学中的“公共”精神，与21世纪又有什么关联呢？我认为由于21世纪全球化的发展使得世界各国之贫富差距扩大，各国国内贫富鸿沟也日益严重，使M型社会成为事实。“反全球化”浪潮主要是由受到全球化伤害的弱势群体所激起。我们只要检视当前各国贫富不均的资料，就会为之触目惊心。举例言之，2018年，法国经济学家皮凯提（Thomas Piketty）率领研究团队发表的《2018年世界不平均报告》（World Inequality Report，2018），其中所提出的资料显示，截至2016年，中国最富裕的10％人的收入占全国人民收入的比例达41％，俄罗斯为46％，先进的民主国家美国和加拿大是47％，相对落后贫穷的撒哈拉以南非洲为54％。中东国家贫富差距最大，其中最富有10％人的收入占全国国民收入的61％。收入分配最平均的是欧洲，10％最富有的人收入仍占全国人民总收入的37％。这篇报告也指出，在过去数十年中，世界各国的收入差距均呈扩大趋势，而经济政策与社会制度，正是形成收入差距悬殊的重要因素。[⑤]

2011年9月7日开始于纽约的“占领华尔街”（Occupy Wall Street）运动，后来蔓延到美国其他城市以及世界各地，诉求99％的弱势人民对抗社会金字塔顶端最腐败豪富的1％。21世纪各国社会不“公”的状态，使强凌弱、富欺贫的现状，将随着“人工智能”（AI）等高新科技的发展而如脱缰野马，使人类面临不可测的深渊。21世纪世局的变化使哲学家罗尔斯（John Rawls，

---

① 黎靖德：《朱子语类》卷三，朱杰人等主编：《朱子全书》第14册，上海：上海古籍出版社，合肥：安徽教育出版社，2002年，第170页。

② 黎靖德：《朱子语类》卷三一，朱杰人等主编：《朱子全书》第15册，上海：上海古籍出版社，合肥：安徽教育出版社，2002年，第1130页。

③ 黎靖德：《朱子语类》卷一一七，朱杰人等主编：《朱子全书》第18册，上海：上海古籍出版社，合肥：安徽教育出版社，2002年，第3687页。

④ 黎靖德：《朱子语类》卷六　，朱杰人等主编：《朱子全书》第16册，上海：上海古籍出版社，合肥：安徽教育出版社，2002年，第1965～1966页。

⑤ 《2018年世界不平均报告》中文版，见 https://wir2018.wid.world/files/download/wir2018-summary-chinese.pdf.

1921—2002)所分析的"分配正义"(distributive justice)[①]问题取得新的重要性。

除了以上所说随着全球化而来的贫富差距扩大的问题之外,21世纪的世界面临的另一个新挑战,就是进入21世纪以后,许多民主国家出现所谓"民主退潮"(Democratic recession)的问题。[②] 这个问题对东亚地区而言,更形复杂而重要。东亚地区共有17个国家,总人口占全球人口30%。政治体制有"自由民主政体"(Liberal democracy)"选举的民主政体"(Electoral democracy)"选举的威权政体"(Electoral authoritarian)与"政治封闭的威权政体"(Politically closed authoritarian)等不同政体,杂然纷陈,前景未卜。虽然有些政治学家对全球民主政治的前途颇为悲观,[③]但是许多政治学家也都乐观地预测在未来一个世代左右,大部分的东亚地区都将转型成为民主国家。[④] 东亚地区数千年来浸润在儒家传统之中,因此,东亚地区民主的愿景必然与儒家有其关系。事实上,在1980年"当代新儒家"徐复观(1904—1982)就首先提出以儒家的"德"与"礼"融入近代西方民主政治之中,以补西方民主之不足。徐复观说:

> 民主之可贵,在于以争而成其不争:以个体之私而成其共体的公。但这里所成就的不争,所成就的公,以现实情形而论,是由互相限制之势所逼成的,并非来自道德的自觉,所以时时感到安放不牢。儒家德与礼的思想,正可把由势逼成的公与不争,推上到道德的自觉。民主主义至此才真正有其根基。[⑤]

---

① [美]约翰·罗尔斯著,何怀宏等译:《正义论》,北京:中国社会科学出版社,2009年。

② 这是 Larry Diamond 的名词,见 Larry Diamond,"Facing up to the Democratic Recession," in Larry Diamond and Marc F. Plattner eds., *Democracy in Decline*? (Baltimore: Johns Hopkins University Press,2015),pp. 98-118.

③ Jason Brennan, *Against Democracy* (Princeton: Princeton University Press,2016); David Runciman, *How Democracy Ends* (New York: Hachette Books Group,2018).

④ 参看 Larry Diamond, Marc F. Plattner, and Yun-han Chu eds., *Democracy in East Asia: A New Century*, Baltimore: Johns Hopkins University Press,2013.

⑤ 徐复观:《儒家政治思想的构造及其转进》,《学术与政治之间》,台北:台湾学生书局,1980年,第46~47页。

徐复观先生首倡之“儒家民主”之说，[①]虽然也受到一些学者的质疑，[②]但是近十余年来却受到许多国际学者的支持并有进一步发挥。有人建议取杜威(John Dewey，1859—1952)实用主义(pragmatism)与儒家融合，以创造儒家式的民主政治。[③] 有人指出儒家的“仁”与“君子”等价值理念，可以与民主相融合。[④] 也有人强调儒家价值可以弥补西方的“自由主义民主政治”之不足。[⑤] 更有人指出儒家的政治“完美主义”采取的是“责任本位”的进路，所接受的是“天下为公”的政治生活方式，绝不接受“赢者全拿”的选举政治。[⑥] 以上所简述当代学者对所谓“儒家民主”(Confucian democracy)的各种理论推衍，均在不同程度之内涉及“公”与“私”的分际问题。

就在这样贫富不均与民主在十字路口徬徨的新时代背景之中，朱子学中“公是仁底道理”这项命题，提醒世人在 21 世纪思考“儒家民主”的前景与儒家“仁”学的弘扬，必须建立在“公”的精神之上。朱子强调“公”作为行“仁”的原则，确实对 21 世纪具有其高度的相关性。朱子说得好：“公不可谓之仁，但公而无私便是仁。”[⑦]当今各国主政者中能免于“私”字者几希。朱子学中的“公共”精神对于当今世界甚嚣尘上的“政治唯我论”，确实是一剂清凉散。事实上，进入 21 世纪以后，国际学术界对“公共哲学”的兴趣正方兴未艾，日本东京大学出版社从 2001 年起，由时任东京大学校长的佐佐木毅与韩裔学者金泰昌合编《公共哲学》系列丛书，至 2004 年共出版 15 卷。[⑧] 这套丛书有心于跳脱“奉公灭私”的旧思维，迈向“活私开公”之新思维，重视由市民与中间

---

① 关于 20 世纪与 21 世纪儒家学者对民主政治的论述之回顾，参看 David Elstein，*Democracy in Contemporary Confucian Philosophy* ，London：Routledge，2015。

② Li Chenyang，*The Tao Encounters the West* ，Albany：State of University of New York Press，1999，pp. 172-180.

③ Sor-Hoon Tan，*Confucian Democracy*：*A Deweyan Reconstruction*，Albany：State of University ofNew York Press，2003，pp.8，123，138.

④ Brooke Ackerly，“Is Liberalism the Only Way toward Democracy? Confucianism and-Democracy，” in *Political Theory*，vol. 33，no. 4 (Aug.，2005)，pp. 547-576.

⑤ Albert H. Y. Chen，“Is Confucianism Compatible with Liberal Constitutional Democracy?” *in Journal of Chinese Philosophy*，2007，pp.196-216，esp. p.211.

⑥ Joseph Chan，*Confucian Perfectionism*：*A Political Philosophy for Modern Times* (Princeton：Princeton University Press，2014)，pp. 22-23、224-232.

⑦ 黎靖德：《朱子语类》卷六，朱杰人等主编：《朱子全书》第 14 册，上海：上海古籍出版社，合肥：安徽教育出版社，2002 年，第 258 页。

⑧ [日]佐佐木毅、金泰昌编：《公共哲学》，东京：东京大学出版会，2001—2004 年。

团体扮演重要角色的“公共性”(publicness),并在全球化的层次上重新思考“公共性”问题。上述新研究动向,都让我们看到朱子学中特重之“公共”精神虽历久而弥新,对21世纪具有重大启示。

四、结　　论

总结本文论述,站在21世纪的地平线上,我们可以提出两项结论性的看法:

第一,朱子学中“理一分殊”“仁”与“公共”三个核心价值之间,实有其连环互动之关系。首先,正如本文起首所说,全球化趋势使全球化的“理一”被以美国、欧盟、日本所形成的“三极”所掌控。所以激起“反全球化”浪潮。但是“反全球化”趋势却又只求“分殊”,经贸保护主义与政治唯我论的再兴,都使世界一步一步走向裂解。朱子学核心价值在于“分殊”之中求其“理一”,确实是一种具有纾解全球化与“反全球化”紧张性的学说。其次,在“分殊”之中求“理一”,必须以“心之德,爱之理”的“仁”作为运作的形上学原理,并落实在世界中,成为政治经济学的“公共”精神之基础。

第二,朱子学核心价值的“理”“仁”与“公共”,均以“普遍性”(universality)为其特质。这三种核心价值理念,均指向牟宗三先生所谓“存在之存在性”。因此可以引导世界的新动向而不受现实世界之宰制。朱子诗云:“问渠那得清如许?为有源头活水来。”①朱子学正是疗愈今日世界纷扰的源头活水。

---

① 朱熹:《观书有感二首》,陈俊民校订:《朱子文集》卷二,台北:德富文教基金会,2000年,第73页。

宋代的新儒学与理学

◎ 李存山

宋代的理学又称“道学”，这是比较确定的。而新儒学（Neo-Confucianism）本是对“理学”或“道学”的英译[①]，但是近年来随着研究的深入，在美国汉学界也有对“新儒学”之称谓的争论，一种观点认为新儒学所指相当含糊不清，主张将其搁置起来，而只以“道学”指称程朱学派；另一种观点认为新儒学专指“理学”和“心学”，抑或理学属于“正统的新儒学”，而其他宋代以来的儒学则属于一般（广义）的新儒学[②]。

我近年来比较赞成钱穆先生的一个说法，即他在《朱子学提纲》中所说：“理学兴起以前，已先有一大批宋儒。此一大批宋儒，早可称为是新儒。”“而北宋之理学家，则尤当目为新儒中之新儒。”[③]依此说，“新儒家”之称可有广狭之别，广义的“新儒家”包括范仲淹、欧阳修和“宋初三先生”等，狭义的“新儒家”则专指宋明理学家（包括理学和心学）。

钱穆先生还曾说：“宋学精神，厥有两端：一曰革新政令，二曰创通经义。而精神之所寄，则在书院。革新政令，其事至荆公而止；创通经义，其业至晦庵而遂。而书院讲学，则其风至明末之东林而始竭。”[④]这里说的“宋学”应即指广义的宋代新儒学，“两端”之一的“革新政令”是以范仲淹的庆历新政和王

① 冯友兰先生在《中国哲学简史》中说：“‘新儒家’这个名词，是一个新造的西洋名词，与‘道学’完全相等。”见冯友兰：《三松堂全集》第六卷，郑州：河南人民出版社，2000年，第228页。

② 参见田浩编：《宋代思想史论》，北京：社会科学文献出版社，2003年，第10、14、80页。

③ 钱穆：《朱子学提纲》，北京：三联书店，2002年，第8、16页。

④ 钱穆：《中国近三百年学术史》，北京：商务印书馆，1997年，第7页。

安石的熙宁变法为代表。而之二的"创通经义,其业至晦庵而遂",则尤指自周敦颐始的"伊洛渊源"或"濂洛关闽"之学。

自冯友兰先生的《中国哲学史》以来,学界一般都把理学的先驱追溯到唐代的韩愈和李翱。从古文运动、排斥佛老、道统论和心性论来说,的确可以这样联系,但这毕竟只是后人或今人的一种思想史叙述,而不是理学家自己的说法。我认为追溯理学的先驱,还应该重视朱熹的以下说法:

本朝道学之盛……亦有其渐,自范文正以来,已有好议论,如山东有孙明复,徂徕有石守道,湖州有胡安定,到后来遂有周子、程子、张子出。故程子平生不敢忘此数公,依旧尊他。①

这里的"亦有其渐",就是指道学或理学的先驱。我认为追溯理学的先驱,还是应重视朱熹所说过的,从范仲淹和"宋初三先生"讲起,他们就是广义的宋代新儒学的发端。

一、范仲淹与"宋初三先生"

"宋初三先生"在宋代新儒学中的地位早已得到承认,如全祖望所作《宋元学案·序录》云:

宋世学术之盛,安定、泰山为之先河,程、朱二先生皆以为然。……小程子入太学,安定方居师席,一见异之。讲堂之所得,不已盛哉!述《安定学案》。

泰山之与安定,同学十年,而所造各有不同。……而泰山高弟为石守道(石介),以振顽懦,则岩岩气象,倍有力焉。抑又可以见二家渊源之不紊也。述《泰山学案》。

考《宋元学案》的这两段"序录",其实是本于黄百家所引黄震所说:

宋兴八十年,安定胡先生、泰山孙先生、徂徕石先生,始以其学教授。而安定之徒最盛,继而伊洛之学兴矣。故本朝理学虽至伊洛而精,实自三先生而始。故晦庵有伊川不敢忘三先生之语。②

这条引文是出自《黄氏日抄》卷四十五。而黄震之说实又是本于上述朱

---

① 黎靖德:《朱子语类》卷一二九,朱杰人等主编:《朱子全书》第18册,上海:上海古籍出版社,合肥:安徽教育出版社,2002年。

② 黄宗羲:《宋元学案》卷二,《泰山学案》,北京:中华书局,1986年。

熹所论的“本朝道学之盛……亦有其渐……”差别只是缺少了“自范文正以来，已有好议论”。黄震对范仲淹并不是不了解，如他也曾说：“本朝人物，范文正公本朝第一等人。”[①]但他可能不太熟悉范仲淹与“宋初三先生”的关系，故他在讲“宋世学术之盛，安定、泰山为之先河”时没有把范仲淹放在前面。这一忽略致使宋初的一段学术史不明，乃至《宋元学案》在《安定学案》《泰山学案》之后才是《高平学案》和《庐陵学案》。全祖望《序录》说：

> 晦翁推原学术，安定、泰山而外，高平范魏公其一也。高平一生粹然无疵，而导横渠以入圣人之室，尤为有功……述《高平学案》。

这一顺序的颠倒，以及把范仲淹作为“安定、泰山而外”的一支，其误在王梓材的“案语”中已经点明了：“高平行辈不后于安定、泰山，而庐陵亦当时斯道之疏附也。谢山以梨洲编次学案，托始于安定、泰山者，其意远有端绪，故以高平、庐陵次之。”（《序录》案语）梓材又云：“安定、泰山诸儒皆表扬于高平”（《高平学案》案语）、“胡（瑗）、孙（复）、石（介）、李（觏）四先生皆在文正门下”（《泰山学案》案语）。王氏所说《宋元学案》“托始于安定、泰山者，其意远有端绪”，当即指胡瑗曾为程颐所尊敬的老师。他所说“宋初三先生”及李觏“皆在文正门下”，是本于朱熹编《三朝名臣言行录》卷十一所云：“文正公门下多延贤士，如胡瑗、孙复、石介、李觏之徒，与公从游，昼夜肄业……”[②]这才是范仲淹与“宋初三先生”的真实关系，即“宋初三先生”及李觏都是范仲淹门下的“贤士”。

《范文正公集·年谱》引魏泰《东轩笔录》云：

> 公在睢阳掌学，有孙秀才者索游上谒公，赠钱一千。明年，孙生复谒公，又赠一千，因问：“何为汲汲于道路？”孙生戚然动色曰：“母老无以养，若日得百钱，则甘旨足矣。”公曰：“吾观子辞气非乞客，二年仆仆所得几何，而废学多矣。吾今补子为学职，月可得三千以供养，子能安于学乎？”孙生大喜，于是授以《春秋》。而孙生荐学不舍昼夜，行复修谨，公甚爱之。明年公去睢阳，孙亦辞归。后十年间，泰山下有孙明复先生，以《春秋》教授学者。道德高迈，朝廷召至，乃昔日索游孙秀才也。

这段引文又见《宋元学案·泰山学案》“附录”所引《杨公笔录》（宋杨延龄

---

① 黄震：《黄氏日抄》卷三十九。类此，南宋时吕中在《宋大事记讲义》卷十亦有云：“先儒论本朝人物，以范仲淹为第一。”

② 此又见《宋史·范仲淹传》所附范纯仁传，又被《泰山学案》王梓材按语所引。

撰),全祖望谨按:“此段稍可疑,宜再考。(泰山)先生婿于李文定公时,年已五十矣。疑其稍长于范文正公,未必反受《春秋》于文正也。”对于全祖望所疑,王梓材已加辨正:“泰山以淳化三年壬辰生,文正以端拱三年己丑生,实长于泰山三岁。”按“端拱三年”为“端拱二年”之误,范仲淹生于公元989年,孙复生于992年,范比孙确实年长三岁。全祖望疑孙复“稍长于范文正公,未必反受《春秋》于文正也”,此亦全氏之疏误,意在否认孙复之学本于范仲淹。而上述史料不仅见于宋代的《东轩笔录》和《杨公笔录》,而且亦被朱熹编入《五朝名臣言行录》卷十三,故其当确信无疑。

《宋元学案·泰山学案》载:孙复“四举开封府籍,进士不第,退居泰山,学《春秋》,著《尊王发微》十二篇”。孙复在睢阳两次上谒范仲淹,当即孙复四举进士不第之时。他在“退居泰山”之前,约有一年的时间从学于范仲淹,他的“学《春秋》”当始于范仲淹“授以《春秋》”。在孙复苦学于泰山期间,石介“躬执弟子礼,师事之”[①]。其间,范仲淹与孙复有书信往还,《范文正公集·尺牍》中有给孙复的信,《孙明复小集》中亦有《寄范天章书》等等。

《宋元学案·安定学案》载:胡瑗“七岁善属文,十三(岁)通五经,即以圣贤自期许。……家贫无以自给,往泰山与孙明复、石守道同学”。胡瑗生于公元993年(比孙复小一岁),13岁时是1006年,而孙复离开睢阳时是1028年。也就是说,在胡瑗13岁“通五经”之后,又经历了二十多年的贫困坎坷,然后往泰山与孙复、石介同学。《安定学案》载其在泰山苦学的情况:“攻苦食淡,终夜不寝,一坐十年不归。得家书,见上有‘平安’二字,即投之涧中,不复展,恐扰心也。”在此期间,宋初三先生相互砥砺,而范仲淹的“慎选举,敦教育”的思想,当已通过孙复而传达给了胡瑗、石介[②]。

二、范仲淹与“明体达用之学”

范仲淹推行的庆历新政(1043—1044),是以整饬吏治为首要,以改革科举、兴办学校、砥砺士风、培养人才为本源,兼及军事和经济等领域。这一改

---

① 黄宗羲:《宋元学案》卷二,《泰山学案》,北京:中华书局,1986年。

② 余英时先生在《朱熹的历史世界》中说:“范仲淹应试时胡瑗只有二十五岁,大概还在泰山十年苦学的期间,自然绝无可能有任何影响。”见余英时:《朱熹的历史世界》,北京:三联书店,2004年,第94页。此失误即因不明范仲淹与宋初三先生的关系所致。

革的思想在范仲淹的心中沉潜了近二十年，比较典型的表述是他在《上执政书》中所说："固邦本者，在乎举县令，择郡守，以救民之弊也""重名器者，在乎慎选举，敦教育，使代不乏材也"[①]。所谓"举县令，择郡守"就是要整饬吏治，所谓"慎选举，敦教育"就是要改革科举，兴办学校，砥砺士风，培养人才。这两条的关系，前条是要罢免一批不合格的官员，后条是要培养并选拔一批"明体达用"的新儒，以取代那些不合格的官员。

范仲淹的教育实践，始于他在天圣五年(1027年)丁母忧期间应晏殊之邀，执掌应天(睢阳)府学："公常宿学中，训督学者，皆有法度。勤劳恭谨，以身先之。由是四方从学者辐凑。其后以文学有声名于场屋朝廷者，多其所教也。"[②]《宋史·晏殊传》载："(晏殊)改应天府，延范仲淹以教生徒。自五代以来，天下学校废，兴学自殊始。"所谓"自殊始"，实即自范仲淹始。

范仲淹在天圣八年(1030年)的《上时相议制举书》中说：

> 夫善国者，莫先育材；育材之方，莫先劝学；劝学之要，莫尚宗经。宗经则道大，道大则才大，才大则功大。……如能命试之际，先之以六经，次之以正史。该之以方略，济之以时务，使天下贤俊翕然修经济之业，以教化为心，趋圣人之门，成王佐之器。十数年间，异人杰士必穆穆于王庭矣。[③]

他所说的"先之以六经，次之以正史。该之以方略，济之以时务"，已经包含后来胡瑗的"明体达用之学"之意。

景祐二年(1035年)，范仲淹知苏州，奏请立郡学。当时胡瑗"以经术教授吴中，范文正爱而敬之，聘为苏州教授，诸子从学焉"[④]。胡瑗在苏州"立学规良密，生徒数百"[⑤]，可见当时苏学之盛。

康定元年(1040年)范仲淹在陕甘抗击西夏，其"导横渠以入圣人之室"是在此年。而胡瑗被"辟丹州推官"[⑥]，遂成为"范仲淹幕府中的人物"[⑦]。不久，胡瑗丁父忧。服除后，应范仲淹好友滕宗谅之邀，往湖州任教授。《安定学

① 范仲淹:《范文正公集》卷八，上海:商务印书馆，1937年。

② 范仲淹:《范文正公集·年谱》，上海:商务印书馆，1937年。

③ 范仲淹:《范文正公集》卷九，上海:商务印书馆，1937年。

④ 黄宗羲:《宋元学案》卷二《安定学案》，北京:中华书局，1986年。

⑤ 《宋史·范仲淹传》。

⑥ 《宋史·胡瑗传》。

⑦ 漆侠:《宋学的发展和演变》，石家庄:河北人民出版社，2002年，第289页。

案》载：

> 先生倡明正学，以身先之，虽盛暑，必公服坐堂上。严师弟子之礼，视诸生如子弟，诸生亦爱敬如父兄。其教人之法，科条纤悉具备，立经义、治事二斋。经义则选择其心性疏通、有器局可任大事者，使之讲明六经。治事则一人各治一事，又兼摄一事，如治民以安其生，讲武以御其寇，堰水以利田，算历以明数是也。

胡瑗之“专切学校，始于苏、湖，终于太学”，他的“明体达用之学”又称“苏、湖教法”，实际上是贯彻实践了范仲淹的教育思想，而且是范仲淹提供了这种教育实践的机会。

庆历三年(1043年)，范仲淹任参知政事，始行庆历新政。在此期间，“天子开天章阁，与大臣讲天下事，始慨然诏州县皆立学。于是建太学于京师，而有司请下湖州，取先生之法以为太学法，至今著为令”①。正是因为庆历新政，胡瑗的“明体达用之学”才以朝廷政令的形式在全国得到推广。

钱穆先生曾论“明体达用之学”的意义：“此正宋儒所以自立其学，以异于进士场屋之声律，与夫山林释老之独善其身而已者也。……盖自唐以来之所谓学者，非进士场屋之业，则释、道山林之趣。至是而始有意于为生民建政教之大本，而先树其体于我躬，必学术明而后人才出。题意深长，非偶然也。”②这里说的“宋儒所以自立其学”，当就是宋代的“新儒学”，尔后宋代的“理学”或“道学”也包括在内。

三、“庆历之际，学统四起”

《宋元学案·序录》云：“庆历之际，学统四起。”《高平学案》把韩琦、欧阳修列为“高平同调”，把富弼、张方平、李觏等列为“高平门人”，这是正确的。不仅如此，刘牧的易学、刘敞的经学、三苏的蜀学、王安石的新学、周敦颐的濂学、张载的关学和二程的洛学等等，都与范仲淹以及庆历新政有着密切的关系。

以蜀学为例，苏轼在《范文正公文集叙》中说：

> 庆历三年，轼始总角入乡校，士有自京师来者，以鲁人石守道所作

---

① 欧阳修：《胡先生墓表》，《欧阳文忠全集》卷二十五，四部备要本。

② 钱穆：《中国近三百年学术史》，北京：商务印书馆，1997年，第3页。

《庆历圣德诗》示乡先生。轼从旁窃观，则能诵习其词。问先生以所颂十一人者何人也，先生曰："童子何用知之？"轼曰："此天人也耶？则不敢知。若亦人耳，何为其不可。"先生奇轼言，尽以告之，且曰："韩、范、富、欧阳，此四人者，人杰也。"时虽未尽了，则已私识之矣。……呜呼！公之功德，盖不待文而显，其文亦不待叙而传。然不敢辞者，自以八岁知敬爱公，今四十七年矣。彼三杰者，皆得从之游，而公独不识，以为平生之恨。若获挂名其文字中，以自托于门下士之末，岂非畴昔之愿也哉！①

观此可知，庆历新政对当时的士人发生了广泛重要的影响，乃至偏处四川眉山乡校尚为七八岁童子的苏轼，亦受其感召。石介的《庆历圣德诗》所颂者十一人，而"韩（琦）、范（仲淹）、富（弼）、欧阳（修）"并为人杰，是当时士人所争以为师者。三苏的蜀学初被张方平所赏识，继而得到欧阳修的推荐，故《宋元学案》将苏洵列为"庐陵学侣"，而苏轼、苏辙则在"庐陵门人"。当苏轼、苏辙在嘉祐二年（1057 年）举进士时，范仲淹已于皇祐四年（1052 年）病逝，苏轼以不识范仲淹为"平生之恨（憾）"。而在范仲淹死 37 年之后，仍愿"自托于门下士之末"。

再以王安石的新学为例。王安石在庆历二年（1042 年）中进士，后经友人曾巩的引荐，得到欧阳修的赏识和推举，故而《宋元学案》将曾巩和王安石都列为"庐陵门人"。当范仲淹于皇祐四年（1052 年）病逝时，王安石作《祭范颍州文》，首言"呜呼我公，一世之师"，这与欧阳修在《祭资政范公文》中说"举世之善，谁非公徒"是一致的。王安石又评价范仲淹"由初迄终，名节无疵"，这也是后人对范仲淹的普遍评价（如《宋元学案·序录》云："高平一生，粹然无疵。"）。王安石对范仲淹推行的庆历新政也给予高度评价："上嘉曰才，以副枢密……遂参宰相，厘我典常。扶贤赞杰，乱冗除荒。官更于朝，士变于乡。百治具修，偷堕勉强。"②嘉祐三年（1058 年），王安石被召入朝，写了《上仁宗皇帝言事书》。关于此书与庆历新政的联系，蔡上翔《王荆公年谱考略》所附存是楼《读上仁宗皇帝言事书》云：

荆公之学，原本经术，其《上仁宗皇帝言事书》，秦、汉而下，未有及此者。然其后卒以新法误天下，而为当时所排击。后世所口实，则非公所学之谬，谋国之过也。……公有志于任天下之重，在于变更法度，慎选人

① 苏轼：《范文正公文集叙》，《苏东坡全集》卷三十四，北京：燕山出版社，2009 年。

② 王安石：《临川先生文集》卷八十五，上海：商务印书馆，1935 年。

才。先是范文正公应诏条陈十事，所援《易》言‘穷则变，变则通，通则久’，甚切。……又论明黜陟，必三载考绩；精贡举，必先策论而后诗赋。此皆为公书中所必欲行者，而范公已先言之。[①]

此处说王安石的《言事书》“秦、汉而下，未有及此者”，未免夸大其词。但说《言事书》主张“变更法度，慎选人才”，这在范仲淹的《答手诏条陈十事》中“已先言之”，却是符合实际的。嘉祐初年，胡瑗管勾太学，声望甚高，王安石作有《寄赠胡先生》云：“先生天下豪杰魁，胸臆广博天所开。……吾愿圣帝营太平，补葺廊庙枝倾颓。……先收先生作梁柱，以次构架桷与榱。”[②]从此诗可看出，王安石当时亦极力推崇胡瑗。但是在宋神宗即位的熙宁元年（1068 年）以后，王安石逐渐附从神宗的意旨，将改革的方向转变为“当今理财最为急务”[③]，因而有熙宁变法，乃至引起新旧党争。

当然，更重要的应讲明范仲淹、胡瑗等与理学家的关系。周敦颐作为宋明理学之开山，在《宋元学案》中被列为“高平讲友”，但未说何据。周敦颐生于公元 1017 年，比范仲淹小 28 岁，将其列为“高平讲友”实在有些勉强。然而周敦颐与范仲淹确实有着思想上的联系，且其早年当亦受到范仲淹的影响。据茅星来《近思录集注・附说》，景祐四年（1037 年）周敦颐 21 岁，“母郑氏卒，葬于润州丹徒县龙图公（郑向）之墓侧。康定元年庚辰（1040 年）服除，授洪州分宁县主簿”。也就是说，1037—1040 年周敦颐在润州（今镇江）丹徒县为其母守墓三年。而范仲淹在景祐四年（1037 年）徙知润州，宝元元年（1038 年）冬十一月徙知越州（今绍兴）。周敦颐约有一年多的时间与范仲淹同在润州，就范仲淹在当时的地位、声望及其在润州建郡学而言，周敦颐是不可能不受其影响的[④]。庆历四年（1044 年），周敦颐改任南安军司理参军。两年后，二程受学于周敦颐。程颢说：“昔受学于周茂叔，每令寻颜子、仲尼乐处，所乐何事。”[⑤]这一“孔颜乐处”的话题在宋明理学中具有重要意义，而发其端者实为范仲淹。早在宋真宗大中祥符七年（1014 年），即范仲淹中进士的前一年，他

① 詹大和等撰：《王安石年谱三种》，北京：中华书局，1994 年，第 315～316 页。

② 王安石：《临川先生文集》卷十三，上海：商务印书馆，1935 年。

③ 《宋史全文》卷十一，内府藏本。

④ 度正《周敦颐年谱》有云：“先生遂扶柩厝于龙图公墓侧。是岁居润，读书鹤林寺。时范文正公（仲淹）、胡文恭（宿）诸名士与之游。”参见梁绍辉《周敦颐评传》，南京：南京大学出版社，1994 年，第 37 页。

⑤ 程颢、程颐：《二程遗书》卷二上，上海：上海古籍出版社，2000 年。

就在《睢阳学舍书怀》中有云："瓢思颜子心还乐，琴遇钟君恨即销。"[①]康定元年（1040年），范仲淹亦教导张载"儒者自有名教可乐"[②]。当范仲淹晚年徙知杭州时，"子弟以公有退志，乘间请治第洛阳，树园圃，以为逸老之地"，范仲淹说："人苟有道义之乐，形骸可外，况居室乎！"[③]嘉祐二年（1057年），胡瑗在太学以《颜子所好何学论》试诸生。胡瑗、周敦颐对"孔颜乐处"的重视当都源自范仲淹，而"孔颜乐处"正是宋代新儒学为士人提供的一个有别于佛、道二教的儒者自身的安身立命之地[④]。

《宋史·张载传》记载：张载"少喜谈兵……年二十一，以书谒范仲淹，一见知其远器，乃警之曰：'儒者自有名教可乐，何事于兵！'因劝读《中庸》"。庆历二年（1042年），张载作《庆州大顺城记》，记述范仲淹在庆州（今甘肃庆阳）率军筑大顺城，击败西夏军。从康定元年（1040年）到庆历二年（1042年），张载约有三年的时间与范仲淹同在西北前线。[⑤] 范仲淹劝张载读《中庸》，"导横渠以入圣人之室，尤为有功"，《宋元学案》将张载列为"高平门人"是正确的。

从宋学的发展及其对中国文化的影响而言，宋学的主流毕竟是以二程之洛学为主的"伊洛渊源"（此"伊洛渊源"至朱熹而集大成，从而有"濂洛关闽"的理学谱系）。但如黄震所说："本朝理学虽至伊洛而精，实自三先生而始。"亦如黄百家所说："（安定）先生之学，实与孙明复开伊洛之先。"[⑥]将"伊洛渊源"上溯至"宋初三先生"，进而明确此三先生乃范仲淹门下的"贤士"，这符合宋学发展的实际。朱熹作《伊川先生年谱》云：

> （程颐）年十四五与明道同受业于舂陵周茂叔先生。皇祐二年，年十八上书阙下，劝仁宗以王道为心，生灵为念，黜世俗之论，期非常之功，且乞召对，面陈所学。不报，闲游太学。时海陵胡翼之先生方主教导，尝以《颜子所好何学论》试诸生，得先生所试，大惊即延见，处以学职。[⑦]

---

① 范仲淹：《范文正公集》卷三，上海：商务印书馆，1937年。

② 《宋史·张载传》。

③ 詹大和等撰：《王安石年谱三种》，北京：中华书局，1994年。

④ 参见李存山：《儒家的"乐"与"忧"》，《中国儒学》第三辑，北京：中国社会科学出版社，2008年。

⑤ 《邵氏闻见录》卷十五云："子厚少豪其才，欲结客，取熙河湟鄯之地。范文正公帅延安，闻之，馆于府第。"

⑥ 黄宗羲：《宋元学案》卷二，《安定学案》，北京：中华书局，1986年。

⑦ 程颢、程颐：《二程遗书》附录，上海：上海古籍出版社，2000年。

按，“皇祐二年”时，胡瑗尚未居太学，此应为“嘉祐二年”之误[①]。当时程颐25岁，“上书阙下”，即写了《上仁宗皇帝书》，这比王安石的《上仁宗皇帝言事书》早一年。由此两书可见范仲淹及庆历新政改革思想的延续。程颐上书“不报”，于是“闲游太学”。当时胡瑗“主教导”，以《颜子所好何学论》试诸生，“得伊川作，大奇之，即请相见，处以学职，知契独深。伊川之敬礼先生亦至，于濂溪虽尝从学，往往字之曰‘茂叔’，于先生非‘安定先生’不称也”[②]。《宋元学案》将程颐列为“安定门人”，又将二程列为“濂溪门人”，这也应是正确的。

周、张、二程虽然与范仲淹、胡瑗等有着学术源流和思想上的联系，但他们毕竟是“新儒中之新儒”。他们比范仲淹、胡瑗等所更“新”者，是建立了以“理、气、心、性”为核心范畴的理学思想体系。这一思想体系的开山就是周敦颐的《太极图说》，经朱熹对《太极图说》的“解义”，以及对二程“性即理也”和张载“心统性情”等的阐发，遂有了“濂洛关闽”的理学谱系，又有了以四书为五经之“阶梯”的新经学体系。这就是“创通经义，其业至晦庵而遂”，也就是朱熹集宋代理学之大成。

明确了宋代的“新儒学”与“理学”的关系，我想对“理学”的理解也有以下几点意义：

（一）宋代“新儒学”之初起，是要“改革政令”，也就是要整饬吏治，改革科举，兴办学校，砥砺士风，培养人才。这仍延续了先秦儒学的“内圣外王”之旨。虽然“革新政令，其事至荆公而止”，但是理学家仍不失“内圣外王”的抱负。他们后来的“内向化”，形成“内圣强而外王弱”的局面，实是因为在熙宁变法之后受到了种种政治形势和政治制度的限制和束缚，如他们提出了以“格君心之非”为治世的“大根本”，但实际上“君心”并不是他们所能“格”的[③]。

（二）宋代“新儒学”先有了“孔颜乐处”的价值取向，有了儒家所区别于佛、道二教的安身立命之地，然后才有了以“理、气、心、性”为核心范畴的思想体系。价值优先仍然是理学思想体系的重点或宗旨。如作为理学之开山的《太极图说》，从“无极而太极”讲起，推衍到“形既生矣，神发知矣，五性感动而善恶分，万事出矣”。而其归结为“圣人定之以中正仁义而主静，立人极焉”，

---

① 参见李存山：《范仲淹与胡瑗的教育思想》，《杭州研究》2010年第2期。

② 黄宗羲：《宋元学案》卷二，《安定学案》，北京：中华书局，1986年。

③ 参见李存山：《程朱的“格君心之非”思想》，《中国社会科学院研究生院学报》2006年第1期。

所谓“立人极”，就是要确立最高的价值标准。

（三）宋代“新儒学”虽然是以“理学”为思想理论的主流，但是庆历之际也有多种“学统”兴起，在“理学”内部也并非只有“濂洛关闽”一条线索。因此，对宋代新儒学的学派多样性和思想内容丰富性也应有新的理解。

（四）“明体达用之学”乃是“宋儒所以自立其学”者，宋代的理学家虽然较专注于“内圣”，但是对“明体达用之学”也是给予肯定的。特别是朱熹晚年的《学校贡举私议》，其旨义更符合“明体达用之学”。反思元代以来的科举考试，只设“德行明经”一科，后又以八股文取士，这应是元代以后中国科技逐渐落后于西方的一个重要原因。而在中国近代的学制改革中，曾把胡瑗的“明体达用之学”和朱熹的《学校贡举私议》作为改革的依据，这也不是偶然的[①]。

① 参见李存山：《朱子〈学校贡举私议〉述评》，《中国社会科学院研究生院学报》2011 年第 2 期。

全球化时代朱子学的新价值
New Value of Zhuzi Studies in a Global Era

◎（美）田浩 Hoyt Tillman

The theme of this conference is of great significance and provides us an opportunity to think together about Zhuzi Studies in a global context. The theme also suggests more than an invitation to comment on what Zhuzi Studies has done in the recent decades. The organizers of the conference are perhaps opening a discussion of what new directions or approaches might be offered. Perhaps this is an invitation for various experts in the field to offer suggestions that the organizers might consider implementing now or in the future. I am no expert in Zhuzi Studies, but rather an old*laowai*; however, I find the theme and the implicit invitation very interesting. Therefore, this bystander from a distant alien culture will share a few thoughts and reflections. If these thoughts are too strange or are too far off the mark, my thinking will be easily refuted, or even totally dismissed as another example of foreigners' failure to understand China and Chinese culture. However, if my friends and colleagues here find something of a little value in my comments, I might be contributing something to express my appreciation for the opportunity to return to Wuyishan and enjoy learning from scholars and other friends meeting here. At least, as Zhu Xi said, "在世间吃了饭后，全不做些子事无道理"[①]。(It is against principle for anyone living in this world not to do any work after receiving food to eat.)

① *Zhuzi yulei*, *juan* 105.

For decades (at least until the last couple of years), globalization was increasingly the dominant wave in almost every region of the world and in many diverse aspects of our lives. International corporations have increased their market share and penetrated most areas of the world economy. After a long struggle with international Communism, international capitalism celebrated the collapse of the Soviet Union and the end of the Cold War. Many observers regarded this event and the subsequent introduction of some market reforms in Russia and the PRC as a major turning point in history. Most famously, Francis Fukuyama even proclaimed in 1989 and 1992 that the victory of liberal democratic capitalism proved the ultimate triumph of a liberal democratic ideal would in the long term spread from the European Union to the rest of the world. Although religious and other conflicts would continue for a long time in the real world, the fundamental superiority of freedom and democracy settled the ultimate direction for the future, so there was an "end of History," even though the histories of religious and other conflicts would continue for some time.① We might say that Fukuyama represented the most euphoric scholarly theory and celebration of a conservative capitalist vision of an increasingly global era.

Of course, various scholars have cited various developments in the real world as proof that Fukuyama's theory was fundamentally wrong. For instance, another archconservative commentator, Samuel P. Huntington argued that the ideological conflicts of the Cold War had devolved back to the ancient struggles between civilizations, especially Asia against Europe and North America, which were likely to clash.② The Neo-Conservative historian and foreign policy commentator Robert Kagan joined those highlighting the return of a significant challenge to liberal democracy from the rising economies of

---

① Francis Fukuyama, "The End of History?" The National Interest 16 (1989): 3-18; and his expansion of his theory into the book, *The End of History and the Last Man* (New York: Free Press, 1992). See also the insightful review by Roger Kimbill in *The New Criterion* (February 1992); reissued in *The New Criterion* 36.10 (June 2018).

② Samuel P. Huntington, *The Clash of Civilizations and the Remaking of the World Order* (New York: Simon & Schuster, 1996).

Russia and China.[①] None of these challenges weakened Fukuyama's confidence in the long-term momentum toward global liberty and democracy. However, Britain's Brexit vote to withdraw from the European Union and Donald Trump's election (even by a minority of the popular vote) to the presidency of the United States shook Fukuyama's confidence as he saw democracies sliding backwards into an old "tribalism" and "populism" in a "post-facts" world. Moreover, the corruption and rot of the Trump administration was undermining the strength of American institutions and the global world order to the point that there might be a collapse as destructive as the fall of the Soviet Union.[②]

As I began writing this paper, Trump's visit to Europe was underway; moreover, his statements and actions during this trip highlight that many places and areas of the world are withdrawing from the global era and retreating into primitive tribalism. For instance, while Donald Trump was on his way to meet with British Prime Minister Theresa May on July 13, 2018, the British tabloid *The Sun* released parts of an exclusive interview with Trump.[③] Most of the news focus was on his criticism of May for negotiating a "soft BREXIT" with the European Union in which Britain would continue to honor EU laws and regulations for trade in order to maintain a more normalized trade relationship with Europe. In the interview, Trump criticized her for rejecting his advice on the matter and declared that any deal that takes "too long" to execute is a bad deal; moreover, he portrayed May as having surrendered to EU demands. Therefore, Trump called into question the proposed comprehensive U.S. trade deal with Great Britain that was currently being negotiated. Trump even went so far as to praise Boris Johnson, who on July 9 resigned from May's cabinet in protest of her deal with the EU, and

---

① Robert Kagan, *The Return of History and the End of Dreams* (New York: Atlantic Books, 2008).

② For an encyclopedia overview, see https://en.wikipedia.org/wiki/The_End_of_History_and_the_Last_Man; accessed July 15, 2018. Tom Newton Dunn, "Donald Trump told Theresa May how to do Brexit 'but she wrecked it' — and says the US.

③ trade deal is off," The Sun, Friday July 13, 2018; accessed July 14, 2018.

Trump declared that Johnson would make "a great Prime Minister." Thus, essentially endorsing May's rival within the Tory Party, Trump interjecting himself into the struggle within the Tory Party and within the British Parliament.

Although such typical Trump fireworks achieved his purpose of capturing the news cycle and dominating news coverage, some observers paid attention to Trump'smove even further to endorse the far-right White Neo-Nazis Nationalist agenda. First, he complained about how Europe had allowed many aliens to immigrate into Europe and England:

I think what has happened to Europe is a shame. Allowing the immigration to take place in Europe is a shame. I think it changed the fabric of Europe and, unless you act very quickly, it's never going to be what it was and I don't mean that in a positive way.

So I think allowing millions and millions of people to come into Europe is very, very sad. I think you are losing your culture. Look around. You go through certain areas that didn't exist ten or 15 years ago.①

He not only charged that the influx of immigrants from other cultures was destroying Europe's culture, but also asserted that there was a sharp increase of terrorism and crime. Notice here that he is not talking about "illegal immigrants," but all immigrants. Such language and imagery reflect the Nazis and White racist language of Hitler in the 1930s and the alt—right leaders who are rising in areas of Europe and the US. For instance, as NBC reported, while defending his harsh new policy of rejecting asylum seekers and separating children from their parents, Trump used the word "infest" to refer to asylum seekers as dangerous vermin or pests threatening the security of the US. In other words, he presented an image of immigrants as vile pests and thus denied that they were human beings or people. Hitler's Nazis party used this kind of language to vilify Jews in the 1930s and then to justify killing millions of people. Trump also repeated his false claims that crime was

① Mark Sumner, "Trump isn't bothering to disguise his racism; declares himself world president of White people." *Daily Kos*, Friday July 13, 2018; accessed July 14, 2018.

sharply increasing in Germany because it welcomes immigrants; however, German crime statistics actually show a decline in crime by about 9.6% from 2016 to 2017. Nevertheless, Trump continues to ignore real facts in order to stir fear and hatred of aliens and appeal to the primitive tribalism of White nationalists.

Second, as a counter weight to his disappointment that so many in England and Scotland were protesting his visit and his policies, he asserted, "I represent the United States. I also represent a lot of people in Europe because a lot of people from Europe are in the United States." Sumner highlights and contextualizes Trump's assertion:

Trump is making a claim here that he's not*just* the leader of the United States, but the "representative of a lot of people in Europe." He's claiming leadership of not just the alt—right in the United States, but the[Nazis] alt—Reich around the world.

Trump continues to use inflammatory language to destabilize not only America's traditional values and the existing world order and world trade, but also the legitimacy of a global era. Like other archconservatives in America, such as Huntington and Kagan, he is stirring up and using ethnicWhite nationalism and primitive tribalism under such slogans as, "Make America Great Again" and "America First." Trump's targets appear to be merely Americans who disagree with him, as well as traditional allies "who don't pull their weight" or "who don't treat American business fairly."In reality, as becomes clearer in the context of Republican Party conservatives, the larger targets are multiculturalism and diversity of cultures in the Global Era.

There are aspects of aspects of Globalization that provoke criticism and bitter ridicule. Some of these aspects are symbolic and easy to resolve, such as the Starbucks Coffee shop that once opened within the Forbidden Palace in Beijing; however, that global intrusion was easily removed and located in a more appropriate space. Other aspects of globalization are much more complex andare sometimes difficult to deal with. For instance, the growing interest, during the late 20th century and the first dozen years of the 21st century, in values and ideals of global significance, have increasingly been attacked and rejected in various areas of the world in recent years. Despite frustrations regarding some of these ideas and how they have been promoted during the global era, I think some of us are beginning to see how this climate of hostility to all things global (except international corporations) has contributed to the environment of a return to tribalism and rejection of cultural diversity, etc., which manifest in "Trumpism." Trumpism, tribalism and extreme ethnic nationalism have recently manifested in trade frictions and even the beginning of a trade war. Thus, the emphasis on "essentialism" or "special characteristics" in America and in other countries is beginning to change the real world and to have dangerous consequences not only for nations but also for the economic prosperity and peace of the whole world.

In short, I personally think current trends are a greater danger to peace and prosperity than the earlier problems with globalization and universal ideals were. Despite the continued dominance of international corporations and some related aspects of the global era, I thus think the global era is a declining phenomenon. It is in this environment of a serious decline in globalization and the spirit of the global era that I address the implications for Zhuzi Studies.

Among the facets of Zhuzi Studies that has captured my attention in recent years is the cultural goals of the World Federation of Chu[i.e., Zhu] Family Associations (Shijie Zhu shi lianhehui 世界朱氏联合会). As many of you know, I often live and work as if I were in China during 12th and 13th centuries "communicating with the ancients." Yet, I do care deeply about our contemporary world and the moral issues of our own day. Therefore, when my old friend Professor Zhu Jieren (朱杰人) told me about the World Zhu Family Association, he sparked my interest. Before long, he began inviting me to attend meetings "to see what they are doing." By the late 1990s, I began attending some of the meetings and listening to the discussions. Finally, in 2009, I decided to study the Association and especially the cultural activities of Professor Zhu Jieren and his group. Therefore, I spent all of 2010 in China, but also taking trips to observe celebrations elsewhere in East Asia and Malaysia of the 800th anniversary of Zhuzi's death. I have continued to attend meetings and talk with the Association's leaders whenever I was able to return to East Asia for conferences. During 2010, my daughter Margaret and I began writing articles on the Confucian revival as seen through wedding rituals.①

ProfessorZhu Jieren turned his attention to Zhuzi's family rituals after he realized that even members of the World Zhu Family Association had little interest in his lectures about moral values and ethical issues. Since his son was getting married, Professor Zhu Jieren began with the wedding ritual. Realizing that the Confucian wedding ritual needed to be attractive to young people, he paid attention to the aesthetics and beauty of the wedding. Many young Chinese couples, especially in urban centers, have favored a secular form of Western weddings because of the beauty of wedding gowns and other aspects of the ritual. Thus, Professor Zhu Jieren faced the challenge of displaying how exquisitely beautiful a Zhuzi wedding ritual could be. In Margaret and my surveys of Chinese university students in our discussions of the Zhuzi wedding, we found that the beauty of Professor Zhu Jieren's Zhuzi wedding ritual— as shown in his recorded CD — was indeed the aspect of the wedding

---

① See our "A Joyful Union: The Modernization of the Zhu Xi Family Wedding Ceremony," *Oriens Extremus*,(《远东杂志》)49 (2010):115-142.中文译稿最初发表于《中国人类学评论》第 19 辑,2011 年,北京:世界图书出版公司,第 140～156 页。修订稿刊于陈来、朱杰人编:《人文与价值:朱子学国际学术研讨会暨朱子诞辰 880 周年纪念会论文集》,上海:华东师范大学出版社,2011 年,第 225～241 页。"Remodeling Confucian Wedding Rituals to Address China's Youth Culture Today: A Case of Using the Classics to Respond to Recalcitrant Problems," *Taiwan Journal of East Asian Studies*, published by National Taiwan University's Institute for Advanced Studies in the Humanities and Social Sciences, 10.2 (December 2013): 221-246. "Modernizing Tradition or Restoring Antiquity as Confucian Alternatives: A View from Reading Wedding Rituals in Contemporary China," in Guy Alitto, ed., *Reconstituting Confucianism for the Contemporary World*. Springer, 2015, pp. 79-100.

that impressed most students favorably.[①]

Another major challengeProfessor Zhu Jieren faced in his effort to make the traditional Confucian wedding attractive to young people was to address the gender inequality inherent in traditional weddings. For instance, in the traditional wedding, the bride's family assumes a *yin* role as when they acquiesce to the engagement proposal and, after instructing their daughter to be obedient, send her off to the groom's household; moreover, the ritual bows and kowtowing highlights the higher status of the groom's household. This issue is, of course, most important to females who are more liberated in the PRC than they were in traditional China. Thus, contemporary China's laws and social customs give many young women greater sensitivity or higher expectations regarding their status in contemporary wedding rituals. Even though in China, wedding plans are often largely the domain of the groom and his family, the bride and her family are more important considerations than they were in late imperial China. Professor Zhu Jieren addressed the gender issue in his "modernization" of the Zhuzi wedding ritual. For instance, whereas only a male could stand as head of household or its representative in traditional Confucian weddings, Professor Zhu Jieren gave that role to the bride's mother who was a widow. In late imperial China, a male relative of the deceased husband would have substituted for him; however, Professor Zhu Jieren had the bride's mother represent the family and to read both the mother's and the father's traditional instructions to the bride. The groom knelt and bowed to the bride's mother, but the bride did not have to kneel to the groom's parents. Moreover, the bride and groom bowed to one another at the same time, for the same number of times, and to the same level. These

① "Zhuzi wenhua fuxing de qianzaili: yi Zhuzi hunli xianzaiban wei li" (Figuring the Potential for a Revival of Zhuzi Culture: An Analysis Based on Chinese Student Responses to the Modernized Zhuzi Wedding Rituals, in *Zhexue yu shidai* (Philosophy and the Times), edited by Chen Lai, (Shanghai: Huadong Normal University Press, 2012), pp. 107-117; revised version "Reflections on Chinese Student Opinions on the Modernized Zhu Confucian Wedding," in Shing Müller and Armin Selbitschka, eds., *Über den Alltag hinaus*; *Festschrift für Thomas O. Höllmann zum* 65. *Geburtstag* (Wiesbaden: Harrassowitz, 2017), pp.341-352.

are examples of ways that Zhu Jieren modernized the wedding ritual in the *Zhuzi jiali* to enhance its compatibility with social values in contemporary China. Student responses to our opinion surveys largely approved of this accommodation to contemporary society, and most regarded the wedding ritual as simply reflecting the level of gender equality in contemporary China. However, it was not surprising that a larger percentage of women (than men) saw the need for greater changes toward gender equality.

ProfessorZhe Jieren and the World Zhu Family Association made greater strides into the global era in promoting *Zhuzi jiaxun* (朱子家训) (Zhuzi's Family Instructions). Although once in the Ming and once in the Qing, a Zhu family member published these family instructions preserved in some branches of family registers (*jiapu*); however, even though a hand－copy has been discovered in Japan, these early published versions apparently attracted very little attention. Furthermore, even when the family instructions were in 1996 included for the first time in a widely circulated publication of Zhu Xi's writings (朱熹集), [①] three years as the World Zhu Family Association was founded. Importantly, the Zhu Family Association first promoted the family instructions within the Zhu Family Association. The Association's *Newsletter* in 1996 published five testimonial papers promoting the contemporary relevance of the Family Instructions, but they still addressed descendants of Zhu Xi. However, when President Jiang Zemin (江泽民) and the Party issued statements approving of the use of traditional culture to advance socialist construction, the Zhu Family Association held a conference and published papers heralding the value of the *Zhuzi jiaxun* to the nation. Thus, the applicability of the Family Instructions were expanded only to China as a whole. Moreover, the active or retired local party and unit administrators who wrote the papers still cautioned that as products of old China, the Family Instructions still had "feudal dregs" that the Communist Party would have to criticize and rectify the *Zhuzi jiaxun* before it could effectively serve contem-

① Zhu Xi 朱熹, *Zhu Xi ji*: *waiji*《朱熹集 · 外集》(Zhu Xi's collected writings; external collection), (Chengdu: Sichuan Jiaoyu Chubanshe, 1996), 2.pp.5751-5752.

porary Chinese families and the socialist construction of China. I refer you back to that publication and to my essay on how the history of the Family Instructions and how it was promoted.①

For the purposes of my paper today, what is mostrelevant about the *Zhuzi jiaxun* is that in the period from about 2002 to 2013, it was promoted in the context of the global era. For instance, the founding president of the World Zhu Family Association, President Zhu Changjun (朱昌均) (Chu Chang-kyun, 1921—2012), proclaimed in 2005: "The *Zhuzi jiaxun* was not intended or prepared only for the Zhu family, but also prepared for the people of the whole world."② Other leaders in the Association responded by promoting the Family Instructions in a wide range of ways. The Family Instructions were printed on business cards and things like coffee cups to give away to friends; moreover, competitions were held to reward children for writing the *Zhuzi jiaxun* from memory or chanting it. When a special magazine in 2009 to marked the fifteenth anniversary of the founding of the Zhu Family Association, there was no mention of earlier reservations about "feudal dregs" in the *Zhuzi jiaxun*. The papers called for bringing Zhu Xi's spirit and methods into the modern world to revive traditional wisdom and to revitalize creativity within tradition.③ A highpoint in the promotion of the *Zhuzi jiaxun* for the global era probably was sparked in 2010 at the public dedica-

---

① *Zhuzi luntan* 朱子论坛 (Zhu Xi Forum), numbers 1～2 (2002). For a fuller account in Chinese of this section's history of the Zhuzi jiaxun, see my essay published in Zhu Xi and Zhu Jieren, *Zhuzi jiaxun* 朱子家训 (Zhu Xi's Family Instructions), (Shanghai: Huadong Shifan Daxue Chubanshe, 2014). See also Christian Soffel, "Die Familienunterweisungen von Zhu Xi (*Zhu Wengong jiaxun* 朱文公家训) - Ein Familiengeheimnis in der späten Kaiserzeit," in Heiner Roetz, and Rüdiger Breuer, eds., *Jahrbuch der Deutschen Vereinigung für Chinastudien* 11 (Wiesbaden: Harrassowitz, scheduled for 2017).

② Shijie Zhu shi lianhehui mishuqu 世界朱氏联合秘书处,《世界朱氏联合会史略》(Brief draft history of the World Federation of Zhu Family Associations), draft by Zhu Jieren 2008, revised by Zhu Maonan 朱茂男 2009, unpublished.

③ WFCA, 朱熹与柏卢的朱子家训(Zhu Xi's and Zhu Bailu's Master Zhu's Family Instructions), in 世界朱氏联合会成立十五周年纪念特刊 (Special edition celebrating the 15th anniversary of the founding of the World Federation of Zhu Family Associations), 3(2009): 9-11.

tion in Malaysia of a stele with the *Zhuzi jiaxun* carved in Chinese along with a translation into English.

At the dedication of the stele, Zhu Jieren placed the significance of the *Zhuzi jiaxun* in global context. He proclaimed that the Family Instructions set the standard for what was human:

这是一条非常清晰而可以执行的红线，越过了这条线，你就不配被称作“人”了。

不仅如此，《朱子家训》还告诫我们如何才能成为一个有道德的人，一个高尚的人，一个有修养的人，一个文明的人。它教导我们的宽容、包容、内敛、内秀及严于律己、宽以待人的美德，彰显了中华文化无比宽广的胸襟和卓尔特立的价值观。

This is an extraordinarily clear and executable red line; if you transgress this line, you do not deserve to be considered a "person." What's more, Zhu Xi's Family Instructions even admonish us how we can become an ethical person, a noble person, a cultivated person and a civilized person. They teach us virtues of tolerance, forgiveness, self-restraint, intellectual modesty, and even to be strict with regulating oneself and lenient in dealing with others, and thus manifest Chinese culture's matchless broad-mindedness and outstandingly special view of values.

Upon that universal foundation, he even proceeded to address explicitly the value of the *Zhuzi jiaxun* for universal significance in the global world:

长期以来，西方文化不停地宣扬和推行他们所谓的“普世价值”，那就是“民主”“自由”“人权”。诚然，这是一种“普世价值”，但是我们中华民族有没有可以贡献给人类的“普世价值”呢？我认为〈朱子家训〉就是具有普世价值的人伦观、修养观、道德观、社会观和人之为人的基本价值观。《朱子家训》被公之于世，短短的二十余年，迅速地被社会大众所认同、所接受，并传播到世界各地，被称作中国人的人生法典，足以证明它的价值是具有普世意义的。

For a long time, Western culture has incessantly propagated and pursued what it labels "universal values," i.e., "democracy," "liberty" and "human rights." To be sure, these are a kind of "universal values." However, does our Chinese nation have "universal values" to contribute to humanity? I believe Zhu Xi's Family Instructions possess fundamental value perspectives for universally held views regarding human relations, self-cultivation, morality, society and personhood. Zhu Xi's Family Instructions have become public only for a little over twenty years, but have quickly been approved and accepted by the broad masses of [our] society and simultaneously disseminated to various areas of the world and praised as the life code of the Chinese people - which is altogether ample evidence that the values in Zhu Xi's Family Instructions possess universal significance.①

Given the sensitivity in China to Western claims that human rights and democracy should be universally adopted globally, Professor Zhu Jieren's statement was particularly noteworthy. Although he did not explicitly claim that the *Zhuzi jiaxun* were universal values, he did imply the *Zhuzi jiaxun* was indeed a Chinese contribution to such global values. After all, he did assert the *Zhuzi jiaxun* had "universal significance" and "possessed fundamental value perspectives for universally held views regarding human relations, self-cultivation, morality, society and personhood." His goal of making the Family Instructions globally accessible and relevant led him to arrange not only for a more universalized English translation, but also versions in German, French, Spanish, Portuguese, Russian, Malay, Arabic, Korean, and Japanese.②

I am the one who Professor Zhu Jieren selected to make a more universal translation of the*Zhuzi jiaxun* and he included my essay on the *jiaxun* in his book on the *Zhuzi jiaxun*; therefore, I was very surprised in the summer of 2015 when he asked me if I opposed his promotion of the *Zhuzi jiaxun* as having universal significance in the global world. I quickly replied that I was not opposed to his promotion of the *Zhuzi jiaxun*. I was so surprised that my good friend could have this suspicion that I did not elaborate very much.

---

① Zhu Jieren,《朱子家训的普世价值》——在马来西亚《朱子家训》碑刻揭幕礼上的讲话 (The Universal Value of Zhu Xi's Family Instructions: Speech at the unveiling ceremony in Malaysia for the stele inscription of Zhu Xi's Family Instructions), *Zhuzi wenhua* 5(2010):11; reprinted in Zhu Xi and Zhu Jieren, 朱子家训 (Zhu Xi's family instructions). Shanghai: Huadong Shifan Daxue Chubanshe, 2014, 15-16.

② Zhu and Zhu, pp.49-51.

Recently, I reflected on that conversation and wished that I had explained my position more fully. That question also made me realize just how difficult it is to communicate clearly or to understand fully these complex cultural issues even between two individuals who have been friends and had many discussions over several decades. Needless to say, communicating about such cultural issues between strangers or between nations is an even larger challenge.

Despite all those challenges, I would like to return to our initial issue regarding "new value of Zhuzi studies in a global era." From my perspective, appreciation for a global era has already become very dim because of the rise of primitive "tribalism"and extreme "ethnic nationalism." A neo-Nazi White identity Nationalism has become the viewpoint and policy of the Republican political party that currently dominates all three branches of the US government even though only a minority of Americans voted for the Republicans for President, the Senate or the House of Representatives. The Republicans were able to take over the government by manipulating loopholes or weak points in American democracy and laws. Moreover, similar extreme right—wing ethnic nationalists have taken power in some Eastern European countries, such as Hungary and Poland, and are also rising in influence even in some Western European countries (as most evident in the recent elections in Italy). Such ideologues champion the "special characteristics" of their race, their ethnic group, their culture and their country; moreover, they portray other peoples and cultures as inferior and defective, and even sometimes as not really human or civilized. Trump even borrows Nazis language and imagery to stir fear and hatred of immigrants as pests "infesting" and destroying the White culture in Europe and America.

In conclusion, I return to the question: in this current world of primitive tribalism, what is the new value of Zhuzi Studies? How might the World Zhu Family Association ' s promotion of the*Zhuzi jiaxun* counter balance tribalism in today's world and perhaps even contribute something to a possible revival of a global era? Using this specific example of the *Zhuzi jiaxun*, the Association has promoted it in two quite different ways. In speeches that

I've heard Zhu Gaozheng 朱高正 deliver, he celebrates the *Zhu*zi jiaxun as manifesting the special virtues or moral excellence (meide 美德) of the Chinese people. Although Zhu Jieren also presents the Zhuzi jiaxun as a special product of Zhuzi's erudition and ethical concerns, he acknowledges (at least privately and in Association meetings) that Zhuzi wrote the Zhuzi jiaxun to admonish his descendants to cultivate virtue to correct the faults and weaknesses that Zhu Xi himself struggled to overcome in his own ethical discipline and self－cultivation. For instance, Zhuzi acknowledged to his two close friends (Lü Zuqian 吕祖谦 and Zhang Shi 张栻) that their criticism of his extreme anger and lack of tolerance of others did point to one of his personal weaknesses. For example, Zhu Xi conceded, "质失之暴悍，故凡所论皆有奋发直前之气" (My character has the shortcoming of being ferocious, so that everything I discuss is accompanied by forceful intensity). Moreover, he confessed, "熹之发足以自烧而伤物" (my expressed anger is enough to burn myself and damage things). For more on these aspects of Zhuzi's personality, see the passages and discussion in my book on Zhu Xi's world of thought (朱熹的思维世界).①

Although the focus of these two leaders in the Zhu Family Association are significantly different, one person could include both approaches in a presentation of the *Zhuzi jiaxun*. This would be especially true if one kept in mind Zhu Gaozheng's advice to me in 2010. As Zhu Gaozheng reprimanded me after my comments at a meeting on business culture, which was sponsored by the Zhu Family Association, it was best to "tell the audience only what they want to hear!" What I had focused on in my comments were not what the audience of businessmen wanted to hear, so I should not have made my comments to that audience. Zhu Gaozheng is a better politician than I am, but Trump has developed this skill to a new level. As some have observed, what Trump says almost always is simply his reflection of what his real or imaged audience wants to hear; therefore, he often contradicts himself

① 朱熹：致吕祖谦第七封信，《朱文公文集》卷三十三，四部备要本，第 6 页下；也参见田浩：《朱熹的思维世界》，南京：江苏人民出版社，2009 年，第 133～135 页。

or takes opposite positions in different contexts. However, I strongly favor the perspective of Zhu Jieren regarding why Wengong would have written the *Zhuzi jiaxun* for his descendants.

Two of my reasons for seeing*Zhuzu jiaxun* as a moral admonition to cultivate oneself toward achieving these goals should be highlighted here. First, I think the *Zhuzu jiaxun* is indeed a moral admonition and not simply a celebrated list of special Chinese characteristics of moral excellence. For example, in the context of the previous paragraph, consider these three entries:

仇者以义解之,怨者以直报之,随所遇而安之。

Use what is fair to reconcile with a foe, use what is upright to respond to those with resentments, and according to the responses we encounter, make peace with them.

人有小过,含容而忍之;人有大过,以理而谕之。

With tolerance, endure those who make small errors; use reason to instruct those who make big mistakes.

人有恶,则掩之;人有善,则扬之。

Gloss over people's vices, and propagate their virtues.

These admonitions to become more tolerant in one's dealings with others and their errors appear (at least to me) to reflect lessons derived from his own confessed shortcomings. Moreover, the*Zhuzi jiaxu*n concludes,

此乃日用常行之道,若衣服之于身体,饮食之于口腹,不可一日无也。可不慎哉!

Just like clothes for our bodies and food for our digestion, these daily ethical practices must not be neglected even for a day, so we must be prudent and diligent!

If the*Zhuzi jiaxun* were essentially a proclamation of Chinese moral excellence, would there be such a strong admonition to be diligent in one's ethical practice every day? I personally think Zhuzi was driven by a mission to make his world a better and more ethical place. I do not perceive him as someone happy to merely praise the status quo and simply boast about Chinese superior moral excellence.

econd, focusing on the unique moral excellence of the Chinese people does nothing to engage other cultures in a dialogue or to promote a global era that would recognize the value of diverse cultural traditions and the need for common efforts to face global challenges. Professor Zhu Jieren's success in obtaining translations of the *Zhuzi jiaxun* into so many major languages is itself a significant contribution to promoting a global era and commonly shared values. If his approach makes more explicit its grounding in our common humanity and shared concerns, this aspect of Zhuzi Studies could stand against the primitive tribalism and excessive ethnic nationalism that is increasingly now dominating our world. If the world manages to restore some aspects of the global era, we should have a less hostile and less dangerous world than the current national and ethnic tribalism is producing. The World Zhu Family Association could play a significant role, and I hope the Association faces the current challenge to our global world and the humanity of all peoples.

朱学与浙学

——从朱熹对吕学与陆学的批评说起

◎ 向世陵

南宋中期，朱熹在闽，张栻在湘，吕祖谦在浙，合力推动了理学的发展，当时被称为"东南三贤"。但与闽学和湖湘学有确定的学派指称不同，浙学却是包括活跃于浙东金华、永康、永嘉等地区的理学、事功学以至心学等多家学术的一个统称。其中兼取各家之长而最能体现这一包容性特色的就是吕祖谦学术。然而吕学的这一特色在朱熹，却并非优长而正是问题所在。用朱熹所认同的学生的话，就是"东莱博学多识则有之矣，守约恐未也"[①]。

"博学多识"在朱熹，本来也是提倡的。在淳熙二年(1175 年)鹅湖之会上，朱熹要求陆九渊兄弟的，也正是"欲令人泛观博览，而后归之约"[②]。不过，朱陆虽然分歧严重，陆学的"精神"却为朱熹所欣赏。而在吕祖谦，治学因为关联实用，注重效果利益，最终导致朱熹对吕祖谦学术乃至整个浙学的负面评价及严厉的批评。

一、"卑则滞于形器"的吕学

朱熹贬抑浙学，吕祖谦及其学术首当其冲。不论在吕祖谦在世时，还是去世后，朱熹的立场一直未变，可见其根深蒂固。吕祖谦在世时，朱熹在给双方的好友刘清之(子澄)一信的末尾，曾归结说：

---

① 黎靖德：《朱子语类》卷一二二，北京：中华书局，1986 年，第 2949 页。当然，朱熹师徒的此类评价是否合乎吕学本身的情况则是另一个问题。

② 陆九渊：《陆九渊年谱》，《陆九渊集》卷三十六，北京：中华书局，1980 年，第 491 页。

> 今世学者，语高则沦于空寂，卑则滞于形器，中间正当紧要亲切合理会处，却无人留意。此道之所以不明不行，而邪说暴行所以肆行而莫之禁也。不知伯恭后来见得此事如何？所欲言似此者非一，无由面论，徒增耿耿。①

朱熹在此信中，对“今世”的学者是既攻“高”又击“卑”。他这里虽未明言所谓“高”“卑”都是指谁，但由于朱熹是围绕吕祖谦治学发议论，针对浙学的学风是无疑的。不论“高”或“卑”，都是割裂了二者的关系。所以朱熹要上下开弓，并谴责正是由于这些或高或卑的学术的偏差，导致了儒家之道的不明不行，甚至是邪说暴行肆虐。

朱熹要求学者留意的“中间正当紧要亲切合理会处”，自然是朱熹自己坚守的由卑到高一以贯之的学术道路。此一道路，他也称之为“中间事物转关处”。学生问“如何是转关处”？朱熹的回答是：“如致知、格物，便是就事上理会道理。”②所谓“就事上理会道理”，就是要在“事上”与“道理”之间转关，这既有从上往下转，也有从下往上转。在前者，“理会上面底，却弃置事物为陈迹，便只说个无形影底道理。然若还被他放下来，更就事上理会，又却易。只是他已见到上面一段物事，不费气力，省事了，又那肯下来理会”③！致知、格物无疑都需要要觉察上面一段“无形影底道理”，但问题在能否“放下”，于事物之中去理会，即需要转上到下。如果无下、不穷物理而只尊德性，缺乏入圣之阶梯，就只能是“空底物事”。这自然是批评陆学。但吕学的问题刚好相反，即“只就下面理会事，眼前虽粗有用，又都零零碎碎了。少间只见得利害。……这般道理，须是规模大，方理会得”④。在朱熹眼中，吕祖谦学术虽表面

---

① 朱熹：《答刘子澄》，《晦庵先生朱文公文集》卷三五，朱杰人等主编：《朱子全书》第21册，上海：上海古籍出版社，合肥：安徽教育出版社，2002年，第1534～1535页。此信具体年代不详，王懋竑《朱子年谱》列在乾道庚寅(1170年)，陈来《朱子书信编年考证》以为未可详考，姑且从之。但愚意认为从“语高”意，指陆九渊心学来看，此信当在1172年之后，参见正文随后论述。而且《朱子全书》对此已经注明，此封《答刘子澄》书，在《朱文公文集·别集》中又以《(答)丁仲澄》的名称出现，故而书信对象存疑。但更重要的还在于学者可能没有注意，《(答)丁仲澄》中缺少了涉及吕祖谦学术的末段文字(含本处所引)，王懋竑《朱子年谱》中所引《答刘子澄》可能照抄文集，亦不将此段文字包含在内。那么是否后人将朱熹分别给两人的两封书信弄混或进行了重新组合？姑且存疑。

② 黎靖德：《朱子语类》卷一二一，北京：中华书局，1986年，第2939页。

③ 黎靖德：《朱子语类》卷一二一，北京：中华书局，1986年，第2939页。

④ 黎靖德：《朱子语类》卷一二一，北京：中华书局，1986年，第2939页。

"有用",但不能够由下转上,超越日常用度和利害关系,以成就起有规模的自身"道理"。换句话说,吕学既然不能由卑上达,结果就只能"滞于形器"了。尽管朱熹此时尚希望吕祖谦能调整自己的治学路向。

可是问题的关键在于吕祖谦事实上并不缺乏对天理、本心一类"理学"问题的追寻和探讨,朱熹为什么还要说他是"卑则滞于形器"呢?从根本上讲,就是在朱熹眼中,吕祖谦因被历史陈迹和实用利益所陷溺,执着于实用的层面,故而不能由具体物事上升到天道性命这一形而上的"大本"。这也是朱熹批评吕祖谦学术最根本的原则。

后来,全祖望对于朱、陆、吕三家学术有一个经典的评论,就是"朱学以格物致知,陆学以明心,吕学则兼取其长"①。但若按朱熹的逻辑来理解这个"兼取其长",结果反而是否定的。因为泛观博览而兼取各家,在朱熹的学问进路中属于由"分殊"而会归"理一","盖能于分殊中事事物物、头头项项,理会得其当然,然后方知理本一贯"②。"兼取其长"的博学多识固然重要,但最后的"归约"毕竟是目的,重要的是能归纳提炼出"一贯"之理。如果醉心于收纳各家,在学问的广博上固然有其价值,但若因此而流荡无归,以致失去了自身学术的鲜明主旨,则显然是得不偿失③。而从朱熹本来的意图讲,正确的道路应当是通过格物致知去明心——先泛观博览然后归之约,或者道问学以尊德性。那么说吕祖谦"卑则滞于形器"就容易明白:即"明心"这一大旨被吕祖谦立足于实事、实利的"格物致知"所滞塞,这或许可以说是从反向意义去理解的"兼取其长"。

从正面"道理"来看,吕祖谦及以他为代表的浙学无疑都是重实的。吕祖谦在其名篇《太学策问》中,陈述了他"讲实理,育实才,而求实用也"的"实学"

---

① 全祖望:《东莱学案·吕祖谦传》附,黄宗羲原著,全祖望补修:《宋元学案》卷五一,北京:中华书局,1986 年,第 1653 页。

② 黎靖德:《朱子语类》卷二七,北京:中华书局,1986 年,第 677~678 页。

③ 能否确立起独立的学术主旨,是朱熹评价学人和学术的一个重要标准。譬如胡大时(季随)便是一个典型。季随是胡宏季子,张栻的学生和女婿,理当为湖湘学的继承人。然他又师朱熹,并从陆九渊、陈傅良(君举)学。故朱熹称:"君举到湘中一收,收尽南轩门人,胡季随亦从之问学。某向见季随,固知其不能自立,其胸中自空空无主人,所以才闻他人之说,便动。"(黎靖德:见《朱子语类》卷一二三,北京:中华书局,1986 年,第 2961 页)从现有的资料看,季随的确没能有大的成就。

观，强调“立心不实，为学者百病之源”[①]。他批评当时的士子，虽然笔写口说，郁郁可观，却是“骛于言而未尝从事所以言者耶”？今人比之古人如孔门弟子，对于孔子教诲的认知可能更为准确，但离开了亲身切己的实践体验，就无助于实用。故谓“古之人，其为己不为人如此。今日所与诸君共订者，将各发身之所实然者，以求实理之所在，夫岂角词章、博诵说、事无用之文哉”[②]！从吕祖谦所述来看，他从古人为己之学的质朴出发，要求士人结合自身实际的操守和举止去求实理之所在，而批评务于讲诵词章的无用空学。

因此，吕祖谦治学，重点在倡导“有用”。他针对当时读书人的弊病指出：“今人读书，全不作有用看。且如人二三十年读圣人书，及一旦遇事，便与闾巷人无异。或有一听老成人之语，便能终身服行，岂老成之言过于六经哉！只缘读书不作有用看故也。”[③]六经是儒者安身立命的基本经典依据，吕祖谦自己便有《易》《书》《诗》等经学研究的专门著述。但是从这里也可以看出，他之重视经典，其实不像其他理学家那样，专注于探求和发掘经典蕴含的性命义理，而在于它对人有用。换句话说，就是世间的老成人之语，远不如六经所载的圣人之语有用。基于这一立场，他评价孔门弟子说：

> 孔门诸弟子，若论趋向，固非管仲可比。使他见用，却恐未必有管仲事业。学者看古人，要须看得至此。[④]

吕祖谦所谓的“趋向”，当指孔子弟子修德求仁的路向和进阶。由于其前提或动机是志道、据德、依仁，故在出发点上非管仲一般人可比。但问题也正在这里，出发点或动机再好，也只是一种愿望，根本上还是要看效果，即管仲所造就的事业。所以在吕祖谦，读古人之书，最要紧的是要关联效果，看它是否有用。这不止是吕祖谦个人的观点，也是与朱熹正面展开辩论的永嘉、永康学者的思想，所以朱熹批评吕学是“合陈君举、陈同甫二人之学问而一

---

① 吕祖谦：《太学策问》，《东莱吕太史文集》卷五，黄灵庚、吴战垒主编：《吕祖谦全集》第1册，杭州：浙江古籍出版社，2008年，第84页。

② 吕祖谦：《太学策问》，《东莱吕太史文集》卷五，黄灵庚、吴战垒主编：《吕祖谦全集》第1册，杭州：浙江古籍出版社，2008年，第84～85页。

③ 吕祖谦：《门人所记杂说二》，《丽泽论说集录》卷十，黄灵庚、吴战垒主编：《吕祖谦全集》第2册，杭州：浙江古籍出版社，2008年，第254～255页。

④ 吕祖谦：《门人所记杂说一》，《丽泽论说集录》卷九，黄灵庚、吴战垒主编：《吕祖谦全集》第2册，杭州：浙江古籍出版社，2008年，第241页。

之"[①]。由此可见,浙学都有注重实用的趋向。

当然,这样讲并非意味着朱熹治学就不重实。事实上,朱熹也是强调他自己的学说是"实学"的,申明他所追求的性命义理都是实性、实理。但是正因为如此,他就绝不同意"卑则滞于形器"。吕祖谦的务实不能得到肯定,就在于他不能像朱熹那样,从万事万物中追溯,抓取根源性的"大本"。朱熹说:

> 只看圣人所说,无不是这个大本。如云:"天高地下,万物散殊,而礼制行矣;流而不息,合同而化,而乐兴焉。"不然,子思何故说个"天命之谓性,率性之谓道,修道之谓教"?此三句是怎如此说?是乃天地万物之大本大根,万化皆从此出。人若能体察得,方见得圣贤所说道理,皆从自己胸襟流出,不假他求。[②]

朱熹从《礼记·乐记》中引来的孔子之语,说的是天地礼乐流行的大本[③],它的实质是突出了儒家的仁义内核,在子思则被阐释为《中庸》的天性和因此而来的循性修道之教。朱熹作《中庸章句》,"天命之谓性"已被解释为"性即理"。因此,天地万化所得以生成流行的大本大根,实际就是朱熹自己的性理本体,也就是《论语》中通过子贡之口道出的"不可得而闻"的性与天道。朱熹治学的宗旨,可以说是"体察"这个因为"净洁空阔"而不可得闻的性理本体,这就是圣贤所说,也是朱熹想要阐明的超越性的"道理"。

在朱熹,理学的"道理"是"皆从自己胸襟流出,不假他求"的,即要求自己循性立本,体验和发明内在的仁义性命。仁性充实于内,然后再发扬推广于外,实现于齐家治国平天下的事业之中。可是吕祖谦的务实,不但是滞于形器,而且往往关系着时事利害。后者实际才是朱熹反对吕祖谦学术更主要的原因,因为这在朱熹,根本就不是正确的治学之路。孟子当年游说梁惠王,便是"王何必曰利,亦有仁义而已矣",将仁义与时事利害——利吾国、利吾家直接对立了起来。理学家通常号称接续孟子,因而大都站在了孟子严辨义利的立场上。人当体察的天地万化的"大本",进入伦理的界域,便成为"义以为

① 全祖望:《东莱学案·附录》引朱熹语,黄宗羲原著,全祖望补修:《宋元学案》卷五一,北京:中华书局,1986年,第1674页。

② 黎靖德:《朱子语类》卷一二一,北京:中华书局,1986年,第2938页。

③ 《礼记·乐记》这段话的全文是:"天高地下,万物散殊,而礼制行矣。流而不息,合同而化,而乐兴焉。春作夏长,仁也。秋敛冬藏,义也。仁近于乐,义近于礼。乐者敦和,率神而从天;礼者别宜,居鬼而从地。故圣人作乐以应天,制礼以配地。礼乐明备,天地官矣。"按此所说,则天者,乐也,仁也;地者,礼也,义也。

上"的义利之辨的基本原则。这在与吕学形成对应而"语高"的陆九渊心学上，表现得最为明显。

二、"语高则沦于空寂"的陆学

与"滞于形器"的吕学对应的，是"语高则沦于空寂"的陆九渊心学一系。陆九渊虽不是浙人，但他乾道八年(1172 年)因春试入浙，并停留了不少时间，杨简等一批浙人向陆九渊请益，从而使陆氏心学也成为浙学的组成部分。其兄陆九龄曾在给学者的书信中说："子静入浙，则有杨简敬仲、石崇昭应之、诸葛诚之、胡拱达才、高宗商应时、孙应朝季和从之游。其余不能悉数，皆亹亹笃学，尊信吾道，甚可喜也。"[①]陆九龄谓九渊门生的"不能悉数"，或许有夸大的成分，但其皆"尊信吾道"的评价，反映了他兄弟倡导的心学已在浙地生根，因而带给了他们无尽的喜悦。朱熹后来亦曾有"如今浙东学者多陆子静门人，类能卓然自立"的感慨[②]。

"语高"所以是"沦于空寂"，可从朱熹批评陆九渊的"专以尊德性为主"及其"先立乎其大"等观点获得解释，朱熹也因此讥陆九渊之学为"禅学"。后来王阳明为陆九渊辩诬，以为"夫既曰'尊德性'，则不可谓'堕于禅学之虚空'"。而"先立乎其大者""孔子孟轲之言也，乌在其为空虚者乎"[③]，即在王阳明看来，陆学走的是尊崇德性的孔孟正道，所以绝不可能是空寂之学。

在朱熹这里，他固然贬陆九渊之学为"禅学"，但相较于吕学，或包括永康、永嘉等在内的浙东本土学，陆学反倒有更多合理的因素。譬如朱熹称：

> 或问东莱、象山之学，曰："伯恭失之多，子静失之寡。"
>
> 伯恭门徒气宇厌厌，四分五裂，各自为说，久之必至销歇。子静则不然，精神紧峭，其说分明，能变化人，使人旦异而晡不同，其流害未艾也。
>
> 先生出示答孙自修书 ，因言："陆氏之学虽是偏，尚是要去做个人。

---

① 陆九渊：《陆九渊年谱》，《陆九渊集》卷三十六，北京：中华书局，1980 年，第 488 页。

② 黎靖德：《朱子语类》卷一一三，北京：中华书局，1986 年，第 2750 页。根据刘玉敏博士的研究，陆氏心学一系亦受到身为浙人的张九成心学的影响。参见刘玉敏：《心学源流——张九成心学与浙东学派》(北京：人民出版社，2013 年)的相关论述。

③ 王阳明：《答徐成之(壬午)一、二》，吴光等编校：《王阳明全集》，上海：上海古籍出版社，1992 年，第 808 页。

若永嘉、永康之说，大不成学问，不知何故如此。”[1]

在朱熹看来，吕学的不足，既是吕祖谦自己的问题，即大不成学问而失之多，又是吕学门下的分裂问题，而这将导致学派的衰微。朱熹的论断应当说还是有一定预见性的。全祖望后来固然称“明招诸生历元至明未绝，四百年文献之所寄也”，但这并不涉及吕学的哲学价值。而且参考王梓材的补充，东莱后学虽然“为有明开一代学绪之盛”，却是建立在“皆兼朱学”[2]的基础上，在哲学上已不构成为一个专门的派别。与吕学对应，陆九渊学术所以“失之寡”而得到朱熹的相对肯定，缘于陆氏的学说分明，能变化人，即重点在陆学的教人“做个人”上。

其实，作为对朱熹这一评论的呼应，永康陈亮在与朱熹的论辩中，如何“做个人”就是一个关键性的问题，可以用作这里的参考。陈亮云：

> 学者所以学为人也，而岂必其儒哉！……管仲尽合有商量处，其见笑于儒家亦多。毕竟总其大体，却是个人，当得世界轻重有无，故孔子曰“人也”。亮之不消，于今世儒者无能为役，其不足论甚矣。然亦自要做个人，非专循管、萧以下规摹也。正欲搅金银铜铁镕作一器，要以适用为主耳。[3]

在陈亮，学为“成人”而非必“成儒”。历史上，管仲以其功业名扬后世，后儒虽然多有讥刺，但在陈亮眼中，管仲却正“是个人”。因此才能得到孔子的赞许。陈亮强调，自己并不是一定要求取管仲那样的规模事业，而是希望将仁义与功业融合为一地“做个人”，这实际上也就是他的义利双行、王霸并用的主张。在这里，“适用”成为判定人是否成就的根本标志。

对于陈亮的观点，朱熹全然不能认同。反驳说：

> 观其所谓“学成人而不必于儒，搅金银铜铁为一器而主于适用”，则亦可见其立心之本在于功利，有非辨说所能文者矣。……正如搅金银铜铁为一器，不唯坏却金银，而铜铁亦不得尽其铜铁之用也。……孔子固称管仲之功矣，不曰小器而不知礼乎？“人也”之说，古注得之，若管仲为当得一个人，则是以子产之徒为当不得一个人矣。圣人词气之际，不应

---

① 黎靖德：《朱子语类》卷一二二，北京：中华书局，1986 年，第 2949、2956、2957 页。

② 全祖望：《丽泽诸儒学案·序录》，黄宗羲原著，全祖望补修：《宋元学案》卷七三，北京：中华书局，1986 年，第 1674 页。

③ 陈亮：《又乙巳春书之一》，《陈亮集》，北京：中华书局，1987 年，第 346～347 页。

如此之粗厉而鄙也。[①]

陈亮的“搅金银铜铁镕作一器”的融义利为一，在从动机出发看问题的朱熹这里，是完全“一”在了功利一边。因为“以适用为主”，根本是从效果出发，在立心之“本”上就已经偏了。至于孔子对管仲的评价，固然肯定了他的功业。但就整个人来讲，孔子明言管仲之器小而不知礼，如何会赞许？孔子要赞许谁，言语中决不会有“人也”这种粗鄙的词气。朱熹认为汉唐人注疏其实已经说清楚，孔子就是感慨管仲“这个人”罢了。孔子真正赞许的，是惠爱百姓的子产而非管仲，子产才是真正“当得一个人”。

从朱、陈之辩返回到前面朱熹对浙东学人的评价，朱熹所以指斥吕学和永康、永嘉等事功学，肯定陆九渊能“做个人”，根本点就是在坚守作为“儒”之内核的义利之辨上。“东南三贤”中，朱熹所以推崇张栻，也正因张栻在义利关系上，从内心意向的“有所为”和“无所为”角度，系统地阐发和强化了义利之辨，朱熹称赞这是“扩前圣所未发，而同于性善养气之功者欤”[②]！径直将张栻与孟子相比。而陆九渊同样是在这方面深得朱熹的赞许。陆九渊应朱熹之邀，登白鹿洞讲席，所讲就是《论语》中“君子喻于义，小人喻于利”一章。陆九渊的立场与张栻相似，即从义与利的“志之所向”辨君子小人，要求“专志乎义而日勉焉，博学、审问、慎思、明辨而笃行之”，倘能由此而赴科举、进仕途，“必皆共其职，勤其事，心乎国，心乎民，而不为身计，其得不谓之君子乎”[③]！陆九渊的演讲使朱熹及其弟子深为感动，朱熹不但将陆九渊的讲义刻石以提撕警醒弟子，还在给其他未知此讲义的弟子的信中强调，陆九渊说得“义利分明，是说得好”。因为他对一心求功名官位的当今士人痛加针砭，指出其“自少至老，自顶至踵，无非为利”，故“说得来痛快，至有流涕者”[④]。陆九渊终究维护了儒家义利之辨的根本立场，所以得到了朱熹的认同。

因此，朱熹虽也指斥陆学，但在他眼中，功利之学比陆氏禅学更可怕：“禅学后来学者摸索一上，无可摸索，自会转去。若功利，则学者习之，便可见效。

① 朱熹：《寄陈同甫书·八》，《陈亮集》，北京：中华书局，1987 年，第 366～367 页。

② 朱熹：《右文殿修撰张公神道碑》，《晦庵先生朱文公文集》卷八九，朱杰人等主编：《朱子全书》第 24 册，上海：上海古籍出版社，合肥：安徽教育出版社，2002 年，第 4140 页。

③ 陆九渊：《白鹿洞书院论语讲义》，《陆九渊集》卷二十三，北京：中华书局，1980 年，第 275～276 页。

④ 陆九渊：《陆九渊年谱》所引，《陆九渊集》卷三十六，北京：中华书局，1980 年，第 493 页。

此意甚可忧!”[①]包括朱熹本人在内,理学家都是从禅学“转”出来的,而禅学正是向“高”处去。尽管朱熹对于语“高”和语“卑”各家都不能理会“中间”道理,一并给予了指责,但从他心底来说,还是“高”远比“卑”强,“高”其实并不“可忧”。正是因为如此,曾遭朱熹深诋的张九成之学,结果也被网开一面:“因说永嘉之学,曰:‘张子韶学问虽不是,然他却做得来高,不似今人卑污。’”[②]所以朱熹觉得禅学并不可怕,因为到最后自觉无所收获时,自然会转出。而功利之学不一样,因为它助长的是人的利欲之心,再加上可以预期的效果,最终将导致泯灭天理的可怕场景,所以必须坚决反对。

---

① 黎靖德:《朱子语类》卷一二三,北京:中华书局,1986年,第2967页。

② 黎靖德:《朱子语类》卷一二三,北京:中华书局,1986年,第2962页。

从“理一分殊”看协商民主的哲学意涵

◎ 马照南

协商民主是我国社会主义民主政治的特有形式和独特优势。习近平总书记指出:“社会主义协商民主在我国有根、有源、有生命力。”[①]深入探讨协商民主的“根”“源”,尤其是探讨中华优秀传统文化中的天下为公、中庸中道、和合文化、民本意识、忠恕仁和,“理一分殊”蕴含的协商民主思想内涵,无疑是很有意义的。

“理一分殊”是朱子创新哲学原则,也是朱子理学富有生命力的思想成果。在朱子视野里,“理”是道理,是事物的本源和规律。“理一”是指作为本原的天理只有一个,“分殊”指万事万物各自有理。“理一”与“分殊”是对立的统一,“宇宙之间,一理而已。天得之以为天,地得之以为地。而凡生于天地之间者,又各得之以为性”[②]、“物物各有理,总只是一个理”[③]。“理一”表现在“分殊”上,“分殊”体现“理一”。“理一”具有内在性、唯一性、稳定性、持续性,“分殊”具有外在性、多样性、多变性。每个事物各有一个理,都是“理一”的体现。正是在这个意义上,朱熹讲“分殊”时,维护“理一”的不可分割性,在“理一”与“分殊”的相互印证中阐明宇宙之秩序。“理一分殊”有助于理解协商民主构建的哲学本体框架和背景。

---

① 习近平:2014 年 10 月 27 日《在中央全面深化改革领导小组第六次会议上的讲话》。

② 朱熹:《读大纪》,《朱文公文集》卷七十,朱杰人等主编:《朱子全书》第 23 册,上海:上海古籍出版社,合肥:安徽教育出版社,2002 年。

③ 黎靖德:《朱子语类》卷九四,北京:中华书局,1986 年,第 2365 页。

一、"理一分殊",体现了"大道之行,天下为公"

《礼记》记载:"大道之行也,天下为公。选贤与能,讲信修睦。故人不独亲其亲,不独子其子,使老有所终,壮有所用,幼有所长,鳏寡孤独废疾者皆有所养。"所谓"大道之行也,天下为公",认为天下是人们所共有的,治理天下的权力应该具有普遍性公共性。这是中国古代比较早的从政治层面强调公共性全民性意义的经典表述。朱熹从哲学本体论角度指出,总合天地万物的理,只是一个理,分开来,每个事物都各自有一个理。孔子曾说,"吾道一以贯之"。朱子继承孔子思想,认为"大道之行也,天下为公"代表"理一",为了达到"理一",实现"天下为公"就要把品德高尚的人、有才能的人选出来,担任社会管理者。这样才能实现天下是人们所共有的,为了治理好社会,必须选贤与能。同时整个社会都讲求诚信,培养和睦气氛,共同建设人民幸福的大同理想社会。既是共有,就要协商,经过协商才能实现"天下为公"。几千年来,我们古代先贤一直怀抱这样的理想,不懈追求,不懈努力。

社会通常是由不同利益人的行为组成的,不同利益的人一定有不同的想法。为避免各方力量作用方向的不同,必须通过协商机制才能完成。恩格斯曾指出:"历史是这样创造的:最终的结果总是从许多单个的意志相互冲突中产生出来的,而其中每一个意志,又是由于许多特殊的生活条件,才成为它所成为的那样。这样就有无数互相交错的力量,有无数个力的平行四边形,由此就产生出一个合力,即历史结果。"①

二、协商民主是社会治理的"公共道理"

学界曾认为,"公共性"是现代性的表现,是西方首创。从思想源流看,"天下为公"这种"公共性",在中国可谓源远流长。中国历史的社会治理先后出现的禅让制、举孝廉、九品中正制、朝议制、廷议制、君臣共治制,民间的乡村自治的历史,都体现国家社会治理的"公共之理",包含协商民主的因素。朱子认为:"道者,古今共由之理,如父之慈,子之孝,君仁,臣忠,是一个公共底道理。德,便是得此道于身,则为君必仁,为臣必忠之类,皆是自有得于

① 《马克思恩格斯选集》第 4 卷,北京:人民出版社,1995 年,第 697 页。

己。”“尧所以修此道而成尧之德，舜所以修此道而成舜之德，自天地以先，羲黄以降，都即是这一个道理，亘古今未常有异，只是代代有一个人出来作主。作主，便即是得此道理于己，不是尧自有一个道理，舜又是一个道理，文王周公孔子又别是一个道理。”①朱子认为尧舜、文王、周公、孔子关于社会治理的道理，一以贯之，体现了“理一”。这个道理，“古今共由之理”“亘古今未常有异”。朱子肯定的“尧之德”“舜之德”等都体现了协商民主。

协商民主需要以社会教化作为基础。从古代典籍来看，主张社会教化的观点比比皆是。如《易·贲卦·彖传》记载：“分刚上而文柔，故小利有攸往，天文也。文明以止，人文也。观乎天文，以察时变；观乎人文，以化成天下。”“观乎天文”，要求尊重自然规律；“观乎人文”要求重视当地的历史文化，包括习俗，要求顺应这种文化习惯，用协商的方式来治理社会。《易经》强调做事情要遵循“元、亨、利、贞”的原则，选择有利的时机办大事，就是为了循“理”。“天理”与“人理”是合一的。历史证明，华夏先贤始终关注人与天地、人与人的关系，重视天人合一，重视协商民主，形成独具特色的人本主义协商民主治理模式，闪耀着协商民主的光辉。同时很早就关注教育，关注社会教化，关心人才培养。

三、协商民主应立足于“理一”“求同”

朱子认为“天理是本原，世间万物统一于理”。朱子讲“理一分殊”时既重视“分殊”，又重视“理一”。据记载：“或问‘理一分殊’，曰：‘圣人未尝言理一，多只言分殊。盖能于分殊中事事物物、头头项项理会得其当然，然后方知理本一贯。不知万殊各有一理，而徒言理一，不知理一在何处。圣人千言万语教人，学者终身从事，只是理会这个。要得事事物物，头头件件，各知其所当然。而得其所当然，只此便是理一矣。’”②就是说，只有认识了具体的事物的现状和规律，才能真正领会天理，才能领会“理一”。协商对话就是民主过程的本质，是一种参与性共同性的政治，它鼓励和尊重个性，尊重差异性。在民主协商中，只有了解方方面面的现状与需求，才能找到利益的交汇点和融合点。作为一个社会有机体整体系统，每一个部分都不能缺少，各自的功能是

① 黎靖德：《朱子语类》卷一三，北京：中华书局，1986 年，第 199 页。

② 黎靖德：《朱子语类》卷二七，北京：中华书局，1986 年，第 199 页。

互补的，根本利益是一致的。舍此，社会整体系统就无法健康运行。协商民主为的是把握社会治理规律，形成社会治理的合力。朱熹反复强调："要知道理只有一个。"[①]协商民主参与主体需要共同遵守有共识的程序与规则，充分尊重和考虑所有利益主体的要求。坚持求同存异、理性包容，在民主协商中"求理"，在贯彻中"循理"，切实提高协商的质量和效率，提高治理体系和治理能力现代化水平。

四、协商民主要尊重"分殊"，广泛吸纳各个方面的意见和主张

"理一分殊"，从"分殊"上说，万物各具之理既是一理之"分殊"，又是一理之"全"，是分和全的统一，个别与一般的统一。"理一"必须经过"分殊"表现出来，"分殊"的具体事物构成了"理一"，有"分殊"才有"理一"。朱熹认为："至诚无息者，道之全体也，万殊之所以一本也。万物各得其所者，道之用也，一本之所以万殊也。"[②]分殊即万物之间的差异，不仅不妨碍其一体、一本，相反，在某种意义上正是分殊成全了理一，使万物共处于一体之中。这用朱熹本人的话说就是："分得愈见不同，愈见得理大。"[③]在这里，一体、一本是原则，一体之中有分别、有不同，一而万、同而殊的等级秩序就是和谐。换言之，和谐的前提和根基是万物源于理的统一性、一体性，但是万物之间的统一性和一体性的具体表现不是平等而是秉性表现不同。这不仅从形而上的高度说明了和谐、一致的正当性、合理性和神圣性。因此协商民主与选举民主、决策民主不同，它一般不是按少数服从多数的原则进行表决和决策，而是按照民主协商原则，通过充分讨论，求同存异、体谅包容，就协商的重大问题增进共识。周恩来曾指出，"和谐一致不是大家都说一种相同的话，而是大家说出不同的话，然后取得一致。这是最有力的一致，是最有力的团结"。[④]

---

① 黎靖德：《朱子语类》卷九八，北京：中华书局，1986年，第2506页。

② 朱熹：《四书章句集注·论语集注》，北京：中华书局，1983年。

③ 黎靖德：《朱子语类》卷六，北京：中华书局，1986年，第99页。

④ 《理论研究》，《中国政协》2018年第2期。

五、协商民主应立足实践，持续深化

在朱熹哲学视野里，“理一分殊”与“格物致知”是紧密联系在一起的。“理一分殊”侧重从总体上认识万事万物的规律，“格物致知”侧重于具体到一般，从“分殊”中认识“理一”。正是从这个意义上说，“世间之物，无不有理，皆须格过”[①]“盖有是物必有是理，然理无形而难知，物有迹而易睹，故因是物以求之”[②]。也就是说，必须通过接触有形的事物而认识无形的事物之理。我们知道，作为具体事物来说，是有其形体的，而作为事物的一般规律来讲，是没有形体的，看不见摸不着，他只能通过有形体的具体事物的运动体现出来。因此必须通过接触具体事物而认识事物之规律。经过量的积累，当“格”到一定程度就能“豁然贯通”，求得“众物之表里精粗无不到，吾心之全体大用无不明”的境界。从更深一层说，朱熹“格物的目的最终要达到对事物的‘所以然’和‘所当然’的了解。所以然和所当然都是指理，‘所以然’主要是指事物的普遍本质和规律，‘所当然’主要指社会的伦理原则和规范”。协商民主重在基层，基层涉及人民群众利益的切身利益。大量决策和工作发生在基层。要建立健全基层协商民主建设协调联动机制，围绕群众反映强烈的民生问题，组织有关方面开展协商，及时化解矛盾纠纷，更好满足人民群众的需求。协商民主是个过程，持续推进协商民主是保证社会主义制度健康稳定运行和长治久安的最行之有效的机制。

六、协商民主与协和万邦

古代典籍《尚书》《荀子·议兵》等提出“协和万邦”“四海一家”等理念，主张国家友好。“协和万邦”“四海一家”体现了“理一分殊”。“理一”代表天下整体，表明万物出自一体，本乎一源，共同构成一个不可分割的整体；“分殊”说明一体之中的万物具有不同的特性，应该和平友好，平等相待。“协和万邦”“四海一家”充分体现了中华民族优秀传统文化的历史基因，展示了中华

---

① 黎靖德：《朱子语类》卷一五，北京：中华书局，1986 年，第 282 页。

② 朱熹：《癸未垂拱奏札》，《朱文公文集》卷一三，朱杰人等主编：《朱子全书》第 20 册，上海：上海古籍出版社，合肥：安徽教育出版社，2002 年。

民族处理国与国之间、民族与民族之间关系的博大胸怀和东方智慧，更是表明中国从来就是一个爱好和平、讲求睦邻友好的国家。天下的事情应该由各国政府和人民共同商量来办。各国之间“视人之国，若视其国；视人之家，若视其家；视人之身，若视其身”，就能展现“世界大同”“四海之内皆兄弟”的美好的憧憬和追求。“理一分殊”的思想，有利于认识多元文化，协商协调多元文化国家之间的关系。

张栻关于《太极图解》的两篇序文

◎ 朱杰人

《朱子全书》第13册《太极图说解》"附录"中收录了两篇张栻的序文。一为《太极图解序》，全文如下：

> 二程先生道学之传，发于濂溪周子，而《太极图》乃濂溪自得之妙，盖以手授二程先生者。或曰濂溪传《太极图》于穆修，修之学出于陈抟，岂其然乎？此非诸子所得而知也。其言约，其意微，自孟氏以来未之有也。《通书》之说，大抵皆发明此意，故其首章曰："诚者，圣人之本。'大哉乾元，万物资始'，诚之源也。'乾道变化，各正性命'，诚斯立焉。"夫曰圣人之本、诚之源者，盖深明万化之一源也。以见圣人之精蕴。此即《易》之所谓密、《中庸》之所谓无声无臭者也。至于"乾道变化，各正性命"，则是本体之流行发见者，故曰"诚斯立焉"。其篇云："五行阴阳，阴阳太极。四时运行，万物终始，混兮辟兮，其无穷兮。"道学之传实在乎此。愚不敏，辄举大端与朋友共识焉。虽然，太极岂可以图传也！先生之意，特假图以立义，使学者默会其旨归，要当得之言意之表可也。不然，而谓可以方所求之哉！

另一为《太极图解后序》，全文如下：

> 或曰《太极图》，周先生手授二程先生者也。今二程先生之所讲论、答问之见于《遗书》者，大略可睹，独未及此图，何耶？以为未可遽示，则圣人之微辞见于《中庸》、《易》《系》者，先生固多所发明矣，而何独秘于此耶？栻应之曰：二程先生虽不及此图，然其说固多本之矣。试详考之，当自可见。学者诚能从事于敬，真积力久，则夫动静之几，将深有感于隐微之间，而是图之妙，可以默得于胸中。不然，纵使辩说之详，犹为无益也。

嗟乎！先生诚通、诚复之论，其至矣乎！圣人与天地同用，通而复，复而通。《中庸》以喜怒哀乐未发、已发言之，又就人身上推寻，至于见得大本达道处又衮同，只是此理。此理就人身上推寻，若不于未发、已发处看，即何缘知之？盖就天地之本源与人物上推来，不得不异。此所以于动而生阳，难为以喜怒哀乐已发言之，在天地只是理也。今欲作两节看，切恐差了。《复卦》见天地之心，先儒以为静见天地之心，伊川先生以为动乃见，此恐便是动而生阳之理。然于《复卦》发出此一段示人，又于初爻以颜子不远复为之证，只要示人无间断之意。人与天地一也，就此理上皆收拾来。"与天地合其德，与日月合其明，与四时合其序，与鬼神合其吉凶"，皆其度内尔。

这两篇序文，在各种传世和现存的张栻文集中都没有收录，[①]它们的原始出处均为周敦颐的各种文集。那么在《朱子全书》中的这两篇序文，究竟是否可靠，它们的来龙去脉究竟如何？这些问题至关重要，却一直未引起足够的重视。直到 2017 年，陈来先生给笔者来信提出质疑，才使我意识到这个问题的重要性与严重性，进而下决心一探究竟。

一

（一）问题的提出

2017 年 12 月 6 日，陈来先生给我发来一条微信，全文如下："《朱子全书》第十三册第八二页《太极图解后序》，署名不对，文字亦不对，后半部是李延平《答朱子书》之语，前半部是张栻后序。可怪！"

我当即翻检《朱子全书》，发现在《太极图说解附录》中收录了两篇张栻的序，一为序，一为后序，全文已见上文所录。这两篇序的出处，都注明"录自《周元公集》卷一"。再检文渊阁本《四库全书》，两序收录于《周元公集》卷一之"附录"中。卷一由三部分组成，一为"太极图"，一为"通书"，一为"附录"。附录首录朱子《太极图通书总序》，再录张栻《太极图解序》《太极图解后序》及《通书后跋》，其后还录有程颐、胡宏、度正的有关题跋，最后是张栻的按语。

---

① 杨世文校点整理之《张栻集》（北京：中华书局，2015 年）在《太极图说解义钩沉》中有收录，但那是编者"钩沉所得"，详见下文。

笔者将《朱子全书》中的两篇序与《周元公集》对校，除个别文字有出入外，基本一致。

陈来说，《太极图解后序》前半部分是张栻的文字，后半部分是李侗的文字。经对校，"后序"从"《中庸》以喜怒哀乐未发"至"皆其度内尔"，实为《延平李先生师弟子答问》中朱子问"太极动而生阳"等为李侗之答语。[①]

这样，问题就出来了，《朱子全书》既然收录的是张栻的文字，为什么不直接用张栻的有关文集？陈来说，后序的后半部分是李侗的文字，经核实已经确证无疑。但是前半部分是张栻的文字，证据何在呢？又前序呢？

（二）对张栻各种文集的考证

张栻传世的几种文集，主要有：

1.朱子编《南轩先生文集》，收录于《朱子全书外编》第四册（华东师范大学出版社，2010 年）。此本现存宋刻，藏台北故宫博物院，1981 年有影印本出版。

2.邓洪波校点整理《张栻集》，岳麓书社 2017 年 11 月版。此本以道光二十五年（1845 年），陈钟祥刻《宋张宣公诗文集论孟合刻》为底本，校以文渊阁《四库全书》本。而陈氏"合刻本"，只是将《论语解》《孟子说》并入合刊，其"文集"则一仍朱子编定本。

3.《四库全书》本《张栻集》即朱子编定本。

4.康熙四十八年（1709 年），张伯行编《张南轩先生文集》七卷，由福建正谊堂刊行。读其序，可知这部文集也是根据朱子编定本改编而成。

纵观以上各种版本可以看到，现存张栻的各种文集，其源头都出自朱子编定本。勘验各本内容发现，所有这些版本，都未收录张栻关于《太极图说解》的两篇序文。

唯一的例外是：

5.中华书局 2015 年 11 月出版，杨世文校点整理的《张栻集》。这是一本张栻的"大全集"，杨世文先生考订了所有张栻的著作，分已佚与现存两类。

全书以现存著作为主编定，辅以佚作为"补遗"，又做辑佚而为"钩沉"。杨先生此作用力甚勤，考订精审，凡张栻著述几乎被一网打尽，直可谓张栻功

① 朱熹：《延平答问》，朱杰人等主编：《朱子全书》第 13 册，上海：上海古籍出版社，合肥：安徽教育出版社，2002 年，第 329 页。

臣！尤其值得注意的是，他发现了张栻《太极图说解》两篇序文的原始出处：“《太极图说》即太极图说解义，又称《太极解义》。尤袤《遂初堂》书目著录《南轩太极图解》，赵希弁《郡斋读书附志》著录《张子太极解义》一卷。赵书注云：‘张宣公解周元公《太极》之义也。’宋以后不见著录。宋本《周元公集》、真德秀《西山读书记》等书录有片段，但非全貌。我们从明弘治中秦川周木《濂溪周元公全集》中却发现了完整的南轩《解义》，能够窥其原貌。因此可以说，张栻《太极图说解义》并没有散佚。张栻还作有《太极图解序》及《后序》二文，《南轩集》未收，见录于各种《周濂溪集》的《太极图说》后。”[①]

杨氏《张栻集》第五册有《太极图说解义钩沉》（第1603页），首录《周子太极图解序》，次录《太极图说解义》（但删去了朱子的解说），终录《太极图解后序》。其《周子太极图解序》文后小注曰：“《濂溪周元公全集》卷一，明弘治刻本，日本名古屋市蓬左文库所藏。又见宋本《元公周先生濂溪集》卷一，《四库》本《周元公集》卷一，《濂溪志》卷首，《经义考》卷七一，道光《永州府志》卷九上。”经检核，小注中所言诸本，均与杨氏本合。唯蓬左文库本与杨本有两处文字差异（详见注文），揆之义理，当为笔误。

杨氏本《太极图解后序》全文如下：

> 或曰《太极图》，周先生手授二程先生者也。今二程先生之所讲论、答问之见于《遗书》者，大略可睹，独未及此图，何耶？以为未可遽示，则圣人之微辞见于《中庸》《易》《系》者，先生固多所发明矣，而何独秘于此耶？栻应之曰：二程先生虽不及此图，然其说固多本之矣。试详考之，当自可见。学者诚能从事于敬，真积力久，则夫动静之几，将深有感于隐微之间。而是图之妙，可以默得于胸中。不然，纵使辩说之详，犹为无益也。嗟乎！先生诚通、诚复之论，其至矣乎！圣人与天地同用，通而复，复而通。一往一来，至诚之无内外，而天命之无终穷也。君子修之，所以戒谨恐惧之严者，正以须臾不在乎是。则窒而通，迷而复，而遏天命之流行故尔。此非用力之深者，孰能体之？近岁新安朱熹尝为图传，其义固多得之。栻复因之，约以己见，与同志者讲焉。噫！言之之易，盖亦可惧也已。

此本明显与《朱子全书》本所收录者不同。“通而复，复而通”以下凡二百零七字，与《朱子全书》完全不类。

---

① 张栻著，杨世文点校：《张栻集》第1册，北京：中华书局，2015年，第18～19页。

此序也有杨氏注文,曰:"《濂溪周元公全集》卷一,明弘治刻本,日本名古屋市蓬左文库所藏。又见宋本《元公周先生濂溪集》卷一,《四库》本《周元公集》卷一,《古今源流至论前集》卷一,《濂溪志》卷首,《经义考》卷七一。"经检核,除蓬左文库本与杨氏所录全同外,其余诸本均与《朱子全书》本同。杨氏另有一注曰:"自'一往一来'之后,宋本《周先生濂溪集》因脱二页,故阑入后篇《延平师生答问》前段'《中庸》以喜怒未发已发'一段文字。其他诸本多袭误。"[①]

这里,杨氏指出了其他版本均误(即除蓬左文库本外的诸本),又给出了致误的原因。

杨氏在他的注中多次提到"宋本《元公周先生濂溪集》"。按,今存世的宋本周敦颐文集,凡两种,都藏在国家图书馆。一本已收入《中华再造善本》,李致忠著录曰:"元公周先生濂溪集十二卷,(宋)周敦颐撰,宋刻本。"他考证为度正所编,刊刻时间在南宋末年,并称"此本传世孤罕,堪称周集现存最早最完整的本子"[②]。

但奇怪的是,此本所收《太极图解后序》竟然是一种错误的文本。杨氏注曰:"宋本《周先生濂溪集》因脱二页,故阑入后篇《延平师生答问》前段'《中庸》以喜怒未发已发'一段文字。"检核《中华再造善本·元公周先生濂溪集》,"后序"从卷一第十二页下片最后一行起,至第十四页下片第一行至。所谓"阑入后篇《延平师生答问》前段'《中庸》以喜怒未发已发'"(注:实为"以喜怒哀乐未发已发")一段文字的内容在十三页下片第三行最后一个字"中"起,至十四页下片第一行"内尔"两字。至其下一页(第十五页上片),即《延平师生答问》。如曰"脱二页",则当脱十三页下片与十四页上片。但十三页下片前三行,从第一行一直到第三行最后七字"通而复,复而通"都不错,只是最后一字"中"(下一行为"庸以喜怒哀乐未发已发言之又就人身上")后开始出错。如果说"脱页",当从十三页下片第四行开始脱。但即便如此,第三行的最后一字"中"依然无法解释。检第十四页下片第一行,以"内尔"二字收尾。如果只脱二页,此页尚存,那么阑入《延平师生答问》也应该有相关"内尔"两字。检《延平师生答问》,确实有"其言吉凶,皆其度内耳"的文字。[③] 据此,我们基

---

① 张栻著,杨世文点校:《张栻集》第5册,北京:中华书局,2015年,第1611页。

② 《中华再造善本总目提要》,北京:国家图书馆出版社,2013年,第612页。

③ 《中华再造善本·元公周先生濂溪集》卷一,第16页。

本可以断言,《后序》文字的错误并不是“误阑入”,而是因缺页以后而故意作伪。

问题到此并没有结束,国家图书馆另藏有一部周敦颐文集的残本。国图的著录曰:“《濂溪先生集》,不分卷,宋刻本,一册,九行十八字,左右双边。存家谱、年谱、太极图。”此本不载“前序”,因为残本,故无法判断是原本,即未录入,还是已经残脱,但是保留了“后序”的全文。残本的文字基本与杨氏所录同,但也有一些小的异同。让我们大吃一惊的是,在残本的文字最后,竟然还有“癸巳中夏,广汉张栻书”九字。这是一个重要的发现,这个发现对我们确定此序的真伪与写作年代提供了铁证。

必须指出,从杨氏的引文与注文,我们发现,他并未发现这一种宋代的残本。既然张栻的这两篇序文,均不载于张栻的各种文集(杨氏整理本除外),而载于周敦颐的文集中,那么我们就有必要对周敦颐的文集做一番考证。

二

周敦颐的文集是一个非常复杂的问题,它的编辑、源流、版刻、流布情况历来众说纷纭,莫衷一是。为使问题简化,笔者直接从现存的周氏文集入手,做一个清理,以期理出一个清晰的头绪来。

(一)现有整理点校本和重新排印本

1.中华书局 1990 年陈克明点校《周敦颐集》。据《点校说明》:“这次整理,以贺本为基础,参照其他各种版本,进行互校。订正其讹舛,并加标点,以便读者。”[①]所谓“贺本”,即清光绪十三年(1887 年)贺瑞麟编辑《周子全书》本。此本未收张栻二序。

2.江西教育出版社 1993 年周文英主编、李才栋副主编《周敦颐全书》。这是一本重新编辑的“全书”,编者曰,他们是参照了:“(一)明嘉靖五年(1526年)吕柟编的《宋四子抄释》内《周子抄释》(简称吕本)。(二)清康熙四十七年(1708 年)张伯行编的《周濂溪先生集》(简称张本)。(三)清乾隆二十一年(1756 年)江西分巡吉南道董榕编的《周子全书》(简称董本)。(四)清道光二十七年(1847 年)邓显鹤编的《周子全书》(简称邓本)。(五)《四库全书》收录

① 周敦颐著,陈克明点校:《周敦颐集》,北京:中华书局,1990 年,第 1 页。

的清周沈珂编的《周元公集》(简称周沈珂本或周本)。(六)中华书局 1990 年出版的陈克明点校的《周敦颐集》(简称陈校本)。(七)明黄宗羲编的《宋元学案》内《濂溪学案》。(八)《四库全书》收录的明曹端著的《太极图说述解》、《通书述解》。"可见,此本是一种大杂烩的版本,并无所据底本可寻。此本也未收张栻二序。

3.湖南省濂溪学研究会学术部据北京图书馆藏宋刻本整理《元公周先生濂溪集》,岳麓书社 2006 年出版。此本所据版本已收入《中华再造善本》,详见下文。此本所收张栻二序文字与《朱子全书》本同。

4.1974 年台湾商务印书馆王云五主编的《人人文库》本。此本算不上整理校点本,只是一种重新排印本。据其序言,可知即为董榕所编的《周子全书本》。此本未收张栻二序。

5.民国时期王云五编的《丛书集成初编》收有《周濂溪集》,牌记云:"本馆据正谊堂全书本排印。"可知此本实为张伯行编的《周濂溪先生集》本。此本未收张栻二序。

(二)现存于各图书馆的周敦颐文集刻本

1.嘉靖五年(1526 年)吕柟编的《宋四子抄释》内《周子抄释》(简称吕本)。按,此书收录在《四库全书》中。凡两卷,附录一卷。卷一为《太极图》及朱子《太极图解义》、《通书》,卷二为诗文选录,《附录》为传记资料等。《四库提要》曰:"是编盖因《周子全书》而撮其精要。"(注)检全书,不见两序。

2.清康熙四十七年(1708 年)张伯行编的《周濂溪先生集》(简称张本)。此本收入《正谊堂全书》,后《丛书集成初编》据此排印。张氏自序云,此书是据他在京师报国寺中购得之《濂溪全书》重刻。凡十三卷,目录如下:

卷一　太极图、太极图说、朱子图解、朱子太极图说解(附辩)

卷二　诸儒太极论辩

卷三　语类附见

卷四　诸儒太极发明

卷五　通书一、语类附见

卷六　通书二、语类附见

卷七　诸儒通书论序

卷八　遗文并诗(小注:诸儒记诗跋附录)

卷九　遗事(小注:朱张语录附见)、诸贤赠送唱酬附录、诸贤怀仰记述、

附录

卷十　年谱(小注:序本传墓志铭事状附录)

卷十一　诸记序铭附录

卷十二　诸记并祭祝诸文附录

卷十三　历代褒典

此本未收张栻二序。

3.董榕编的《周子全书》。据胡宝瑔《周子全书序》,此本为董榕在九江太守任上所编辑。其书基本目次大致与张伯行本相似,但内容较张本更为丰富,故卷数多达二十三卷。此本未收张栻二序。

4.邓显鹤编的《周子全书》。此书编于清道光二十七年(1847年),邓氏称:"《濂溪先生全集》,九卷。首录二卷,末一卷,不入卷数。第一卷曰《遗书一》,为《太极图》、《太极图说》。第二卷曰《遗书二》,为《通书》,二书皆朱子注,别有集义发明。第三卷曰《杂著》,为古今体诗、杂文、书帖、题名。第四卷曰《附录》,为赠答、题咏、祭文、题名。第五卷曰《纪述一》,为《文征一》,收入宋文十七篇。第六卷曰《纪述二》,为《文征二》收入宋文、元文各五篇。第七卷曰《纪述三》,为《典章一》。第八卷曰《纪述四》,为《典章二》。第九卷曰《纪述五》,为《典章三》。卷末曰《摭录》,收录历代诗文。"(注:湖南图书馆藏清道光二十七年(1847年)湘乡彭氏刻本《目录》后语)据邓氏目录后语称,此本所据为濂溪家刻本。此本收有张栻二序,文字与《朱子全书》本同。

5.《四库全书》收录的清周沈珂编的《周元公集》。据《四库提要》曰:"其集明嘉靖间漳浦王会曾为刊行,国朝康熙初,其裔孙周沈珂又重刊之。"(文渊阁《四库全书》集部别集类《周元公集提要》)凡八卷,卷一,《太极图》《太极图说》《通书》《附录》(收录朱子、张栻序等);卷二,《杂著》收录周敦颐之诗文、书信;卷三,《诸儒议论》,收入历代名人对周的评论;卷四,《事状》,收录周敦颐的传记资料;卷五,《历代褒崇》;卷六,《祠堂墓田诸记》;卷七,《古人诗》,收录周敦颐同时代人的唱和诗、赠诗;卷八,《祭文》。此本收录张栻二序,《朱子全书》所收即源自此书。

6.贺瑞麟编《周子全书》。此书刊于清光绪十三年(1887年)。贺序曰:"是刻大抵不失朱子之旧,而附以注解。文、诗依清恪(今按:清恪为张伯行谥号)本增多数篇,《年谱》、《本传》皆不可少,余亦不敢泛引。"[1]可见此书是据朱

---

① 周敦颐著,陈克明点校:《周敦颐集》,北京:中华书局,1990年,第1页。

子所定之本与张伯行所编之本增删而成。此本未收张栻二序。

7.黄敏才刻的《濂溪集》。此书刊于明嘉靖十四年(1535年),六卷。此书收有张栻二序,与"全书本"同。

8.张国玺刻的《周子全书》。此书刊于明万历二十四年(1596年),六卷。未见。

9.顾造刻的《周子全书》。此书刊于明万历四十年(1612年),七卷,收有张栻二序,与"全书本"同。

10.周兴爵刻的《宋濂溪周元公先生集》。此书刊于明万历四十二年(1614年),十卷,收有张栻二序,与"全书本"同。

11.《元公周先生濂溪集》十二卷,年表一卷。此书藏国图,著录为宋刻本,现已收入《中华再造善本》。岳麓书社据以出版点校本。此书收有张栻二序,与"全书本"同。

12.《濂溪先生集》不分卷,存家谱、年谱、太极图。此书藏国图,著录为"宋刻本,一册"。这是一部残本。此本收有张栻后序,与现存诸本均不同。不见前序,疑佚失。

13.《濂溪周元公全集》。此本现藏日本名古屋市蓬左文库,著录曰:"濂溪周元公全集,十三卷,缺首册。首存历代褒崇礼制一卷,后录一卷,濂溪先生大成集目录一卷,十二册。""琴川周木重辑"。此本录有张栻二序,其后序与现存诸本均不同。

14.蒋氏刻本《周子全书》六卷。据说,此本为"明万历间"刻本,现藏于吉林省某市图书馆。但该馆秘不示人,笔者无缘一窥其面目。

笔者目力有限,但现存于世的周敦颐文集之各种刻本,大致可说已一网打尽了。十四种刻本,除蒋氏及张氏刻本外,笔者均一一过目,反复比对研核,谨得出以下结论:

(一)周敦颐的传世著作并不多,主要为《太极图》《太极图说》《通书》以及少量的诗、赋、词、文。

(二)《太极图》、《太极图说》、《通书》,均辅以朱子的说解、题跋,有的还附有宋代其他理学家的说解、题跋,如张栻、二程等。随着编刻时代的迁延,所附录的说解、题跋也随之增多。

(三)因为周敦颐本身著作偏少,故他的文集被附以很多其他的内容,主要有年谱、褒崇,历代诸儒的题跋、语类、论辩、发明、序铭以及唱和、歌颂之类的诗文。这些内容,时代越后内容越多。

（四）在这些刻本中，有一个明显的区别：一类收有张栻的两篇序文，一类则无有。在收有张栻序文的刻本中，又可分为两类：一类所收序文，与《朱子全书》所录相同；一类则不同。问题的耐人寻味处在于所收两篇序文的刻本中绝大多数与《朱子全书》相同，只有两种除外：一为国图所藏宋刻残本，一为日本蓬左文库明弘治本。上文已经交代，收于《朱子全书》中的张栻后序，是一篇被窜改过的错误文本。但是国图所藏并被收入《中华再造善本》的一种宋刻本也收录了这种错误文本。也就是说，这一种严重的文本错误，在宋代就已经发生。吊诡的是，国图所藏的另一种宋刻本却保留了张栻后序的完整文本，但很遗憾，它却是一部残本。

三

为了理清这一个延续了八百余年的谜团，我们有必要考察一下周敦颐文集编修的历史及其沿革。必须指出，粟品孝先生是目前为止对周敦颐文集的刊刻流布及收罗辑佚做出了最重要贡献的学者。

2010 年，粟先生发表《现存两部宋刻周敦颐文集的价值》[①]。此文首次详细披露了宋刻残本《濂溪先生集》的内容及其文献价值。他指出，这种残本较完整地保存了被认为久已失传的张栻《太极图解》，同时保存了大量稀见的宋人诗文。

2012 年，粟先生发表《明刻〈濂溪周元公全集〉价值略述》[②]，对明代周木刻本《濂溪周元公全集》做了全面的考察。文章介绍了周木刻本《濂溪周元公全集》的现存馆藏情况，使我们得以知悉此一重要版本不仅只存于日本，国内其实也有收藏。文章着重介绍了这一版本的重要学术价值：一为张栻《太极解义》的完整再现，二为宋刻《濂溪先生大成集》目录的再现。

2017 年粟氏《宋儒度正编纂周敦颐文集的渊源、过程及其流传考述》一文[③]，详细考辨、勾勒了度正编修周敦颐文集的全过程，并对历史上流传甚广的周子文集刊刻的公案做了翔实有据的考辨。这篇文章的另一个重要贡献

① 粟品孝：《现存两部宋刻周敦颐文集的价值》，《四川大学学报》2010 年第 3 期。

② 粟品孝：《明刻〈濂溪周元公全集〉价值略述》，《徽音永著——徐规教授纪念文集》，上海：华东师范大学出版社，2012 年，第 573 页。

③ 粟品孝：《宋儒度正编纂周敦颐文集的渊源、过程及其流传考述》，《湖南科技学院学报》2017 年第 5 期。

是，让我们了解和认识了一个重要的，但长期以来被忽略的学者——度正。据我所知，粟先生应该是第一个对度正的学术活动和学术贡献做出研究和评价的学者。

粟先生的一系列论文，基本厘清了周敦颐文集编修的各种历史疑案，他的研究有考证、有发现，可谓周子功臣。但是他的研究毕竟主要关注点并不在周子文集中的某一篇具体文章，比如他已经发现收录在周子文集中的张栻有关《太极图》的两篇序文存在差异，并指出周木刻本的张栻序文具有重要的学术价值。但是他没有也没有必要就此一问题做深入研究，这就给笔者留下了进一步研究的空间。

梁绍辉先生著《周敦颐评传》称："周敦颐著作最早编定成书是二程在世之时。"[①]他的证据是朱子的《周子太极通书后序》，序曰："故潘清逸志先生之墓，叙所著书，特以《太极图》为称首。然则此图，当为书首不疑也。然先生既以手授，二程本因附书后(原注：祁宽居之云)。"[②]

这里有一个关键的标点问题。梁著以"二程"二字属下读。但《朱子全书》第 24 册《晦庵先生朱文公文集》卷七十五本文，"二程"属上读。梁氏属下读，故其结论为"可知周敦颐去世不久便有了'二程本'。此后又出现了春陵本、零陵本、九江本、长沙本"。笔者认为梁氏所读当为正。如属上读，则"本"字既无着落，又于文气不贯。

朱子的《周子太极通书后序》是一篇非常重要的文献，对我们理解周敦颐著作的编定具有一锤定音的作用。序曰：

> 右周子之书一编，今舂陵、零陵、九江皆有本，而互有同异。长沙本最后出，乃熹所编定，视他本最详密矣。然犹有所未尽也。
>
> 盖先生之学，其妙具于《太极》一图。《通书》之言，皆发此图之蕴，而程先生兄弟语及性命之际，亦未尝不因其说。观《通书》之诚、动静、理、性命等章，及程氏书之《李仲通铭》、《程邵公志》、《颜子好学论》等篇，则可见矣。故潘清逸志先生之墓，叙所著书，特以《太极图》为称首。然则此图，当为书首不疑也。然先生既以手授，二程(今按：原文"二程"两字属上读，今乙正。)本因附书后(原注：祁宽居之云)。传者见其如此，遂误以图为书之卒章，不复厘正，使先生立象尽意之微旨暗而不明。而骤读

---

① 梁绍辉：《周敦颐评传》，南京：南京大学出版社，1994 年，第 62 页。

② 梁绍辉：《周敦颐评传》，南京：南京大学出版社，1994 年，第 62 页。

《通书》者，亦不知有所总摄，此则诸本皆失之。而长沙《通书》因胡氏所传，篇章非复本次，又削去分章之目，而别以“周子曰”者加之，于书之大义，虽若无所害，然要非先生之旧，亦有去其目而遂不可晓者。（原注：如理性命章之类。）又诸本附载铭碣、诗文，事多重复，亦或不能有所发明于先生之道，以幸学者。故今特据潘志，置图篇首，以为先生之精意，则可以通乎书之说矣。至于书之分章定次，亦皆复其旧贯，而取公及蒲左丞、孔司封、黄太史所记先生行事之实，删去重复，合为一篇，以便观者。盖世所传先生之书、言行具此矣。①

这篇序非常清楚地讲了周敦颐文集的编修过程，版本依据，主要内容，编修原则：

1.所谓长沙本，是朱子亲自所编。

2.朱子所依据的版本即“二程本”。

3.朱子的长沙本与其他各种版本的最大区别在于朱子把《太极图》放在了全书的最前面。他自己说，他这样做的依据就是周子的好朋友潘兴嗣所作《濂溪先生墓志铭》。

4.他恢复了《通书》的旧目，并删除了重复的内容。

依据这样的原则，我们复勘了现行的各种版本，发现各本《太极图》均在卷首。这就说明“二程本”包括舂陵、零陵、九江诸本，早已失传。

那么现存的诸多版本是不是都是朱子的长沙本或源于长沙本呢？事实又不尽然。如上文所述，现存诸本的一个最大区别是有没有张栻的两篇序文。可以肯定，朱子的长沙本决不会收入张栻的序文。理由是朱子亲自编修了《南轩先生文集》，在他编修的这部文集中，并没有收录这两篇序。如此重要的两篇序文，朱子编他的文集竟然不收，说明他并不认可这两篇序。朱子在编修张栻的文集时出于某种原因，删去了张栻的一些书信、奏章及文章。张栻的这两篇序显然属于朱子删去的内容之列。所以是否收有张栻的这两篇序，就可以成为我们判断是否朱子编定的标准。

---

① 朱熹：《周子太极通书后序》，朱杰人等主编：《朱子全书》第24册，上海：上海古籍出版社，合肥：安徽教育出版社，2002年，第3628～3629页。

四

但是问题依然没有解决，现存诸本中录有张栻两序的版本，又是什么来由呢？

张栻刻过周敦颐的《太极通书》。《南轩先生文集》卷三十三有《通书后跋》，曰："濂溪先生《通书》，友人朱熹元晦以《太极图》列于篇首，而题之曰《太极通书》。某刻于严陵学宫，以示多士。"自题写作时间为"乾道庚寅闰月谨题"[①]。庚寅，即乾道六年（1170 年），"严陵"，即今浙江建德。按，张栻乾道己丑（1169 年）知严州，十二月到任。明年（即庚寅）五月离任，赴京任侍讲。在朝仅一年，于乾道七年（1171 年）回到长沙故居。上引国图藏残本《濂溪先生集》所录《太极图解后序》称"癸巳中夏，广汉张栻书"，癸巳，即乾道九年（1173 年），故"后序"写作时间距所谓"某刻于严陵学宫"的时间仅仅相隔三年不到，很有可能这就是为严陵本所作之序。又张栻回到长沙以后，对自己的一系列著作做了整理、定稿、刊刻，也有可能他又在长沙重刻《太极通书》。《通书后跋》只是为《通书》所作跋文，重刻时他觉得有必要再为《太极图解》作序和后序。

由此我们可以推断，凡是录有张栻二序的刊本，应该就是张栻所刊之本，或据张本而刊之本。现在我们必须再回到录有张栻二序的三种版本。

其一，《中华再造善本》之《元公周先生濂溪集》。

此本据李致忠先生考订"乃度正所编"。按，度正，字周卿，号性善，合州人。绍熙元年（1190 年）进士，官至礼部侍郎，《宋史》有传。据方彦寿考证，度正曾于庆元三年（1197 年）问学于考亭。[②] 据度正自己说，他对周敦颐《太极图》产生兴趣而研读、思考，前后有十余年之久。问学考亭后，朱子"尝令正访其子孙而求其遗文焉"[③]。可见度正编周敦颐的文集是完全有可能的。又此本以度正编《濂溪先生周元公世家》开篇，又以度正编《濂溪先生周元公年表》收尾，可以明显看出度正编书的痕迹。

---

① 朱杰人等编：《朱子全书外编》第 4 册《南轩先生文集》，上海：华东师范大学出版社，2010 年，第 497 页。

② 方彦寿：《朱熹书院门人考》，上海：华东师范大学出版社，2000 年，第 210 页。

③ 度正：《书太极图解后》，朱杰人等编：《朱子全书》第 3 册《太极图说解附录》，上海：华东师范大学出版社，2010 年，第 83 页。

但是要说《中华再造善本》之《元公周先生濂溪集》就是度正所编，还是有问题的。

李先生论定《元公周先生濂溪集》“乃度正所编”，有两种理由：

1.“此本度正《年表》称：‘右正少时得明道伊川之书，读之始知推尊先生。而先生仕吾乡时，已以文学闻于当世。遂搜求其当时遗文石刻，不可得。又欲于架阁库讨其书判行事，而郡当两江之会，屡遭大水，无复存者。始仕遂宁，闻其乡前辈故朝议大夫知汉州傅耆曾从先生游，先生尝以《说姤》及《同人说》寄之。遂访求之，仅得其目录及《长庆集》，载先生遗事颇详。久之，又得其手书手谒二帖。其后过秭归，得《秭归集》。之成都，得李才元《书台集》。至嘉定，得吕和叔《净德集》。来怀安，又得蒲传正《清风集》。皆载先生遗事。至于其他私记小说及先生当时事者，皆纂而录之。’‘及来重庆，官事稍间，遂以平日之所闻者而为此编。’证明此本《元公周先生濂溪集》，乃度正所编”。但是细味引文，度氏所谓“而为此编”，其实是指周敦颐的《年表》而非《元公周先生濂溪集》。

2.李氏曰：“而《永乐大典》中所存度正《书濂溪目录后》又称：‘正往在富沙，先生(朱熹)语及周子在吾乡时，遂宁傅耆伯成从之游。其后尝以《姤说》《同人(说)》寄之，先生乃属令寻访，后书又及之。正于是遍求周子之姻族，与夫当时从游于其门者之子孙，始得其与李才元漕江西时慰疏于才元之孙，又得其《贺伯成登第手谒》于伯成之孙。其后又得所序彭推官诗文于重庆之温泉寺，最后又得其在吾乡时所与傅伯成手书。于序见其所以推尊前辈，于书见其所以启发后学，于谒于书又见其所以荐于朋友庆吊之谊，故列之遗文之末。又得其同时人往还之书，唱和之诗，与夫送别之序，同游山水之记，亦可以想象其一时切磋琢磨之益，谈笑吟咏之乐，登临游赏之胜。故复收之附录之后。而他书有载其事者，亦复增之，如近世诸老先生崇尚其学而祠之学校，且记其本末，推明其造入之序以示后世者，今亦并述之焉。’将上述两篇文字加以综合考核，则知此本周氏文集全由度正一手所编成。”李氏所引的这一段《永乐大典》，其实就收在《元公周先生濂溪集》卷八，题为《书文集目录后》。在上述李氏引文后，度正还有这样一段话：“正窃惟周子之学根极至理，在于《太极》一图，而充之以修身齐家治国平天下，则在《通书》。吾先生既已发明其不传之秘、不言之妙，无复余蕴矣。其余若非学者之所急。然洙泗门人记夫子微言奥义，皆具载于《论语》，而夫子平日出处之粗迹，则亦见于《家语》《孔丛子》等书而不废。正今之备录此篇，其意亦犹是尔。学者其亦谨择之哉。”度正的这篇文章，其实是阐明了他编定周敦颐文集的指导思想，即除了周子的主要著作如《太极》《通书》外，他尽量地收集了与周子有关的逸闻轶事。他认为这对于了解周子也是很重要的。本文的题目叫《书文集目录后》，可见文章应该是附在全书目录的最后。但是现在却是收在第八卷。在这篇文章之后还收有度正的另一篇文章《书萍乡大全集后》，但是一篇节录之文。

综核以上两点，我们可以确定，度正确实编辑过周敦颐的文集，并有一份目录。但是这不能证明《元公周先生濂溪集》就是度正所编。理由如下：

1.此本收有张栻的两序。度正是朱子的学生，史载，叶味道说：“度正，吾党中第一人。”[①]“吾党”，即指朱子之党。吴泳说他：“气淳质茂，精识博闻，撰先生(指朱子)之屦以从游，险夷不变；闻夫子之言而笃信，细大弗遗。”[②]这样一个对朱子笃信不疑的人，怎么可能把朱子不收录的文章，编进自己编辑的文本中呢？

2.细检《元公周先生濂溪集》，收入的文字，最晚者在咸淳庚午，即1270年(卷十冯梦得《江州濂溪书院后记》、方逢辰《江州咸淳增贡额记》)。据黄博先生考证，度正生于乾道二年(1166年)，卒于端平二年(1235年)(未刊稿)。这证明“濂溪集”只能是后人所编。

3.上文提及《书文集目录后》，从文意看此文，应附于目录之后，但现在却放在第八卷。而后面的一篇《书萍乡大全集后》又是被删节过的文章。如果是度正自己编集，怎么可能出现这样的问题？

4.另外，《元公周先生濂溪集》中收有好几篇度正的文章，问题是这些文章，度正的署名却不一致，有直接署度正的如卷七《留题九江濂溪书堂诗》，卷八《书文集目录后》。但是有的却记为“度性善记云”(卷六《养心亭说》附录)，有的记为“度性善跋”(卷六《彭推官诗序》附、《贺傅伯成手谒》附)。性善是度正之号，自称自己的号并以之作文章的标题，似乎也不合常理。

5.从目前可见到的各种书目著录，都不见有度正编刻《元公周先生濂溪集》的记载。

所以我的结论是现存宋刻《元公周先生濂溪集》不是度正所编，更不会是他所刊刻，编、刻者一定另有其人。但是度正应该有过一种编辑本，而《元公周先生濂溪集》应该是在度正所编本的基础上编修而成。

---

① 脱脱等撰：《宋史》卷四二五，北京：中华书局，1977年。

② 《鹤林集》卷七，文渊阁四库全书本。

此本收录了张栻的两篇序文，但问题是这两篇序文（主要是后序）与绝大多数的周子文集一样，收入的是一篇错误的文本。据粟先生考订，此本的刊刻应该在度宗咸淳六年（1270 年）以后，"但必在恭帝德祐元年（1275 年）之前"[①]。也就是说，张栻序文的舛误早在宋代就已经形成。

其二，国图所藏宋刻残本《濂溪先生集》。

此本国图著录曰："《濂溪先生集》，不分卷，宋刻本，一册，九行十八字，左右双边。存家谱、年谱、太极图。"此本存《太极图》及《太极图说》，但是它和《元公周先生濂溪集》最大的不同在于此本所收录的"说解"，除了朱子的说解外，还收录了张栻的说解。在周子的《太极图说》后，先引朱子"晦庵先生曰"，再引"南轩先生曰"，最后以张栻后序收尾。后序署曰"癸巳中夏，广汉张栻书"，但是不见张栻的前序。因是残本，故无法判断是原书即无，还是原有而残缺。

前文已经论及，张栻曾经编刻过周敦颐的文集，那么此本有没有可能就是根据张栻本编刻的呢？我们注意到，在解"无极之真"时，有一段双行小注："南轩将上文五行之生也，各一其性下句连无极之真解。"今按，张栻在解周敦颐"五行一阴阳也，阴阳一太极也，太极本无极也。五行之生也，各一其性"一句时说："此复沿流以极其源也。言五行一阴阳，阴阳一太极，而太极本无极。然则万化之源可得而推矣，非太极之上复有所谓无极也。太极本无极，言无声臭之可名也。"下一句是关于"无极之真，二五之精妙……"的解释，张栻说："五行生，质虽不同，然太极未尝不存也。故曰各一其性……"显然，从"五行生"到"各一其性"是解释前一段"五行一阴阳……各一其性"的。但是他看到的张栻本却把它放在下一段了。这一插曲，使我们有理由相信，残本的编刻者是见过张栻本的。从残本把张栻的注与朱子的注并行而刻可以看出，他依据的应该是张栻的编刻本。

残本留给我们的线索有限，据粟先生考证："此本当刻于南宋理宗后期，最早不会超过宝祐三年（1255 年），更不会是淳祐年间（1241—1252）。"[②]所以宋刻残本的刊刻应该早于《元公周先生濂溪集》。

其三，日本蓬左文库所藏《濂溪周元公全集》。

此本蓬左文库著录情况已见上文。此本收录张栻前后两序，其后序与现

---

① 粟品孝：《现存两部宋刻周敦颐文集的价值》，《四川大学学报》2010 年第 3 期。

② 粟品孝：《现存两部宋刻周敦颐文集的价值》，《四川大学学报》2010 年第 3 期。

存众本不同，是一种未被篡改的文本。但是由于现有文献的局限，我们无从知道它的版刻所据。粟先生考证认为此本刊刻时间在弘治年间，并指出此本并不仅仅藏于日本，国内也有两种藏本。他对明本评价很高，[①]他认为明弘治本“基本上是照录宋本而来”。[②] 但是他却忽略了一个细节：弘治本的《太极图说解》中收有朱子与张栻二人的“解义”，而宋本只收录了朱子之解，没有收张栻之解。另外，宋本和弘治本都收录了张栻的两篇序文，但是宋本的“后序”是一种错误的文本，而弘治本不误。[③]

表1　周敦颐文集有关张栻序文情况表

序号	书名	年代	编、刻者	有无张栻《太极图说》解	有无张栻《太极图解序》	序文正误	版本源流	备注
1	宋刻残本《濂溪先生集》	宋		有	有(缺前序)	正		
2	《元公周先生濂溪集》	宋		无	有	误		《中华再造善本》
3	《濂溪周元公全集》	明弘治	周木	有	有	正		日本蓬左文库
4	《宋四子抄释》	明嘉靖五年(1526年)	吕柟	无	无		因《周子全书》而撮其精要	
5	《濂溪集》	嘉靖十四年(1535年)	黄敏才	无	有	误		
6	《周子全书》	万历四十年(1612年)	顾造	无	有	误		
7	《宋濂溪周元公先生集》	万历四十二年(1614年)	周兴爵	无	有	误		

① 朱杰人：《明刻本〈濂溪周元公全集〉价值略述》，《徽音永著——徐规教授纪念文集》，上海：华东师范大学出版社，2012年，第571页。

② 粟品孝：《周敦颐文集三个版本的承续关系》，四川大学古籍整理研究所等编：《宋代文化研究》第二十辑，成都：四川大学出版社，2013年，第301页。

③ 宋本和弘治本还有一些不同之处，详见粟品孝：《周敦颐文集三个版本的承续关系》。

续表

序号	书名	年代	编、刻者	有无张栻《太极图说》解	有无张栻《太极图解序》	序文正误	版本源流	备注
8	《宋濂溪周元公先生集》	明天启四年（1624年）	李嵘慈	无	有	误	据家藏本	
9	《周元公集》	康熙初	周沈珂	无	有	误	据明王会本重刊	收入《四库全书》
10	《周濂溪先生集》	康熙四十七年(1708年)	张伯行	无	无		据《濂溪全书》重编	
11	《周子全书》	乾隆二十一年(1756年)	董榕	无	无		与张伯行本基本相同	
12	《周子全书》	道光二十七年(1847年)	邓显鹤	无	有	误	家刻本	
13	《周子全书》	光绪十三年（1887年）	贺瑞麟	无	无		张本、朱子本	

在以上笔者目力所及的13种版本中我们发现：

1.在13种版本中，收录有张栻《太极图说解》的只有两种：宋刻残本与明弘治本。

2.在13种版本中，收录有张栻《太极图说解序》与“后序”的有9种（宋残本仅存“后序”）。

3.而在上述9种版本中，正确的文本只有2种：宋刻残本与明弘治本。

4.明弘治本以后的所有版本，凡收有张栻序的，无一不出错。而这些出错的版本，其源头大多与周氏家刻本有关。唯一的例外是周木所刻的弘治本。

周木的弘治刻本，是一种非常重要的刻本。粟先生认为弘治本与宋刻本有承续关系，“明代周木本是在宋刻的基础重辑而成”。[①] 他的结论是在做了非常仔细的版本比对后得出的，很有说服力。但是笔者认为仍有两个问题有待解决：

1.弘治本收录了张栻的《太极图说解》，如粟先生在《明刻本〈濂溪周元公

① 粟品孝：《周敦颐文集三个版本的承续关系》，四川大学古籍整理研究所等编：《宋代文化研究》第二十辑，成都：四川大学出版社，2013年，第301页。

全集〉价值略述》一文中所说，这是一个重大的发现，具有极高的学术价值。但是这样重要的内容在宋刻本中却没有。

2.张栻的《太极图后序》在宋刻本中是一种改窜过的文本，而在弘治本中却是正确的文本。

对此，粟先生的解释是："这一情况可有两种解释，一是周木发现了宋本的不足，主动加以改动完善；二是今天所见的宋本是后来的翻刻本，张栻解义被故意删除，《太极解义后序》的后半段为误刻，周木所见是原版而非翻刻本。"[①]粟先生的解释可备一说，尤其是他认为周木所见也许是原版，而我们见到的是翻刻版，很有想象力。但是这依然不能解释为什么张栻的解义"被故意删除"。从宋刻的全书内容看，编者对张栻表现出充分的尊重，他收录了张栻的两篇序就是很好的说明。再看全书的其他各卷，如卷三《诸儒太极类说》收有《南轩文集并语录答问》，卷四《诸儒序跋》收有张栻《通书后跋》，卷五《诸儒通书类说》收有《南轩文集并语录答问》。卷六是周子的诗文，收录了两篇序跋，在《遗事》中还附录了张栻的语录。从卷八开始，是后人所作关于周子的各种问题的纪念文章，张栻所作的"记"、"赞"也尽数收入。很难理解宋刻的作者要把张栻这么重要的解义"故意删除"，所以我怀疑周木的刻本应该另有所据。

那么有没有可能周木所依据的是宋刻残本呢？答案依然是否定的。如前文所述，宋刻残本有一个非常重要的细节：它所收录的《太极图后序》文字最后，还有"癸巳中夏，广汉张栻书"九字是周木本所没有的。这九个字非常重要，它可以基本排除周木见到过这种版本。如果周木见到过这种本子，他没有任何理由把这九个字删掉。还有一个值得我们注意的问题，在蓬左文库的版本中，全书的最后一册特别收录了两个目录，一为《濂溪先生大成集目录》(包括《濂溪先生大成集拾遗》)，一为《元公周先生濂溪集总目》。这两份目录自有其重要的文献价值，粟先生的大文论之已详。笔者所关心的则是这两份目录与宋刻《元公周先生濂溪集》及周木版《濂溪周元公全集》之间的关系。粟先生考证"大成集"刻于绍定元年(1228年)，其补刻在绍定三年(1230年)之后。从目录看，这应该是一种比较粗略的刻本，至少度正的研究成果没有在刻本中体现出来，所以它所收录的周子著述(诗文等)以及后人的题跋、

① 粟品孝：《周敦颐文集三个版本的承续关系》，四川大学古籍整理研究所等编：《宋代文化研究》第二十辑，成都：四川大学出版社，2013年，第301页。

说解、诗文、论辩等都不充分。但是这种刻本却为后人的继续编修提供了一个基本的框架(基本类目),后人的编修本,几乎都是在它确定的框架下充实、调整。值得注意的是《元公周先生濂溪集总目》。经比对,这份目录与宋刻《元公周先生濂溪集》"几乎完全一致"(见粟文)。我们有理由相信,这个"总目"实际上就是宋刻本的目录,它们是一回事。

问题是周木为什么要把这两种书目附录在他自己编修的《濂溪周元公全集》的最后。周木自己没有任何交代附录这两种目录的原因。但是很明显的是他见过这两种刻本,也许他是在暗示我们,他在编修新书时,是参考过这两种版本的。我们仔细对勘一下"总目"与周木版的目录可以发现,周木本的基本框架与"总目"(也即宋刻)相似,但周木的刻本在具体的篇目安排上与宋刻有很大的不同。所以我们很难说周木本就是延续了宋刻本。在周木本《太极图说解》"五行一阴阳也"条张子说解的最后有一双行小注:"正本五行之生,各一其性附在下段"。这里出现了"正本"两字。何谓"正本"?我们不得而知,但是这一注释显然说明周本在编修新书时,还有一个重要的被他视为"正本"的版本。这也间接落实了笔者在前文的推测:周木的刻本另有所据。在《元公周先生濂溪集总目》和宋刻的目录中,我们注意到,卷一《遗书·太极图说》下有《晦庵南轩解义并后论后序》,宋刻目录与之相同。但是详检宋刻的内容,却只有朱子解和张栻的前序后序,而没有张栻的解义。再检周木本,则既有张栻的两篇序,也有张栻的解义,而且张栻的后序还是正确的文本。所以我们很自然地可以得出这样的结论:所谓"正本",即周木的另有所据之本。至于这种"正本"是不是前文提到过的张栻刻本,因文献不足征,我们无法做出判断。

从以上分析中我们不难看出,其实宋刻《元公周先生濂溪集》并不是一种理想的刻本,他的两个致命的错误使它的价值大打折扣。但是这个刻版的影响力却大到了令我们吃惊的地步:以后所有收录张子后序的刻本(除弘治本)全部沿袭了它的错误。究其缘由,它成书于宋代,人们对宋刻的迷信,加之它出版于经济较发达的江州地区,发行量可以较大——较早的宋刻残本恐怕就与它的发行量有限而致残,被人忽视——这一切成就了它的"功业"。这实在是一场令人无可奈何的学术困惑。

说这是一场困惑,是因为宋刻的这一错误一直影响到今天。粟先生指出,早在2002年韩国学者苏铉盛就利用宋刻《元公周先生濂溪集》复原了张栻的《太极解义》，而后（2009 年）德国学者苏费翔"又在此基础上进一步探讨"[1]。但是前者复原的是"解义"的初本，而后者试图用辑佚的方法恢复张栻的"后序"。应该肯定，他们两人的努力是值得赞赏的。苏铉盛的钩稽确实揭示了张栻的原始面貌（尽管他的复原还是有一点小错误，如最后一条其实是朱子的解）。而苏费翔的辑佚功夫让我们看到了张栻的解义及两篇序在宋代的流布与影响。但是他们因为没有见到宋刻残本和周木刊明弘治本周子文集，所以把宋刻《元公周先生濂溪集》中张栻后序的错误文本视为定本，而努力去维护或复原。如苏铉盛即以张栻后序为舛误本，误把李延平的话窜入，是"表示他非常同意接受延平之看法"[2]。（笔者在本文初稿完成之际，有幸在韩国全州见到苏先生，得之他已经知悉粟先生的一系列最新发现。据此对自己的观点做了修正，并对新发现的张氏后序做了新的研究解读。可惜他的论文是用韩文发表，笔者不能阅读）而苏费翔则努力想从真西山的论著中找到合理的解释。直至 2012 年粟品孝先生发表《明刻〈濂溪周元公全集〉价值略述》一文，这一困惑才得以最终纾解。而他复原的张栻"义解"与从宋刻《元公周先生濂溪集》中复原的"义解初本"，竟然出现完全不同的面貌。我们从《朱子语类》中看到朱子的学生曾经引用张栻的解义（初本）向朱子请益，又从名人编修的《性理大全》中数次引用张栻解义的初本可以知道，张栻的解义初本在宋代和明代依然在流传。

五

最后，我想利用现已发现的文献，把张栻的两篇序文做一个版本学和校勘学上的再现。

《太极图解序》以宋刻《元公周先生濂溪集》为底本，校以弘治本、周沈珂本、邓显鹤本。

> 二程先生道学之传，发于濂溪周子，而太极图乃濂溪自得之妙，盖以手授二程先生者。或曰濂溪传太极图于穆修，修之学出于陈抟，岂其然乎？此非诸子所得而知也（自"或曰"至"而知也"邓显鹤本脱）。其言约，

① 粟品孝：《周敦颐文集三个版本的承续关系》，四川大学古籍整理研究所等编：《宋代文化研究》第二十辑，成都：四川大学出版社，2013 年，第 301 页。

② 陈来主编：《早期道学话语的形成与演变》，合肥：安徽教育出版社，2007 年，第 385 页。

其(岂,弘治本作“而”)意(意,弘治本、邓显鹤本作“义”)微,自孟氏以来未之有也。《通书》之说,大柢(柢,弘治本、邓显鹤本、周沈珂本作“抵”)皆发明此意。故其首章曰:“诚者,圣人之本。大哉乾元!万物资始,诚之源(‘源’邓显鹤本作‘原’)也。乾道变化,各正性命,诚斯立焉。”夫曰“圣人之本”、“诚之源”(“源”邓显鹤本作“原”)者,盖深明万化之一源(“源”邓显鹤本作“原”)也(弘治本无“也”字),以见圣人之精蕴。此即《易》之所谓“密”,《中庸》之所谓“无声无臭者”也。至于“乾道变化各正性命”,则是本体之流行发见者,故曰“诚斯立焉”。其篇(“篇”邓显鹤本作“书”)云:“五行阴阳(弘治本‘阴阳’下有‘阴阳’二字)太极,四时运行,万物终始。混兮辟兮!其无穷兮!道学之源(源,弘治本、邓显鹤本、周沈珂本作‘传’),实出(出,弘治本、邓显鹤本、周沈珂本作‘在’)乎此。愚不敏,辄举大端,与朋友共识焉。虽然,太极岂可以图传也?先生之意,特假图以立义,使学者默会其旨归,要当得之言意之表可也。不然,而谓可以方所求之哉!”(弘治本下有“广汉张栻敬夫序”七字,当补)

《太极图解后序》,以宋刻残本为底本,校以宋刻本、弘治本、周沈珂本、邓显鹤本。

或曰(曰,弘治本作“白”,误)《太极图》,周先生手授二程先生者也。今二程先生之所讲论与夫(宋刻本、弘治本、周沈珂本、邓显鹤本无“与夫”二字)答问之见于《遗书》者,大略可睹,独未尝(尝,宋刻本、弘治本、周沈珂本、邓显鹤本本无)及于(于,宋刻本、弘治本、周沈珂本、邓显鹤本无)此图,何耶?以为未可遽示,则圣人之微辞见于《中庸》《易系》者,先生固多所发明矣,而何独秘于此耶?栻(宋刻本无“栻”字)应之曰:二程先生虽不及此图,然于(于,弘治本、邓显鹤本无)其说,固多本之矣。试详考之,当自可见也(宋刻本、弘治本周沈珂本、邓显鹤本无“也”字)。学者诚能从事于敬,真积力久,则夫动静之机(原注:一作几)(机,宋刻本、弘治本、周沈珂本、邓显鹤本作“几”),将深有感于隐微之间,而是图之妙可以默(默,宋刻本、弘治本、周沈珂本作“嘿”)得于胸中。不然,纵使辩(辩,宋刻本作“辨”)说之详,犹为无益也。嗟乎!先生诚通、诚复之论,其至矣乎!圣人与天地同用,通而复,复而通(宋刻本、周沈珂本、邓显鹤本以下为窜入延平答问文字),一往一来,至诚之无内外,而天命之无终穷也。君子修之,所以戒谨恐惧之严者,正以须臾不在于(于,弘治本作“乎”)是。则窒其通,迷其复,而遏天命之流行故尔。此非用力之深者,孰能体之？近岁新安朱熹尝为图传，其义固已(弘治本无“已”字)多得之矣(弘治本无“矣”字)。栻复因之，约以己见，与同志者讲焉。噫！言之之易，盖亦可惧也已。癸巳中夏，广汉张栻书。

宋明理学法因天理论

◎ 徐公喜

在关于中国传统社会的法律属性问题上，学者议论纷纷。梁启超先生1904年在《中国法理学发达史论》中提出儒家法即为自然法，陈寅恪先生在《隋唐制度渊源略论稿》中最早提出中国法律儒家化这个命题[①]。瞿同祖肯定了中国法律之儒家化成为中国法律的正统，是“身份法律”[②]，而梁漱溟则首议传统法律为伦理文化属性[③]。梁治平先生在《寻求自然秩序中的和谐》里，曾对中国社会“礼法文化”这一概念做了详细阐发[④]；徐忠明进一步发挥，提出传统法律文化根本精神是“宗法—伦理”[⑤]。俞荣根认为以孔子为代表的儒家法律思想是以礼法文化为基本特征“伦理法”，认为中国传统法律文化的实系“把宗法家族伦理作为大经大法的法文化体系”。[⑥] 除此之外，还有学者将传统法律思想属性定为公法文化属性、义务本位主义，或“家庭主义”，或“皇权主义”等。诸如此类，对传统法律文化属性做了整体性概括。也有学者对传统法律属性从阶段性发展做出划分。一般而言，大都是将中国传统法律文化发展进程划分为法律道德化与道德法律化两个过程。也有多阶段划分，如杨鸿烈《中国法律思想史》分为“殷周萌芽时代”“儒墨道法对立时代”“儒家独霸

① 陈寅恪：《隋唐制度渊源略论稿》，上海：三联书店，2001年，第111页。

② 瞿同祖：《中国法律之儒家化》，《瞿同祖法学论著集》，北京：中国政法大学出版社，1998年，第371～391页。

③ 梁漱溟：《梁漱溟全集》卷五，济南：山东人民出版社，1990年，第440页。

④ 梁治平：《寻求自然秩序中的和谐》，上海：上海人民出版社，1991年，第202～231页。

⑤ 徐忠明、任强：《中国法律精神》，广州：广东人民出版社，2007年，第60～64页。

⑥ 俞荣根：《儒家法思想通论》，南宁：广西人民出版社，1992年，第131～134页。

时代”与“欧、美法侵入时代”四时代[1]。胡旭晟则划分为“混沌法”“道德法”“独立法”三个阶段,认“道德法”阶段为主流[2]。就此而言,纵观中国传统法律发展轨迹,笔者认为在阶段性上出现两个阶段,一是从先秦到汉唐的伦理法阶段,二是从宋到清的义理法阶段。笔者曾在2004年提出“朱熹义理法律属性”的观点,对以孔子为代表的伦理法与以朱熹为代表的义理法进行了比较,并指出了伦理法律思想与义理法律思想的根本立法司法原则的差异性[3],引起了学术界一定的反响。但从一些学者引用与论述中,对于以朱子为代表的宋明理学义理法律思想的属性还缺乏相应的认识,有必要对此进一步加以论述。

明理学家薛瑄曾将传统法律精辟概括为“法者,因天理,顺人情”[4],说明了传统天理、国法、人情三者的基本联系。而这也是宋明理学法统核心内容。笔者曾专文阐述了宋明理学“法顺人情”的法律思想。为此,本文以“法者,因天理”为中心,阐述宋明理学义理法律思想的基本内涵。“因”的基本字义具有“原故、原由,依靠、凭借,顺应,连接,因袭、承袭”,宋明理学以一“因”字高度概括了法与理之间的关系。“法者,天下之理”[5],具有“国法”依靠、源于、顺应、亲近维护以及因袭“天理”等含义,揭示了宋明理学法的渊源、法的目标、法的含义与作用,法的正当性问题。这明确了宋明理学“以理统法”意义。

一、“国法”源于“天理”

“天理”在宋明理学思想体系中既包含道理、规律,也具有秩序、准则、规定性的意义。“国法”源于“天理”,即天理是国法的原体,主要涉及于“法律渊源”问题。两宋之前伦理法时期的法律起源论,主要形成了以董仲舒为代表的天命说、以孟子为核心的心性情义说及以荀子为代表的物欲明分说等观念。而宋明理学则构建了由“天—理—性—气—人物”的天理、理性、理气论。

---

① 杨鸿烈:《中国法律思想史》,北京:中国政法大学出版社,2004年,第5～11页。

② 胡旭晟:《法的道德历程——法律史的伦理解释》,北京:法律出版社,2006年,第18～19页。

③ 徐公喜:《朱熹义理法律思想论》,《中华文化论坛》2004年第2期。

④ 《薛文清公要语》,陈弘谋辑:《从政遗规》,北京:国民出版社,1940年,第23页。

⑤ 朱熹:《学校贡举私议》,《朱文公文集》卷六九,朱杰人等主编:《朱子全书》第23册,上海:上海古籍出版社,合肥:安徽教育出版社,2002年,第3360页。

> 性，即理也。天以阴阳五行化生万物，气以成形，而理亦赋焉，犹命令也。于是人物之生，因各得其所赋之理，以为健顺五常之德，所谓性也。性虽同，而气禀或异，故不能无过不及之差。圣人因人物之所当行而品节之，以为法天下。则谓教，若礼、乐、刑、政之属是也。[①]

> 盖自天降生民，则既莫不与以仁义礼智之性矣。然其气质之禀或不能齐，是以不能皆有知其性之所有而全之。以有聪明智能尽其性者出于其间，则天必命之以为亿兆之君师，使之治而教之，以复其性。以伏羲、神农、黄帝、尧舜所以继天立极，司徒之职，典乐之官所由设也。[②]

在此，理学家首先说明了“性即理”，“性”是“天”赋予包括人类在内的万物之“理”。“性”“理”“天理”和“天道”都是词异义同，“性者，人所受之天理；天道者，天理自然之本体，其实一理也”[③]。接着论证了“天”生万物，性来源于天，此性可以区分为人性与物性，而“人物之生，因各得其所赋之理”，使人赋予了自然属性与社会存在现实意义。又以“性虽同，而气禀或异”不能齐，“天降生民，则既莫不与以仁义礼智之性矣”，形成人物差异性，故而又有“生而知之的圣人”“学而知之的大贤”“困而学之的众人”与“困而不学的下民”。“性者，人所禀于天以生之理也，浑然至善，未尝有恶。人与尧舜初无少异，但众人溺于私欲而失之，尧舜则无私欲之蔽而能充其性也”[④]。为实现“以复其性”，天必命“生而知之的圣人”为亿兆之君师，使之治而教之。诸如尧舜等圣人，继天立极，设司徒之职，典乐之官所由治而教，针对其他气禀厚薄之别者，或“因人物之所当行而品节之”，“帝舜以百姓不亲、五品不逊，而使契为司徒之官，教以人伦，父子有亲，君臣有义，夫妇有别，长幼有序，朋友有信。又虑其教之或不从也，则命皋陶作士，明刑以弼五教，而期于无刑焉”[⑤]。施以德礼政刑四个不同层次的方略，“人之气质有浅深厚薄之不同，故惑者不能齐之，

---

① 朱熹：《中庸章句》，朱杰人等主编：《朱子全书》第6册，上海：上海古籍出版社，合肥：安徽教育出版社，2002年，第32页。

② 朱熹：《大学章句序》，朱杰人等主编：《朱子全书》第6册，上海：上海古籍出版社，合肥：安徽教育出版社，2002年，第13页。

③ 朱熹：《论语集注》卷三，《公冶长第五》，朱杰人等主编：《朱子全书》第6册，上海：上海古籍出版社，合肥：安徽教育出版社，2002年，第103页。

④ 朱熹：《孟子集注》卷五《滕文公章句上》，朱杰人等主编：《朱子全书》第6册，上海：上海古籍出版社，合肥：安徽教育出版社，2002年，第306页。

⑤ 朱熹：《戊申延和奏札一》，《朱文公文集》卷一四，朱杰人等主编：《朱子全书》第20册，上海：上海古籍出版社，合肥：安徽教育出版社，2002年，第656页。

必以礼齐之。齐之不从，则刑不可废”[1]。故而圣人、亿兆之师是“天命之”“继天立极”的结果，代天理物：“圣人纯于义理而无人欲之私，则其所以代天而理物。”[2]宋明理学正是从“天—理—性—气—人物”体系出发，强调“天”即“理”，“性”“法”来源于天。而此“天理”之天，而非纯自然之天。宋明理学是将天理作为天之本源的宇宙本体论角度来说明，万物聚和，而且将之前的天道说、人性论集合一体，通过性、气等沟通天与人（物）之间的联系，解释人之性、道德性命都在于天。天理无疑也是包括人的万物准则，因而天不仅是宇宙万物的源流，而且还具有人的意识属性、社会普遍性意义，以解释了万物本源。这不同于董仲舒那种有人格、有意志、至高无上的宗教神的天。宋明理学的“法得之于天”与董仲舒天人感应、君权神授的法渊源有相当的差异性，克服汉儒所谓“人附于天”的模式，从本原上论证天理与人法的一体。而沿袭“天”之名，赋予新义，借以天的概念广泛流传，造就天理的法律起源论，而更具有理论严肃性与社会普遍性的统一。

以“天理”是万物本原，“万物皆只是一个天理”，以人的自然属性与社会属性统一为一理，推演出法源于天理，其创制也就是圣人继天立极的结果。国法也是天理的产物，“天讨有罪，五刑五用哉！天命有德，五服五章哉！此都是天理自然当如此”[3]。明朝丘浚就直接认为君贤圣人立法设刑是“承天意”，继天理的，“号令之颁，政事之施，教条之节，礼乐之度之具，刑赏征讨之举”，皆“非君之自为之也，承天意也”[4]。指出刑狱之制如同礼乐之制“作于圣人，非圣人所自为也，因天地自然之形气而为之耳”[5]，目的是“去天下之梗”。而要实现“去天下之梗”，就“必用刑狱断制之”[6]。他所说的“天意”，也就是朱熹的“天理”。严复《法意》按语提出：“西文‘法’字，于中文有理、礼、法、制四者

---

① 黎靖德：《朱子语类》卷二三，朱杰人等主编：《朱子全书》第 14 册，上海：上海古籍出版社，合肥：安徽教育出版社，2002 年，第 805 页。

② 朱熹：《中庸或问下》，朱杰人等主编：《朱子全书》第 6 册，上海：上海古籍出版社，合肥：安徽教育出版社，2002 年，第 596 页。

③ 程颢、程颐：《河南程氏遗书》卷二上《二先生语二上》，《二程集》，北京：中华书局，1981 年，第 30 页。

④ 丘濬著，林冠群、周济夫校点：《大学衍义补原序》，北京：京华出版社，1999 年，第 2 页。

⑤ 丘濬著，林冠群、周济夫校点：《大学衍义补》卷三六，《总论礼乐之道》，北京：京华出版社，1999 年，第 330 页。

⑥ 丘濬著，林冠群、周济夫校点：《大学衍义补》卷十，《慎刑宪・总论制刑之义上》，北京：京华出版社，1999 年，第 852～853 页。

之异译，学者审之。"认为传统中国就是"理为法之原"，"国法"的正当性来源于"天理"。[①] "理"是天之理，是国法根源，宋明理学通过将情与理结合，使之获得合理性。

二、"国法"维护"天理"

"法者，因天理"的第二层意义是因具有"亲近"之意，引申为国法，作为天理的支撑而必须维护天理。自宋以来，通常"天理、国法、人情"连用。《名公书判清明集》书判中大量出现"实情、事理、国法"，黄宗智认为"不管儒家的理想制度如何，在实践中起指导作用的是道理、实情、律例三者"[②]。宋明理学将天理作为最高范畴，是国法与人情依据，故而"天理与国法、人情"处于不同层次上，天理处于高一层次，人情与国法并列同属于天里的从属层次。由此，经常以"准情用法""情法两尽"，或"情法两平"并列说明司法运用，国法与人情共同成为天理的支撑。

宋明理学以"国法"作为天理的支撑，维护着"天理"。可以通过对于法的定义、作用以及法律目标的考察作为反映。

首先，从义理之法定义看，宋明理学对传统法律的定义有自己新的高度概括与更多阐发。

法为理。"法字、礼字，实理字""法者，天下之理"[③]，这是宋明理学思想体系独创性的一面。虽然早在《礼记・乐记》就有"礼也者，理也，君子无礼不动"的说法，但《乐记》之"理"仅仅只有"道理"之意义。孔颖达疏："礼谓道理，言礼者，使万事合于道理也。"而宋明理学的理既是道理之理，也是治理、条理之理，更是天理之理。宋明理学也有"法者，道之用也"[④]。如此之提法，将法上升到"天理"之意义的高度。

以"法为理"为统领，宋明理学继承传统法律，将法视为"刑法"的理路，训

---

① 严复：《严复集》，北京：商务印书馆，1986 年，第 935 页。

② 黄宗智：《清代的法律、社会与文化：民法的表达与实践》，上海：上海书店出版社，2007 年，第 84 页。

③ 朱熹：《学校贡举私议》，《朱文公文集》卷六九，朱杰人等主编：《朱子全书》第 23 册，上海：上海古籍出版社，合肥：安徽教育出版社，2002 年，第 3360 页。

④ 程颢、程颐：《河南程氏粹言》卷一《论政篇》，《二程集》，北京：中华书局，1981 年，第 1219 页。

“典刑”很明确:“法不用则为法,法用则为刑;民不犯则为法,民犯之则为刑。”[①]真德秀则认为“制定于平昔者谓之法,施用于临时者谓之罚。法者,罚之体;罚者,法之用。其实一而已矣”[②]。明确概说了“刑者,天讨有罪之具”[③]。

同时,宋明理学的法为礼。宋儒认为“礼者,圣人之法制也”[④]“礼者,虚称也,法制之总名也”[⑤]。以“礼”入“法”,强调的是礼的规范性的一面,“盖礼与刑,二者出此则入彼。立典于此而示民,以礼节之所当然,而又象刑于彼而示民,以法禁之所必然。所当然者,祀典之常制。所必然者,有司之成法。降下其典于民,使其知必如此。则为合于礼,不如此则为犯于刑。启其善端,遏其邪念,折而转之,使不入于刑,而入于礼焉”[⑥]。而礼本身就是天理意义,“礼者,理也。理无物而不备,故礼亦无时而不足”[⑦]、“所谓礼者,天之理也,以其有序而不可过,故谓之礼”[⑧]。而且程朱理学将礼谓“天理之节文”、“礼之为体虽严,而皆出于自然之理”[⑨],视为通识。礼是源于天理的高度创制,礼是内蕴天理的“制度”“节文”,具有天理之“用”属性。

从宋明理学对“法”含义的概说,也可以看出,中国传统法律走过了一条从法为刑,到法为礼,直至法为理的发展轨迹。宋明理学释法为理,理以礼的规范实现法的内容和目的。

其次,宋明理学围绕天理,将法的作用归纳以下四方面:一是明理防范,

---

① 黄淮、杨士奇编,吴相湘校点:《历代名臣奏议》卷二一三,台北:台湾学生书局,1964年,第28218页。

② 丘濬著,林冠群、周济夫校点:《大学衍义补》卷十,《慎刑宪·总论制刑之义上》,北京:京华出版社,1999年,第853页。

③ 丘濬著,林冠群、周济夫校点:《大学衍义补原序》,北京:京华出版社,1999年,第2页。

④ 李觏:《李觏集》卷二,《礼论第四》,北京:中华书局,2011年,第22~23页。

⑤ 李觏:《直觏李先生文集》卷二,《礼论后语》,上海:商务印书馆,1936年,第22~23页。

⑥ 丘濬著,林冠群、周济夫校点:《大学衍义补》卷一〇一,《慎刑宪·总论制刑之义下》,北京:京华出版社,1999年,第862页。

⑦ 吕祖谦撰,胡宗楙校点:《东莱外集》卷一,《续金华丛书》,上海:上海古籍出版社,1987年,第368页。

⑧ 张栻撰,王蓉贵、杨世文校点:《答吕季克》,《南轩集》卷二六,《张栻全集》,吉林:长春出版社,1999年,第916页。

⑨ 朱熹:《论语集注》卷一,《学而第一》,朱杰人等主编:《朱子全书》第6册,上海:上海古籍出版社,合肥:安徽教育出版社,2002年,第72页。

这是法的预防作用。用刑以防奸，这是古今通义，“法者，明事理而为之防者也”[①]。这是对《大戴礼记》“礼者禁于将然之前，而法者禁于已然之后”的继承与发展。二是禁畏，这是法的警示作用。程颐指出“发下民之蒙，当明刑禁以示之，使之知畏，然后从而教导之。治蒙之初，威之以刑者，所以说去其昏蒙之桎梏。桎梏谓拘束也。不去其昏蒙之桎梏，则善教无由以入。既以刑禁率之，虽使心未能喻，亦留畏威以从，不敢肆其昏蒙之欲，然后渐能知善道而革其非心，则可以移风易俗矣”[②]。三是明刑以弼五教，这是作为天理维护者法的教化作用。“明刑以弼五教，而期于无刑焉。盖三纲五常，天理各彝之大节，而治道之根本也。故圣人之治，为之教以明之，为之刑以弼之。虽其所施或先或后，或缓或急，而其丁宁深切之，意未尝不在乎此也”[③]。四是“以刑去刑”，辟以止辟。这是法的惩戒作用。朱熹指出“教之不从，刑以督之。惩一人而天下知所劝戒，所谓辟以止辟。虽曰杀之，而仁爱之实已行严其中”[④]，仁爱之实是天理的要求。理学家认为以法用刑是符合“自然之理”，丘濬说：“是知圣人为治，不能以不用刑，此盖天地自然之理”[⑤]。对于天理伦理秩序的侵害，就应当予以处罚，惩罚犯罪当然也是符合天理的内在要求。

王夫之在《读通鉴论》对法的作用有以概论：“法者，非以快人之怒、平人之愤、释人之怨、遂人恶恶之情者也，所以叙彝伦、正名分、定民志、息祸乱，为万世法者也。”[⑥]国法因“天理”而产生，以“天理”为指导，维护传统社会纲常之“天理”便是国法之重任。

最后，国法的理想目标在于息讼。宋以前传统社会以伦理法为属性，“无讼”的理想法律目标，带有原始空想性特征成分，这一美好理想始终是无法真正实现的。宋明理学则是将“息讼”作为其理治社会的理想法律目标。“息讼”观的前提就是承认对法律诉讼现实存在，对于国法的合理性给予了认可。

---

① 程颢、程颐：《周易程氏传》卷二，《噬嗑》，《二程集》，北京：中华书局，1981 年，第 804 页。

② 程颢、程颐：《周易程氏传》卷一，《蒙》，《二程集》，北京：中华书局，1981 年，第 720 页。

③ 朱熹：《朱文公文集》卷一四，《戊申延和奏札一》，朱杰人等主编：《朱子全书》第 23 册，上海：上海古籍出版社，合肥：安徽教育出版社，2002 年，第 656 页。

④ 黎靖德：《朱子语类》卷七八，《大禹谟》，朱杰人等主编：《朱子全书》第 16 册，上海：上海古籍出版社，合肥：安徽教育出版社，2002 年，第 2662～2663 页。

⑤ 丘濬著，林冠群、周济夫校点：《大学衍义补》卷一〇四，《慎刑宪・制刑狱之具》，北京：京华出版社，1999 年，第 888 页。

⑥ 王夫之：《读通鉴论》卷二一，《中宗一三》，北京：中华书局，1975 年，第 1692 页。

二程认为“饮食必有讼，故受之以讼”，国法之“讼”是符合天理中正性要求的，“讼者，求辩其曲直也。讼者，求辩其是非也。辩之当，乃中正也。故利见大人，以所尚者中正也”[①]、“自有生民以来，莫不有讼。讼也者，事势之所必趋，人情之所断不能免者也”[②]，直接承认了争讼是不可避免的。因而能够较为理性地“无讼”目标，更多的是接受了孟子“省刑罚”理念，反映了从先秦儒家“和为贵”到宋儒“理而后和”、“和而解”理论演化发展，由“无讼”的理想走向更具有务实性的“息讼”。“无讼”目标最主要是在于防讼，而息讼则要求止讼、限讼与利讼共存。就诉讼理念而言，司法不再将诉讼视为民间细故，甚至“为政者皆知以民事为急”。为达到维护天理，就必须采取适应社会生活的积极司法措施，日益细化诉讼规则，“情理兼顾”和“情法两尽”，顺应“天理、国法、人情”一体的现实追求。国法的内涵、作用以及理想目标必须符合天理的规定性，国法是维护天理的不可或缺的重要方面。

三、“国法”顺应“天理”

“国法”顺应“天理”，就是说国法的创建、修改以及适用都必须符合“理”之“势”，要适应天理发展的趋向与需要。一方面只要是合理的就必然能够成势，“理当然而然，则成乎势矣”。而另一方面，顺势就必然能够达到合理，“只在势之必然处见理”[③]，“势之顺者，即理之当然者也”[④]，不可逆理而为：“顺逆者理也，理所制者道也。可否者事也，事以成者势也。以其顺成其可，以其逆成其否，理成势者也。循其可则顺，用其否则逆，势成理者也。”[⑤]应当因势顺理，达到天下平的最高境界。而宋明理学的“势”是时势、形势、趋势，需要仔细研究、估计时势和审视权变，顺势而为。对于国法而言，宋明理学主张既要注重法律的规定性，又要视义理而为权的灵活性，坚持“法有定制”、依法审判、“随时制宜” 的理性原则，这也是宋明理学义理化法律思想的又一表现。

---

① 丘濬著，林冠群、周济夫校点：《大学衍义补》卷一〇六，《慎刑宪·详听断之法》，北京：京华出版社，1999 年，第 902 页。

② 崔述撰，顾颉刚校点：《讼论》，《崔东壁遗书》卷二，上海：上海古籍出版社，1983 年，第 701 页。

③ 王夫之：《读四书大全说》卷九，北京：中华书局，1975 年，第 599、601 页。

④ 王夫之：《读四书大全说》卷八，北京：中华书局，1975 年，第 520 页。

⑤ 王夫之：《诗广传》卷三，《船山全书》，长沙：岳麓书社，1992 年，第 421 页。

一是法有定制：明儒丘浚主张“国家制为刑书，当有一定之制”，不仅“能施行于一时”，且应“为法于百世”[1]。他主张立法应该保持“经常”：“盖经常，则有所持循而无变易之烦。……以此立法，则民熟于耳目，而吏不能以为奸。”[2]丘浚论述：

> 人之有罪者，或犯于有司，则当随其事而用其明察，以定其罚焉；或轻或重，必当其情，不可掩蔽也。否则，非明矣。雷之威岁岁有常，虩虩之声震惊百里，如国家有律令之制，违其式而犯其禁，必有常刑，或轻或重，皆定制，不可变渝也。否则，非敕矣。夫法有定制，而人之犯也不常。则随其所犯而施之以责罚，必明必允，使吾所罚者，与其一定之法，无或出入，无相背戾，常整饬而严谨焉。用狱如此，无不利者矣。[3]

强调了重视“立法稳定”问题。对于朱熹，也认为不能轻易地改变原有立法，指出“圣人立法，一定而不可易者，兼当时人习惯，亦不以为异也”[4]。旧法的确是不再适合时宜也应当是“小变其法”，旧法对于现实并“无大利害”就“不必议更张”，“兴其滞补其弊”。而对于那些一时难以把握，于时并不有害的旧法则更是不能轻易地变法，而应当“谨守常法”。吕坤曾上疏曰：“法者，所以平天下之情。其轻其重，太祖既定为律，列圣又增为例。如轻重可以就喜怒之情，则例不得为一定之法。”[5]这反映了宋明理学立法谨慎态度和保持立法的稳定性与一贯性。因此，在传统法律条款的制定实践中，宋元明清的基本法律保持相当的稳定性，立法者尽可能将犯罪情节、刑罚上做出准确的描述与精确规定，以减少司法官员自由裁量的空间。

二是依法审判。宋明理学为追求息讼理想目标，实现更为广义的利益平衡，也必然要求做到“合理”“合情”与“合法”，由此才能够避免民众对司法行为正当性的质疑，服判息讼。宋明理学法律义理化要求在以“义理之所当否”为辨别是非的根本准则同时，也将追求法律事实的客观实在作为重要内容，

---

① 丘濬著，林冠群、周济夫校点：《大学衍义补》卷一〇一，《总论刑制之义》，北京：京华出版社，1999年，第933页。

② 丘濬著，林冠群、周济夫校点：《大学衍义补》卷二四，《制国用·经制之义下》，北京：京华出版社，1999年，第232页。

③ 丘濬著，林冠群、周济夫校点：《大学衍义补》卷一〇，《慎刑宪·总论制刑之义上》，北京：京华出版社，1999年，第853页。

④ 黎靖德：《朱子语类》卷八七，《曲礼》，朱杰人等主编：《朱子全书》第17册，上海：上海古籍出版社，合肥：安徽教育出版社，2002年，第2945页。

⑤ 张廷玉撰：《明史》卷二二六，北京：中华书局，1974年，第5940页。

更为重视“案件的事理情节”与依律例断案，使之成为司法的重要依据。由人伦理性向科学理性、知识理性并举转变。因此，在宋以后，司法技术层面的“案情、实情”，追求“法律情节”合理性是司法的重要内容，强调了“求其理所安”“夺于公证”：“以众说互相法而求其理之所安，以考其是非，别似是而非者，亦将夺于公证，而无以误。”[①]而依法审判已经成为常态，曲法被视为逆理。故而张晋藩先生 说：“从现存的司法档案中可以看出，依律例断案是清代民事案件审理的最基本形式。”[②]在诉讼过程中，不能与律例相背，“自理词讼，原不必事事照例。但本案情节，应用何律何例，必须考究明白，再就本地风俗，准情酌理而变通之，庶不与律例十分相背”[③]。肯定了依法审判的意义。

同时，“原情定罪，而罪有等差；饬法明伦，而法有轻重”[④]，因而需要“酌之理，参之分”予以处置。这就必将涉及天理、国法与人情的具体运用。“法者天下之公器，惟善持法者，亲疏如一，无所不行。皆执一之论，未尽于义也。义既未安，则非明也。有所不行，不害为公器也。不得于义，则非恩之正。害恩之正，则不得为义”。充分肯定了“法者天下之公器”，要求“惟善持法”，承认了法的公正性。在此，程颐又阐释法与义关系，提出义的实现前提在于法为公器，而且“法王于义，义当而谓之屈法，不知法者也”[⑤]。强调了法的公正性，保障了义理的实现，同时不能够因为强求于义理而“屈法、不知法”，亵渎法的公正性。为追求天理，实现司法的公正性，理学家也要求执法者不能受制于人情而违法。程颐指出：“自古立法制事，牵于人情，率不能行者多矣。若夫禁奢侈，则害于近戚；限田产，则防于贵家。如此之类，既不能断以大公而必行，则是牵于朋比也。”[⑥]这就是说，如果因为“害于近戚，防于贵家”就会牵于人情，势必导致“不能断以大公而必行”，丧失法公正性，也就无法保障司法正义。不一味随意顺从不当人情这一理念为宋之士大夫普遍所接受，朱熹也指出：“处乡曲，固要人情周尽，但要分别是非，不要一面随顺，失了自家。”[⑦]

---

① 黎靖德：《朱子语类》卷十一《学五》，朱杰人等主编：《朱子全书》第 14 册，上海：上海古籍出版社，合肥：安徽教育出版社，2002 年，第 320～321 页。

② 张晋藩：《中国民事诉讼制度史》，成都：巴蜀书社，1999 年，第 207 页。

③ 方大湜：《平平言》卷二，鄂省藩署，1890 年，第 62 页。

④ 王夫之：《读通鉴论》卷二四，《德宗二六》，北京：中华书局，1975 年，第 1964 页。

⑤ 程颢、程颐：《河南程氏文集》卷八，《二程集》，北京：中华书局，1981 年，第 585 页。

⑥ 程颢、程颐：《周易程氏传》卷一，《二程集》，北京：中华书局，1981 年，第 756 页。

⑦ 黎靖德：《朱子语类》卷一一七，《朱子十四 · 训门人五》，朱杰人等主编：《朱子全书》第 18 册，上海：上海古籍出版社，合肥：安徽教育出版社，2002 年，第 3677 页。

真德秀反对“殉人情”，“公事在官，是非有理，轻重有法，不可以己私而拂公理，亦不可(骨瓦)公法，以殉人情”[①]。显然，理学家主张在法律运用中要“准情酌理”，于法外推情察理”，而又不“与律例十分相背”。司法者据实情判决无疑能体现天理的正义性，而司法者审判过程中遵循“情理”以合理规避律例，同样也是谋求实现利益平衡。这种利益平衡衡量的标准就是“天理、人情”，所以国法没有成为天理、人情的对立面，恰恰相反，国法是利益平衡的具体体现。

三是随时制宜。“时异而势异，势异而理亦异矣”[②]，宋明理学之法律强调因势顺理、顺事制法、随时制宜的原则。定罪量刑，应随时势的变化与社会状况的不同而更改，以求因事而立的，“上古世淳而人朴，顺事而为治耳。至尧始为治道，因事制法，著见功迹，而可为典常也。不惟随时，亦其忧患后世而有作也”[③]、“居今之时，不安今之法令，非义也。若论为治，不为则已，如复为之，须于今之法度内处得其当，方为合义。若须更改而后焉，则何义之有”[④]？这里说明二程认为对待以往制定的法律，要根据义理与具体情况进行修改，不能守成不变，“须于今之法度内处得其当，方为合义”。二程认为：

> 三王之法，各是一王之法，故三代损益文质，随时之宜。若孔子所立之法，乃通万世不易之法。孔子于他处亦不见说，独答颜回云：“行夏之时，乘殷之辂，服周之冕，乐则韶舞。”此是于四代中举这一个法式，其详细虽不可见，而孔子但示其大法，使后人就上修之。二千年来，亦无一人识者。[⑤]

这里我们注意到一个问题，二程虽然说过孔子之法“乃通万世不易之法”，但即使是三王之法，也要“损益文质，随时之宜”，只有随时顺事所制定的法律才能够符合时代要求。朱熹继承并发扬了二程思想，认为“祖宗之所以为法，盖亦因事制宜，以趋一时之便。而仰循前代、俯徇流俗者，尚多有之，未

---

① 张四维：《名公书判清明集》卷一，《官吏门·谕州县官僚》，北京：中华书局，1987年，第6页。

② 王夫之：《宋论》卷一五，《船山全书》，长沙：岳麓书社，1992年，第335页。

③ 程颢、程颐：《河南程氏粹言》卷一，《论书篇》，《二程集》，北京：中华书局，1981年，第1208页。

④ 程颢、程颐：《河南程氏遗书》卷二上，《二先生语二上》，《二程集》，北京：中华书局，1981年，第18页。

⑤ 程颢、程颐：《河南程氏遗书》卷一七，《伊川先生语三》，《二程集》，北京：中华书局，1981年，第174页。

必皆其竭心思法圣智，以遗子孙而欲其万世守之者也。是以行之既久而不能无弊，则变而通之，是乃后人之责”[①]。强调祖宗之法也是“随时”，“若经世一事，向使先生见用，其将如何？曰：亦是只是随时。”[②]先人立法之初本身就存在弊端，“虽是圣人法，岂有无弊者”、“大抵立法必有弊，未有无弊之法”[③]。同时由于后人“未必皆其竭心思法圣智”，“行之既久而不能无弊”，甚至认为“今上自朝廷，下至百司庶府，外而州县，其法无一不弊”[④]。故而对于不适时宜、有弊立法就必须“变而通之”，“圣人姑为一代之法，到不可用法处，圣人须别有通变之道”[⑤]、“使圣贤者作，必不尽如古礼，必裁酌从今之宜而为之也”，力求做到“因事制宜，以趋一时之变”[⑥]。

王夫之从律法应因“势”顺“理”出发，提出“趋时更新”，顺应时代发展的潮流。王夫之说：“以古之制，治古之天下，而未可概之今日者，君子不以立事；以今之宜，治今之天下，而非可必之后日者，君子不以垂法。”[⑦]古代的制度法令只能适应于古代社会，而今天的治国方法也不一定能适应于后世。“事随势迁，而法必变，举凡一兴一废，一繁一简，因乎时而不可执也”[⑧]，王夫之认为律令的制定和变更必须因时因地而异。法律不因时而变，就会固守古制，墨守成法。

---

① 朱熹：《朱文公文集》卷七〇，《读两陈谏议遗墨》卷十四，朱杰人等主编：《朱子全书》第23册，上海：上海古籍出版社，合肥：安徽教育出版社；2002年，第3381页。

② 黎靖德：《朱子语类》卷一〇八，《朱子五 · 论治道》，朱杰人等主编：《朱子全书》第17册，上海：上海古籍出版社，合肥：安徽教育出版社，2002年，第3525页。

③ 黎靖德：《朱子语类》卷一〇八，《朱子五 · 论治道》，朱杰人等主编：《朱子全书》第17册，上海：上海古籍出版社，合肥：安徽教育出版社，2002年，第3513页。

④ 黎靖德：《朱子语类》卷一〇八，《朱子五 · 论治道》，朱杰人等主编：《朱子全书》第17册，上海：上海古籍出版社，合肥：安徽教育出版社，2002年，第3517页。

⑤ 黎靖德：《朱子语类》卷八六，《礼三 · 总论》，朱杰人等主编：《朱子全书》第17册，上海：上海古籍出版社，合肥：安徽教育出版社，2002年，第2914页。

⑥ 黎靖德：《朱子语类》卷八九，《礼六 · 丧二》，朱杰人等主编：《朱子全书》第17册，上海：上海古籍出版社，合肥：安徽教育出版社，2002年，第3014页。

⑦ 王夫之：《读通鉴论》卷末，《叙论四》，北京：中华书局，1975年，第2548～2549页。

⑧ 王夫之：《读通鉴论》卷六，《光武十九》，北京：中华书局，1975年，第368～369页。

以直报怨，以义解仇

——从朱子《家训》看儒家对“仇”“怨”的态度及其启示

◎ 冯　兵

朱熹的《家训》通常被称为《朱子家训》[1]，朱熹“把（他自己的）《童蒙须知》和《小学》中的道理抽象出来，从哲理的角度，用极其精练的语言写了一篇《朱子家训》”、“用通俗、精练的语言规范了人之为人的基本哲学信条，划出了一条做人的底线，深刻而隽永”[2]。譬如在他的《家训》中，他告诫后世子孙“仇者以义解之，怨者以直解之”。其理论背景和蕴意就十分宏阔、深刻，尤其对“仇”“怨”的态度与处理方法，颇令人思量。下面分述之。

一、“仇”“怨”之辩

首先我们来看“仇”“怨”的释义，许慎在《说文解字》中释“仇”为“讎也”，段玉裁则于《说文解字注》进一步解释道：“讎，犹应也。”释“仇”为匹配、对应。随之又以《左传》“嘉偶曰妃，怨偶曰仇”为，说：“仇为怨匹，亦为嘉偶。如乱之为治，苦之为快也。”按《说文解字》的理解，“仇”具有明确性、外在性、对应性

---

① 清初以来社会上出现了另一种《朱子家训》，作者为朱用纯（字致一，号柏庐，明末清初江苏昆山县人）。起初朱用纯自名之为《治家格言》，后人遂称之以《朱子治家格言》《朱柏庐治家格言》，再后来则逐渐也被简称为《朱子家训》，而常与朱熹的《朱子家训》相混淆。朱熹的《朱子家训》317 字，朱用纯的 524 字。除了字数上的差异之外，大体来说，朱用纯的《朱子家训》似乎显得更为细致全面，也更具温情，用时下流行的话说，就是更“接地气”。因此多为后来的一般家庭所通用和熟知，而朱熹的《朱子家训》立意似乎更高，气象森严宏大，体现出了思想巨匠的气度。

② 朱杰人：《深刻而隽永的〈朱子家训〉》，《光明日报》2016 年 8 月 9 日第 10 版。

的特点，通常是人际间明朗化的两相对应关系，既可为佳偶，也可是仇敌。而随着时代的发展，后一层意涵逐渐占据了主导地位。关于“怨”，《说文解字》释曰：“怨，恚也。从心，夗声。”按《辞源》的说法，“怨”主要指：1.“不满意，埋怨”；2.“恨”。[①] 而怨“从心”，似乎具有隐晦性、内在性、单向性的特点，是个体自我心理状态的投射与表现，被“怨”的对象则往往不一定具有相应的情感或心理。

很显然，就人际关系的矛盾来看，“仇”与“怨”应分属两个不同层面和阶段。“怨”是矛盾尚未彻底激化或公开化的阶段，“仇”是矛盾公开化、极端化的阶段，“仇”往往是“怨”的进一步发展的结果。

二、“怨者以直解之”

朱熹在《家训》中要求“怨者以直解之”，其意出于《论语·宪问》：“或曰：‘以德报怨，何如？’子曰：‘何以报德？以直报怨，以德报德。’”其中“以德报怨”一语最早见《老子》六十三章：“大小多少，报怨以德。”老子出于谦下处柔、无为不争的理念，主张以德报怨。但在孔子看来，若以德报怨，将以何报德？这无法体现应有的社会公平与正义。朱熹在《论语集注》卷七中就指出：

> 或人之言，可谓厚矣。然以圣人之言观之，则见其出于有意之私，而怨德之报皆不得其平也。必如夫子之言，然后二者之报各得其所。然怨有不仇，而德无不报，则又未尝不厚也。

在朱熹看来，以德抱怨其实是出于刻意为之的私心，有违大义。他对此曾举例说：“如吕晦叔为贾昌朝无礼，捕其家人坐狱。后吕为相，适值朝廷治贾事，吕乃乞宽贾之罪，‘恐渠以为臣与有私怨’。后贾竟以此得减其罪。此‘以德报怨’也。然不济事，于大义都背了。”[②]最关键的是，以德报怨会导致“怨德之报皆不得其平”，是“以私害公”“以曲胜直”，因此必须“当报则报，不当则止”，不得妨害“公平忠厚”[③]。

清人刘宝楠则在《论语正义》中引吴嘉宾的观点说：

---

① 辞源修订组、商务印书馆编辑部：《辞源》（修订本），北京：商务印书馆，1988 年，第 1114 页。

② 黎靖德：《朱子语类》卷四十四，北京：中华书局，1986 年。

③ 朱熹：《论语或问》卷十四，《四书或问》，朱杰人等主编：《朱子全书》第 6 册，上海：上海古籍出版社，合肥：安徽教育出版社，2002 年。

以直者，不匿怨而已。人之性情，未有不乐其直者，至于有怨，则欲使之含忍而不报。夫含忍而不报，则其怨之本固未尝去，将待其时之可报而报之耳。至于蓄之久而一发，将至于不可御，或终于不报。是其人之于世，必以浮道相与，一无所用其情者，亦何所取哉？以直报怨，凡直之道非一，视吾心何如耳。吾心不能忘怨，报之直也，既报，则可以忘矣。苟能忘怨而不报之，亦直也。虽不报，固非有所匿矣。怨期于忘之，德期于不忘，故报怨者曰‘以直’，欲其心之无余怨也。报德者曰‘以德’，欲其心之有余德也。其心不能忘怨，而以理胜之者，亦直以其心之能自胜也。直之反为伪，必若教人以德报怨，是教人使为伪也，乌可乎？

此说是从怨恚心理的合理解决的角度出发，认为“怨期于忘之”，而“吾心不能忘怨”。人若有了怨恚，是无法轻易放下的（当然，能自行放下也是好的），要妥善解决怨恨，就必须使之适当地发泄出来，不至于“匿怨”。因为让怨恨久藏于心中，一来会有失控的危险，二来会让人变得虚伪，贻害不小。

另据《礼记·表记》载：“子曰：以德报德，则民有所劝。以怨报怨，则民有所惩。”《论语》说“以直报怨”，和《礼记》讲“以怨报怨”仍有不同。以怨报怨固然能让“民有所惩”，因而“戒于树怨”，然而一旦坚持以怨报怨，终将引起怨恚的恶性循环，自然不是止怨的最好办法。至于以德报怨，孙希旦说：“以德报怨，则天下无不释之怨矣。虽非中道，而可以宽容其身，亦仁之一偏也。”[①]但皇侃则认为：“所以不以德报怨者，若行怨而德报者，则天下皆行怨以要德报之。如此者，是取怨之道也。”[②]可见无论如何，以德报怨都不是消除怨恚心理的好办法，至少不是符合中道的最好办法，最好的办法只能是“以直报怨”。

那么究竟什么是“直”呢？从《论语》中有关“直”的论述来看，“直”在不少场合都与率性、坦直的情感表达方式有关。[③] 朱熹则释“以直报怨”之“直”道：“于其所怨者，爱憎取舍，一以至公而无私，所谓直也。”[④]“直”就是指大公无私。但要注意的是，这种大公无私是在“爱憎取舍”这一人人皆有的普遍性的

---

① 孙希旦：《礼记集解》，北京：中华书局，1989 年。

② 何晏等：《论语集解义疏》卷七，上海：商务印书馆，1937 年。

③ 如《泰伯》篇中的“直而无礼则绞”“狂而不直”，《阳货》篇“好直不好学，其蔽也绞”“古之愚也直，今之愚也诈而已矣”等等。在这一类的表述中，“直”与“绞”“狂”“诈”等语词相对应，因而无论其是否主要体现的是“正直”这一德性内涵，我们也都能明显感受到其与率直的情感表达之间的关联。

④ 朱熹：《论语集注》卷七，北京：中华书局，1983 年。

情感欲望之中的“无私”，并非超越于情感之外。儒家的“无私”绝非“无情”，只是强调公义之下无偏私不当之情而已。另在《论语·子路》中，叶公对孔子说：“吾党有直躬者，其父攘羊，而子证之。”孔子答曰：“吾党之直者异于是，父为子隐，子为父隐，直在其中矣。”朱熹对此评论道：“父子相隐，天理人情之至也。故不求为直，而直在其中。”[①]在朱熹看来，父子相隐既是天理之当然，也是人类普遍情感的必然。这一举措完全合乎天理与普遍之人情，自然是“至公而无私”的。今人亦认为：

> 孔子的“直”有主、客观两层蕴涵，其在客观视角上有公正、无私或正当之意；主观视角则关涉个人的私德，意为正直、坦直。从内在心理动机和情感层面看，“直”既有正直坦率且公平的品格，也包含个体在实践活动中的情感反应内容，其胜处在于它的非功利性或非工具目的性之转折思量。“直”作为真纯素朴的人格构成“仁”的基础性要素，而所谓的“礼”之“质”也在于此。[②]

而无论“直”是指公正无私或正当，还是正直、坦直，孔子和叶公的“直”事实上都应包含了这些伦理意涵，真正的区别只是在于各自针对“直”的价值判断所依据的理论背景不同。

孔子所论之“直”的理论依据显然是礼。如孔子论“以德报怨”仅为“宽身之仁”[③]，郑玄注道：“宽，犹爱也。爱身以息怨，非礼之正也。”孔颖达进一步疏释说：“‘宽身之仁’者，若以直抱怨，是礼之常也。今‘以德报怨’，但是宽爱己身之民，欲苟息祸患，非礼之正也。”[④]郑玄与孔颖达明确将“以德报怨”与“以直报怨”纳入礼学范畴，显然“直”“应受到礼俗的规导”。[⑤] 并且“以直报怨”的“报”象征着强调对等性原则的“礼尚往来”，原本也就是礼的基本要素。[⑥] 而

---

① 朱熹：《论语集注》卷七，北京：中华书局，1983年。

② 李洪卫：《孔子论“直”与儒家心性思想的发端——也从“父子互隐”谈起》，《河北学刊》2010年第2期。

③ 《礼记·表记》：“子曰：‘以德报怨，则宽身之仁也；以怨报德，则刑戮之民也。’”

④ 孔颖达：《礼记正义》，上海：上海古籍出版社，2008年。

⑤ 陈探宇、丁建峰：《“直”的情感维度——从中国文化的生命观看“父子相隐”》，《西南民族大学学报》2010年第4期。

⑥ 如郑玄释《礼记·表记》“子言之：‘仁者，天下之表也；义者，天下之制也；报者，天下之利也”一句中的“报”为：“报，谓礼也，礼尚往来。”（《礼记正义》）。因为“报”的“礼尚往来”含义中潜在地蕴含着对应双方在交往过程中的对等性原则，而“以德报怨”显然破坏了这一点，这也正是其“非礼之正”的一个重要原因。

礼的产生与发展则缘于“人情”，朱熹就说：“先王制礼，本缘人情。”[1]这在《礼记》中也早有体现，如《礼记·丧服四制》：“凡礼之大体，体天地，法四时，则阴阳，顺人情，故谓之礼。”以及《礼记·礼运》：“故圣王修义之柄、礼之序，以治人情。故人情者，圣王之田也。”等等，都充分说明在儒家这里，“人情”是圣王关注的重心，用来顺应和修治“人情”的，则是礼（乐）。但在所有的情感关系中，父子亲情又最为根本，是一切“人情”的起点和基础。有鉴于此，孔子就当然要主张父子互隐了，并认为这才是本然的正当与公正。其所依据的就正是儒家以宗法血缘为中心的礼，即符合人情世事普遍之理的社会规范。在这一前提之下，个人也就可以坦直地表达情感而自然具有了正当性与合理性。

与之相对应的是，叶公一任于法，其或为申、韩一系的法家式人物。这一系的法家注重刑名法术，轻视人之情感需求，反对礼教，不仅与儒家大相径庭，也和重礼的管仲一系的法家不同。其中最显著的便是韩非子的“计算社会”论。韩非子认为所有的人伦关系全是出于利益的算计，即便是父母与子女之间，也不例外：“且父母之于子也，产男则相贺，产女则杀之。此俱出父母之怀衽。然男子受贺，女子杀之者，虑其后便，计之长利也。故父母之于子也，犹用计算之心以相待也，而况无父子之泽乎！”[2]可谓“无情”至极。正如东汉刘观等人所撰之《东观汉记·卓茂》所说：“律设大法，礼从人情。”很显然，礼顺人情，而律不容情。在社会治理中，强调概循律例“无情”的法家不会给予人的情感行为以道德意义的理解。因此，当儿子面对父亲的“攘羊”行为时，叶公必然要主张严格按照律令“证之”才是真正的正直与公平。可见孔子讲“吾党之直者异于是”，所“异”的是他依循的为礼，叶公依循的是法。

综上可见，孔子讲“以直报怨”，这个“直”就绝非简单的冲冠一怒、直抒胸臆，而是情理交融中的“当报则报，不当则止”，“当”与“不当”的标准便是礼。换言之，儒家的“以直报怨”也就是以礼报怨。朱熹在《家训》中主张“怨者以直解之”，同样是基于此。而无论是儒家的礼还是法家的法，都是指明确的行为规则，“以直报怨”中的“直”对“礼尚往来”式公平正义的追求，所体现和强调的也正是严格的规范或规则意识。

---

① 朱熹：《晦庵先生朱文公文集》卷三十六，朱杰人等主编：《朱子全书》第21册，上海：上海古籍出版社，合肥：安徽教育出版社，2002年。

② 《韩非子·六反》。

三、“仇者以义解之”

“怨”是一种并不明朗化的怨恚情绪，“仇”在一般情况下往往是“怨”的进一步激化、深化和公开化。朱熹强调“仇者以义解之，怨者以直解之”，解“仇”之“义”同样也是解“怨”之“直”的内涵的升华与深化。又如前所述，“直”的理论依据是“礼”，而《礼记·礼运》说：“礼也者，义之实也。”《左传》中也有“礼以行义”[①]、“义以出礼”[②]的说法，都说明“礼”是“义”的具体体现与形下实践。“义”则是“礼”的形上升华和依据。因此人们又往往以“礼义”并称，并以之构成了“人之大端”，即使“礼虽先王未之有”，也“可以义起也”[③]。

“义”作为五常之一，是中国哲学中非常重要的概念，《礼记·中庸》释为“义者，宜也。”《说文解字》即以此为“义”做注。另按段玉裁的说法，“义”与“谊”也为“古今字”，“周时作谊，汉时作义，皆今之仁义字也”，因而许慎《说文解字》也解“谊”作“人所宜也”。可见“义”的主旨就是“宜”，即合宜、适度与正义、正当等。《礼记·礼运》称“义”为“艺之分，仁之节”，“礼”是其“实”，“仁”为其“本”，便是对其性质较完整的概括。因此，“义”既象征着实践层面的方法论智慧，也有着充分的道德形上学意思。那么朱熹在《家训》中要求“仇者以义解之”，具体又该做何理解呢？

要深入理解朱熹的“仇者以义解之”，我们不得不考虑到儒家历史上有关“仇”的态度的两个重要理论背景——以春秋公羊学和《礼记》等为代表的儒家“大复仇”理论，以及以宋儒张载为代表的“仇必和而解”的朴素辩证法思想。前者主要体现的是“义”作为一种道德形上学原理的内涵，后者主要强调的则是“义”在具体应用中充满辩证智慧的方法论意义。

（一）“大复仇”

“大复仇”的理念在《周礼》和《礼记》中有不少的论述，如《周礼·秋官·朝士》中说：“凡报仇雠者，书于士，杀之无罪。”强调只要事先在官府报备，杀死仇家是无罪的。《礼记·檀弓上》则记载：

① 《左传》“僖公二十八年”，“成公二年”。

② 《左传》“桓公二年”。

③ 《礼记·礼运》。

> 子夏问于孔子曰:“居父母之仇如之何?”夫子曰:“寝苫枕干,不仕,弗与共天下也。遇诸市朝,不反兵而斗。”曰:“请问居昆弟之仇如之何?”曰:“仕弗与共国。衔君命而使,虽遇之不斗。”曰:“请问居从父昆弟之仇如之何?”曰:“不为魁,主人能,则执兵而陪其后。”

此处也强烈主张复仇,只是根据血缘关系的亲疏远近而对复仇的态度和方法做了不同的限定,将复仇行为完全纳入礼制之内,并由此赋予了其充分的合理性。

真正张大和发扬儒家的复仇精神的,则是以董仲舒为代表的公羊春秋学。董仲舒在《春秋繁露·王道》中说:“《春秋》之义,臣不讨贼,非臣也;子不复仇,非子也。”将臣为君讨贼与子为父报仇并置,所以《白虎通德论·诛伐》就明确指出:“子得为父报仇者,臣子于君父,其义一也。忠臣孝子所以不能已,以恩义不可夺也。”认为臣为君、子为父报仇,在“义”上是一致的。蒋庆将公羊家对大复仇的论述,根据其内容的不同分为了三种类型:(1)国君复国君杀祖杀父之仇;(2)个人复国君杀父之仇;(3)臣子复乱贼弑君之仇。从中可见,春秋公羊学对儒家的“复仇”主张比礼学更进一步做了范围的限定。而公羊家“大复仇”也有着特殊的时代背景:“在春秋、战国及秦汉之际,天下无道,政治失序,诸侯相灭,君臣相杀,社会生活中缺乏最基本的公义。故灭人之国,绝人之世,杀人之父,残人之子者比比皆是,社会中的怨毒仇恨极深。”因此,“公羊家提出了大复仇说,赞同通过复仇的方式来恢复社会中的正义”①。

若据此来看朱熹所说的“仇者以义解之”,其“义”正是指儒家在农业宗法社会中所要维护和宣扬的社会正义,在价值层面上与追求“公平忠厚”的“直”具有内在的一致性,“复仇”则是其重要手段。

但在东汉时期的一些文献里,却也存在着和解仇怨的思想,如《风俗通义》中对弘农太守河内吴匡的相关叙述:“今匡与琼其是矣,剖符守境,劝民耕桑,肆省冤疑,和解仇怨。国之大事,所当勤恤。”“和解仇怨”被视作朝廷官吏应当“勤恤”的事务性职责。刘向在《新序》中也对统治者的为政之道做了道德上的要求:“外举不避仇雠,内举不回亲戚,可谓至公矣。”②并表扬“齐桓公

---

① 蒋庆:《公羊学引论——儒家的政治智慧与历史信仰》,沈阳:辽宁教育出版社,1995年,第315页。

② 刘向:《新序·杂事一》。

用其仇,而一匡天下"[①]、"外举不避仇雠"、"用其仇",就不仅是和解仇恨,而且还举荐任用仇人,以公义超越了具体的仇恨。这与张载的"仇必和而解"之说在一定程度上有相合之处。

(二)"仇必和而解"

"仇"的初始意义是指事物间的两两配应或对立关系,"仇恨"是意思实属后起。而两两对应关系最典型的表述就是"阴阳"。中国古代的思想家很早就对阴阳观念做了形而上的系统化讨论,如《易·系辞上》明确指出:"一阴一阳之谓道。"将阴阳及其运行变化视为"道"。《说卦传》说得更清楚:"立天之道,曰阴与阳;立地之道,曰柔与刚;立人之道,曰仁与义……故易八画而成卦,分阴分阳。"认为天地间万事万物都天然具有阴阳相对的两面。宋儒程颢更进一步说:"天地万物之理,无独必有对,皆自然而然,非有安排也。"[②]又道:"万物莫不有对,一阴一阳,一善一恶,阳长则阴消,善增则恶减。"[③]从理学层面讨论了阴阳作为天地万物之理的绝对性以及阴、阳间对反消长的辩证关系。张载则在此基础上,于《正蒙·太和》中云:"有像斯有对,对必反其为;有反斯有仇,仇必和而解。"张载也指出,宇宙间的具体事物中总是存在阴阳的对立两面,阴阳之间又彼此转化,相互依存。因此,有了阴与阳的对立,便有了"仇",而阴阳之间的转化相依又必然会走向"和"。

关于"和",《国语·郑语》道:"以他平他谓之和,故能丰长而物归之。若以同裨同,尽乃弃矣。故先王以土与金木水火杂,以成百物。""和"的"以他平他"是指天地间不同事物(即阴阳)的彼此对立与统一,而非简单地同化或同一。在《左传·昭公二十年》中,晏婴则进一步认为"和"是事物间的"济其不及,以泄其过",以及人的"以平其心,心平德和"等,强调"和"对社会与人心具有重要的调节功能。因此,针对张载的"仇必和而解",冯友兰先生就指出:"张载认为一个社会的正常状态是'和',宇宙的正常状态也是'和'"、"在中国古典哲学中,'和'与'同'不一样,'同'不能容'异','和'不但能容'异',而且必须有'异',才能称其为'和'"[④]。可见"仇必和而解",强调的就是以和而不

① 刘向:《新序·杂事三》。

② 程颢、程颐:《二程遗书》卷十一,上海:上海古籍出版社,2000年。

③ 程颢、程颐:《二程遗书》卷十一,上海:上海古籍出版社,2000年。

④ 冯友兰:《中国现代哲学史》,广州:广东人民出版社,1999年,第252~253页。

同之道在对立中求取辩证的统一。这一辩证智慧告诉人们，所有的对立最终都将走向“和”，人际间的怨仇自然也是如此。因此，相比先哲与时贤的思想，张载更加明确地揭示和凸显出了“和”在阴阳辩证关系中的终极价值导向的地位，也更加充分地阐明了不同事物之间或事物内各要素之间的对立统一的朴素辩证法原理。而事物之阴阳两面走向“和”的过程，则是“义”的具体体现。

（三）“义”的性质与实践

孔子所讲的“以直报怨”，强调的是根据正当性原则，将“怨”解决于激烈与公开的冲突发生之前。这一原则有一明确的现实依据，那便是具有一定自然法意义的礼。春秋公羊学和礼学中所阐扬的“复仇”理念，是在特殊的情境中为了维护宗法伦理与宗法制度所做出的不得已的选择，可以说是“以直报怨”的极端化延续，其终极目的乃是“以杀止杀”，以维护作为社会体系最高价值的“和”。当然，这也是“仇必和而解”的一种极端化表现，其不仅同样属于礼的范畴，更是上升到了“义”的层面。

在早期的社会观念体系中，礼、法之间的畛域并不分明，礼作为宗法伦理的成文规范与意义象征，是“法之大分，类之纲纪”①。因此以礼代法是较为普遍的。在这样的情况下，律法，尤其是儒家社会治理理论体系中的律法，对于《周礼》《礼记》与公羊春秋学所宣扬的通过“复仇”来维护社会的“自然公正”的行为并不具备足够的约束力。但是随着时移世易，社会法制体系愈显发达，礼、法在形式与功能上的界分愈发明确②，因复仇而杀人越来越受到律法的限禁。既然通过“复仇”以维系宗法伦理意义上的社会正义的行为，其合法性慢慢受到了质疑，这一原本“合礼”的行为就必然要因应时势的变化而进行调整，此即《礼记·礼运》所强调的礼“以义起”。

对于“义”，朱熹一方面视“义”为天理的运动流行法则，赋予其理学的形上意味，说：“义者，天理之所宜。”③另一方面，朱熹又强调“礼即理”，认为礼是

---

① 《荀子·劝学》。

② 当然，这种界分并不是说传统的礼、法本身是两种完全不同甚至对立的观念与制度体系，事实上，二者恰是相辅相成的，这在先秦时期儒、法两家的礼法学说中就已如此。（参见杨振红）

③ 朱熹：《论语集注》卷二，北京：中华书局，1983 年。

天理的现实体现与实践，因而“义之所在，礼有时而变”[①]。要求在礼的具体实践中“酌其中制，适古今之宜”[②]，以“义”的辩证之道通达礼的古今之变。所以朱熹对“仇”的解决求之以“义”，要求“仇者以义解之”，就是既强调了对社会普遍的公平与正义（并不限于宗法伦理）的维护，也强调了方法论意义上的辩证智慧，乃道德准则与实践智慧的统一，实为“大复仇”与“仇必和而解”两种理论的会通。因此，相比“直”来说，“义”一方面与“直”一样，同属于儒家伦理中的正义与正当范畴。另一方面又更是对“直”所代表和依据的确定性规则（即“礼”）在具体实践中的超越、升华与完善[③]，正如美国哲学家麦金太尔指出：“……在这些情形下，现存的法律不能提供任何清楚的答案，或者也许根本就没有任何答案。在这些境况中，法官也缺少规则，也必须运用理智，如同立法者当初一样……就只能以某种方式超出已有的规则……这就是任何一位明智者在更普遍的意义上必须随时依实际情况而具体实例化。这不仅是为了正义，也是为了把各种美德充分地具体实例化。”[④]这段话即可视作是对儒家之“义”在日常社会生活中运用的直白浅近的阐释。

当代人类社会，经济蒸蒸日上，科技日新月异，在人们的生活日渐便捷富裕的同时，面临的压力却也越来越大。在高强度的竞争与快节奏的生活中，人际间的矛盾往往难以避免，甚至显得更加复杂。朱熹在《家训》中主张“仇者以义解之，怨者以直解之”，其中所体现出的传统儒学对社会公平正义的价值追求及解决矛盾的富于辩证色彩的方法论智慧，在今天无疑仍有着较为重要的启示意义。“怨者以直解之”主张不要“匿怨”，将心中对他人的不满与怨恚，“当报则报，不当则止”，强调以正当和坦直的方式予以及时解决。如此既能维护基本的社会公平与正义，也保障了个体的心理健康。而与之相关的“以怨抱怨”易陷于人际矛盾的恶性循环中，“以德报怨”又无法成为常态。“仇者以义解之”则告诫我们面对既成的、较为强烈和明确的仇恨，不仅要更为慎重地考虑解决仇恨的行为的正当性、合理性，也要充分考虑手段的有效

① 朱熹：《孟子集注》卷四，北京：中华书局，1983 年。

② 朱熹：《晦庵先生朱文公文集》卷四十，朱杰人等主编：《朱子全书》第 21 册，上海：上海古籍出版社，合肥：安徽教育出版社，2002 年。

③ 尽管“直”的“当报则报，不当则止”同样不乏辩证色彩，但其主体仍是强调“礼尚往来”的显性规则，而无法达到“义”的形上学高度。

④ ［美］A.麦金太尔著，万俊人等译：《谁之正义？何种合理性？》，北京：当代中国出版社，1996 年，第 170～171 页。

性。而最终的目的，便是仇恨的合乎情理的解决，其实质实乃充满辩证智慧的“仇必和而解”。总之，“仇者以义解之，怨者以直解之”，核心精神都是以和而不同、求同存异之道消弭矛盾，归根结底，仍不过是一个“和”字。无论是人际关系，还是国际关系，都是如此。

论朱子学与社会主义核心价值观的耦合

◎ 兰宗荣

朱子(1130—1200),讳熹,南宋著名的理学家、教育家,宋代理学的集大成者。他所开创的朱子学是中国儒家思想在宋代的新发展,它综罗百代,致广大,尽精微,构筑了中国思想文化史上的一座丰碑,成为中国传统文化的精华所在,至今仍在极大地影响着中华民族的价值观,而且还跨越民族和地域的界限,播布海外。社会主义核心价值观包含国家、社会、公民三个层面,是一个国家、一个社会和亿万国民和谐稳定、长治久安的共同理想及精神家园[①]。朱子学价值观是指朱子学关于善恶、好坏、美丑、得失等价值的看法、立场、选择和态度,是朱子进行长期反复的消解和整合,最终形成的社会价值理念体系。赖长奇、陈绍西两位先生已分别展开对朱子理学与社会主义核心价值观的大众化研究[②]和互动贯通研究[③],但对论朱子学与社会主义核心价值观的耦合尚有不少空白。耦合性是指事物之间影响和传承的属性。下面,就对朱子学社会价值观的特色与社会主义核心价值观的耦合性做些分析,以便更加明确朱子学对当代社会主义核心价值观践行的启示作用。

---

① 赵云虎:《培育和践行社会主义核心价值观》,北京:中央文献出版社,2014 年,第 160 页。

② 赖长奇:《论朱子理学与社会主义核心价值观大众化》,《赤子(上中旬)》2015 年第 21 期,第 91～94 页。

③ 陈绍西:《论朱子理学与社会主义核心价值观的互动贯通》,《菏泽学院学报》2016 年第 6 期,第 62～65 页。

一、以仁爱、公举、浚哲、敦伦为特色的富强、民主、文明、和谐观

（一）富强以教化仁爱为本

富足而强盛，都是古今社会全体国民努力奋斗的目标。国强是民富的重要前提，国强的最终目的是增值百姓财富，增进人民的共同富裕、自由和幸福。朱子认为单纯强调民富国强，教化没跟上，没有精神上的富足也是不行的。他说魏国李悝、秦国商鞅都是战国时期改革家，但他们只是“欲致富强而已，无教化仁爱之本”[①]，所以他认为这是有过失的。朱子强调富强要有与之相匹配的精神风貌。《诗经》里谈到的仁君，一般表现为忠心耿耿，为百姓深谋远虑，并且养战马三千匹。朱子认为“此见人之所以成其富强之业者，非必权谲计数之为务，而在于诚实深厚之中也”[②]，就如我们现在强调民富国强不能仅关注 GDP 指标，还要看各级领导人一心一意为人民服务和社会群体所展现的精神面貌。南宋时积贫积弱，尚未众志成城，远未达到朱子富强的预期，他说：“思欲亟致富强，以为恢复之渐，而小人乘间争售其说。”[③]这种状态要实现真正的富强是很困难的。纵观整个宋代，始终无法解决北方的威胁，统治者不够众志成城，无教化仁爱之心是其中的重要原因之一。

（二）民主以公议举人

“民主”一词，在朱子的语汇里偶有出现，例如朱子说：“周公不欲斥言王防不能，故言王若不敢及天之初命，则我不得不嗣摄政事，保佑王躬。而相此洛邑，以为王当于此初作民主也。”[④]这里的“民主”相当于民主的本义，即“人民的主人（君主）”。作为一种政治理想，朱子语汇里的“公议举人”已初见今

---

① 朱杰人等编：《朱子全书》第 15 册，上海：上海古籍出版社，合肥：安徽教育出版社，2002 年，第 1818 页。

② 朱杰人等编：《朱子全书》第 24 册，上海：上海古籍出版社，合肥：安徽教育出版社，2002 年，第 3902 页。

③ 朱杰人等编：《朱子全书》第 25 册，上海：上海古籍出版社，合肥：安徽教育出版社，2002 年，第 4531 页。

④ 朱杰人等编：《朱子全书》第 23 册，上海：上海古籍出版社，合肥：安徽教育出版社，2002 年，第 3189 页。

天的民主政治的端倪。朱子说："某看公议举人，是个好人，人人都知。若是举错了，也是自家错了。本不是应副人情，又不是交结权势，又不是被人献谀。这是多少明白，人皆不来私恳。其间有当荐之人，自公举之。待其书来说，某已自举荐他了，更无私恳者。"[①]意思是说，经众人讨论推举的人才必然是个好的人才。大家都熟悉，如果推举错了，本来不是应付人情，也不是交结权贵，又不是阿谀奉承，这是多么的清白。被推举的人不来私下恳求，其中必然有适合推荐的人。朱子的民主思想还体现在把百姓视作国家的根本，他说："民者，邦之本；财者，民之心。"[②]他认为百姓是国家的根本，钱财如同百姓的心，百姓的心受伤，那么国家的根本就会动摇。国家的根本动摇，那么国家这棵大树就会衰败枯萎而被连根拔出。可见在朱熹思想里并不缺少民主，只是由于时代和阶级的局限，当时还缺少一种民主的政治制度而已。

（三）文明宜浚哲彰显事理

中国古称"华夏"，实为文明之地。"文明"一词，古意更多指人的教养和开化，代表着经天纬地、照临四方的人类精神成果。朱子说："礼本是文明之理，其发便知有辞逊。"[③]朱子认为礼节本来是文明的道理，它表现出来便是懂得言辞谦逊。朱子赞同前人对《周易》"同人"的解释，认为文明就是能够英明治理，所以能够明白大同社会的要义；刚健有为就能克制自己的欲望，所以能够竭力领悟大同之道。朱子说："'浚哲文明，温恭允塞'，细分是八字，合而言之，却只是四事。浚，是明之发处；哲，则见于事也；文，是文章；明，是明著。《易》中多言'文明'。"[④]"明之发处"是指深挖发源的地方，"见于事"是参看于事理，"文章"是指文化彰显。"明著"是指能够光彩夺目，凸显事物。宋初出现水星、金星、火星、木星与土星五星联珠排成一线的奇特天象，朱子认为宋

① 朱杰人等编：《朱子全书》第 17 册，上海：上海古籍出版社，合肥：安徽教育出版社，2002 年，第 3504 页。

② 朱杰人等编：《朱子全书》第 20 册，上海：上海古籍出版社，合肥：安徽教育出版社，2002 年，第 743 页。

③ 朱杰人等编：《朱子全书》第 16 册，上海：上海古籍出版社，合肥：安徽教育出版社，2002 年，第 1916 页。

④ 朱杰人等编：《朱子全书》第 16 册，上海：上海古籍出版社，合肥：安徽教育出版社，2002 年，第 2648 页。

太祖“实开文明之运”[①]，以此说明儒家道统在宋代并未消亡。朱子在宋孝宗的挽词中还赞道：“精一传心妙，文明抚运昌。乾坤归独御，日月要重光。”[②]朱子说：“离丽文明，电日而火。”[③]八卦之象中离卦代表美丽、火、日、电，有照耀、明亮、鲜艳夺目之意。阳刚在外表示一种由内向外施放能量，象征文明、文化。《礼记》里的文明，是个人内在德行和文化素养外显的结果，不仅个人神采奕奕，而且能让他人如沐春风。正是在文明的教化之下，中华民族在长期的历史发展中不仅物质文明昌盛，而且博得礼仪之邦的美誉。

（四）和谐应以敦伦致中

古人用音乐来教育家族子弟就是因为乐律和谐，平和中正，朱子说：“古人以乐教胄子，缘平和中正。‘……八音克谐，不相夺伦。’”[④]朱子认为诗是表达志向的，歌是把想说的话唱出来，形成表达情感的歌咏，由此音乐就产生了。八种乐器发出的声音，各就其律，达到和谐统一。这是和谐的本意。后来和谐引伸为人与人之间的和睦融洽关系。朱子盛赞舜之德能以孝和谐家庭，敦伦睦族，他说：“‘父顽、母嚚、象傲，克谐以孝，烝烝乂，不格奸’。所贵乎舜者能以孝和谐其亲，使之进进以善自治，而不至于恶也。”[⑤]朱子在《朱子家训》中说道：“夫之所贵者，和也；妇之所贵者，柔也。”在家庭里面，丈夫所珍贵的品质在于和气，妻子所珍贵的品质在于柔顺。朱子认为喜怒哀乐这些情感没有发出来就叫着“中”，发出来都符合节制就叫着“和”。“中”是天下大的根本，“和”是天下通达的道路。能够达到“中和”的地步，天地就会各就其位了，万物就会生长发育了。他认为喜怒哀乐这些情感都是人类所不可或缺的，只是这些情感的发出都要符合节制。“致中”就是要像孟子所说的求放心、存心养性之类，“致和”就是要像孟子所说的清晨的空气、充广仁义之心之类。朱

① 朱杰人等编：《朱子全书》第24册，上海：上海古籍出版社，合肥：安徽教育出版社，2002年，第3740页。

② 朱杰人等编：《朱子全书》第20册，上海：上海古籍出版社，合肥：安徽教育出版社，2002年，第535页。

③ 朱杰人等编：《朱子全书》第25册，上海：上海古籍出版社，合肥：安徽教育出版社，2002年，第4000页。

④ 朱杰人等编：《朱子全书》第16册，上海：上海古籍出版社，合肥：安徽教育出版社，2002年，第2658页。

⑤ 朱杰人等编：《朱子全书》第24册，上海：上海古籍出版社，合肥：安徽教育出版社，2002年，第3521页。

子说："今却不耐烦去做这样工夫，只管要求捷径去意见。"[1]因此，人的情绪要合乎情理的发泄，平时就要存心养性，广充仁义，才有可能致中和。

二、以去邪见、絜矩、当理、儆戒为特色的自由、平等、公正、法治观

（一）自由应当扫去邪见

朱子所理解的自由更多是指身心的自由，政治意识较少。朱子说："释氏欲驱除物累，至不分善恶，皆欲扫尽。云凡圣情尽，即如知佛，然后来往自由。吾道却只要扫去邪见，邪见既去，无非是处。故生不为物累，而死亦然。"[2]佛教想要驱除物累，以至于不分善恶，都想把它一扫而光。说是没了凡人圣人的想法，就如同了解了佛，然后来往自由。理学却只要扫去乖谬不合理的见解，乖谬的见解既然抛弃，剩下的无非是正确的。所以无论活着还是离世，都不会为物所累。朱子说："只怕志不立，若能立志，气自由我使。古人终日只在礼中，欲少自由，亦不可得。"[3]朱子认为一个人就怕志向没有确立起来，如果能够确立志向，浩然之气自然由自己支配。古人整天沉浸在礼仪中，想要稍微自由一下，也不可能做到。在朱子诗文中屡见"自由"一词，如"闻说当机百念休，区区何更苦营求。早知名教无穷乐，陋巷箪瓢也自由"[4]、"三山虽好在，惜取自由身"[5]、"它年应共说，此日自由身"[6]。朱子已意识到，行独断之权，显个人自由意志，这是历代皇帝的通病。因此说："陛下未必不曰：'身为

① 朱杰人等编：《朱子全书》第18册，上海：上海古籍出版社，合肥：安徽教育出版社，2002年，第3598页。

② 朱杰人等编：《朱子全书》第18册，上海：上海古籍出版社，合肥：安徽教育出版社，2002年，第3944页。

③ 朱杰人等编：《朱子全书》第15册，上海：上海古籍出版社，合肥：安徽教育出版社，2002年，第1299页。

④ 朱杰人等编：《朱子全书》第20册，上海：上海古籍出版社，合肥：安徽教育出版社，2002年，第352页。

⑤ 朱杰人等编：《朱子全书》第20册，上海：上海古籍出版社，合肥：安徽教育出版社，2002年，第304页。

⑥ 朱杰人等编：《朱子全书》第20册，上海：上海古籍出版社，合肥：安徽教育出版社，2002年，第422页。

万乘之主，乃不得一事自由乎？’故不肯屈独断之权为群论所迫耳。”[1]朱子以此语加以讥讽皇帝的专权。

（二）平等以絜矩待人

“平等”一词最早来源于佛经，佛经曾记载：“慈心一切平等，真如菩提自现。”[2]在朱熹的语汇里没有“平等”一词，但有相当于平等之意的“絜矩”。“絜”指度量，“矩”指规矩。“絜矩”就是四面均平的道理。如果自家老其老，叫别人不得老其老；自家长其长，叫别人不得长其长；自家幼其幼，叫别人不得幼其幼。这就不叫“絜矩”了[3]。“絜矩”就是以我心之所欲，猜度他人之所欲。只有我能如此，而他人不能如此，“则是不平矣”。[4] 可见朱子理解的平等是要有参照物的，纵向上三点成一线，横向上四面均平。纵向上，朱子说：“须把三人看，便见。”[5]意思是说，每个人都有在我之上的人，也都有在我之下的人。就像父母亲在我之上，子孙在我之下。我想让子孙孝顺我，而我却不能孝顺双亲；我想要双亲慈爱于我，而我却不能慈爱子孙。这就不是絜矩了。上面的人既自有孝悌，下面百姓也有孝悌，便是絜矩。如果拂其良心，重赋横敛以取之，使别人“不得自遂其心，便是不方”[6]。横向上，前后左右的人要处于同一平面。朱熹说：“左右前后皆然。……后面说民之父母，所好所恶，皆是要与民同利之一事。且如食禄之家，又畜鸡豚牛羊，却是与民争利，便是不絜矩。”[7]絜矩之道就是要使人人各尽其心，“我之敬长慈幼，却使天下之人兄

---

① 朱杰人等编：《朱子全书》第 20 册，上海：上海古籍出版社，合肥：安徽教育出版社，2002 年，第 628 页。

② 辞源修订组、商务印书馆编辑部：《辞源》（修订本），北京：商务印书馆，1988 年，第 994 页。

③ 朱杰人等编：《朱子全书》第 14 册，上海：上海古籍出版社，合肥：安徽教育出版社，2002 年，第 555 页。

④ 朱杰人等编：《朱子全书》第 14 册，上海：上海古籍出版社，合肥：安徽教育出版社，2002 年，第 555 页。

⑤ 朱杰人等编：《朱子全书》第 14 册，上海：上海古籍出版社，合肥：安徽教育出版社，2002 年，第 555 页。

⑥ 朱杰人等编：《朱子全书》第 14 册，上海：上海古籍出版社，合肥：安徽教育出版社，2002 年，第 563 页。

⑦ 朱杰人等编：《朱子全书》第 14 册，上海：上海古籍出版社，合肥：安徽教育出版社，2002 年，第 563 页。

弟妻子离散，便不是絜矩”[①]。因此，要想达到平等就必须心无彼此的差别，要站在大众的立场去思考问题，懂得换位思考。君子行为端正，符合法度，这是因为他能够以己之心度量他人之心，使大家都能够极尽各自兴起的善心。因此，君子必须用推行絜矩来使天下公平。

（三）公正应“好恶当理”

“天下为公”的大同社会是儒家社会治理的目标和理想方案，而“正”也是儒家修己之学的核心。朱子对于“公正”有自己的独到见解，他说：“好恶当理，便是公正。”[②]意思是说喜好和厌恶之情表达得合情合理，这便是公正。又说：“公者，心之平也；正者，理之得也。”[③]公与正，“此两字不可少一”[④]，意思是公是心里公平，正是喜好和厌恶来得合情合理。假如公而不正，那么喜好和厌恶一定不能合情合理；正而不公，那么只会在事物之间急迫寻求正确答案，然而心里却不公平。通常而言，“公”是“正”的前提。只有公平然后才能正确合理地判断，公是广大、正直没有私意，正是没有偏离。公正社会风气的养成是全体国民共同努力的结果，但是更要关注重要官员所起的精神导向作用。古语云：“上梁不正下梁歪。”因此，朱子特别强调要“用刚明公正之人以为辅相”[⑤]。

（四）法治以儆效尤

儒家以“礼”为支柱的治人之学在宋代已发展为礼法兼施，德主法辅。朱子非常赞同春秋时期郑国子产的做法：“子产政事尽做得好，不专爱人。做得

---

① 朱杰人等编：《朱子全书》第14册，上海：上海古籍出版社，合肥：安徽教育出版社，2002年，第641页。

② 朱杰人等编：《朱子全书》第14册，上海：上海古籍出版社，合肥：安徽教育出版社，2002年，第933页。

③ 朱杰人等编：《朱子全书》第14册，上海：上海古籍出版社，合肥：安徽教育出版社，2002年，第934页。

④ 朱杰人等编：《朱子全书》第14册，上海：上海古籍出版社，合肥：安徽教育出版社，2002年，第933页。

⑤ 朱杰人等编：《朱子全书》第20册，上海：上海古籍出版社，合肥：安徽教育出版社，2002年，第599页。

不是，他须以法治之。”[①]子产政事处理得好，不只对百姓仁爱。百姓有做得不对的地方，也会用法律进行惩戒。朱子认为要确立一个简单易行的法律，让老百姓遵循，这就非常好了。为政必须确立法律纲纪，令行禁止。虽然号令已经明确，但是刑罚也是不可废弛的。如果说令不行，禁不止，就认为是宽仁，那就错了。假使不用刑罚，那么号令只是挂在墙壁作作样子罢了。刑罚可以使人警醒，避免其他人犯同样的过失。朱子强调每个人都应当爱惜生命，以忍耐态度对待各种事情，对国家的法律、法令要充满敬畏之心。他在强调法治的同时，认为用什么样的人来执法也很重要。他说大概确立一项法律一定有弊端，没有无弊端的法律，它最重要的只在于是否用人得当。如果用人得当，那么法令虽然不完善，也会得高分；如果用人不当，那么虽然有好的法律，也无益于事。因此，善人可以弥补法律的不足，恶人会使善法也发挥不了实质性的作用。因此，朱子认识到对官员进行法治教育的重要性，他说：“诏儒臣博采经史以及古今贤哲议论及于教化刑罚之意者，删其精要之语，聚为一书，以教学古入官之士与凡执法治民之官，皆使略知古先圣王所以敕典、敷教、制刑、明辟之大端，而不敢阴为姑息、果报、便文之计，则庶几有以助成世教而仰称陛下好生恶杀，期于无刑之本意，取进止。”[②]官员的培训教育在一定程度上可以防微杜渐，避免官员心存侥幸的心理，监守自盗，作奸犯科。但是总的来说，在封建社会君主专制制度下，受阶级和时代的局限性制约，朱子的法治思想摆脱不了人治的窠臼，其法也仅是封建社会皇帝家天下之法。

三、以用贤、敬事、不欺、责善为特色的爱国、敬业、诚信、友善观

（一）爱国应如爱玉，以贤人治国

人们往往爱具体的事物要胜于爱国。朱子是一个爱国意识非常强烈的人，他一生反对异族入侵，追求国家统一，常常“朝夕忧虑，以天下国家为

① 朱杰人等编：《朱子全书》第 14 册，上海：上海古籍出版社，合肥：安徽教育出版社，2002 年，第 1043 页

② 朱杰人等编：《朱子全书》第 20 册，上海：上海古籍出版社，合肥：安徽教育出版社，2002 年，第 658 页。

念”[①]。朱子忧国忧民之情屡形于色,并呕心沥血注释《楚辞》以见志。他对屈原的爱国精神深表嘉许,认为:“其志行虽或过于中庸而不可以为法,然皆出于忠君爱国之诚心。”[②]他总是褒扬那些爱国志士,他评价司马光说:“观司马文正公之遗帖,见其忠君爱国而相勉以正之意。”[③]朱子主张爱国作为国家治理而言,就要用贤人治国。他说:“教玉人雕琢玉,只缘不敢自治,而付之能者,爱之甚也。治国家则不能用贤而徇私欲,是爱国家不如玉也。”[④]意思是说,让玉匠雕琢玉石,只是因为不敢自己雕琢,而把它交付给能工巧匠,这是非常喜爱它的缘故。治理国家不能用贤能的人却曲从自己的私欲,这是爱国家不如爱玉的表现。

(二)敬业宜专心敬事以成其业

“敬业乐群”一语,首见于儒家经典《礼记》。《礼记·学记》中说:“一年视离经辨志,三年视敬业乐群。”[⑤]敬业指专心致志于学习,乐群指与同学们相处愉快。虽然在朱子语汇里暂时还没有发现“敬业”这个词,但有与此词相近的有“敬事”,意为敬谨处事,如朱子说:“如敬事而信,固是有人凡事要诚信。然未免有不敬处,便是不实。”[⑥]其实,朱子相关敬业思想的表达还是相当完整的。朱子说:“敬者何? 不怠慢、不放荡之谓也。”[⑦]又说:“此心常卓然公正,无有私意,便是敬。”[⑧]“敬”的意思是此心经常卓然公正,没有私意,不放荡,不怠

---

① 朱杰人等编:《朱子全书》第17册,上海:上海古籍出版社,合肥:安徽教育出版社,2002年,第3159页。

② 朱杰人等编:《朱子全书》第18册,上海:上海古籍出版社,合肥:安徽教育出版社,2002年,第3686页。

③ 朱杰人等编:《朱子全书》第18册,上海:上海古籍出版社,合肥:安徽教育出版社,2002年,第3944页。

④ 朱杰人等编:《朱子全书》第15册,上海:上海古籍出版社,合肥:安徽教育出版社,2002年,第1692页。

⑤ 辞源修订组、商务印书馆编辑部:《辞源》(修订本),北京:商务印书馆,1988年,第1351页。

⑥ 朱杰人等编:《朱子全书》第14册,上海:上海古籍出版社,合肥:安徽教育出版社,2002年,第737页。

⑦ 朱杰人等编:《朱子全书》第17册,上海:上海古籍出版社,合肥:安徽教育出版社,2002年,第3763页。

⑧ 朱杰人等编:《朱子全书》第15册,上海:上海古籍出版社,合肥:安徽教育出版社,2002年,第1576页。

慢。如果有所计较,有所怠慢,就是不敬。朱子认为从事各行各业的人都必须专心致志,以事其业,"日日著实做,故事成"①"士其业者必至于登名,农其业者必至于积粟,工其业者必至于作巧,商其业得必至于盈资"②"若不苦心去求,不成业次,终不济事"③,意思是一个人要专心致志,以经营其事业,天天勤勤恳恳地去做,所以事情才能够做成功。知识分子必须致力于显亲扬名,农民必须致力于多产粮食,工匠必须致力于提高手工技艺,商人必须致力于增值财富。他认为如果不苦心去经营,没有形成人生事业,最终还是无济于事。

(三)诚信应不自欺欺人

诚信是朱子语汇里出现得比较频繁的词。朱子说:"凡人所以立身行己,应事接物,莫大乎诚敬。诚者何?不自欺不妄之谓也。"④"诚只是个朴直悫实,不欺狂。"⑤凡是人们用来存身自立,应接事物的行为法度,没有大于诚敬的。"诚"是朴实率直,不自欺,不狂妄的意思。朱子说:"信,实也。实是有此,论其体,则实有仁、义、礼、智;论其用,则实是有恻隐、羞恶、恭敬、是非。更假伪不得。"⑥"信"是指实实在在。确实有此物,论及其本体,则实有仁义礼智;论及其发用,则实有恻隐、羞恶、恭敬、是非。更是造假伪装不得。因此"信"构成儒家"五常"中具有一贯地位的伦理关系。朱子说:"为人处事,一出言,则言必有当然之则,不可失也;一行事,则事必有当然之则,不可失也。"⑦也就是告诉人们,为人处事,每说一句话,每做一件事,必须要合于情理,不可

① 朱杰人等编:《朱子全书》第18册,上海:上海古籍出版社,合肥:安徽教育出版社,2002年,第3963页

② 朱杰人等编:《朱子全书》第14册,上海:上海古籍出版社,合肥:安徽教育出版社,2002年,第696页。

③ 朱杰人等编:《朱子全书》第18册,上海:上海古籍出版社,合肥:安徽教育出版社,2002年,第3592页。

④ 朱杰人等编:《朱子全书》第23册,上海:上海古籍出版社,合肥:安徽教育出版社,2002年,第3763页。

⑤ 朱杰人等编:《朱子全书》第23册,上海:上海古籍出版社,合肥:安徽教育出版社,2002年,第3595页。

⑥ 朱杰人等编:《朱子全书》第14册,上海:上海古籍出版社,合肥:安徽教育出版社,2002年,第427页。

⑦ 朱杰人等编:《朱子全书》第14册,上海:上海古籍出版社,合肥:安徽教育出版社,2002年,第589页。

违背。他说:“足食、足兵,民信之矣。”[①]国家只有让百姓丰衣足食,并有充足的军事力量,才会获得百姓的信任。“诚信”还见于朱子对人的评价,如他对金华王师愈评价说:“其于接物温恭诚信,充积有余。”[②]评价十九府君刘致端说:“而其孝爱恭敬,诚信敦笃,自有以过人者。”[③]评价恩师刘勉之说:“其与人交,诚信恳恻。”[④]诚信还应该无愧于死者,他评价西山李光祖先生治丧时说:“死葬之以礼,必诚必信也。”[⑤]朱子认为可以不讲诚信只有一种特殊情形:“专言诚信则文不足。”[⑥]他认为只讲诚信,则文章的文采就会不够。所以文学写作时允许采用一些夸张修饰、虚构情节,增加文采。

(四)友善应责友为善,不计较小触犯

朱子在《朱子家训》中认为作为兄长最为可贵之处是友爱,作为弟弟最为可贵之处是恭敬。对于别人有小的过错,应当容忍、宽恕、原谅,别人有好的高善德行就应该称颂传扬。别人有不好的地方不要说三道四,更不要传播谣言。与人为善,就不要锱铢必较,而应该犯而不校。别人有小小的冒犯之处,自己都不觉得,“何暇与之校耶”[⑦]? 他非常赞赏“武夷三先生”的友善精神,曾对老师刘勉之评价说:“与籍溪胡公原仲、屏山刘公彦冲两先生友善,日以讲论切磋为事。其于当世之务,若不屑焉。”[⑧]他不同意胡氏所说:“导友,善不纳,则当止。”而提出“交友而责善,职所当然。而心之不能已者,本非有求荣、

---

① 朱杰人等编:《朱子全书》第15册,上海:上海古籍出版社,合肥:安徽教育出版社,2002年,第1500页。

② 朱杰人等编:《朱子全书》第24册,上海:上海古籍出版社,合肥:安徽教育出版社,2002年,第4161页。

③ 朱杰人等编:《朱子全书》第24册,上海:上海古籍出版社,合肥:安徽教育出版社,2002年,第4197页。

④ 朱杰人等编:《朱子全书》第24册,上海:上海古籍出版社,合肥:安徽教育出版社,2002年,第4193页。

⑤ 朱杰人等编:《朱子全书》第21册,上海:上海古籍出版社,合肥:安徽教育出版社,2002年,第1361页。

⑥ 朱杰人等编:《朱子全书》第21册,上海:上海古籍出版社,合肥:安徽教育出版社,2002年,第1362页。

⑦ 朱杰人等编:《朱子全书》第21册,上海:上海古籍出版社,合肥:安徽教育出版社,2002年,第1286页。

⑧ 朱杰人等编:《朱子全书》第24册,上海:上海古籍出版社,合肥:安徽教育出版社,2002年,第4192页。

求亲之心也”[①]。责友为善是率直的表现。因此，朱子把友直、友谅、友多闻作为交友的三大原则。

综上所述，朱子学是中国传统文化的核心和精华，也是中华民族文化自信所在。在践行社会核心价值观时，有许多值得当今借鉴的地方。习近平总书记在多次重要讲话中就引用了朱子的致知格物、穷理反躬、继往开来、速改从善及《朱子家训》里的思想，并且肯定了朱子等一大批思想大家。留下的浩如烟海的文化遗产中包含有丰富的哲学内容、治国理政智慧，其理论逻辑、历史经验、现实表现及实践取向也仍然是社会主义核心价值观践行中需要学习的方面。当然，我们不能忘记社会主义核心价值观是朱子学的继承、体现与发展，它赋予了“自由、平等、民主、文明、法治”等方面更加广泛的内涵，已实现了传统精神的现代转换，这也是社会主义核心价值观要永远先进于以往任何时代的地方。

① 朱杰人等编：《朱子全书》第 23 册，上海：上海古籍出版社，合肥：安徽教育出版社，2002 年，第 2908 页。

朱子智藏说的理论建构及其意义

——以《玉山讲义》为中心

◎ 江俊亿

孟子以四端即心言性，遂成仁教规模。然自两汉以下，历代尚乏解人，直至韩愈提揭道统，乃渐为学者所重。朱子自参究中和问题以来，至新说成后，其义理形态即已然成形。而由其中年体会之《仁说》为发端，至晚年所讲《玉山讲义》中所显之智藏说，在日本经山崎闇斋大力提揭后，遂成为闇斋以下之崎门学派学者一个重要的思想论题及学脉根源。冈田武彦先生的《朱子与智藏》①和《朱子的智藏说及其由来与继承》②二文，可说是近代首先以学术论文形式讨论智藏说的先导作，而难波征男先生的《日本朱子学与将来世代——智藏论》③则是偏重从继承的角度对智藏说进行再评价。故本文将以《玉山讲义》为中心，旁及朱子其他文献资料，回头将智藏思想置于朱子思想中进行考察，以尝试推导出智藏说是如何自朱子的学思系统中产生的，并讨论智为何能藏，且如何可藏等种种界说，及其与朱子其他重要学说观念的内在关系。

一、《玉山讲义》的背景与评价

据王懋竑《朱子年谱》南宋光宗绍熙五年甲寅(1195)，朱子六十五岁下

① [日]冈田武彦:《朱子と智藏》,《中国思想における理想と现实》,东京都:木耳社，1983年,第267～279页。

② [日]冈田武彦:《朱子の智藏说とその由来および继承》,《中国思想における理想と现实》,东京都:木耳社，1983年，第281～304页。

③ 朱杰人主编:《迈入21世纪的朱子学——纪念朱熹诞辰870周年、逝世800周年论文集》,上海:华东师范大学出版社，2001年，第403～411页。

言:“十一月戊戌,至玉山,讲学于县庠。”“邑宰司马迈请为诸生讲说,先生辞,不获,乃就县庠宾位。因学者所请问而发明道要,闻者兴起。迈刻讲义一篇以传于世,此乃先生晚年亲切之训,读者其深味之。”[①]其中“玉山”,即今之江西省玉山县。按绍熙五年七月,光宗赵惇内禅,宁宗赵扩即位。八月,朱子入朝任侍讲,至十月十四日始讲。后由于进言得罪权臣韩侂胄,宁宗亦不喜朱子,便借故结束了朱子侍讲之职,前后仅四十六日[②]。故十一月十一日,朱子返闽途经江西省玉山县时,邑宰司马迈便趁此机会请其为诸生演讲。此整理后的讲答内容,由司马迈刻行传世。而此《讲义》,即今收于《朱子文集》(以下简称《文集》)卷七十四的《玉山讲义》[③]。

在《玉山讲义》中,有程拱[④]起问二事,朱子亦分别答之。其首问为孔孟“专言仁”与“兼言仁义”的意义与差别何在?与他自己对这个问题的看法:时有程珙起而请曰:“《论语》多是说仁,《孟子》却兼说仁义,意者夫子说元气,孟子说阴阳,仁恐是体,义恐是用。”[⑤]另一问则是相较三代以前的圣贤以“中”“极”为本,孔子为何直接揭示“仁”以教人的问题:珙又请曰:“三代以前,只是说‘中’‘说’‘极’,至孔门答问,说着便是‘仁’,何也?”[⑥]

关于这个问题,朱子认为这是“列圣相传到此,方渐次说亲切处尔。夫子所以贤于尧、舜,于此亦可见其一端也。”[⑦]并举孟子“道性善,言必称尧、舜”一章[⑧]为例,以善性和气禀皆吾人天生而必有,故“古今圣愚,同此一性,则天下固不容有二道。但在笃信力行,则天下之理虽有至难,犹必可至,况善乃人之

---

① 王懋竑编、何忠礼点校:《朱子年谱》,北京:中华书局,2006年,第251页。

② 参见束景南:《朱子大传》,福州:福建教育出版社,2000年,第889～937页。

③ 朱熹:《玉山讲义》,陈俊民校编:《朱子文集》卷七四,台北:德富文教基金会,2000年,第3732～3737页。本文引用《朱子文集》皆以此版本为主,篇名、分段及标点则由笔者稍作改定。

④ 程珙,字仲璧,号柳湖,江西鄱阳人。陈荣捷辨其不应列朱子门人,见陈荣捷著:《朱子门人》,上海:华东师范大学出版社,2007年,第168页。

⑤ 朱熹:《玉山讲义》,陈俊民校编:《朱子文集》卷七四,台北:德富文教基金会,2000年,第3732页。

⑥ 朱熹:《玉山讲义》,陈俊民校编:《朱子文集》卷七四,台北:德富文教基金会,2000年,第3734页。

⑦ 朱熹:《玉山讲义》,陈俊民校编:《朱子文集》卷七四,台北:德富文教基金会,2000年,第3735页。

⑧ 该章出于《孟子·滕文公章句上》,可参朱熹:《四书章句集注》,台北:大安出版社,2007年,第351～352页。以下凡引《四书章句集注》,皆以此本为主。

所本有而为之不难乎？然或气禀昏愚而物欲深固，则其势虽顺且易，亦须勇猛着力，痛切加功，然后可以复于其初”[①]。此外，“盖道之为体，其大无外，其小无内，无一物之不在焉。故君子之学，既能尊德性以全其大，便须道问学以尽其小”[②]，是以“学者于此，固当以尊德性为主。然于道问学，亦不可不尽其力，要当使之有以交相滋益，互相发明，则自然该贯通达，而于道体之全无欠阙处矣”[③]，希望当时在玉山县庠听讲的诸生在“虚心涵泳、博考征验、不急于功利”的心态下戮力进德修业，“毋使今日之讲徒为空言，则区区之望也”[④]。而该次讲演也到此结束了[⑤]。

关于此讲义之价值及意义，不只《年谱》给予正面评价，近儒陈荣捷（1901—1994）先生认为“诸《年谱》谓此是朱子晚年亲切之词，读者其深味之。此言诚是。……讲时随口答问。归后偶与一朋友，因其未喻，录以报之。惟其出于胸中，可谓之晚年定论。日本盛行，非无故也”[⑥]。复以之为朱子论修养的基本文献，并评曰：“《玉山讲义》虽短，而于性善、四端、气禀，天理人欲，尊德性道问学，无不包括。直可以谓之朱子伦理学之轮廓。”[⑦]而束景南先生更将《玉山讲义》理解为记录了朱子归闽途中“一路反思所达到的最新认识，标志着他从被驱逐出朝的消沉中重新自强振厉起来的精神转折，甚至可以说，他是朱熹生平对自己的理学体系做的一次最精约明晰的理论概括”[⑧]。故可知此讲义于吾人了解朱子晚年思想实有其重要的文献意义。

---

① 朱熹：《玉山讲义》，陈俊民校编：《朱子文集》卷七四，台北：德富文教基金会，2000 年，第 3736 页。

② 朱熹：《玉山讲义》，陈俊民校编：《朱子文集》卷七四，台北：德富文教基金会，2000 年，第 3736 页。

③ 朱熹：《玉山讲义》，陈俊民校编：《朱子文集》卷七四，台北：德富文教基金会，2000 年，第 3736～3737 页。

④ 朱熹：《玉山讲义》，陈俊民校编：《朱子文集》卷七四，台北：德富文教基金会，2000 年，第 3737 页。

⑤ 朱子对程珙第二问所答内容虽然重要，却与本文主旨关系不大。故笔者于此先将该答语进行摘要式的叙述，至于第一问之回答，将于下节全文引录。

⑥ 陈荣捷：《朱熹》，台北：东大图书公司，2003 年，第 10 页。

⑦ 陈先生于《朱熹》之第八章“朱子论修养”中，全以《玉山讲义》中之相关论述为主加以疏解发挥。该章见陈荣捷：《朱熹》，台北：东大图书公司，2003 年，第 93～104 页；所引评句则见第 95 页。

⑧ 参见束景南：《朱子大传》，福州：福建教育出版社，2000 年，第 933 页。

二、朱子提出智藏说的文献基础

为方便通盘理解及下文讨论引用，现将朱子针对程珙第一问所答内容分为四段，并全录于下：

（一）孔孟之言，有同有异，固所当讲。然今且当理会何者为“仁”，何者为“义”？晓此两字义理分明，方于自己分上有用力处，然后孔孟之言有同异处可得而论。如其不晓自己分上元无工夫，说得虽工，何益于事？

（二）且道如何说个“仁义”二字底道理？大凡天之生物，各付一性。性非有物，只是一个道理之在我者耳。故性之所以为体，只是“仁、义、礼、智、信”五字，天下道理，不出于此。韩文公云：“人之所以为性者五。”其说最为得之，却为后世之言性者，多杂佛老而言。所以将“性”字作知觉心意看了，非圣贤所说“性”字本指也。

（三）五者之中，所谓“信”者，是个真实无妄底道理，如“仁、义、礼、智”，皆真实而无妄者也。故“信”字更不须说。只“仁、义、礼、智”四字，于中各有分别，不可不辨。盖仁则是个温和慈爱底道理，义则是个断制裁割底道理，礼则是个恭敬撙节底道理，智则是个分别是非底道理。凡此四者具于人心，乃是性之本体，方其未发，漠然无形象之可见。及其发而为用，则仁者为恻隐，义者为羞恶，礼者为恭敬，智者为是非，随事发见，各有苗脉，不相殽乱，所谓情也。故孟子曰：“恻隐之心，仁之端也；羞恶之心，义之端也；辞让之心，礼之端也；是非之心，智之端也。”谓之“端”者，犹有物在中而不可见，必因其端绪发见于外，然后可得而寻也。盖一心之中，仁、义、礼、智各有界限。而其性情体用，又各自有分别，须是见得分明，然后就此四者之中，又自见得“仁义”两字是个大界限，如天地造化，四序流行，而其实不过于一阴一阳而已。

（四）于此见得分明，然后就此又自见得“仁”字是个生底意思，通贯周流于四者之中，仁故仁之本体也，义则仁之断制也，礼则仁之节文也，智则仁之分别也。正如春之生气贯彻四时，春则生之生也，夏则生之长也，秋则生之收也，冬则生之藏也。故程子谓：“四德之元，犹五常之仁，偏言则一事，专言则包四者。”正谓此也。孔子只言仁，以其专言者言之也。故但言仁，而仁、义、礼、智皆在其中。孟子兼言义，以其偏言者言之也。然亦不是于孔子所言之外，添入一个“义”字，但于一理之中分别出来耳。其又兼言礼、智，亦是如此。盖礼又是仁之著，智又是义之藏，而仁之一字，未尝不流行乎四者之中也。若论体用，亦有两说，盖以仁存于心而义形于外言之，则曰："仁，人心也；义，人路也。"而以仁对恻隐、义对羞恶而言，则就其一理之中，又以未发、已发相为体用。若认得熟，看得透，则玲珑穿穴，纵横颠倒，无处不通。而日用之间，行着习察，无不是着工夫处矣。[①]

以上便是朱子所答之全文引录。此下的讨论若有需要这四小段文字时，则直接引用，不另出注。此外，与智藏说直接相关的文献还有《文集》卷58中《答陈器之》第二书的最后两段文字：

(五)仁、义、礼、智，既知得界限分晓，又须知四者之中，仁义是个对立底关键。盖仁，仁也，而礼则仁之著；义，义也，而智则义之藏。犹春、夏、秋、冬虽为四时，然春、夏皆阳之属也，秋、冬皆阴之属也。故曰"立天之道，曰阴与阳；立地之道，曰柔与刚；立人之道，曰仁与义"。是知天地之道不两则不能以立，故端虽有四，而立之者则两耳。仁义虽对立而成两，然仁实贯通乎四者之中。盖偏言则一事，专言则包四者。故仁者，仁之本体；礼者，仁之节文；义者，仁之断制；智者，仁之分别。犹春、夏、秋、冬虽不同，而同出乎春。春则春之生也，夏则春之长也，秋则春之收也，冬则春之藏也。自四而两，自两而一，而统之有宗，会之有元矣。故曰"五行一阴阳，阴阳一太极"，是天地之理固然也。

(六)仁包四端，而智居四端之末者，盖冬者藏也，所以始万物而终万物者也。智有藏之义焉，有终始之义焉，则恻隐、羞恶、恭敬三者皆有可为之事。而智则无事可为，但分别其为是非尔，是以谓之藏也。又恻隐、羞恶、恭敬皆是一面底道理，而是非则有两面。既别其所是，又别其所非，是终始万物之象。故仁为四端之首，而智则能成始，能成终，犹元气虽四德之长。然元不生于元而生于贞，盖由天地之化，不翕聚则不能发散，理固然也。仁智交际之间，乃万化之机轴，此理循环不穷，吻合无间。程子所谓动静无端，阴阳无始者，此也。[②]

---

① 朱熹：《玉山讲义》，陈俊民校编：《朱子文集》卷七四，台北：德富文教基金会，2000年，第3733～3734页。

② 朱熹：《答陈器之问〈玉山讲义〉》，陈俊民校编：《朱子文集》卷五八，台北：德富文教基金会，2000年，第2825页。

该书篇名下注曰“问《玉山讲义》”,这里笔者之所以引述后半部分文字,乃是因为前半部分文字与朱子所答大半重复,故不予多录。以上这一大段论述,第一段文字是朱子智藏说,乃至其学思体系之所以成立的重要基本态度,我们暂时将它留在最后才谈。至于第二至第五段文字的义理脉络,我们可以很快地联想到,智藏说的提立与朱子对性善及四端的理解应有密切的关系。而第六段,也就是最后一段的文字则申论智藏的价值及意义,故以下先针对第二至第五段文字的义理进行解读。

三、智藏说如何可能:智藏之于心性论的衡定

关于智为何能藏,而如何可藏的讨论,根据笔者的理解,其实应分以下数点予以讨论:

(一)理解性善之进路:《太极图说》

首先是朱子对于“性”的理解问题。朱子对于“性”生成本有的接受,是从濂溪处进行消化的,濂溪《太极图说》曰:

> 无极而太极,太极动而生阳,动极而静,静而生阴。静极复动。一动一静,互为其根;分阴分阳,两仪立焉。
>
> 阳变阴合,而生水、火、木、金、土。五气顺布,四时行焉。五行,一阴阳也。阴阳,一太极也。太极,本无极也。五行之生也,各一其性。无极之真,二五之精,妙合而凝。乾道成男,坤道成女。二气交感,化生万物。万物生生,而变化无穷焉。
>
> 惟人也,得其秀而最灵。形既生矣,神发知矣。五性感动,而善恶分,万事出矣。圣人定之以中正仁义(圣人之道,仁义中正而已矣),而主静(无欲故静),立人极焉。故圣人与天地合其德,日月合其明,四时合其序,鬼神合其吉凶。君子修之吉,小人悖之凶。故曰“立天之道,曰阴与阳;立地之道,曰柔与刚;立人之道,曰仁与义”。又曰:“原始反终,故知死生之说。”大哉易也,斯其至矣![1]

在朱子的理解,理和气的关系是不离不杂的。理与气当然是不同的(不

---

① 陈荣捷编著,杨儒宾等译:《中国哲学文献选编》,南京:江苏教育出版社,2006年,第399～400页。

杂),但却需要有气才能得以彰显实现(不离)。故朱子除了认定“性只是此理”[①]外,由于“性则纯是善底”[②],且“性是天生成许多道理”[③]、“性是许多理散在处为性”[④],及人之所以生时,“天以阴阳五行化生万物,气以成形,而理亦赋焉,犹命令也。于是人物之生,因各得其所赋之理,以为健顺五常之德,所谓性也”[⑤],这是朱子承袭《中庸》、《易传》和濂溪发展出的理解。是以《玉山讲义》第二段文字曰“故性之所以为体,只是‘仁、义、礼、智、信’五字,天下道理,不出于此”。按韩愈所云“人之所以为性者五”一句,乃出自其《原性》。该句本作“其所以为性者五,曰仁,曰礼,曰信,曰义,曰智”[⑥],就是以仁、礼、信、义、智等为性之内容。故可知人之五常之“性”,亦即本有而立。

(二)“五常”与两种“四德”德性范畴间的转置互通

不过这里随之产生一个疑问,那就是仁义礼智信之“五常”与仁义礼智、仁义中正两种“四德”之间的相配问题。我们先以仁义礼智为主来看这种问题。本来孟子原先就只以仁义礼智说心性之善,且若以五常言性,“信”德显然就无法统合。这点《朱子语类》(以下简称《语类》)中也有提及。其曰:

> 问:“既是一理,又谓五常,何也?”曰:“谓之一理亦可,五理亦可。以一包之则一,分之则五。”问分为五之序,曰:“浑然不可分。”[⑦]

原来理(性作为朱子思想体系中终极的存有,无论由何种角度(由事随感而发显)切入,此中之理皆同体于一。且五常间也无所谓特定的分别次序可言,是“浑然不可分”的。朱子甚至说:

> 理,只是一个理。理举着,全无欠阙。且如言着仁,则都在仁上;言着诚,则都在诚上;言着忠恕,则都在忠恕上;言着忠信,则都在忠信上。只为只是这个道理,自然血脉贯通。[⑧]

---

① 黎靖德:《朱子语类》第1册,北京:中华书局,2007年,第83页。

② 黎靖德:《朱子语类》第1册,北京:中华书局,2007年,第83页。

③ 黎靖德:《朱子语类》第1册,北京:中华书局,2007年,第83页。

④ 黎靖德:《朱子语类》第1册,北京:中华书局,2007年,第83页。

⑤ 此为朱子释《中庸》“天命之谓性”之语。见朱熹:《四书章句集注》,台北:大安出版社,2007年,第23页。

⑥ 陈荣捷编著,杨儒宾等译:《中国哲学文献选编》,南京:江苏教育出版社,2006年,第391页。

⑦ 黎靖德:《朱子语类》第1册,北京:中华书局,2007年,第100页。

⑧ 黎靖德:《朱子语类》第1册,北京:中华书局,2007年,第100页。

如此则只要将最终价值及归趋指向理/性，其实无论以何种道德范畴为出发点，皆无害于进德工夫。不过，“性是实理，仁义礼智皆具”[①]“存之于中谓理，得之于心为德，发见于行事为百行”[②]“百行皆仁义礼智中出”[③]，且“性是浑然之体，本不可以名字言。但其中含具万理，而纲理之大者有四，故命之曰：仁、义、礼、智”[④]，性/理中之万理，终究可归摄入仁、义、礼、智四大范畴之内，进而回归于以仁包四德（以专言言仁），如是则性之为体则显然可知。是以“信”之理便由肯定其为实有加以融摄：

或问：“仁义礼智，性之四德，又添‘信’字，谓之‘五性’，如何？”曰：“信是诚实此四者，实有是仁，实有是义，礼智皆然。如五行之有土，非土不足以载四者。……”[⑤]

亦如上一节朱子所答第三段文字所说的：“五者之中，所谓‘信’者，是个真实无妄底道理，如‘仁、义、礼、智’，皆真实而无妄者也。故‘信’字更不须说。”

如此便能顺利将五常之“信”收摄至四德上，甚至是全然肯定性理之真实无妄上。且最终之理乃通同为一，亦不须在德性分类间多绕工夫。

然而我们所需注意的乃是智之为德的关系。承《太极图说》所言，“圣人之道，仁义中正而已矣”。本来理本是一，在“理”的层次上强分彼此是无意义的，但在“事”的层次上，总是有所差别。盖“性即理也。在心唤做性，在事唤做理”[⑥]，所以关于仁义中正与仁义礼智的辨析，还是有其必要性，《语类》中于此有言：

问：“‘圣人定之以中正仁义’，何不曰仁义中正？”曰：“此亦是且恁地说，当初某看时，也疑此。只要去强说，又说不得。后来子细看，乃知中正即是礼智，无可疑者。”[⑦]

又曰：

---

① 黎靖德：《朱子语类》第1册，北京：中华书局，2007年，第83页。

② 黎靖德：《朱子语类》第1册，北京：中华书局，2007年，第101页。

③ 黎靖德：《朱子语类》第1册，北京：中华书局，2007年，第107页。

④ 朱熹：《答陈器之问〈玉山讲义〉》，陈俊民校编：《朱子文集》卷五八，台北：德富文教基金会，2000年，第2825页。

⑤ 黎靖德：《朱子语类》第1册，北京：中华书局，2007年，第104～105页。

⑥ 黎靖德：《朱子语类》第1册，北京：中华书局，2007年，第82页。

⑦ 黎靖德：《朱子语类》第6册，北京：中华书局，2007年，第2381页。

"中正仁义而已矣",言生之序,以配水火木金也。又曰:"'仁义中正而已矣',以圣人之心言之,犹孟子言'仁义礼智'也。"[1]

原来"中正"就是"礼智",那为什么要以"中正"代替"礼智"呢？朱子认为"中正"二字不仅"较有力"[2],且能更为贴近说明并确实描述该德性:

问:"周子不言'礼智',而言'中正',如何?"曰:"礼智说得犹宽,中正则切而实矣。且谓之礼,尚或有不中节处。若谓之中,则无过不及,无非礼之礼,乃节文恰好处也。谓之智,尚或有正不正。若谓之正,则是非端的分明,乃智之实也。"[3]

依照《玉山讲义》的理解,上文第三段文字曰:"礼则是个恭敬撙节底道理,智则是个分别是非底道理。"第四段文字则曰:"礼则仁之节文也,智则仁之分别也。"且专以智本身来说,智本身所代表的是先天赋予人所本有,保证人能知觉且分别是非的道理。暂且先就能分别是非的标准来说,当然是要能知亲爱、别善恶,也就是能知其"正",以做出最符合当下情况应有的判断。而此标准不是靠什么外在的环境或条件去影响,"正"当然也是同出于智的,故"知是非之正为智,故《通书》以正为智"[4]。《语类》亦有问答记曰:

问:"智与正何以相契?"曰:"只是真见得是非,便是正。不正便不唤做智了。"问:"只是真见得是,真见得非。若以是为非,以非为是,便不是正否?"曰:"是。"[5]

就如同"中"之于"礼"一样,"正"在此其实指的不过是智德本有且应有的标准罢了。因此"中正"终究不能将"礼智"的地位替换过来。不过朱子认为"正"之所以成为智之标准,还有其他的原因:

问:"'中即礼,正即智。'正如何是智?"曰:"于四德属贞,智要正。"[6]

问:"中正即礼智,何以不直言'礼智',而曰'中正'?"曰:"'礼智'字不似'中正'字,却实。且中者,礼之极;正者,智之体。正是智亲切处。伊川解'贞'字,谓'正而固'也。一'正'字未尽,必兼'固'字。所谓'智之实,知斯二者弗去是也'。智是端的真知,恁地便是正。弗去,便是固。

① 黎靖德:《朱子语类》第6册,北京:中华书局,2007年,第2381页。
② 黎靖德:《朱子语类》第6册,北京:中华书局,2007年,第2381～2382页。
③ 黎靖德:《朱子语类》第6册,北京:中华书局,2007年,第2381～2382页。
④ 黎靖德:《朱子语类》第6册,北京:中华书局,2007年,第2382页。
⑤ 黎靖德:《朱子语类》第6册,北京:中华书局,2007年,第2382页。
⑥ 黎靖德:《朱子语类》第6册,北京:中华书局,2007年,第2382页。

所以'正'字较亲切。”[①]

如同第一小节所言，朱子对性善的理解乃直承濂溪《太极图说》而来。因此，天命直接下贯善性于四时万物，天之四德“元亨利贞”与四时“春夏秋冬”及人之四德“仁义礼智”间便有一秩序性的比配关系，因而成为《仁说》以来至《玉山讲义》一贯的观点，也是智之所以能藏，即智藏说之得以成立的直接理据所在。

（三）天人四时四德的相合与智藏说的成立

依《太极图说》，太极“动而生阳”“静而生阴”，且阴阳互为其根，而生水、火、木、金、土五行，最后生成人类、四时及万物，这点上文已经反复述及。朱子甚至说：“天有春夏秋冬，地有金木水火，人有仁义礼智，皆以四者相为用也。”[②]现在我们回头来看看，这种理解的进路对朱子之于四端的看法有着什么影响。

在朱子，“生之理谓性”[③]，朱子定稿于四十四岁（乾道九年，1173 年）[④]的《仁说》之首二段曰：

> 天地以生物为心者，而人物之生，又各得天地之心以为心者也。故语心之德，虽其总摄贯通无所不备，然一言以蔽之，则曰仁而已矣。
>
> 盖天地之心，其德有四，曰元亨利贞，而元无不统。其运行焉，则为春夏秋冬之序，而春生之气无所不通。故仁之为心，其德亦有四，曰仁义礼智，而仁无不包。其发用焉，则为爱恭宜别之情，而恻隐之心无所不贯。故论天地之心者，则曰乾元、坤元，则四德之体用不待悉数而足。论人心之妙者，则曰“仁，人心也”，则四德之体用亦不待遍举而该。盖仁之为道，乃天地生物之心，即物而在，情之未发而此体已具，情之既发而其用不穷。诚能体而存之，则众善之源、百行之本，莫不在是。此孔门之教所以必使学者汲汲于求仁也。[⑤]

---

① 黎靖德：《朱子语类》第 6 册，北京：中华书局，2007 年，第 2382 页。

② 黎靖德：《朱子语类》第 1 册，北京：中华书局，2007 年，第 2381 页。

③ 黎靖德：《朱子语类》第 1 册，北京：中华书局，2007 年，第 11 页。

④ 此系年笔者以刘述先所考论为基准。见刘述先：《朱子哲学思想的发展与完成》，台北：台湾学生书局，1995 年，第 139～146 页。

⑤ 朱熹：《仁说》，陈俊民校编：《朱子文集》卷六七，台北：德富文教基金会，2000 年，第 3390～3391 页。

故可知朱子取元亨利贞比配春夏秋冬，并以此说解仁义礼智之思路于其中年时即已成形，可说是其一贯的理解。此段文字依李明辉先生的分判，朱子于此列举了四组不同的秩序，分别是存有论的秩序（元亨利贞）、宇宙论的秩序（春夏秋冬）、存有—伦理学的（onto-ethical）秩序（仁义礼智）及伦理—心理学的（ethico-psychological）秩序（爱恭宜别）。其中爱恭宜别是恻隐、辞让、羞恶、是非等四端的另一种说法。此外，复将第一组秩序（元亨利贞）与第二组秩序（春夏秋冬）视为理气关系，而第三组秩序（仁义礼智）与第四组秩序的关系则是性与情的已发未发关系，且性情关系是理气关系的特殊化[①]。朱子之《元亨利贞说》则更能简洁地把这个部分说清楚：

> 元亨利贞，性也；生长收藏，情也。以元生，以亨长，以利收，以贞藏者，心也。仁义礼智，性也；恻隐、羞恶、辞让、是非，情也。以仁爱，以义恶，以礼让，以智知者，心也。性者，心之理也；情者，心之用也；心者，性情之主也。程子曰："其体则谓之易，其理则谓之道，其用则谓之神。"正谓此也。又曰："言天之自然者，谓之天道；言天之付与万物者，谓之天命。"又曰："天地以生物为心。"亦谓此也。[②]

此中朱子以元亨利贞属性，生长收藏属情。而根据《仁说》所言，万物之所以生长收藏，是因为仁之生气贯穿于春夏秋冬四时的自然现象所致，如此则元亨利贞自与春夏秋冬在"生"的意义上有着相同的程序。是以"元者，天地生物之端倪也。元者生意，在亨则生意之长，在利则生意之遂，在贞则生意之成。"[③]且朱子又言："'元亨利贞'，其发见有次序。仁义礼智，在里面自有次序，到发见时随感而动，却无次序。"[④]

而仁义礼智则是"发时无次第，生时有次第"[⑤]，是可知两者的关系是建立在由元亨利贞与仁义理智"里面""生时"的内在秩序上。且智于存有论的秩序（元亨利贞）比配下，乃是保证理中之所以能知觉善恶，并因此做出正确判断，且能长留于心（即"贞而固"）之理。故前引《玉山讲义》第四段文字曰：

---

① 相关讨论请参见李明辉：《朱子的"仁说"及其与湖乡学派的辩论》，《四端与七情：关于道德情感的比较哲学探讨》，台北：台湾大学出版中心，2005 年，第 88～90 页。

② 朱熹：《元亨利贞说》，陈俊民校编：《朱子文集》卷六七，台北：德富文教基金会，2000 年，第 3361 页。

③ 黎靖德：《朱子语类》第 5 册，北京：中华书局，2007 年，第 1691 页。

④ 黎靖德：《朱子语类》第 5 册，北京：中华书局，2007 年，第 1691 页。

⑤ 黎靖德：《朱子语类》第 1 册，北京：中华书局，2007 年，第 82 页。

"'仁'字是个生底意思,通贯周流于四者之中。仁故仁之本体也,义则仁之断制也,礼则仁之节文也,智则仁之分别也。正如春之生气贯彻四时,春则生之生也,夏则生之长也,秋则生之收也,冬则生之藏也。"如此,"智则仁之分别"就是"冬则生之藏","智"与"藏"的关系便因此而建立。是则智之所以能藏,盖因其配同于四时之"冬"。也就是说,因为冬者有敛藏的意思,为使春日再行发散生物,生意到此依理自然翕聚。然而值得注意的是,冬之所以敛藏,并不是在气上说,而是在理上见其事:

> 问:"'元亨诚之通,利贞诚之复',元亨是春夏,利贞是秋冬。秋冬生气既散,何以谓之收敛?"曰:"其气已散,收敛者乃其理耳。"曰:"冬间地下气暖,便也是气收敛在内。"曰:"上面气自散了,下面暖底乃自是生来,却不是已散之气复为生气也。"①

故可知智所表现者,由宇宙论的秩序(春夏秋冬)来看,乃理中能敛藏之理。是以《答陈器之问〈玉山讲义〉》的末段,也就是上引文中的第六段文字即扩充此意曰:"包四端,而智居四端之末者,盖冬者藏也,所以始万物而终万物者也。智有藏之义焉,有终始之义焉,则恻隐、羞恶、恭敬三者皆有可为之事。而智则无事可为,但分别其为是非尔,是以谓之藏也。又恻隐、羞恶、恭敬皆是一面底道理,而是非则有两面。既别其所是,又别其所非,是终始万物之象。故仁为四端之首,而智则能成始,能成终,犹元气虽四德之长。然元不生于元而生于贞,盖由天地之化,不翕聚则不能发散,理固然也。仁智交际之间,乃万化之机轴。此理循环不穷,吻合无间。程子所谓动静无端,阴阳无始者,此也。"

智由宇宙论所理解的敛藏之理,本由四时化生循环可见,故言"智有藏之义焉,有终始之义焉"。然而于此"藏"尚有另一个意义,那就是"无迹",即"藏迹"之意。为什么智相较于仁、义、礼等三德,"恻隐、羞恶、恭敬三者皆有可为之事,而智则无事可为,但分别其为是非尔,是以谓之藏也"呢?原来:

> "仁礼属阳,属健;义知属阴,属顺"。问:"义则截然有定分,有收敛底意思,自是属阴顺。不知智如何解?"曰:"智更是截然,更是收敛。如知得是,知得非,知得便了,更无作用,不似仁义礼三者有作用。智只是知得了,便交付恻隐、羞恶、辞逊三者。他那个更收敛得快。"②

---

① 黎靖德:《朱子语类》第6册,北京:中华书局,2007年,第2391～2392页。

② 黎靖德:《朱子语类》第1册,北京:中华书局,2007年,第107页。

关于阴阳健顺的分际，第三节所引、智藏说文献基础之第五段文字，即《答陈器之问〈玉山讲义〉》曰："仁、义、礼、智，既知得界限分晓，又须知四者之中，仁义是个对立底关键。盖仁，仁也，而礼则仁之著；义，义也，而智则义之藏。犹春、夏、秋、冬虽为四时，然春、夏皆阳之属也，秋、冬皆阴之属也。故曰'立天之道，曰阴与阳；立地之道，曰柔与刚；立人之道，曰仁与义'、""是知天地之道不两则不能以立，故端虽有四，而立之者则两耳。仁义虽对立而成两，然仁实贯通乎四者之中。盖偏言则一事，专言则包四者。……自四而两，自两而一，而统之有宗，会之有元矣。故曰'五行一阴阳，阴阳一太极'，是天地之理固然也"。此是发挥《玉山讲义》中"礼又是仁之著，智又是义之藏"句而来。

为何仁义礼智又可归摄至仁义二德下呢？首先关于仁与礼之间的关系，《朱子语类》曰：

> 问仁义礼智体用之别，曰："自阴阳上看下来，仁礼属阳，义智属阴；仁礼是用，义智是体。春夏是阳，秋冬是阴。只将仁义说，则'春作夏长'，仁也；'秋敛冬藏'，义也。若将仁义礼智说，则春，仁也；夏，礼也；秋，义也；冬，智也。仁礼是敷施出来底，义是肃杀果断底，智便是收藏底。如人肚脏有许多事，如何见得！其智愈大，其藏愈深。正如易中道：'立天之道，曰阴与阳；立地之道，曰柔与刚；立人之道，曰仁与义。'解者多以仁为柔，以义为刚，非也。却是以仁为刚，义为柔。盖仁是个发出来了，便硬而强；义便是收敛向里底，外面见之便是柔。"[①]

原来仁礼同是"敷施出来底"，在总体发生及形之于外的意义上就是作用处，代表阳德、属刚。然而为何不是仁属柔、义属刚呢？袁机仲便曾以此请问于朱子，朱子答曰："殊不知舒畅发达，便是那刚底意思；收敛藏缩，便是那阴底意思。"[②]故不仅在发用和敛藏关系上可见阴阳刚柔，四时替换亦可见阴阳刚柔。这便是体现《易传》天、地、人三才同一的意义。且这里所谓仁、义、礼的作用，便是四时春、夏、秋中之生、长、收，也是人之四德仁、义、礼中"仁则是个温和慈爱底道理，义则是个断制裁割底道理，礼则是个恭敬撙节底道理"，更是四端中之恻隐、辞让、羞恶。因为朱子于此将智之彰显发用定义得相当明白，"如知得是，知得非，知得便了，更无作用"。当然，这里的"更无作用"乃

---

① 黎靖德：《朱子语类》第1册，北京：中华书局，2007年，第106～107页。

② 黎靖德：《朱子语类》第1册，北京：中华书局，2007年，第106页。

是相较于内外发用而言，并不是全然的身外长物。

此外，“伊川常说：‘如今人说，力行是浅近事，惟知为上，知最为要紧。’《中庸》说‘知仁勇’，把知做擗初头说，可见知是要紧”。贺孙问：“孟子四端，何为以知为后？”曰：“孟子只循环说。智本来是藏仁义礼，惟是知恁地了，方恁地，是仁礼义都藏在智里面。如元亨利贞，贞是智，贞却藏元亨利意思在里面。如春夏秋冬，冬是智，冬却藏春生、夏长、秋成意思在里面。且如冬伏藏，都似不见，到一阳初动，这生意方从中出，也未发露，十二月也未尽发露。只管养在这里，到春方发生，到夏一齐都长，秋渐成，渐藏，冬依旧都收藏了。只是‘大明终始’亦见得，无终安得有始！所以易言‘先生以至日闭关，商旅不行，后不省方。’”①

关于朱子于此理解孟子因循环而列智于四德之末，以及智藏有仁、义、礼另三德的看法，未必符合孟子原意，此待下文论及。但我们注意到，当智之理藏迹在知觉判断后，随即交由仁、义、礼等三德发用，如“问：‘有节文便是礼，知其所以然便是智。’曰：‘然’”②。故曰：

> 正淳言：“性之四端，迭为宾主，然仁智其总统也。‘恭而无礼则劳’，是以礼为主也；‘君子义以为质’，是以义为主也。盖四德未尝相离，遇事则迭见层出，要在人默而识之。”曰：“说得是。”③

“四德未尝相离”，即是上文朱子所谓“发时无次第”。所以在各种不同的场合或时机点，四德各有以之为主的发用处，此就是“性之四端，迭为宾主”。但回过头来，若无仁之生意贯穿四德，非“一阳初动”，四德便无以为用，是以最终仍是归摄而言“仁智其总统也”。所以我们可以看到，在宇宙论的比配上，智藏的重要是在于循环意义及终始意义上。不仅仁义礼智本身以仁为总摄而循环，智本身同时也是“既别其所是，又别其所非，是终始万物之象”，更是天地化生中“不翕聚则不能发散”的固然之理。且使人默而识之，又可以说是智之理应有的工夫论展现。故朱子赞以“仁智交际之间，乃万化之机轴”，可说是相当高的评价了。

---

① 黎靖德：《朱子语类》第4册，北京：中华书局，2007年，第1290页。

② 黎靖德：《朱子语类》第4册，北京：中华书局，2007年，第1289页。

③ 黎靖德：《朱子语类》第1册，北京：中华书局，2007年，第108页。

四、智藏之发挥及其于朱子义理系统中的作用

在讨论完智藏说之如何提立及其在朱子理气心性论中之位置与意义后，接下来当由智藏说为一着眼点，探讨智藏动静关系的展开及其体用异解。

（一）成德意义下的动静关系：从主静、主敬到格物致知

依照上节最后所言，四端可归摄于仁义，且又因仁义所本之阴阳而有刚柔健顺等诸属性，当然本节的重点“动静”也因此而生。在此且让我们再回到朱子对濂溪“圣人定之以仁义中正而主静”的讨论：

> “圣人定之以中正仁义”，此四物常在这里流转，然常靠着个静做主。若无夜，则做得昼不分晓；若无冬，则做得春夏不长茂。如人终日应接，却归来这里空处少歇，便精神较健。如生物而无冬，只管一向生去，元气也会竭了。中仁是动，正义是静。《通书》都是恁地说，如云“礼先而乐后”。①

根据我们上文所言天人四时四德的相配关系，主静的意思不仅可由四时得见，元亨利贞上也同样可见此意：

> 问：“‘圣人定之以中正仁义而主静’，何也？”曰：“中正仁义分属动静，而圣人则主于静。盖正所以能中，义所以能仁。‘克己复礼’，义也，义故能仁。易言‘利贞者，性情也’。元亨是发用处，必至于利贞，乃见干之实体。万物到秋冬收敛成实，方见得他本质，故曰‘性情’。此亦主静之说也。”②

我们已可理解，朱子认为仁主生属刚，义主属柔，故仁礼即是动，而义智即是静，在化生循环中，相互为用。但为何四德之流转，又“常靠着个静做主”呢？原来“至于主静，是以正与义为体，中与仁为用。圣人只是主静，自有动底道理。譬如人说话，也须是先沉默，然后可以说话。盖沉默中便有个言语底意思”③。《太极图说》曰：“太极动而生阳，动极而静，静而生阴。静极复动。一动一静，互为其根；分阴分阳，两仪立焉。”故化生之始，乃在于“动”，也就是

---

① 黎靖德：《朱子语类》第6册，北京：中华书局，2007年，第2391～2392页。

② 黎靖德：《朱子语类》第6册，北京：中华书局，2007年，第2384页。

③ 黎靖德：《朱子语类》第6册，北京：中华书局，2007年，第2384页。

“干之实体”“‘复,其见天地之心乎’!这便是静后见得动恁地好”[1]。是以所谓“主静”,并不是单纯地以“静”为归宗,而是要在“静”中观其“动”意。故曰:

问:“太极‘主静’之说,是先静后动否?”曰:“‘动静无端,阴阳无始。’虽是合下静,静而后动,若细推时,未静时须先动来,所谓‘如环无端,互为其根’。谓如在人,人之动作及其成就,却只在静。便如浑沦未判之前,亦须曾明盛一番来。只是这道理层层流转,不可穷诘,太极图中尽之。动极生静,亦非是又别有一个静来继此动。但动极则自然静,静极则自然动。推而上之,没理会处。”[2]

而此“静”该当作何解?朱子续曰:

濂溪言“主静”,“静”字只好作“敬”字看,故又言“无欲故静”。若以为虚静,则恐入释老去。[3]

“圣人定之以中正仁义而主静”,正是要人静定其心,自作主宰。程子又恐只管静去,遂与事物不相交涉,却说个“敬”,云“敬则自虚静”。须是如此做工夫。[4]

故“静”当以“无欲”为要,乃是工夫意义上之“静”,并非佛老本体意义上的“虚静”。故随顺以上对“静”字的理解,由“静”推扩至“敬”的工夫论处便可见了。所以《答张钦夫》曰:

然人有是心,而或不仁,则无以着此心之妙。人虽欲仁,而或不敬,则无以致求仁之功。盖心主乎一身,而无动静语默之间,是以君子之于敬,亦无动静语默而不用其力焉。未发之前,是敬也,固已立乎存养之实;已发之际,是敬也,又常行于省察之间。方其存也,思虑未萌而知觉不昧,是则静中之动,复之所以见天地之心也。及其察也,事物纷纠而品节不差,是则动中之静,艮之所以不获其身,不见其人也。有以主乎静中之动,是以寂而未尝不感;有以察乎动中之静,是以感而未尝不寂。寂而常感,感而常寂,此心之所以周流贯通而无一息之不仁也。然则君子之所以致中和,而天地位万物育者,在此而已。盖主乎身而无动静语默之间者,心也。仁则心之道,而敬则心之贞也。此彻上彻下之道,圣学之

① 黎靖德:《朱子语类》第6册,北京:中华书局,2007年,第2383页。
② 黎靖德:《朱子语类》第6册,北京:中华书局,2007年,第2385页。
③ 黎靖德:《朱子语类》第6册,北京:中华书局,2007年,第2385页。
④ 黎靖德:《朱子语类》第6册,北京:中华书局,2007年,第2385页。

本。统明乎此，则性情之德，中和之妙，可一言而尽矣。[①]

“敬”贯穿动静语默，静中有工夫（庄敬以涵养，即伊川“涵养须用敬”之意），动中亦有工夫（敬以致察，即伊川“未有致知而不在敬者”之意）[②]。而所谓“敬则心之贞”，贞就是收敛凝成之意。由上节可知，智所表现者，以宇宙论的秩序（春夏秋冬）来看，乃理中能敛藏之理。然而“敬”与“智藏”的关系并不只于敛藏之理上，这里笔者引孟子言曰：

> 人之所不学而能者，其良能也；所不虑而知者，其良知也。孩提之童，无不知爱其亲者。及其长也，无不知敬其兄也。亲亲，仁也；敬长，义也。无他，达之天下也。[③]

又“仁之实，事亲是也；义之实，从兄是也。智之实，知斯二者弗去是也”[④]，是可推出智之实，乃在知仁义而弗去。然而此处“知”的意思和“智”德之理很明显是有差距的。要讨论这个问题前，首先须注意，朱子一向反对直接以觉训仁。此中义理脉络，许多前辈学者早已深入讨论，故于此即不述及，笔者只想因智藏说补充朱子反对以觉训仁的理由，甚至是如《玉山讲义》言“所以将‘性’字作知觉心意看了，非圣贤所说‘性’字本指也”的思想关系。总归一句，这都是因为朱子将所谓的“知觉”归于智之理，而仁只是“心之德，爱之理”所致。其辨曰：

> 问：“以爱名仁，是仁之迹；以觉言仁，是仁之端。程子曰：‘仁道难名，惟公近之，不可便以公为仁。’毕竟仁之全体如何识认？‘克己复礼，天下归仁’，孟子所谓‘万物皆备于我’，是仁之体否？”先生曰：“觉，决不可以言仁，虽足以知仁，自属智了。爱分明是仁之迹。”[⑤]

由此可知，“仁固有知觉；唤知觉做仁，却不得”[⑥]，且“所知觉者是理，理不离知觉，知觉不离理”[⑦]，知觉与仁的关系，不过是仁中所包含的智理发用而生，并不是仁本身就是知觉。而此智理所发用于心者，便是知觉。所以这个

---

① 朱熹：《答张钦夫》书十八，陈俊民校编：《朱子文集》卷三二，台北：德富文教基金会，2000年，第1273～1274页。

② 牟宗三：《心体与性体》第3册，台北：正中书局，2005年，第189～190页。

③ 朱熹：《四书章句集注》，台北：大安出版社，2007年，第495页。

④ 朱熹：《四书章句集注》，台北：大安出版社，2007年，第402页。

⑤ 黎靖德：《朱子语类》第1册，北京：中华书局，2007年，第118页。

⑥ 黎靖德：《朱子语类》第1册，北京：中华书局，2007年，第118页。

⑦ 黎靖德：《朱子语类》第1册，北京：中华书局，2007年，第85页。

知觉的意义：

问：横渠谓："心能尽性，'人能弘道'也；性不知检其心，'非道弘人'也。如孟子尽其心者，知其性也。先生谓：尽其心者，必其能知性者也。知性是物格之事，尽心是知至之事。如何？"曰："心与性只一般，知与尽不同。所谓知，便是心了。"问："知是心之神明，似与四端所谓智不同？"曰："此'知'字义又大。然孔子多说仁、智，如'元亨利贞'，元便是仁，贞便是智。四端，仁智最大。无贞，则元无起处；无智，则如何是仁？易曰：'大明终始。'有终便有始。智之所以为大者，以其有知也。"[①]

在心统性情的意义上，此"知"所涵盖的层面当然比智德之"智"来得广泛。且在朱子，其"知"有二："直卿曰：'五常中说知有两般：就知识处看，用着知识者是知；就理上看，所以为是为非者，亦知也。一属理，一属情。'曰：'固是，道德皆有体有用。'"[②]

我们可以说，在情上发用、以知识积累应事者，可同于张载所提揭的"见闻之知"；而就理上所看，能知善恶是非的，乃同于"德性之知"。我们知道，"德性之知"本不是经由经验知识而能得；可是前文引文中有"其智愈大，其藏愈深"一句，这很明显是在善性的存养扩充上立论。不过落实到工夫实践上来说，就如同"敬则心之贞"一样，终究要回到"心"的角度来讨论。

朱子所谓心与知觉的关系，虽然心是"气之精爽"[③]，且"所觉者，心之理也；能觉者，气之灵也"[④]，然而就整体发用处来说，总体亦称为"知觉"。故言曰：

问："知觉是心之灵固如此，抑气之为邪？"曰："不专是气，是先有知觉之理。理未知觉，气聚成形，理与气合，便能知觉。譬如这烛火，是因得这脂膏，便有许多光焰。"问："心之发处是气否？"曰："也只是知觉。"[⑤]

若再与上文合观，则笔者认为朱子所谓大于智德的"知"，或是能越藏越大的"智"，都是落于情上的"知觉"来说的。其证据是朱子论知行关系时言：

论知之与行，曰："方其知之而行未及之，则知尚浅。既亲历其域，则

① 黎靖德：《朱子语类》第4册，北京：中华书局，2007年，第1423页。
② 黎靖德：《朱子语类》第1册，北京：中华书局，2007年，第122页。
③ 黎靖德：《朱子语类》第1册，北京：中华书局，2007年，第85页。
④ 黎靖德：《朱子语类》第1册，北京：中华书局，2007年，第85页。
⑤ 黎靖德：《朱子语类》第1册，北京：中华书局，2007年，第148页。

知之益明，非前日之意味。”①

林子渊问知止至能得，曰：“知与行，工夫须着并到。失之愈明，则行之愈笃；行之愈笃，则知之益明。二者皆不可偏废。如人两足相先后行，便会渐渐行得到。若一边软了，便一步也进不得。然又须先知得，方行得。所以《大学》先说致知，《中庸》说知先于仁、勇，而孔子先说‘知及之’。然学问、慎思、明辨、力行，皆不可阙一。”②

儒家本是“生命的学问”，生命的学问要在现实生活的实践中才能更见其真谛。孟子曾评曰：

孔子，圣之时者也。孔子之谓集大成。集大成也者，金声而玉振之也。金声也者，始条理也；玉振之也者，终条理也。始条理者，智之事也；终条理者，圣之事也。智，譬则巧也；圣，譬则力也。由射于百步之外也，其至，尔力也；其中，非尔力也。③

而朱子《集注》解曰：

此章言三子之行，各极其一偏，孔子之道，兼全于众理。所以偏者，由其蔽于始，是以缺于终；所以全者，由其知之至，是以行之尽。三子犹春夏秋冬之各一其时，孔子则大和元气之流行于四时也。④

朱子认为伯夷、伊尹及柳下惠之所以未能尽圣，其根本原因就在于一开始就未能正确地通体认知大道；又《语类》曰：

又问：“‘始条理者智之事，终条理者圣之事’，工夫紧要处，全在‘智’字上。三子所以各极于一偏，缘他合下少却致知工夫，看得道理有偏，故其终之成也亦各至于一偏之极。孔子合下尽得致知工夫，看得道理周遍精切，无所不尽。故其德之成，也亦兼该毕备，而无一德一行之或阙。”⑤

问“圣智”，曰：“智是知得到，圣是行得到。”⑥

所以不仅智为吾人作工夫之首要处，且智德之充养，乃在于事上发用的时时涵养察识，及格物致知：

问：“知如何致？物如何格？”曰：“‘孩提之童，莫不知爱其亲。及其

---

① 黎靖德：《朱子语类》第1册，北京：中华书局，2007年，第148页。

② 黎靖德：《朱子语类》第1册，北京：中华书局，2007年，第281页。

③ 朱熹：《四书章句集注》，台北：大安出版社，2007年，第440页。

④ 黎靖德：《朱子语类》第1册，北京：中华书局，2007年，第281页。

⑤ 黎靖德：《朱子语类》第4册，北京：中华书局，2007年，第1367页。

⑥ 黎靖德：《朱子语类》第4册，北京：中华书局，2007年，第1369页。

长也，莫不知敬其兄'，人皆有是知，而不能极尽其知者，人欲害之也。故学者必须先克人欲以致其知，则无不明矣。'致'字，如推开去。譬如暗室中见些子明处，便寻从此明处去。忽然出到外面，见得大小大明。人之致知，亦如此也。格物是'为人君止于仁，为人臣止于敬'之类，事事物物，各有个至极之处。所谓'止'者，即至极之处也。然须是极尽其理，方是可止之地。若得八分，犹有二分未尽，也不是。须是极尽，方得。"又曰："知在我，理在物。"①

而总归于自身时（其实道德实践从未离于自身），"持敬是穷理之本；穷得理明，又是养心之助"②，内外一体。所谓"'神以知来，知以藏往'，一卦之中，凡爻卦所载、圣人所已言者，皆具已见底道理，便是'藏往'。占得此卦，因此道理以推未来之事，便是'知来'"③。

德性之知之所以不萌于见闻，就是此中众理，早为吾人本身所固有。不过这样的界定，却无害于不断地在经验中确认自家德性的正向循环认知（故朱子主张先涵养后察识），回过头来审视前文，如此才是"心官至灵，藏往知来"④的理境。

（二）终始意义下的体用理境：仁智双彰之谓圣

《论语》中有这样的一段话，子曰："知者乐水，仁者乐山。知者动，仁者静。知者乐，仁者寿。"⑤这本来是随顺着个人修养气质禀性所好所向的气象描述语，而朱子引申解曰：

问："'知者动，仁者静'，动是运动周流，静是安静不迁，此以成德之体而言也。若论仁知之本体，知则渊深不测，众理于是而敛藏，所谓'诚之复'，则未尝不静；仁者包藏发育，一心之中生理流行而不息，所谓'诚之通'，则未尝不动。"曰："知者动意思常多，故以动为主；仁者静意思常多，故以静为主。今夫水渊深不测，是静也。及滔滔而流，日夜不息，故主于动。山包藏发育之意，是动也，而安重不迁，故主于静。今以碗盛水在此，是静也，毕竟他是动物。故知动仁静，是体段模样意思如此也，常

① 黎靖德：《朱子语类》第1册，北京：中华书局，2007年，第291页。
② 黎靖德：《朱子语类》第1册，北京：中华书局，2007年，第150页。
③ 黎靖德：《朱子语类》第5册，北京：中华书局，2007年，第1926页。
④ 黎靖德：《朱子语类》第1册，北京：中华书局，2007年，第85页。
⑤ 黎靖德：《四书章句集注》，台北：大安出版社，2007年，第319页。

以心体之便见。”[①]

仁德与智德动静相生，互为其根，这点我们在上一小节已经予以说明。然而当我们回到终始意义上加以进一步的探讨，仁智交接之际不仅可见“万化之机轴”，仁智的相互彰显更是吾人迈向成德修业的必然之路。孟子有言：

昔者子贡问于孔子曰：“夫子圣矣乎？”孔子曰：“圣则吾不能，我学不厌而教不倦也。”子贡曰：“学不厌，智也；教不倦，仁也。仁且智，夫子既圣矣！”[②]

而《朱子语类》曰：

“成己，仁也”，是体；“成物，知也”，是用。“学不厌，知也”，是体；“教不倦，仁也”，是用。[③]

此乃合《中庸》：“诚者，非自成己而已也，所以成物也。成己，仁也；成物，知也。性之德也，合外内之道也。故时措之宜也。”[④]一同作解。故引申言曰：

“克己复礼为仁”，岂不是成己？“知周乎万物而道济天下”，岂不是成物？仁者，体之存；知者，用之发。[⑤]

《论语》曰：“夫仁者，己欲立而立人，己欲达而达人。”[⑥]此是道德心之不容已，而由其发用处，可见智实成乎万物。不过前文已述及，智乃是敛藏之理，故尽管智是成物，一旦发用便即伏藏，犹未可见其显。所以：

“显诸仁，藏诸用”，二句只是一事。“显诸仁”是可见底，便是“继之者善也”；“藏诸用”是不可见底，便是“成之者性也”。“藏诸用”是“显诸仁”底骨子，正如说“一而二，二而一”者也。张文定公说“事未判属阳，已判属阴”，亦是此意。“显诸仁，藏诸用”，亦如“元亨利贞”，元亨是发用流行处，利贞便是流行底骨子。又曰：“显诸仁”，德之所以盛；“藏诸用”，业之所以成。譬如一树，一根生许多枝叶花实，此是“显诸仁”处。及至结实，一核成一个种子，此是“藏诸用”处。生生不已，所谓“日新”也；万物无不具此理，所谓“富有”也。[⑦]

---

① 黎靖德：《朱子语类》第3册，北京：中华书局，2007年，第822～823页。

② 朱熹：《四书章句集注》，台北：大安出版社，2007年，第44～45页。

③ 黎靖德：《朱子语类》第4册，北京：中华书局，2007年，第1581页。

④ 朱熹：《四书章句集注》，，台北：大安出版社，2007年，第123页。

⑤ 黎靖德：《朱子语类》第4册，北京：中华书局，2007年，第1581页。

⑥ 朱熹：《四书章句集注》，台北：大安出版社，2007年，第123页。

⑦ 黎靖德：《朱子语类》第5册，北京：中华书局，2007年，第1898页。

即体而用，而后又藏其用。是以智藏乃是“退藏于密”：

> “退藏于密”，密是主静处。“万化出焉”者，动中之静固是静。又有大静，万化森然者。①

“退藏于密”时，固是不用这物事。“吉凶与民同患”，也不用这物事。用神而不用蓍，用知而不用卦，全不犯手。“退藏于密”，是不用事时。到他用事，也不犯手。事未到时，先安排在这里了；事到时，恁地来，恁地应。②

由此可见天地生生大化之德与圣人参赞化育之妙。

五、结　　语

关于智藏的成立及发挥，已备言于前，此不再赘述。笔者只是想在结语处对朱子确认性善的整体理解进路做一些反省式的响应：

本来依孟子“尽心知性知天”的理路，性善的内容固然可以是仁义理智，但其彰显乃是由仁义内在的本心所自然生发而见。故德性的动源，实是道德本心上事而已。但是在朱子的人性论理解里，一切“生”之所以为生的根源只能是太极的“动”之理。此外，朱子以“性即理”作为一切德性原则的总归，故认为“知性”反而应先于“尽心”③。所以朱子念兹在兹的“生意”、“生生之理”，其实也多止于“化生”，而未能说是“创生”。

过去以天地化生来比附人事者，首推董仲舒。葛荣晋先生认为，董仲舒对先秦儒学的最大贡献，在于从外部之阴阳学说为“仁”寻找其宇宙论根据④。牟宗三先生对于汉儒天人感应观的解释，曾有着如下的看法：(1)汉人的思想一切都系统化、具体化、切实化，他们没有神秘，一切都予以解析，汉时的天人感应观就由这种根本特性而产生出。(2)有了此根本特性，还不足以言感应，必须有以下三个根本原则，感应说始能建设起来。此三原则是：(1)宇宙条

---

① 黎靖德：《朱子语类》第5册，北京：中华书局，2007年，第1926页。

② 黎靖德：《朱子语类》第5册，北京：中华书局，2007年，第1926页。

③ 如《朱子语类》言：“人往往说先尽其心而后知性，非也。心性本不可分，况其语脉是‘尽其心者，知其性，’心只是包着这道理，尽知得其性之道理，便是尽其心。若只要理会尽心，不知如何地尽。”又：“‘尽其心者，知其性也。’所以能尽其心者，由先能知其性，知性则知天矣。知性知天，则能尽其心矣。不知性，不能以尽其心。‘物格而后知至’”等。见黎靖德：《朱子语类》第4册，北京：中华书局，2007年，第1422页。

④ 葛荣晋：《“仁”范畴的历史演变》，张岱年等著，苑淑娅编：《中国观念史》，郑州：中州古籍出版社，2006年，第110页。

理;(2)天人同情;(3)天人合一。这三个原则实在说来是分不开的,举一可以赅三。[①] 的确,董仲舒藉由着阴阳五行建立了一套绵密的气化宇宙观,但我们都知道,董仲舒这套理路无论是在“天”或是在“人”,毕竟流于机械性,也同归于“化生”。如从通篇文章来看,朱子沿用了这种诠释传统来证成儒家的形上哲学,其偏于气化上的理解意味就浓重了许多。无怪乎方东美先生做出了朱子为董仲舒所惑,是以不能直接传承真正孔子精神的酷评[②]。

然而在吾人研读朱子哲学时,必须时时回头审视其理气不离不杂在化生成物上的意义,就如同《玉山讲义》第一段文字中所表述朱子的基本态度一样,朱子之所以对仁义礼智等四端的理解进行如此高度且细密的分判,除了本身强烈的理论兴趣外,更是为了在实践上确立道德与吾人自身内在而密不可分的关系。而且就是因为朱子事事物物都要求个根柢,“如其不晓自己分上元无工夫,说得虽工,何益于事”,如此才能“于自己分上有用力处”,庶几免于“支离”。所以尽管朱子形上学气化意味甚重,但他不是单纯地将天人关系牵拉比附。当然,他也未曾离理言气,这是因为无论天地大化或是人物诸德,全都贯有一最终指导归趋的理的关系。这一基本立场在吾人理解朱子学说体系是极为重要的。是以当我们以这种观点来看待所谓的智藏说时,虽然因其动静体用而在各种不同的经典与境下有其别出的用意,但“若认得熟,看得透,则玲珑穿穴,纵横颠倒,无处不通。而日用之间,行着习察,无不是着工夫处矣”。

---

① 牟宗三:《周易的自然哲学与道德涵义》,台北:文津出版社,1988 年,第 15 页。

② 方东美著,孙智燊译:《中国哲学精神及其发展》(下册),台北:黎明文化事业公司,2005 年,第 93 页。

破除学术偏见，再造传统之功

——论朱子编撰《仪礼经传通解》的目的

◎ 王志阳

关于《仪礼经传通解》的编撰目的及其缘起，已有众多的学者对其进行了考察与研究，[①]看似已成定论，但是在很多研究成果中，却存在先入为主的问题，即朱子所持礼学观点均为正确的，其本人礼学言论也是金科玉律，把朱子礼学当成中国传统礼学的主流，乃至唯一的礼学权威。但是人为拔高朱子礼学成就只会束缚朱子研究而已，无助于弄清楚学术发展的真实轨迹。因此，我们需要先分析朱子所处的学术环境，再重新考察朱子编撰《通解》的目的及其意义。

一、纠正学术观念，重树《仪礼》经典地位

《乞修三礼札子》有言：

> 熙宁以来，王安石变乱旧制，废罢《仪礼》，而独存《礼记》之科。弃经任传，遗本宗末，其失已甚。[②]

此条理由亦被四库馆臣所采纳[③]，因此一般学者把上述理由作为朱子编撰《通解》的最为重要的依据之一。但是朱子所言的内容并不完整，至少缺漏

① 殷慧《朱熹礼学思想研究》从“学术层面：对宋代礼学研究的反思与纠偏”和“现实层面：礼制论争中屡屡受挫后的学术反思”两个方面对朱子编撰《通解》的原因所分析甚为透彻。参见殷慧：《朱熹礼学思想研究》，长沙：湖南大学博士学位论文，2009 年，第 92～107 页。

② 朱熹：《晦庵先生朱文公文集》，朱杰人等编：《朱子全书》第 20 册，上海：上海古籍出版社，合肥：安徽教育出版社，2002 年，第 687 页。

③ 《四库全书总目》卷二二，北京：中华书局，1965 年，第 179 页。

了王安石《三经新义》中有《周官新义》作为科举书目的事实，更为重要的是朱子故意遗漏了王安石废罢《仪礼》是顺从重视《周礼》《礼记》的学术思潮，这可于与王安石政见水火不容的司马光之言论及废置王安石变法的元祐朝的科举制度可以获得确证。司马光说：

> 取士之道，当先德行，后文学。就文学言之，经术又当先于词采。神宗专用经义、论策取士，此乃先王令典，百王不易之法。但王安石不当以一家私学，令天下学官讲解。至于律令，皆当官所须，使为士者果能知道义，自与法律冥合，何必置明法一科。习为刻薄，非所以长育人才，敦厚风俗也。①

司马光在政治上与王安石水火不相容，是新旧两派阵营的首脑，但是司马光在掌权之后对王安石的异议只有两条：一是反对王安石把《三经新义》颁为科举教科书，二是反对设置明法一科。元祐四年（1089年），宋代朝廷对神宗时期的科举政策进行了修改，《宋史·选举志》载：

> （元祐）四年，乃立经义、诗赋两科，罢试律义。凡诗赋进士，于《易》《诗》《书》《周礼》《礼记》《春秋左传》内听习一经。初试本经义二道，《语》《孟》义各一道。次试赋及律诗各一首，次论一首，末试子、史、时务策二道。凡专经进士，须习两经，以《诗》《礼记》《周礼》《左氏春秋》为大经，《书》《易》《公羊》《穀梁》《仪礼》为中经，《左氏春秋》得兼《公羊》《穀梁》《书》，《周礼》得兼《仪礼》或《易》，《礼记》《诗》并兼《书》。愿习二大经者听，不得偏占两中经。②

在元祐四年（1089年），新旧两党政权更替已经四年，而元祐朝恢复了《仪礼》的经学地位，被列入中经的地位，虽与神宗朝“罢诗赋、帖经、墨义，士各占治《易》《诗》《书》《周礼》《礼记》一经，兼《论语》《孟子》”③不同，但是仅被置于中经地位，且通过“愿习两大经者听，不得偏占两中经”的制度安排，确立了大经与中经的地位。由此可见，《仪礼》在宋代士大夫心中的地位较《周礼》《礼记》为低则可定谳。

因此，不管王安石、司马光的政见有何分歧，他们均认为《仪礼》的重要性远低于《周礼》《礼记》。可见《仪礼》在宋代的传播不广的情况，才会有王安石

---

① 脱脱等撰：《宋史》，北京：中华书局，1977年，第3620页。

② 脱脱等撰：《宋史》，北京：中华书局，1977年，第3620～3621页。

③ 脱脱等撰：《宋史》，北京：中华书局，1977年，第3618页。

废罢《仪礼》之举。但是朱子批评王安石废罢《仪礼》的行为绝非简单的个人意气用事，而是有其内在的深刻目的性。我们反观南宋初年，占据科举考试教科书指导思想地位的不是北宋的二程洛学、苏轼蜀学，而正是王安石的新学。[①] 其他学术流派则处于陪衬地位，由此朱子特地把王安石的科举主张作为重点批判的对象。但是正如前文所言，司马光恢复了《仪礼》，但是仅被置于中经的地位而已，与《礼记》《周礼》作为大经的地位不可同日而语。元祐年间的科举制度是司马光改革王安石科举考试而成，但是这个科目设置并不是客观反映当时学术潮流，而是带有司马光本人的学术偏好，因为司马光礼学的代表作品《书仪》，属于《仪礼》类的作品，且司马光本人也是《仪礼》学专家。《答陆子寿》曰：

> 窃以为众言淆乱，则折诸圣，孔子之言万世不可易矣，尚复何说？况期而神之之意，揆之人情，亦为允惬。但其节文次第，今不可考，而周礼则有《仪礼》之书，自始死以致祥禫，其节文度数详焉。故温公《书仪》虽记孔子之言，而卒从《仪礼》之制。盖其意谨于阙疑，以为既不得其节文之详，则虽孔子之言，亦有所不敢从者耳。[②]

此书作于丁酉年(1177年)[③]。由《仪礼》专家的朱子详细论定司马光《书仪》采用《仪礼》内容，当无可置疑之处了。正是在司马光精通《仪礼》内容的背景下，司马光在主政期间亦只能把《仪礼》恢复为中经而已。由此可见，《仪礼》被学术界重视的程度远低于《周礼》《礼记》二经。由此亦可反证废除《仪礼》一经的科举考试科目地位，虽是经由王安石之手完成，但事实上却代表了当时学术界的主流观点。

再者，如果《周礼》在宋代尚有王安石利用《周官新义》一书广泛传播新党

---

① 余英时《朱熹的历史世界：宋代士人政治文化研究》认为："南渡以后，通高宗一朝，王学事实上仍执政治文化的牛耳""在秦桧的长期执政下，科举取士一方面仍主王氏'新学'，另一方面则一再禁所谓程氏'专门之学'(详见《道命录》卷四)。所以孝宗初年朝臣必多出身王学之人，这种思想空气不是短期内所能改变的。大概从乾道初年起，由于张栻、吕祖谦、朱熹等人的努力，程学才逐渐进占了科举的阵地。淳熙以后，'道学'转盛，实与科举有极大的关系。"余英时论述甚为严谨，论据充分，当可成立。参见余英时：《朱熹的历史世界：宋代士人政治文化研究》，北京：三联书店，2004年，第42～43页。

② 朱熹：《晦庵先生朱文公文集》，朱杰人等编：《朱子全书》第21册，上海：上海古籍出版社，合肥：安徽教育出版社，2002年，第1557页。

③ 陈来《朱子书信编年考证》据《晦庵集》《象山年谱》二书确定了此书作于丁酉年，大体可信。参见陈来：《朱子书信编年考证(增订本)》，北京：三联书店，2007年，第154页。

的变革思想，成为熙宁变法的政治性文献，并借助宋代政治斗争而产生巨大影响，那么《礼记》一书则未获得王安石全力推崇，依旧可以在新旧党争中牢牢占据大经的地位。由此可见当时学术界的对《周礼》《礼记》二经的重视程度远超过《仪礼》，当可定谳。

正因当时学术界注重《周礼》《礼记》二经，而忽视了《仪礼》的经学地位，朱子以批判其时代最大权威的王安石经学思想入手，扭转时代思潮，意在树立《仪礼》的经学地位，而《通解》正是为其落实《仪礼》为经的手段之一。

二、纠正疑经思潮，树立古文献经典地位

与注释《大学》《中庸》《论语》《孟子》等宋代学术热点书籍不同，朱子在论证《仪礼》的经学地位之时，主要依据汉唐经学成果，而改变了《四书章句集注》以北宋五子的观点为主体的注释体系，由此形成了朱子经学上接汉唐经学的发展成果。在《通解·篇第目录·序题》，朱子首先引用《汉书·艺文志》所载礼古经、礼记的内容，通过梳理三礼之间的文献内容，论证三礼的经传关系。这已具备清代史学家章学诚“辨章学术，考镜源流”的雏形，[①]形成与宋代学术发展过程中以疑经为特色完全不同的思维方式。当欧阳修怀疑《周易》之时，开启了宋代疑经思潮的大门，而又凭借其所具有的经学大师、学坛与政治领袖的地位，树立了宋代学术思潮的主流趋势。但是朱子到晚年却意识到了疑经之后的结果是破坏了经学的立足根基。他说：

> 《书》中可疑诸篇，若一齐不信，恐倒了六经。如《金縢》亦有非人情者，“雨，反风，禾尽起”，也是差异。成王如何又恰限去启《金縢》之书？然当周公纳策于匮中，岂但二公知之？《盘庚》更没道理。从古相传来，如经传所引用，皆此书之文，但不知是何故说得都无头。且如今告谕民间一二事，做得几句如此，他晓得晓不得？只说道要迁，更不说道自家如何要迁，如何不可以不迁，万民因甚不要迁？要得人迁也，须说出利害，今更不说。《吕刑》一篇，如何穆王说得散漫，直从苗民蚩尤为始作乱说起？若说道都是古人元文，如何出于孔氏者多分明易晓，出于伏生者都

① 章学诚撰：《校雠通义》卷二，民国刻章氏遗书本。

难理会？[①]

此为叶贺孙辛亥(1191 年)以后所闻录，记录的是朱子 62 岁以后的思想。其中诸多疑问属于朱子在《尚书》学上的创造性观点，虽然其怀疑《金縢》《盘庚》《吕刑》及传说出于孔壁的古文尚书，事后亦被证明为正确的观点。如古文《尚书》便被阎若璩《古文尚书疏证》所确认为伪书，但是此引文更值得我们注意的是其对怀疑古经的后果是“倒了六经”的深重忧虑，而这便成为朱子接受汉唐经学过程中挥之不去的阴影，亦可作为朱子对汉唐经学在批判的基础上开始了主动吸收的进程，而这亦可看作朱子在《通解》中大量吸收古代经典文献的最为重要的原因。详见后文。

因此，由中年编撰《二程遗书》形成理学体系，朱子开始了由理学而上接汉唐经学的建设过程。此可获证于朱子对宋代另一学术热点——《周易》发展潮流的批判性吸收过程可以获知。朱子对程颐《易传》有言：

> 传注，惟古注不作文，却好看。只随经句分说，不离经意最好。疏亦然。今人解书，且图要作文，又加辨说，百般生疑。故其文虽可读，而经意殊远。程子《易传》亦成作文，说了又说。故今人观者更不看本经，只读《传》，亦非所以使人思也。[②]

此为余大雅戊戌(1190 年)所闻录。朱子评价汉唐注疏是“不离经意”，而程颐《易传》则非注解《周易》的作品，仅是程颐借《周易》来浇自己块垒。因此，朱子逐步改变程颐等理学前辈学者的治学方法，他说：

> 程先生《经解》，理在解语内。某集注《论语》，只是发明其辞，使人玩味经文，理皆在经文内。《易传》不看本文，亦是自成一书。杜预《左传解》，不看经文，亦自成一书。郑《笺》不识经大旨，故多随句解。[③]

此文未知何氏所闻录。据王懋竑《朱子年谱》，《论语集注》完成于孝宗淳熙四年(1177 年)，时年四十八，正是朱子理学思想进入成熟期。[④] 此后《论语集注》屡经修订，最后在漳州知府任上集中刊刻四书，形成了其注解《论语》

---

① 黎靖德：《朱子语类》，朱杰人等编：《朱子全书》第 17 册，上海：上海古籍出版社，合肥：安徽教育出版社，2002 年，第 2718 页。

② 黎靖德：《朱子语类》，朱杰人等编：《朱子全书》第 14 册，上海：上海古籍出版社，合肥：安徽教育出版社，2002 年，第 353 页。

③ 黎靖德：《朱子语类》，朱杰人等编：《朱子全书》第 14 册，上海：上海古籍出版社，合肥：安徽教育出版社，2002 年，第 656 页。

④ 王懋竑：《朱熹年谱》，北京：中华书局，1998 年，第 72 页。

《孟子》经学特色。他说：

> 某于《论》《孟》，四十余年理会，中间逐字称等，不教偏些子。学者将注处，宜子细看。[①]

此段文字亦为王懋竑《朱子年谱》所引用。朱子使用汉唐注疏的模式注解四书学，把其注疏之理全都立足于经文文献，而剔除了包括程颐等在内的宋代学者作文之意图，充分体现了朱子追求文献本义的内在思想。居于相同原因，朱子把其注解《周易》的作品命名为《周易本义》。后代虽有明儒，尤其是清儒胡渭论定，把易九图置于《周易本义》卷首之误，但是这丝毫无损于朱子注解《周易》文本的过程中着重于从文字入手，通过易象来解读《周易》内在本义的初衷。

由此可见，朱子开始跨过宋代经学的疑经学统，归正于传统的经学发展潮流。朱子在说明其编撰目的之时，高举以《仪礼》为经，梳理三礼的经传关系，暗含了朱子以复古为创新的手段，纠正宋代经学发展轨迹，引导宋代经学重新回归汉唐经学传统。

三、开创新传统：融汇汉唐经学与宋代经学成就

前文所述朱子从对待文献的态度及治学方法进行了大胆创新，但是正如钱穆所言："一面极具传统性，另一面又极具开创性，而朱子尤为其代表。"[②]故在破坏宋儒治经传统之时，《通解》朱子编撰部分继承了郑玄注、贾公彦疏的文献内容。[③] 但是又始终无法逃脱宋代的文化烙印，《通解》中采纳了《大学》《中庸》二书正是其证。我们对《通解》的朱子按语有详细统计，但是并未纳入《通解》中的《大学》《中庸》二篇的按语，其主要原因是这两篇文献直接采自《四书章句集注》，而与《礼记正义》有显著差异，亦与"《通解》并未'全录'郑

---

① 黎靖德：《朱子语类》，朱杰人等编：《朱子全书》第14册，上海：上海古籍出版社，合肥：安徽教育出版社，2002年，第655页。

② 钱穆：《朱子学提纲》，北京：三联书店，2005年，第49～50页。

③ 孙致文《朱熹〈仪礼经传通解〉研究》对《通解》引录郑注贾疏的研究甚为全面，主要有"《通解》并未'全录郑《注》'""节录贾《疏》"。但是第二部分的标题明显有误，我们细查其研究范围，有引用到孔颖达《礼记正义》的内容。总体而言，孙致文对《通解》引用注疏的内容研究甚为详细，亦符合《通解》的实际情况。参见孙致文：《朱熹〈仪礼经传通解〉研究》，桃园："中央大学"中国文学研究所，2004年，第55～60页。

《注》”“节录《贾疏》”的体例完全不同。[1]

但是在学术史上，《大学》《中庸》在北宋已成为宋代经学的重点研究篇目。到南宋，经朱子的传承与阐述，《大学》《中庸》《论语》《孟子》合为四书已然成为新的儒家经典。《朱子语类》载：

> 读书，且从易晓易解处去读。如《大学》《中庸》《语》《孟》四书，道理粲然。人只是不去看。若理会得此四书，何书不可读，何理不可究，何事不可处。[2]

此为袭盖卿甲寅以后所闻录(1194 年)。细观此条语录，朱子强调四书已经统摄了各书的道理，亦具备了做事的所有道理。因此朱子已然把四书中所含的道理作为事物衡量标准。他说：

> 今人只为不曾读书，只是读得粗书。凡读书，先读《语》《孟》，然后观史，则如明鉴在此，而妍丑不可逃。若未读彻《语》《孟》《中庸》《大学》便去看史，胸中无一个权衡，多为所惑。又有一般人都不曾读书，便言我已悟得道理。如此便是恻隐之心，如此便是羞恶之心，如此便是是非之心，浑是一个私意，如近时祧庙可见。[3]

正因为四书成为新的儒家经典，所以朱子把《大学章句》《中庸章句》纳入《通解》中。但是朱子并未以四书代替六经，他说：“四子，六经之阶梯。”[4]朱子在此确立了四书与六经之间的关系，但是此处的判断标准并非是他们之间所包含的天理数量的差异，而是从文献简易程度来安排研习的顺序。这可由朱子对六经、《语》《孟》与史书杂学之间的关系获得证据。《朱子语类》载：

> 浩曰：“赵书记云：‘自有见后，只是看六经、《语》、《孟》，其他史书杂学皆不必看。’其说谓买金须问卖金人，杂卖店中那得金银。不必问也。”曰：“如此即不见古今成败，便是荆公之学。书那有不可读者？只怕无许多心力读得。六经是三代以上之书，曾经圣人手，全是天理。三代以下

---

① 孙致文：《朱熹〈仪礼经传通解〉研究》，桃园：“中央大学”中国文学研究所，2004 年，第 55～58 页。

② 黎靖德：《朱子语类》，朱杰人等编：《朱子全书》第 14 册，上海：上海古籍出版社，合肥：安徽教育出版社，2002 年，第 419 页。

③ 黎靖德：《朱子语类》，朱杰人等编：《朱子全书》第 14 册，上海：上海古籍出版社，合肥：安徽教育出版社，2002 年，第 353～354 页。

④ 黎靖德：《朱子语类》，朱杰人等编：《朱子全书》第 17 册，上海：上海古籍出版社，合肥：安徽教育出版社，2002 年，第 3450 页。

文字有得失，然而天理却在这边自若也。要有主，觑得破皆是学。”[①]

此为邵浩丙午所闻记(1186 年)。我们在此文献中看到朱子高度推崇六经，认为其全是天理，而三代以下书虽有得失，但是并不影响天理的存在情况，关键是阅读者要有足够的修养，识得其内在天理，而剔除非天理部分。而此中的涵养过程，正是从四书到六经，逐步提高探究天理能力的过程。

正因四书有如此重要的经学功能，朱子在《通解》中全部引入了《大学章句》《中庸章句》，且置于《通解》的学礼之中。这亦符合朱子历来对四书与六经之间的关系所做的论断，而朱子采取此种安排的内在意图尤显关键。《篇第目录・序题》曰：

> 《小戴》第四十二篇，专言古者大学教人之次第，河南程氏以为孔氏之遗书者也。秦汉以来，儒者既失其传，故其旧文舛错为甚，而训说亦多不能得其微意。今推本程氏，既绪正之，仍别为之章句。读者宜尽心焉，则圣贤之学可渐而进矣。[②]

> 《小戴》第三十一篇，程氏以为孔门传授心法。而其书成于子思，其言大抵与《大学》相发明。故熹闻之先君子，尝以为《大学》者此篇之户庭，而此篇则《大学》之阃奥也。然道既失传，说者类皆不能得其微旨。今亦本程氏别为章句，读者熟复而深味之，则圣贤传付之密旨，庶乎其有以自得之矣。[③]

前者为朱子对《大学》的提要，后者为《中庸》的提要。这两种提要的共同点是阐述程朱道统内容，即道已失传，故采纳二程观点，别为作传。更为重要的是二书被置于“学礼”中，这完全符合二程对《大学》《中庸》“古者大学教人之次第”与“孔门传授心法”的定位。而实质上，朱子把此两篇单独置于《通解》中，且采用《四书章句集注》的文本，其理由虽有如其《序题》所言，但其客观效果却是突显了程朱学派的权威性。而这一权威性开始由理学领域渗透到传统经学领域，并由此确立了朱子学派以理学思想来指导六经解读的最后理论形态。当然，此形态的确立过程在朱子编撰《周易本义》《诗集传》中实已

① 黎靖德：《朱子语类》，朱杰人等编：《朱子全书》第 14 册，上海：上海古籍出版社，合肥：安徽教育出版社，2002 年，第 347 页。

② 朱熹：《篇第目录》，《仪礼经传通解》，朱杰人等编：《朱子全书》第 2 册，上海：上海古籍出版社，合肥：安徽教育出版社，2002 年，第 38 页。

③ 朱熹：《篇第目录》，《仪礼经传通解》，朱杰人等编：《朱子全书》第 2 册，上海：上海古籍出版社，合肥：安徽教育出版社，2002 年，第 38～39 页。

开始，只是在《周易本义》《诗集传》中尚显隐晦而已。朱子采纳具有宋代理学典型特征的《大学章句》《中庸章句》两文，而非汉唐注疏传统中的小戴《礼记》作品，正是朱子在创立新经学传统过程中所烙下的深刻宋代印记，也是朱子“绾经学理学为一途”[①]的学术特征。

综上所述，《仪礼经传通解》是在朱子学术思想高度成熟之时发起，有明确的学术目的，代表朱子晚年学术思想的新成果。

---

① 钱穆：《朱子学提纲》，北京：三联书店，2005 年，第 24 页。

朱子编《上蔡语录》考

◎ 陈石军

朱子在绍兴二十九年(1159年)三十岁时编订《上蔡语录》三卷，是其生平第一部著述，由此开始对二程以来道学著作的整理。后来在乾道四年(1168年)又对初版进行再次重订。已有学者注意到谢良佐(字显道，号上蔡、逍遥先生，1050—1121)思想对朱子早年影响甚大[①]，但对朱子编订《上蔡语录》这项学术活动本身的研究还没有得到重视。兹篇所述，对朱子编《上蔡语录》所使用三种底本进行分析，以揭示从二程重要弟子谢良佐到胡安国、曾恬、朱震、符君等人的道学传承脉络，进一步通过探讨朱子获得三种版本的过程，两次编订与早年思想之间的联系，揭露出在问学李侗之外，朱子早年进入道学传统的另一个侧面，以补充对朱子早年学术活动的研究。

一、朱子编《上蔡语录》三种底本

今通行朱子编《上蔡语录》共三卷，据朱子《谢上蔡语录后序》所云：

> 熹初得友人括苍吴任写本一篇，题曰《上蔡先生语录》。后得吴中板本一篇，题曰《逍遥先生语录》，陈留江续之作序，云"得之先生兄孙少卿仮及天隐之子希元者"。二家之书，皆温陵曾恬天隐所记。最后得胡文定公家写本二篇于公从子籍溪先生，题曰《谢子雅言》。凡书四篇，以相

① 参见[日]佐藤仁:《朱子と謝上蔡》,広島哲学会:《哲学》(31)《友枝竜太郎教授御退官記念特集》,1979年,第2～14页;钟彩钧:《谢上蔡、李延平与朱子早年思想》,《清华学报》2007年,第35～73页。

> 参校。胡氏上篇五十五章……下篇四十七章，与板本、吴氏本略同……独板本所增多犹百余章。然或失本指，杂他书……亦颇刊去，而得先生遗语三十余章，别为一篇。[①]

可知朱子所据以编《上蔡语录》的底本有三种来源，分别为括苍吴任抄写本（即“吴本”）《上蔡先生语录》一篇，胡氏家传写本（即“胡氏本”）《谢子雅言》二篇，吴中版本（即“曾本”，主要由曾恬记录，在吴中锓版刊刻）《逍遥先生语录》一篇。在这四篇中，以胡氏本上、下二篇为底本，即今《上蔡语录》卷上、卷中。其中卷上为胡氏本独有。卷中即《谢子雅言》下篇，内容与其他二本略同。但胡氏整理者以雅言文体损益曾恬记述形成，篇幅较为精约，所以在卷中各条下以曾本、吴本参校。括苍吴任写本，源出曾本抄录而成，今偶见于卷中校注语，但已不得其原貌，无法确知篇幅多寡。最后，以吴中版刻的曾本相较其他二本，又多出百余章，经朱子删订其中误入者，余下三十多章，即今传本卷下。

朱子所编《上蔡语录》，主要记录者是胡安国、曾恬二人，而括苍吴任写本其实是抄录曾恬所记。但由于朱子编《上蔡语录》时采用的三种底本彼此之间差异较大，加上朱子在编校时所刊去章节又多，形成了今传本《上蔡语录》复杂的文本结构。既然三底本《上蔡语录》都出自胡安国、曾恬所记，下面以胡安国、曾恬问学谢良佐的活动为中心，来分析三种底本《上蔡语录》记录、抄写、刊刻时间与形成过程。

（一）胡氏家传《谢子雅言》

首先，考证胡氏本《谢子雅言》，即今本《上蔡语录》卷上的记录时间。

胡安国稍早于曾恬问学上蔡，胡本的记录约在崇宁四年（1105 年）至大观初年（1107 年）间。据《朱子语类》载：

> （胡安国）后为荆门教授，龟山与之为代，因此识龟山。因龟山方识游谢，不及识伊川。自荆门入为国子博士，出来便为湖北提举。是时上蔡宰本路一邑，文定却从龟山求书见上蔡。既到湖北，遂遣人送书与上蔡。上蔡既受书，文定乃往见之。……既入县，遂先修后进礼见之。毕

---

① 朱熹：《谢上蔡语录后序》，《晦庵先生朱文公文集》卷七五，朱杰人等编：《朱子全书》第 24 册，上海：上海古籍出版社，合肥：安徽教育出版社，2002 年，第 3609 页。

竟文定之学，后来得于上蔡者为多。他所以尊上蔡而不甚满于游杨二公。[①]

又据朱子作《德安府应城县上蔡谢先生祠记》云上蔡“尝宰是邑（应城县），南阳胡文定公以典学使者行部，过之”。[②] 可知谢良佐为湖北德安府应城令时，胡安国因杨时书拜见于上蔡门下。据胡安国子胡寅所作《先公行状》，崇宁四年（1105 年），拟差胡安国河北路学事提举。安国以奉亲便启奏，遂改差湖北路。[③] 杨玉成、李根德两位先生据此胡安国于该年从学谢良佐，钟彩钧先生推断《上蔡语录》上卷约记录于此时。[④] 但行状此下又云“到官，改使湖南”[⑤]，胡安国此年未在湖北路久任，遂改提举湖南学事。因此，此次与上蔡会见，安国应还未及详细问学，以《语录》上卷记录之夥，似不可能仅在此时间记录。

又据胡寅撰《先公行状》，胡安国在“（崇宁）五年三月，例罢学事司，除通判成德军。八月，所罢司官仍旧”，可知崇宁五年（1106 年），胡安国仍在湖南做官。但据《宋史》本传，安国再任湖南学事司后，不久后即因举荐与元祐党人有关人士得罪蔡京，“命湖南提刑置狱推治。又移湖北再鞫，卒无验，安国竟除名”。[⑥] 约于大观初年除名落职[⑦]，此后居于荆门侍亲多年。根据胡宪回忆，是时朱震也在荆门[⑧]，朱震早在建中靖国谢良佐兼西京竹木务时已及上蔡之门。那么此时既然同在湖北，必与胡安国一起问学上蔡门下。此外，《伊洛渊源录》载：“谢公尝语朱震曰：‘胡康侯正如大冬严雪，百草萎死，而松柏挺然

---

① 黎靖德：《朱子语类》卷一〇一，北京：中华书局，1986 年，第 2586～2587 页。

② 朱熹：《德安府应城县上蔡谢先生祠记》，《晦庵先生朱文公文集》卷八十，朱杰人等编：《朱子全书》第 24 册，上海：上海古籍出版社，合肥：安徽教育出版社，2002 年，第 3794 页。

③ 参见胡寅：《先公行状》，《崇正辨 · 斐然集》（下），北京：中华书局，1998 年，第 520 页。

④ 李根德：《谢良佐哲学思想研究》，北京大学 2006 年博士学位论文，第 181 页；杨玉成：《二程弟子研究》，台北政治大学 1987 年硕士学位论文。转引自钟彩钧：《谢上蔡、李延平与朱子早年思想》，《清华学报》2007 年，第 38 页。

⑤ 胡寅：《先公行状》，《崇正辨 · 斐然集》（下），北京：中华书局，1998 年，第 520 页。

⑥ 脱脱等撰：《宋史》卷四三五，《儒林五》，北京：中华书局，1977 年，第 12909 页。

⑦ 据胡宪《上蔡语录跋》“大观初年，在长沙侍文定公左右”，可知初年安国仍在长沙当官。因此，胡安国此次在湖北落职罢官必在大观初年稍后，安国落职以后居荆门侍亲。见朱杰人编：《朱子全书外编》第 3 册，上海：华东师范大学出版社，2010 年，第 41 页。

⑧ 胡宪：“其后在荆门学舍从朱二丈子发（朱震）游甚款，子发所得话言及书疏必以相示。”见朱杰人编：《朱子全书外编》第 3 册，上海：华东师范大学出版社，2010 年，第 41 页。

独秀也。使其困厄如此,乃天将降大任焉耳。'"[①]康侯即胡安国字,谢良佐所言"困厄如此",应该就是指胡安国大观初年陷狱事。由此也可旁证,谢良佐大观初年仍在湖北,在朱震向其问学时,讨论胡安国落狱事,并对安国之人格表露欣赏。胡安国后来曾与朱震讲:"某之出处,自崇宁以来皆内断于心,虽定夫(游酢)、显道(谢良佐)诸丈人行,亦不以此谋之。"[②]盖亦出于此。因此,胡安国、朱震约于崇宁四年、大观初年时期(约 1105—1107 年稍后)在谢良佐门下同时问学。胡安国在此时记录谢良佐的语录形成了编撰《谢子雅言》的基础之一,并且卷上皆以"胡子"称呼胡安国,可知其本人尚不是最后的整理者,不过已经很难确定是谁最后整理了胡氏家传本《上蔡语录》。无论如何,胡安国记录的《谢子雅言》上篇大约记录于崇宁四年(1105 年)时访上蔡以后,至大观初年后(约 1105 年起,至 1107 年稍后)罢官侍亲期间。

(二)曾恬记《逍遥先生语录》

其次,吴中版本《逍遥先生语录》曾恬记录部分,这部分今传本卷中每条都附录曾本。

据韩元吉为曾恬之子曾崇(字希元,1115—1180)所撰墓志铭:

> 虞部之子讳恬者,君父也,字天隐。方崇宁、大观间,天下学者趋时好,溺王氏新书,以弋声利。奸臣擅朝政,至禁锢诸儒之说,俾不得传。而天隐独欲探性命之理,从上蔡谢先生、龟山杨先生游,以讲明圣人之道,善类至今称之。[③]

可知曾恬约在崇宁、大观年间问学于谢良佐和杨时门下,那么极可能是在湖北从学谢、杨。上考已知,谢良佐在崇宁年末、大观初年任湖北应城令。又据《龟山先生年谱》,杨时在崇宁元年(1102 年)九月赴荆州教授任,十二月二十三日到荆南府,二十六日与上任教授胡安国交割。杨时在荆州做官至崇宁五年(1106 年),中间尝至京师一次,十月二十日离荆州赴余杭县任,大观元年(1107 年)三月才到余杭。[④] 据行状所云,曾恬问学谢、杨时间在崇宁、大观之间,可知卷中曾本的部分也记录在湖北。另外,由于胡氏本《谢子雅言》的

---

① 朱熹:《伊洛渊源录》,朱杰人等编:《朱子全书》第 12 册,上海:上海古籍出版社,合肥:安徽教育出版社,2002 年,第 1102 页。

② 胡寅:《先公行状》,《崇正辨·斐然集》(下),北京:中华书局,1998 年,第 558 页。

③ 韩元吉:《高邮军曾使君墓志铭》,《南涧甲乙稿》卷二十一,清武英殿聚珍版丛书本。

④ 张夏:《龟山先生年谱》卷上,清康熙刻本。

上篇为胡氏本独有，而下篇却包含了曾恬所记的语录。可知曾恬未曾见过胡安国记录部分，因此，其问学时间应比胡安国稍后[①]，约在杨时离开荆门后，即大观初年三月后，曾恬改而问学谢良佐门下。

又今《上蔡语录》卷中（胡本、曾本共有）所录的对话，有“朱问”“石问”“朱曰”“黎云”“二人初见请教”等，可知同时在谢良佐处问学的除曾恬本人外，还有数人。由于朱震此时也在谢良佐处，其中“朱问”“朱曰”，很可能即指朱震。“黎云”可能是指胡安国的弟子黎明（字才翁），黎才翁是长沙人，盖与胡安国在崇宁四五年间典学湖南时结识。[②]

另外，今本《上蔡语录》卷中所录的文本，并非全都是曾恬记录的。卷中的通行体例是每条先录胡安国精简过的语录，再以完整的曾恬语录附下。凡胡安国与曾恬完全一致的地方，皆省略曾本不录。但实际上，卷中最后所列第 41 条“诚是无亏欠”条，至 48 条“四十万人死于长平”条，这部分应是胡氏本所独有的。理由有二：第一，这八条单独列于最后，后面皆不以吴本、曾本校注，说明这八条可能是属于同一母本；第二，这八条语录中，凡有谢良佐出现，皆以“谢子”敬称。今按，胡氏本原名《谢子雅言》，卷上凡胡安国本人记录谢良佐语，多数以“谢子”敬称谢良佐，而可见的吴中版本曾恬记录中绝无此称呼。曾本题名《逍遥先生语录》，涉及谢良佐答语，或不记录称谓，或以“先生”称之，即逍遥先生之谓。据此可以判定，《上蔡语录》中凡出现以“谢子”称呼的数条，必出自胡安国记录，属于胡氏本独有。

以上我们可以推定，今本《上蔡语录》卷中的曾本（括苍吴任写本，吴中版本部分），也是由曾恬于大观初年间（1107 年后）在湖北记录的。但今传本卷中所录，并非全部出自曾恬记录，最后第 41 条至第 48 条是胡氏本独有的。

（三）《逍遥先生语录》杂他书百余章

今传本卷下的部分，源出吴中版本《逍遥先生语录》，相较胡氏本《谢子雅言》多出来百余章。据朱子绍兴二十九年（1159 年）初编时对卷下的描述：

> 独板本所增多犹百余章，然或失本指，杂他书，其尤者五十余章。至诋程氏以助佛学。……故窃不自知其固陋，辄放而绝之，虽或被之以僭

---

① 钟彩钧先生也持有同样的观点，不过未说明理由。参见钟彩钧：《谢上蔡、李延平与朱子早年思想》，《清华学报》，2007 年，第 38 页。

② 参见黄宗羲、全祖望：《宋元学案》第 2 册，北京：中华书局，1982 年，第 1190 页。

妄之罪，而不敢辞也。其余所谓失本指、杂他书甚者，亦颇刊去，而得先生遗语三十余章，别为一篇。[①]

朱子将吴中版本多出来的百余章分为三部分：(一)刊去诋毁程氏以助佛学的五十余章；(二)刊去或失本指、杂他书甚者，约二十余章；(三)余下的三十余章，即今传本卷下部分。

在乾道四年(1168年)所作《谢上蔡语录后记》，对其中诋毁程氏以助佛学的五十余章做出说明：

因念往时削去版本五十余章，特以理推知其决非先生语，初未尝有所左验，亦不知其果出于何人也。后籍溪胡先生入都，于其学者吕祖谦得江民表《辨道录》一篇。读之，则尽向所削去五十余章者，首尾次序，无一字之差。然后知其为江公所著，而非谢氏之语益以明白。[②]

可知多出来五十余章即抄录者误将江民表的《辨道录》抄入。其中籍溪先生入都，指绍兴三十年(1160年)六月胡宪入京赴馆供职。吕祖谦在此年六月至八月间向胡宪问学。[③] 胡宪从吕祖谦处得江民表《辨道录》，确证下卷所删去五十余章乃江氏所著。据此，胡宪应该将朱子所编订本并其删去者携带入京，很有可能于此时交予吕祖谦一份。此后，吕祖谦教学者时，多令人看《上蔡语录》，以启发学者向学之心。[④]

对于所窜入的江民表《辨道录》一事，朱子在《语类》中还有说明：

《上蔡语录》论佛处，乃江民表语。民表为谏官，甚有可观，只是学佛。当初是人写江语与谢语共一册，遂误传作谢语。唯室先生陈齐之有辨，辨此甚明。[⑤]

又据《宋元学案》卷二九所记：

《上蔡语录》多佛语，先生读之，知其为江表民语，凡若干条。当时有

---

① 朱熹：《谢上蔡语录后序》，《晦庵先生朱文公文集》卷七五，朱杰人等编：《朱子全书》第24册，上海：上海古籍出版社，合肥：安徽教育出版社，2002年，第3609页。

② 朱熹：《晦庵先生朱文公文集》卷七七，朱杰人等编：《朱子全书》第24册，上海：上海古籍出版社，合肥：安徽教育出版社，2002年，第3707页。

③ 刘承相：《朱子早年思想的历程》，上海：华东师范大学出版社，2010年，第63页。

④ 《朱子语类》载：大雅云："此书(南轩论语解)却好把与一般颓阘者看，以作其喜学之意。"曰："此亦吕伯恭教人看《上蔡语录》之意。"见黎靖德：《朱子语类》卷一〇三，北京：中华书局，1986年，第2607页。

⑤ 黎靖德：《朱子语类》卷一〇一，北京：中华书局，1986年，第2564页。

钞上蔡、民表语合为一帙者，遂并以为上蔡之书而人莫知也。[①]

今存陈长方（字齐之，1108—1148）所著《唯室集》《步里客谈》都是《永乐大典》辑佚本，其“辨论”一文已佚，无法得知其辨中细节。但由于陈长方卒于绍兴十八年（1148 年），我们可以知道吴中版本混入江民表的错误，在其抄写过程中就已经存在，而且此误必在绍兴十八年之前。

据《建炎以来系年要录》所载，曾恬在绍兴十八年（1148 年）“通判台州将终更”，期间曾“行县至黄岩”。既而为秦桧所诎免职，绍兴二十五年（1155 年）以主管台州崇道观终。[②] 又根据《泉州府志》所记载，曾恬“绍兴中仕至大宗正丞，秦桧当国，恬自守不为诎。求外祠，得主管台州崇道观，寓常熟僧刹，有《上蔡语录》二卷。”[③]因此可以知道，曾恬自落职后，晚年居常熟僧刹。由此也可看出，曾恬的学问已经落入禅学，与佛教有密切往来，在他的记录被人传抄的过程中，混入江民表的佛语，也不足为怪了。

另外，据朱子引述，陈留江续之所作的《逍遥先生语录序》“云得之先生兄孙少卿伋及天隐之子希元者”[④]，吴中版本的来源除曾恬之子曾崇外，还有属于谢伋（字景思，1099—1165）的一部分。谢伋父亲谢克家，为谢良佐从子。谢克家为南宋初相，与秦桧恶，自从秦桧再相以后就落官，谢伋侍父居黄岩，至绍兴二十五年（1155 年）始外迁任职。[⑤] 曾恬应该是在这次行县黄岩的期间，拜会了谢伋，并从谢伋处获得了部分谢良佐的语录，或许我们可以大胆猜测，这部分当即今传本卷下所剩余的三十余章。另外，据嘉靖《常熟县志》所记，江续之绍兴二十七年（1157 年）至常熟任县丞[⑥]，吴中版本的正式刊刻时间应在此年，曾崇（字希元）为曾恬守丧期间所刊刻[⑦]，并请江续之作序。

至于括苍吴任的写本，只能确定其出于曾恬记录本。但由于吴任的资料流传甚少，其抄写始末已经无法确定。

---

① 参见黄宗羲、全祖望：《宋元学案》第 2 册，北京：中华书局，1982 年，第 1054 页。

② 李心传：《建炎以来系年要录》卷一五六，北京：中华书局，1956 年，2545 页；卷一六三，第 2659 页。

③ 阳思谦修：万历《泉州府志》卷十六，明万历刻本。该条又为《道南源委录》和《闽中理学渊源考》所引用。

④ 朱熹：《谢上蔡语录后序》，《晦庵先生朱文公文集》卷七五，朱杰人等编：《朱子全书》第 24 册，上海：上海古籍出版社，合肥：安徽教育出版社，2002 年，第 3609 页。

⑤ 李心传：《建炎以来系年要录》卷一七八，北京：中华书局，1956 年，第 2943 页。

⑥ 冯汝弼修，邓韨纂：嘉靖《常熟县志》卷五，明嘉靖刻本。

⑦ 曾氏源出泉州晋江，但自曾恬时迁居常熟，其子曾崇墓也在常熟，据下文可知。

(四)张栻跋本《上蔡语录》

以上我们分析了朱子编《上蔡语录》所采用的三种底本。尽管如此,在朱子所收《上蔡语录》系统之外,南宋前期还流传有其他谢良佐门人记述的《上蔡语录》。张栻曾作一篇《跋符君记上蔡语录》:

符君生于远方,及游京师,乃能从上蔡谢先生问学,得先生一语,随即记录。今传于家者九十有七章。若符君者,亦可谓有志于学矣。予谓当表而出之,以为远方学者模楷。故附志于兵部侍郎胡公铭诗之后,使来者当有考焉。[①]

胡公者,指胡铨(字邦衡,1102—1180),胡铨与张栻父张浚有深交,绍兴末、隆兴间与张栻有两封书信往来[②]。据《宋史》本传,胡铨隆兴二年(1164年)除权兵部侍郎,"乾道初,以集英殿修撰知漳州,改泉州。趣奏事,留为工部侍郎"[③]。张栻此跋以兵部侍郎称胡铨,殆作于隆兴二年(1164年)。是年张栻与朱子初识未久,由于朱子对初编本不甚满意,张栻应该不知朱子绍兴二十九年(1159年)编订《上蔡语录》一事。《胡澹庵先生文集》卷十一有《答符君俞》书信一封,以"某白解元符生"抬头,讨论"中庸之道"等儒学话题,可见符君俞是胡铨弟子辈。[④] 又《诚斋集》载有杨万里与符君俞、胡铨子胡季永等人的和诗[⑤],也可证符君俞乃胡铨子侄辈。而谢良佐最晚卒于宣和三年(1121年),符君俞不可能来得及在京中从游谢良佐。符君俞当即张栻《跋》中所谓符君传于家中的后人,因向胡铨问学,特出示家传《上蔡语录》,请胡铨作铭诗纪念。张栻因胡铨之铭诗而作跋,但对符君名号不甚了了,因而未详其名。无论如何,张栻所跋本《上蔡语录》今已失传,且未入朱子编订系统之中,这是明确的。

以上通过对胡安国、曾恬、朱震、符君等人从学谢良佐的分析,揭示出谢

① 张栻:《张栻集》,北京:中华书局,2015年,第1276页。

② 系年据任仁仁、顾宏义编撰:《张栻师友门人往还书札汇编》,北京:中华书局,2018年,第35页。

③ 脱脱等撰:《宋史》卷三八四,北京:中华书局,1977年,第11585、11589页。

④ 《胡澹庵先生文集》,哈佛大学藏清刊三十二卷本,第3册,十一叶。(按,四库全书本《澹庵文集》未录此信)

⑤ 杨万里:《和符君俞卜邻》《同君俞季永步至普济寺晚泛西湖以归得四绝句》,《诚斋集》卷二,四部丛刊影宋写本。

良佐作为程门主要弟子，在传授二程道学思想中所发挥的重要作用，由此也进一步勾勒出二程后学的发展脉络。而胡安国、曾恬所记录的谢良佐问答语录，也使得谢良佐的思想以文本的形式保存下来，形成了朱子借以编订《上蔡语录》并上溯北宋道学思想的中介。

二 、朱子编《上蔡语录》源委

朱子获得三种底本《上蔡语录》的时间先后分别是括苍吴任写本《上蔡先生语录》，吴中版本《逍遥先生语录》，胡宪处获得胡氏家传本《谢子雅言》。其中对朱子影响最大的是胡氏本，最终在绍兴二十九年(1159 年)三月以胡氏本为基础，编成《上蔡先生语录》，请并胡宪为之作跋。以下分析朱子苦读《上蔡语录》的源委，并通过编订《上蔡语录》的过程，讨论胡宪、李侗对朱子的不同影响，借以说明朱子早年思想的另一侧面。

(一)朱子初读《上蔡语录》时间考辨

关于朱子获得括苍吴任写本的时间，吴任于绍兴二十五年乙亥(1155 年)在莆田孔氏家任私塾教授，是年朱子曾为其作《跋孔君家藏唐诰》一文。[①] 束景南先生据此认为“吴任以其《上蔡语录》写本示朱熹当在同时”。又以曾恬为泉州人，认为朱子在绍兴二十六年(1156 年)来泉州后，从曾氏之家得吴中版本。[②] 但是综合韩元吉为曾恬子曾崇所撰行状，卫泾为曾恬孙曾耆所撰墓志[③]，曾氏一族的曾恬后人，已经迁至常熟，不居泉州。另外，根据朱子早年书信中对谢良佐的记述来看，朱子精读《上蔡语录》的时间在绍兴二十八年(1158 年)夏以后，其获得《上蔡语录》的时间也不可能早至绍兴二十五年(1155 年)。

其实，在朱子留下的早年材料中，有两处可以确证朱子读《上蔡语录》的时间。

---

① 朱熹:《晦庵先生朱文公文集》卷八四，朱杰人等编:《朱子全书》第 24 册，上海:上海古籍出版社，合肥:安徽教育出版社，2002 年，第 3950～3951 页。

② 束景南:《朱熹年谱长编(增订本)》卷上，上海:华东师范大学出版社，2014 年，第 220 页。

③ 韩元吉:《高邮军曾使君墓志铭》，《南涧甲乙稿》卷二十一，清武英殿聚珍版丛书本；卫泾:《故朝散大夫主管华州云台观曾公墓志铭》，《后乐集》卷十八，文渊阁四库全书本。

首先,是朱子早年有关忠恕问题的讨论,朱子前期未得到上蔡忠恕说,其后与范如圭书信中以上蔡谢良佐之说为自己忠恕一贯说佐证。由此可以推出朱子读《上蔡语录》的大致时间。

朱子从同安主簿离任,绍兴二十七年(1157 年)冬出发,至二十八年春到达崇安后,即往延平拜见李侗问学。三月归来后,朱子与范如圭、胡宪等书信往返讨论"忠恕"之道(同时还有李侗、刘玶、吴耕老等人),但自己的说法始终得不到范、胡二人的认可。《朱子语类》记载:

> 曾子说忠恕……自后千余年,更无人晓得,惟二程说得如此分明。其门人更不晓得,惟侯氏、谢氏晓得。某向来只惟见二程之说,却与胡籍溪、范直阁说,二人皆不以为然。[①]

据此可知,在这场讨论的初期,朱子尚未得知谢良佐关于"忠恕"的说法,未能引以为证,也就是此时尚未获见《上蔡语录》。按,谢良佐关于忠恕的意见,分别见《上蔡语录》卷上第 3 条(胡本),卷中第 10 条(胡本、曾本都记,曾本较详细)以及卷下第 17 条(曾本),另有一段见《论语解》[②]。朱子在编订《论语精义》时,在"一以贯之"章,先后分别收入了谢良佐《论语解》,《上蔡语录》卷上第 3 条和卷中第 10 条(未录曾本)。朱子在《与范直阁》第二书[③]"伏丰赐教获闻"一书中说:

> 若夫曾子所言发明"一贯"之旨,熹前书一再论之,皆未蒙决其可否。熹又有以明之,盖"忠恕"二字,自众人观之,于圣人分上极为小事。然圣人分上无非极致,盖既曰一贯,则无小大之殊故也。犹天道至教,四时行,百物往,莫非造化之神,不可专以太虚无形为道体,而判形下者为粗迹也。此孔子所谓"吾无隐乎尔"者,不离日用之间。二三子知之未至而疑其有隐,则是正以道为无形,以日用、忠恕为粗迹。故曾子于此指以示

---

① 黎靖德:《朱子语类》卷二七,北京:中华书局,1986 年,第 698 页。

② 朱子读上蔡《论语解》在绍兴十九年(1149 年)二十岁时,以胡寅、胡宪鼓励之故。胡寅曾刊谢良佐《论语解》,为朱子《论孟精义》所收。参见束景南:《朱熹年谱长编(增订本)》卷上,上海:华东师范大学出版社,2014 年,第 126 页。

③ 此书虽然《文集》编在第二书,但其时间在朱子与范如圭四书中时间属最后,陈来先生认为作于绍兴二十八年戊寅初夏。参见陈来:《朱子书信编年考证(增订本)》,第 13 页;顾宏义先生认为作于绍兴二十八年戊寅五月,参见任仁仁、顾宏义编撰:《朱熹师友门人往还书札汇编》,北京:中华书局,2018 年,第 640 页。

之耳。此说虽陋，乃二程先生之旧说，上蔡谢先生又发明之。[①]

此信写于绍兴二十八年（1158 年）戊寅五月，朱子见“与范如圭久论不谕”，又引新说，并以二程、上蔡为据。盖此时因思考忠恕问题，正苦读《上蔡语录》。前述朱子四月二日《与范直阁》第三书里，只援用二程为说，未谈及上蔡。《语类》也记载朱子起初未见上蔡说，而此信却明确以上蔡为据，可知朱子定于绍兴二十八年（1158 年）四五月间获得《上蔡语录》，赖以熟读。

其次，《语类》有一条材料也详细的指示了朱子苦读《上蔡语录》时间必在绍兴二十八年。

> 虚心观之，不须先自立见识。徐徐以俟之，莫立课程。某二十年前得《上蔡语录》观之，初用银朱画出合处。及再观，则不同矣，乃用粉笔。三观，则又用墨笔。数过之后，则全与元看时不同矣。[②]

本条是余大雅所记。大雅所录在淳熙五年（1178 年）以后，上推二十年，正好是绍兴二十八年（1158 年）。束景南先生认为此条所记当上推二十余年在绍兴二十六年（丙子，1156 年，朱子 27 岁）前后[③]，束先生臆朱子从泉州曾氏家族得《上蔡语录》，故有此误。但从上面的论述可以得知，同安期间朱子并未得到《上蔡语录》详阅，且曾恬这一分支已外迁常熟，并且吴中板刻本很可能刊于绍兴二十七年（1157 年）春夏间，朱子不可能在绍兴二十六年（1156 年）就已读到。因此，束先生的说法不能成立。盖朱子沉思《论语》“一以贯之”章的忠恕问题，乃在同安最后一年时因官闲之余，阅读十数家《论语》注而来。同安归来正式问学延平门下后，受道学正传，而忠恕一贯章的主旨就是“夫子之道”，所以朱子必致意苦心思考这章。因此，朱子从《上蔡语录》中获得明道、上蔡对这一问题的见解，与自己苦思若有所合，不免欢欣鼓舞，益加用功，以至数次精读。

（二）从胡宪处得《谢子雅言》

另外，根据与胡宪有关的材料，我们还可以推测出朱子从胡宪处获得《谢子雅言》的时间。那么朱子具体何时从胡宪处获得《谢子雅言》呢？据朱子

---

① 朱熹：《与范直阁》，《晦庵先生朱文公文集》卷三七，朱杰人等编：《朱子全书》第 21 册，上海：上海古籍出版社，合肥：安徽教育出版社，2002 年，第 1606～1607 页。

② 黎靖德：《朱子语类》卷一〇四，北京：中华书局，1986 年，第 2614 页。

③ 束景南：《朱熹年谱长编（增订本）》卷上，上海：华东师范大学出版社，2014 年，第 220 页。

《后序》所记，朱子从胡宪处得胡氏《谢子雅言》在三底本中时间为最后。根据朱子《与范直阁》第三书：

> 四月一日，领所赐教帖……又得胡丈来归，朝夕有就正之所，穷约之中，此亦足乐也。迫于亲养，夏末须为武林之行，计不三四月未得定居也。[①]

是书作于绍兴二十八年(1158年)四月二日。[②] 胡丈即指胡宪，书中云“又得胡丈来归”，由此可知，胡宪在绍兴二十八年四月前不在崇安。范如圭时在江西，以朱子信中语气来看，胡宪此行必是久出远门，如是寻常出行，朱子必不会如此琐碎。按，胡寅于绍兴二十六年(1156年)冬十月卒于衡州[③]，胡宪此次出行极可能是前往衡州。以衡州与崇安距离计算，胡宪应当是在二十七年(1157年)春左右接到讣告，前往衡州吊唁胡寅，并在衡州胡氏居住了一段时间，在二十八年(1158年)春开始返回。三月末抵达崇安，朱子即急切前往请教。

胡宪居衡州期间，与朱子曾有书信往来，讨论忠恕。朱子《与范直阁》第一书云：“胡丈书中复主前日‘一贯’之说甚力……熹窃谓此语深符鄙意。”[④]该信中云“熹顷至延平，见李愿中丈，问以‘一贯’、‘忠恕’之说”，知作于绍兴二十八年三月间。其中提到的“胡丈书中复主前日之说”，见于朱子《答吴耕老》一书，书云“胡丈昔年答黄继道问‘一贯’义云……”[⑤]追述胡宪早年答话。盖朱子此时沉思“忠恕”，记忆昔年问学胡宪时的场景，由此致信衡州问安，并顺便向胡宪请教“忠恕”问题。胡宪答信约写于离开衡州出发前，朱子三月从延平回来，刚好收到来信。胡宪在此次衡州之行获得胡氏家传《谢子雅言》写本二卷。

由此，我们推测，朱子在绍兴二十七年(1157年)冬，从同安离任回崇安的路途中经过莆田，从吴任处获得《上蔡语录》写本。但由于一回家即前往延平

---

① 朱熹：《与范直阁》，《晦庵先生朱文公文集》卷三七，朱杰人等编：《朱子全书》第21册，上海：上海古籍出版社，合肥：安徽教育出版社，2002年，第1606页。

② 任仁仁、顾宏义编撰：《朱熹师友门人往还书札汇编》，北京：中华书局，2018年，第637页。

③ 李心传：《建炎以来系年要录》，北京：中华书局，1956年，第2891页。

④ 朱熹：《与范直阁》，《晦庵先生朱文公文集》卷三七，朱杰人等编：《朱子全书》第21册，上海：上海古籍出版社，合肥：安徽教育出版社，2002年，第1605页。

⑤ 朱熹：《答吴耕老》，《晦庵先生朱文公文集》卷四十，朱杰人等编：《朱子全书》第22册，上海：上海古籍出版社，合肥：安徽教育出版社，2002年，第1793页。

李侗处问学,还未仔细阅读吴任提供的写本。此后约在绍兴二十八年(1158年)四五月以后获得吴中版本《逍遥先生语录》,并成为他思考"忠恕"问题的一个重要契机。约在同时稍后,胡宪见朱子对《上蔡语录》如此感兴趣,遂将从衡州带回的胡氏本《谢子雅言》交由朱子整理。由于胡氏本对谢良佐思想的记录最为提纲挈领,启发了朱子对忠恕的思考,朱子在三本中最为推崇胡安国所记的《谢子雅言》。最终在绍兴二十九年(1159年)以胡氏本为底本,初编成《上蔡语录》三卷,并请胡宪作跋。以这次编订为中心,谢良佐、胡安国到胡宪的这一条道学脉络对朱子早年的影响,得以彰显出来。

(三)李侗赠朱子《上蔡语录》抄本源委

朱子编订《上蔡语录》作为生平第一项活动,主要是在胡宪的指导下,与李侗的关系不大,甚至由于对初编本不完全满意,未向李侗谈及此事。讨论《上蔡语录》与李侗的关系,可以客观地看待李侗在朱子早年思想扮演的角色。

根据《延平答问》记载,在朱子初编《上蔡语录》后二年(1161年),李侗曾向朱子提供一种抄本《上蔡语录》。可是朱子既已亲自编得语录,延平为什么要抄录一本赠予朱子呢?其中源委有待考证。

李侗在绍兴三十一年辛巳(1161年)八月七日书中云:"谢上蔡语极好玩味……今抄得一本矣。谨以奉内,恐亦好看也。"[①]可知李侗曾经抄录《上蔡语录》一本赠给朱子。此事因《延平答问》辛巳八月七日书时间记录之误,实际乃发生在壬午年(1162年)八月七日。其中曲折颇多,陈来先生认为:"按此辛巳八月书(绍兴三十一年),乃承壬午六月书(绍兴三十二年)。故二书之年必有误,疑辛巳八月书本为壬午八月书。"[②]将该信系年于绍兴三十二年壬午(1162年)[③],顾宏义先生也持同样观点。[④]

束景南先生将此书分为五书,并认为有四书非作于辛巳。其中"(《上蔡语录》)今已钞得一本矣。谨以奉内,恐亦好看也"一段,束先生认为此札必作

① 朱熹:《延平答问》,朱杰人等编:《朱子全书》第13册,上海:上海古籍出版社,合肥:安徽教育出版社,2002年,第334页。

② 陈来:《朱子哲学研究》,北京:三联书店,2010年,第81页。

③ 陈来:《朱子书信编年考证(增订本)》,北京:三联书店,2007年,第25页。

④ 任仁仁、顾宏义编撰:《朱熹师友门人往还书札汇编》,北京:中华书局,2018年,第1319页。

于绍兴二十九年(1159年)三月朱子编《上蔡语录》之前,否则李侗不必抄本奉内。[1] 束先生并据此认为朱子编《上蔡语录》乃在李侗、胡宪二人共同指导之下,二人均曾向朱子提供版本。[2] 束先生之说未免失之赘,盖有误。其实朱子编订《上蔡语录》与李侗无关。李侗晚年因二子之请,入江西铅山,由此获得江西或者盗印朱子初编《上蔡语录》,一读之下,对上蔡之学甚为赞叹,由此抄录一本赠送朱子。以下详考。

据朱子撰《延平行状》记载:

> 晚以二子试吏旁郡,更请迎养,先生不得已为一行。自建安如铅山,访外家兄弟于昭武,过其门弟子、故人于武夷潭溪之上,徜徉而归。[3]

李侗长子李友直任铅山县尉,次子李信甫任建宁府建安县主簿,延平晚年因二子之请,曾至建宁、江西一行。那么李侗此行始于何时呢?

据《延平答问》录辛巳五月二十六日书"某村居,一切如旧",知五月底尚未起行。辛巳中元后一日书云"今此便速,不暇及之。谨俟凉爽,可以来访",此信十分简短,应是路途中所作。因此,李侗七月中在从延平至建安的路途之中。又据《延平答问》辛巳(实壬午)八月七日书云"某归家,凡百只如旧……家人犹豫未归"[4],由上可知,李侗晚年建安、江西之行始于绍兴三十一年辛巳(1161年)七月,至壬午(1162年)八月才回。

其中朱子应李侗邀请,在绍兴三十二年壬午(1162年)春至建安向李侗问学。[5] 朱子此次问学近一月,此后李侗即往江西铅山长子处。李侗与朱子书信中,第一次谈及《上蔡语录》出现在壬午年(1162年)六月十一日书,其中有

---

① 束景南:《朱子大传》,福州:福建教育出版社,1992年,第186页。

② 束景南:《朱熹年谱长编(增订本)》,上海:华东师范大学出版社,2014年,第243页。

③ 朱熹:《延平行状》,朱杰人等编:《朱子全书》第13册,上海:上海古籍出版社,合肥:安徽教育出版社,2002年,第349页。

④ 朱熹:《延平答问》,朱杰人等编:《朱子全书》第13册,上海:上海古籍出版社,合肥:安徽教育出版社,2002年,第329、330、334页。

⑤ 《文集》卷二《再题达观轩》:"绍兴庚辰冬,予来谒陇西先生……壬午春,复拜先生于建安,而以来,又舍于此者几月。"此记末题"三月九日书",束先生据此认为,朱子此次访学至三月,但是属于"异时复至"所书,并不能确定此次问学延平至三月。参见朱杰人等编:《朱子全书》第20册,上海:上海古籍出版社,合肥:安徽教育出版社,2002年,第287页;束景南:《朱熹年谱长编(增订本)》,上海:华东师范大学出版社,2014年,第275页。

云“上蔡先生语，近看甚有力”[①]，推测是时李侗在江西铅山新得《上蔡语录》。按，《延平答问》中只有壬午（1162年）六月十一日、壬午（原误辛巳）八月九日二书数次谈及《上蔡语录》，李侗在信中所引用谢良佐语共5次，均出自今传本卷上（即原胡氏本《谢子雅言》上篇）。胡氏本此前属于胡氏家传，在朱子编入初订本之前，不太可能外传。朱子在乾道四年（1168年）所作《谢上蔡语录后记》云：

> 顷年校定《上蔡语录》三篇，未及脱稿。而或者传去，遂锓木于赣上，愚意每恨焉。[②]

由此可知，朱子对初编本其实尚未满意，还未定稿，未经同意就被人传刻于江西。从《延平答问》收录的书信中，我们也可以发现，在壬午年以前，在延平与朱子的书信中从未谈及上蔡，这是又一旁证。既然朱子对自己初编尚不满意，自然不太可能向李侗汇报初编事情。结果，李侗却在江西铅山县长子处闲居时，偶然获得了或者在江西的盗刊本，所以延平特抄录一本赠与朱子。这就是李侗抄录本《上蔡语录》的始末。

以上的分析显示，朱子编《上蔡语录》这项学术活动与李侗之间的联系不大，甚至初编完成后也未与李侗谈及。这次编订主要是出于朱子自身对忠恕问题的兴趣，还有胡宪所提供胡氏家传文献的材料基础。这也告诉我们，即使在同安归来以后，朱子在问学李侗之外，也保持着一定的学术独立性，并且也不能忽略胡宪在这一时期对朱子的影响。

三、朱子两次编订《上蔡语录》与早年思想

朱子初次编订《上蔡语录》的直接动机，是整理诸说以获得对道学的正确理解。在得到吴任写本、吴中板本后，又从胡宪处得到胡氏家传本《谢子雅言》，已经积累了足够多的版本。但是诸本之间差异较大，不仅在记录上有繁简之别，而义理上更是精粗错乱，甚至诋毁二程以助佛氏。在诸说之间，何去何从，朱子不免茫然。由此，朱子通过整理《上蔡语录》，因而启发了早年两个

① 朱熹：《延平答问》，朱杰人等编：《朱子全书》第13册，上海：上海古籍出版社，合肥：安徽教育出版社，2002年，第333页。

② 朱熹：《晦庵先生朱文公文集》卷七七，朱杰人等编：《朱子全书》第24册，上海：上海古籍出版社，合肥：安徽教育出版社，2002年，第3707页。

对重要问题的思考。

(一)初次编订与忠体恕用

初次编订前夕,在绍兴二十九年(1159 年)初《答刘平甫(前日奉闻)》书中,已经向刘玶(字平甫,1103—1185)直言自己整理旧书的目的:"恐众说纷纭,未能自决,即且整理旧书如何?"[①]从中可以看出朱子此时面对众说无从去取的心态,整理旧书即成为朱子整理道学和决断诸说去取的一种方法。

前考朱子受谢良佐的忠恕说启发而苦读《上蔡语录》,其中记载明道、上蔡的观点:

> 问:孟子言"尽其心者知其性",如何是尽其心?曰:"昔有人问明道先生,何如斯可谓之恕心?"先生曰:"充扩得去则为恕心。"如何是充扩得去底气象?曰:"天地变化,草木蕃。"充扩不去时如何?曰:"天地闭,贤人隐,察此可以见尽不尽矣。"[②]
>
> 问忠恕之别,曰:"犹形影也。无忠,做恕不出来。恕,如心而已。恕,天道也。"[③]

朱子与范如圭讨论忠恕,苦读《上蔡语录》,在二程、上蔡的启发下,最后在绍兴二十八年(1158 年)五月向范如圭提出自己当时的总结看法:

> 忠恕则一,而在圣人、在学者则不能无异。此正犹孟子言"由仁义行"与"行仁义之别"耳……熹之言亦非谓忠恕为有二也。但圣贤所论,各有所为而发。故当随事而释之,虽明道先生见道之明,亦不能合二者而为一也。……此说虽陋,乃二程先生之旧说,上蔡谢先生又发明之。[④]

对比明道、上蔡与朱子关于忠恕的看法,显然是有距离的。上蔡谢良佐认为忠恕犹如形影,朱子虽苦读上蔡书,但将忠恕析为一体二用,认为忠恕在本体上一致,都属于天道,但在为学工夫上,却将圣人、学者的工夫一分为二。

---

① 朱熹:《晦庵先生朱文公文集》卷四十,朱杰人等编:《朱子全书》第 22 册,上海:上海古籍出版社,合肥:安徽教育出版社,2002 年,第 1793 页。

② 谢良佐:《上蔡语录》卷上,朱杰人编:《朱子全书外编》第 3 册,上海:华东师范大学出版社,2010 年,第 1 页。

③ 曾本记录此条问答有朱震参与其中。参见谢良佐:《上蔡语录》卷中;见朱杰人编:《朱子全书外编》第 3 册,上海:华东师范大学出版社,2010 年,第 25 页。

④ 朱熹:《与范直阁》,《晦庵先生朱文公文集》卷三七,朱杰人等编:《朱子全书》第 21 册,上海:上海古籍出版社,合肥:安徽教育出版社,2002 年,第 1606～1607 页。

不过数年后，朱子《答柯国材》一书中进一步补充了自己的忠恕说：

示谕忠恕之说甚详，旧说似是如此。近因详看明道、上蔡诸公之说，却觉旧有病。盖须认得忠恕便是道之全体，忠体而恕用，然后“一贯”之语方有落处。若言恕乃一贯发出，又却差了此意也。如未深晓，且以明道、上蔡之语思之，反复玩味，当自见之。不可以急迫之心求之。如所引“忠敬笃钦”以下，尤不干事。彼盖各言入道之门，求仁之方耳，与圣人之忠恕道体本然处初不相干也。[①]

柯国材，即柯翰，乃朱子官同安期间结识，是书约作于乾道元年（1165年）中。[②] 在这封信里，朱子对明道、上蔡书再次详细阅读，“忠恕便是道之全体”与上述朱子旧说无异，但否定旧说中将圣人、学者一分为二的说法，认为旧说只是求仁之方，并非道体本然处。朱子经数年思考忠恕，并最终提出“忠体而恕用”，实为早年思想重要的一阶段。

在这一阶段，朱子对上蔡谢良佐的推崇甚至超过了杨时。隆兴元年（1163年）《答汪尚书（癸未六月九日）》一书中云：

谢子虽少鲁，直是诚笃……惟其所趣不谬于道而志之不舍，是以卒有所闻。而其所闻必皆力行深造之所得，所以光明卓越，直指本原。姑以《语录》《论语解》之属详考即可知矣。……龟山却是天质粹美，得之平易。[③]

一直以来的研究，普遍认为朱子在此时正逐渐接受从龟山到延平的道南一脉。但是以《上蔡语录》的编撰为中心，我们却发现了朱子对谢良佐的认可程度并不低于杨时。而以“光明卓越，直指本原”来评价谢良佐力行所得的思想，正好显示出朱子这一时期的义理倾向。这使得他逐渐在忠体恕用说的基础下，走向了上蔡的性体心用说。

（二）性体心用与再编《上蔡语录》

“性体心用”为谢良佐心性论的代表观点：

---

① 朱熹：《答柯国材》，《晦庵先生朱文公文集》卷三九，朱杰人等编：《朱子全书》第22册，上海：上海古籍出版社，合肥：安徽教育出版社，2002年，第1732～1733页。

② 任仁仁、顾宏义编撰：《朱熹师友门人往还书札汇编》，北京：中华书局，2018年，第1199页。

③ 朱熹：《答汪尚书》，《晦庵先生朱文公文集》卷三十，朱杰人等编：《朱子全书》第21册，上海：上海古籍出版社，合肥：安徽教育出版社，2002年，第1293～1294页。

性，本体也。目视耳听，手举足运，见于作用者，心也。[①]

而朱子在乾道年间与何叔京的书信中，即曾指出：

性，天理也。理之所具，便是天德，在人识而体之尔……性、心只是体、用，体、用岂有相去之理乎？[②]

而在《答张敬夫》第三十五书[③]，也提出：

盖通天下只是一个天机活物，流行发用，无间容息。据其已发者而指其未发者，则已发者人心，而凡未发者皆其性也，亦无一物而不备矣。……而此一段事，程门先达惟上蔡谢公所见透彻，无隔碍处。[④]

以上所引朱子二书，显示出朱子在接受谢良佐性体心用说的基础上，与得自李侗的未发、已发说相结合，提出了以性为未发、心有未发的心性论思想。而其思想的实质内涵，仍然是谢良佐的性体心用说。这显示出朱子对谢良佐义理的把握，已从以道体本然为主的忠体恕用说，转向了心性论层面的性体心用说，从而奠定了乾道丙戌之悟有关中和旧说的心性论基础。陈来先生已敏锐地指出“程门中谢显道即主性体心用，朱熹 29 岁时（引按，实际为 30 岁）编定《上蔡语录》，故朱熹性心体用思想与谢氏当有一定关系。……他对谢氏这一思想是十分熟悉的”。[⑤] 不过直接将性体心用与 30 岁时第一次编订联系起来，其实忽略了朱子接受谢良佐思想的动态历程。

在这样的思想背景下，朱子在整理《二程遗书》的过程中，于乾道四年戊子（1168 年）再次编订了《上蔡语录》定本。这次修订主要是收入了谢良佐与胡安国手柬。

以上通过以两次编订《上蔡语录》为中心，分析朱子的忠体恕用说和性体心用说，我们可以发现从谢良佐到胡安国、曾恬、朱震，经由胡宪传承至朱子

---

① 谢良佐：《上蔡语录》，《朱子全书外编》第 3 册，上海：华东师范大学出版社，2010 年，第 2 页。

② 朱熹：《答何叔京》，《晦庵先生朱文公文集》卷四十，朱杰人等编：《朱子全书》第 22 册，上海：上海古籍出版社，合肥：安徽教育出版社，2002 年，第 1823～1824 页。

③ 此信属于“人自有生第四书”，为朱子中和旧说四札之一，代表了朱子在 40 岁之前的总结性思想。据陈来先生考证，作于乾道丙戌（1166 年）秋，参见陈来：《朱子哲学研究》，北京：三联书店，2010 年，第 197 页。

④ 朱熹：《晦庵先生朱文公文集》卷三二，朱杰人等编：《朱子全书》第 21 册，上海：上海古籍出版社，合肥：安徽教育出版社，2002 年，第 1393～1394 页。

⑤ 朱熹编《上蔡语录》在 30 岁，陈先生作 29 岁说盖笔误。参见陈来：《朱子哲学研究》，北京：三联书店，2010 年，第 192～193 页。

的一条思想脉络。

四、结　　语

昔黄宗羲曾云:“程门高弟,予窃以上蔡为第一,《语录》尝累手录之。语者谓‘道南’一派,三传而出朱子,集诸儒之大成,当等龟山于上蔡之上。不知一堂功力,岂因后人为轩轾!且朱子之言曰:‘某少时妄志于学,颇藉先生之言以发其趣。’则上蔡固朱子之先河也。”[①]

上蔡谢良佐为程门四子之一,在二程弟子中可谓与杨时不分轩轾。黄宗羲甚至将谢良佐视为程门第一高弟,认为上蔡开朱子先河。但相比杨时而言,谢良佐及其门人,在朱子学的研究中,多少显得身影寂寥。本文对谢良佐与胡安国、曾恬、朱震等讲友、门人的考察,勾勒出了二程后学传承到朱子的另一侧面。

事实上,片面强调李侗与道南学派在朱子早年思想的作用,无法令人信服地回答这样的一个问题:为什么从学李侗八年之久的朱子,在李侗甫一去世的同年,即经由张栻开始走向了湖湘学?将编订《上蔡语录》这项学术活动置入朱子早年思想的视域中,考察朱子在编订过程中所透露出来的多样学派取向与复杂的思想历程,正是本文想要达到的目的。事实上,朱子始终未对李侗谈及自己编订《上蔡语录》,但这次编订对朱子早年至中年的思想产生了重大影响。一直以来,胡宪在朱子早年思想中的意义被低估了。然而胡宪的意义,并非像李侗一样,经由思想传承来凸显。作为朱子接触胡氏家传文献媒介的胡宪,正是在朱子对谢良佐及其门人的认知与继承中,发挥出了不下于李侗的作用。

总之,通过这些分析,要强调的是朱子早年思想的立体性与独立性。编订《上蔡语录》这项活动显示出朱子早年道学思想有多向的维度,并非传统看法中所认为的:从武夷三先生,再由李侗启发弃佛归儒,转而接受胡宏、张栻湖湘学,最后回归道南的单线发展。朱子编撰《上蔡语录》以得自胡宪的胡氏家传本为主要底本,并请胡宪为之作跋,揭示出胡宪在朱子早年思想发展中的持续影响。同时,谢良佐的思想启发朱子早年的忠体恕用说、性体心用说,

① 黄宗羲、全祖望:《宋元学案》,北京:中华书局,1982 年,第 917 页。

也为朱子与胡宏、张栻等新一代湖湘学者的交流提供了思想基础。分析朱子对《上蔡语录》的编订过程，可以发现在李侗之外，朱子接受道学传统的另一个侧面，即从谢良佐到胡安国、胡宪这一条脉络对其早年思想的影响。

朱子家庭伦理思想的现代意义

◎ 黄柏翰

家庭是社会的基本组成单位，也是人际伦理的出发点和核心，健全的家庭功能就像健康的人体细胞一样，是整体国家发展的基础。因此，家庭伦理的建设是维持社会和谐不可或缺的一环，也是社会发展的关键。在中国传统社会当中，“修身、齐家、治国、平天下”是一种深入人心的观念，家庭伦理不但是个人私领域的家事，同时也关系着整体国族命运的大事。因此格外受到重视，是道德建设的核心概念。

朱子非常重视家庭伦理，并有许多相关著作。朱子是传统儒学的集大成者，对传统社会的价值形塑起着关键性的作用，他的家庭伦理思想也构成了传统社会的家庭伦理观。朱子理学是以修身成德为核心关怀所展开的，他的家庭伦理观也是在修身成德的基础上建立的，在强烈道德自觉的要求下，描绘出一个以血缘亲情为基础的理想家庭——父慈子孝、兄友弟恭、夫义妻顺的美满家庭。这是一个国家缩影的小型社会组织，也是天理在人伦纲常上展现出的常道。这样的义理观构成了传统文化的价值标准与道德规范，形塑了中国传统社会的家庭样貌。

随着时代的演进，传统文化当中理想家庭的描绘渐渐地受到质疑或批判，尤其在五四运动时期，传统的伦理观成了批判对象，家庭伦理则是其中主要的战场。在这之后，中国从传统封建社会朝向现代化快速转型，不但家庭的结构发生了巨大的改变，家庭伦理观也产生极大的变化。本文从传统家庭伦理观的梳理出发，探讨家庭伦理的本质意涵，并配合现代家庭的实际需求，提出朱子家庭伦理观所具有的现代意义。

一、传统家庭伦理观的转变

(一)传统家庭伦理观所隐含的政治思维

1.“家国一体化”与传统“家”的概念

“修身、齐家、治国、平天下”是中国人思考家庭伦理问题时第一句想到的话,这句话出自《大学》。在孔子的时代,《大学》还不是儒家最重要的经典,朱子的《四书集注》提高了《大学》的地位,于是“修、齐、治、平”成了传统儒生的人生理想与奋斗目标。这句话隐含了“家国一体化”的观念,“家”不仅是社会组成的基本单位,“齐家”也是伦理道德和政治关怀的起点,是为了实现“治国”“平天下”的人生理想而做的准备。家国一体化思想也能从语言当中很清楚地表现出来。汉语的“国家”概念由“国”和“家”组成,两者间具有一体化的关系。英语“国家”的概念一般表述为“country”“nation”或“state”,这几个词都是表示地域或民族性的概念,而汉语“国家”概念则是地域性、民族性和家庭组织的总和。

从“齐家”是否能推展到“治国”呢?这个被传统士大夫奉为圭臬的人生罗盘,现代人可能会有所怀疑。在传统家国思想中,“家”的概念不是我们目前社会普遍见到的小家庭,而是“家族”的概念。它是一个以姻亲与血缘关系组成的小型社会,规模从几十人,甚至到上千人都有可能。“家族”是一个小型社会组织,有严密的宗法礼制和伦理规范,家族领袖往往负有基层管理的职能,能够对个人进行约束,家族的社会运作就像是一个国家的小型缩影。

关于“齐家”和“治国”之间的关系是否那么紧密吗?清代学者谭嗣同也曾提出质疑。他指出,《大学》中所谓的“家”:

> 彼所言者,封建世之言也。封建世,群臣上下,一以宗法统之。天下之大宗也,诸侯、卿大夫皆世及,复各为其宗。……宗法行而天下如一家。故必先齐其家,然后能治国、平天下。自秦汉以来,封建久湮,宗法荡尽,国与家渺不相涉。家虽至齐,而国仍不治;家虽不齐,而国未尝不可治。……大抵经传所有,皆封建世之治,与今日事势,往往相反,明者决知其不可行。[①]

① 谭嗣同:《仁学·四十七》,北京:中华书局,1962年。

谭嗣同从历史发展的角度指出,《大学》成书背景中"家"的概念是封建时期的"大家族"概念。因此在历史上经常可以见到家齐未必国治,或者国治而家未必齐的例子。顾颉刚也指出,《大学》中的"齐家",并非一般的氏族,而是"鲁之三家"、齐之"高、国之家",即"一国中之贵族,具有左右国之政治力量者"[①]。由此可知,《大学》齐家思想所讨论的"家"并非一般寻常百姓之家,而是封建贵族之家。家国一体化是周朝宗法封建统治下的思想产物,诸侯称国,大夫称家,还有"天子建国,诸侯立家"的说法。[②] 传统家庭伦理观是在大家族的社会脉络下讨论的,和当代社会普遍存在的核心家庭概念有着极大的差距。因此,想要把传统的家庭伦理观置入现代社会的脉络,需进一步梳理。

2."家国同构"思想构成一个政治、文化、经济的超级铁三角

在国家和每一个个人之间,存在着家族这个重要的中介,透过严密的宗法礼制,把每一个个人组织起来,成为一个个朝向中央的小型社会组织,形成特殊的"家国一体化"思想。"家国一体化"不但把家族组织起来,也建构了传统中国士大夫的政治意识形态,是维持社会稳定的重要因素。但是如同谭嗣同所质疑的,《大学》所谓的"家"是指具有国家政治影响力的大家族,并非一般的氏族,自秦汉以来"家"和"国"之间的联系并非那么紧密,是什么原因让中国人的家庭伦理观总是和国家观念联系在一起呢?

"家国一体化"之间存在着"家国同构"的思想,这是联系两者关系的真正基石。传统中国人把整个"天下"视为一个大宇宙,而"个人"以及"家族"则是和大宇宙具有相应结构的小宇宙。这种同构思维是汉儒政治哲学的基础,并在朱子理学中得到进一步的理论说明和强化。大宇宙和小宇宙之间不但具有结构上的相似,也都是天理的体现,是休戚与共的生命共同体,两者间还具有特殊的符应关系。在家国同构思想指导下,家族和国家之间不只是单纯的单位组成关系,家族是国家的缩小体,是具有相似结构、会交互影响的一对同构体。"家"的放大就是"国",因此,皇帝被视为"父",而地方官员被视为"父母官"。家国同构思想让移孝做忠成为可能,加强了封建统治的力量,而成为重要的官方意识形态。

金观涛先生在其"超稳定系统假说"中,分析了儒家学说对于维持封建大国社会稳定的作用。他认为透过儒家学说的指导,中国社会建立了一个"超

① 余英时:《现代儒学的回顾与展望》,北京:三联书店,2004年,第259页。

② 《左传·桓公二年》。

稳定系统”，由儒家政治意识形态整合了文化、政治、经济三个子系统，构成庞大的中央集权国家。在两千多年漫长的历史长河中，维持这么一个幅员辽阔的统一政权，在世界上其他民族之间是绝无仅有的。儒家的政治学说是维持稳定的关键，它是克服分裂割据的重要意识形态一团结了每一个个人，指导着各阶层组织的行动纲领，将松散的组织整合成向中央集权整合的结构。[①]在国家和个人之间，宗法的家族、家庭观念是重要的中间层。然而宗法血缘家族往往具有强烈的封闭性，容易形成割据的封建势力，不利于建立广大地域性的国家。而家国同构思想却可以维持政治、文化、经济三个子系统的协调稳定，把国家和个人很好地协调起来。[②]

“家国同构”思想让强调家庭伦理的孝道思想，成为最高的道德原则，也是忠君、爱国的基础，让移孝做忠成为可能，进一步强化封建统治的力量。在两者的同构关系中，我们看到了家族礼制观念强化了儒家的国家学说，但是政治意识形态也渗透到家庭伦理思想当中。封建统治者有意识地加强宗法制度，家庭不但是一家人共同生活的单位，族长还承担地方自治、教育、道德规范的责任，在严密的宗法礼制之下，俨然是一个小型社会。传统的家庭伦理观和政治意识形态之间具有不可忽视的交互关系。

3.**严格的继承者教育**

在“家国同构”思想的观念下，家族是一个和政治、经济紧密结合的系统。个人的社会地位取决于家族的社会地位，个人的社会活动都离不开家族的因素。因此，家庭伦理就和政治、经济紧密结合在一起。对于封建贵族之家而言更是如此，“齐家”与“治国”之间具有紧密的联系性与紧张性，其中的国主或家主更扮演了关键角色，辅以严格的继承者教育。

儒家的观点认为君主具有无上的权力，言行举止稍有不慎，影响的层面比普通人还要深远，是以需谨言慎行，应带头自我修养，做人民的表率。董仲舒说：“君人者，国之元，发言动作，万物之枢机。枢机之发，荣辱之端也。失之毫厘，驷不及追。”[③]此外，治人者与被治者的关系是相互依存的，因此“民以

① 参见金观涛、刘青峰：《兴盛与危机——论中国社会超稳定结构》，北京：法律出版社，2010年，第21～34页。

② 参见金观涛、刘青峰：《兴盛与危机——论中国社会超稳定结构》，北京：法律出版社，2010年，第50～54页。

③ 《春秋繁露·立元神》。

君为心，君以民为体”[①]成为儒家的基本观点。为了日后能有良好的治理能力，君主的养成教育便成为一个重要的课题，它已经不再是一个私领域的事情，而是关系着政治的国之大事。根据《大戴礼记·保傅》的记载，太子年幼时，身旁须设有太保、太傅、太师、少保、少傅、少师六名近臣，严格掌管太子的生活教育。太子年纪稍长后，须入小学、东学、南学、西学、北学、太学六学，学习行政管理的知识。“及太子既冠，成人，免于保傅之严，则有司过之史，有亏膳之宰。太子有过，不书过则死。过书而宰彻去膳。夫膳宰之义不得彻膳，不彻膳则死”，对于太子所犯的过错，必须详加记录以备查考，并以撤去饮食作为惩戒。这些严格的教育工作，甚至应该从胎教开始。[②] 君主执政后，身旁需安排“絜廉而切直，匡过而谏邪者”“拂天子之过者也”。[③]

“自天子以至于庶人，一是皆以修身为本”，从《大学》可看到儒家传统包含了修己与治人两个不可分割的面向，而“盛德的君子”则是其中的枢纽。家国同构以天子为中心，把每一个个人、每一个家族，组织成以天子为中心的互相关联的大网。每个人都应该努力地修正自身，成为君子（要治人则要先成为君子），成德之教或君子之学便成为儒家教育的理想，构成家庭伦理重要的纲领。

（二）现代家庭伦理观的产生及其特征

1.五四批判精神的影响

“家国同构”的伦理思想，让移孝做忠成为可能，成为传统封建统治的基石。然而影响是双方面的，封建统治的政治思维也渗透进家庭伦理中，表现出强烈的父权专制色彩。这让传统的家庭观在近代面临严重的冲击，尤其在五四运动时期表现更为激烈，五四青年普遍认为传统的家庭宗法观念束缚了个人和个性的自由。当时，个人主义逐渐抬头，取代传统家族本位主义，如陈独秀说：“尊重个人独立自主之人格，勿为他人之附属品。”[④]傅斯年和李大钊

---

① 《礼记·缁衣》。

② 《大戴礼记·保傅》青史氏之记曰：“古者胎教，王后腹之七月，而就宴室，太史持铜而御户左，太宰持斗而御户右。比及三月者，王后所求声音非礼乐，则太师缊瑟而称不习。所求滋味者非正味，则太宰倚斗而言曰：不敢以待王太子。”、“周后妃任成王于身，立而不跂，坐而不差，独处而不倨，虽怒而不詈，胎教之谓也。”

③ 《大戴礼记·保傅》。

④ 陈独秀：《青年杂志》第1卷第5号，1916年。

也将家族制度视为压制个性发展的“万恶之源”。[①]

五四时期是新旧意识形态更替的重要阶段，在社会观、价值观、哲学观三方面同时出现整体性的变化，并对传统伦理秩序等级产生一种全盘价值逆反的态度。[②] 传统儒家是以“仁”和“家庭伦理”作为文化价值系统的深层结构，具有井然有序的伦理秩序。五四运动拥护“平等”的新价值，很多人主张废除伦理等级尊卑的约束，例如陈独秀就把纲常名教看成是阶级制度的拥护，违反平等的精神。鲁迅的《狂人日记》也表达了对传统伦常礼教的指控，认为满篇的道德仁义都是吃人礼教。伦常等级的解构不只表现在政治意识形态上，他们主张家庭伦理的规范也应该一并消除，许多五四青年从家庭中出走。胡适在《易卜生主义》一文中提出了对家庭伦理的质疑，文中说：“易卜生的剧本《娜拉》(或译《玩偶之家》)，把家庭看成是虚伪、假道德的猴子戏戏台。易卜生所描述的家庭，有四种大恶德：自私自利，倚赖性、奴隶性，假道德、装腔作戏，懦怯没有胆子，妻子如同丈夫的玩偶……”胡适在白话诗《我的儿子》中认为父母于子女无恩，本不应居功，更不能随意索取。五四思想主要集中在家庭伦理尊卑等级的质疑，尤其是父权专制思想的批判。

2.社会变迁、政治改革运动与现代家庭的面貌

五四运动是传统中国朝向现代化转化的关键，但它是文化精神层面的启蒙，具体实践还必须仰赖整体社会条件的成熟。近代中国一系列的社会变迁和政治改革运动，则是这些近代思想的具体实现。除了整体大环境的变迁以外，政治上的社会改革运动把五四以来的现代化思潮，透过妇女解放、人民公社、“文化大革命”、改革开放等一系列的政治运动表现出来。从家庭伦理的问题来说，人民公社运动取消了家庭的组织形式，“文化大革命”则进一步试图消灭人伦关系的思想架构，这些都是对传统家庭伦理的分解。这些实验或许并非都能成功，但是对于现代家庭的形塑有着重大的影响，尤其是妇女解放和计划生育政策，直接改变了现代家庭的面貌。改革开放等一系列政治、经济的政策也构筑了现代中国的整体社会环境。

政治改革配合整个大时代的社会变迁(例如民主政治的实现、从传统的农业社会朝向现代化工业社会转型、都市化的现象等时代的巨变)，不但使传

① 傅斯年：《万恶之源》，《新潮》创刊号；李大钊：《万恶之源》，《每周评论》第30号。

② 参见金观涛、刘青峰：《开放中的变迁——再论中国社会超稳定结构》，北京：法律出版社，2010年，第81～184页。

统家庭生态急遽转变，整个社会的政治经济形态也有了极大的不同，迎来20世纪全新的家庭生活面貌。现代家庭有着以下几点特征以及独特问题：

(1)家庭结构由大家族变成小家庭。在改革开放、工商业经济兴起之后，人口朝都市集中，传统以农立国、集体农耕生活的社会形态改变，与之相互适应的传统大家族结构也迅速崩解，取而代之的是以直系血亲为主的小家庭结构。随着计划生育的实施，家庭的结构更加小型化，三口之家成为现代家庭的主流。不但家庭结构由繁变简，规模由大变小，家庭的职能也由多变少，没有那么多复杂的人伦组成关系。传统的家庭伦理乃是为了庞大的家族组织而制定的规范，放到现代化的小家庭之中，往往显得臃肿不堪。

(2)女性角色定位的改变。女性拥有受教权以及就业的保障，让现代妇女不再需要完全依附家庭，拥有知识与经济的独立。双薪家庭日益普遍，妇女除了家庭之外，也走向了社会，拥有独立自主的生活空间。这让传统男主外女主内、男尊女卑的家庭伦理思想受到质疑。此外，现代妇女也面临到家庭、事业一蜡烛两头烧，难以兼顾的问题。这些实际需求都让现代化的家庭伦理建设成为必要。

(3)家庭的轴心从父系家长制转变成以夫妻双方为主。传统小农经济生产模式被工商业经济取代，农业生产的没落促使传统宗法家族的消失。土地的继承不再以农耕为主，这让传统传子不传女、嫡长子继承制等避免土地分割的措施松绑，使得宗法家族制度不再具有那么强大的约束力。教育的普及，让子女辈得到比父辈更好的教育，而在知识上、经济上更具优势，职业的选择和社会阶层流动变大，这也是家长制权威变弱的原因之一。计划生育政策和都市化的影响，家庭结构小，人口单纯，夫妻双方共同负担家庭经济责任，共同进行决策成为常态。传统以父系为主的家庭轴心，转变成以夫妻双方共同做主的家庭轴心。这么一来，夫妻关系是否融洽，就成了家庭功能是否健全的关键问题。

(4)家庭生活重心集中在子女身上。少子化的现象让子女受到特别的关爱，家庭生活的重心几乎环绕在子女的照顾和教育问题上。过多的关注容易偏于溺爱，加上过度强调升学考试的价值观，常常养成许多抗压力低的小公主、小王子。因此，家庭的教育功能虽然受到普遍重视，却也有许多需要反省的地方。下文将以朱子的家庭教育观来回答这个问题。

(5)家庭伦理从家长制转向强调民主与平等。传统的家庭伦理比较强调家长权威以及男性主导权，这在五四运动以及近代以来的政治改革中都有许多反省与改变。当代的家庭已经较少是权威专制的家庭气氛，大多是比较强调自由和平等的对待。在少子化以及社会思潮的影响下，父母和子女之间也较少是权威压制的教育，比较尊重子女的个性和独立性。在夫妻关系方面，实现了婚恋自由、婚姻自主，女性也拥有独立地位与较高的尊重。

在传统家族礼制的约束下，过去的现代化思潮着重在争取个人权利和自由，但是对当代社会而言，个人主义和家庭义务或夫妻关系之间的冲突矛盾，可能是更为迫切的问题。离婚率的居高不下是当代社会普遍面临的家庭危机，进步国家情况更为严重，都市又比乡村严重。过去的社会改革思潮以及政治改革运动，常常沿袭了五四以来的一味批判传统的惯性思维，缺乏对传统文化以及现代化问题进行更深层、更合理的思考。在破旧的同时，未必能建构出相应的家庭伦理观，而导致许多家庭问题。

二、朱子家庭伦理思想在现代社会所能发挥的积极功能

(一)朱子的家庭伦理思想

1.家庭伦理的本质与和谐思想

传统的家庭伦理观虽然受到政治意识形态的影响很深，具有浓厚的封建文化色彩，但是这具有当时的时代背景和社会意义，没必要因此而加以全盘否定。讨论朱子家庭伦理思想的现代意义，可将政治因素的介入从中卸载，回归家庭伦理的本质。随着时代的推移，“修、齐、治、平”这一蕴含“家国同构”思想的指导方针和现代社会的现状已有所不同，“齐家”与“治国”被视为不同的实践领域(公领域和私领域)，其间的联系未必那么紧密。现代人可能不会将“齐家”视为“治国”的准备工作，“家国同构”的关系可能被看成是细胞与身体的关系——家庭的和谐有益于国家的稳定。排除政治因素的干预，回归家庭的本质。家庭是以夫妻之间的结合和亲子间的孝慈为主，它是人际组成的最小单位。家庭伦理则在于调适家庭成员之间的相处，使其成为一个和谐、美满的理想生活样貌。朱子的家庭伦理强调以和为贵的和谐价值，家庭伦理的本质在于和谐。

家庭由不同的成员组成，彼此有不同的个性和需求，隐含了诸多潜在冲

突因子，处置不当就容易产生纷争。这事古今皆然，所以有“百忍堂”[1]的故事流传下来，强调家庭和谐的维系需要一个“忍”字。但凡有家庭组织形式存在的一天，这种内在冲突因子就会存在，古今可能有不同的形态，但本质是一样的。现代社会强调个人主义，不稳定因子更多。面对这些矛盾因子，可能有不同的态度。过度强调个人主义，会激化家庭的矛盾。但是过度的压抑，又容易牺牲个性的发展。如何取得一个平衡点，是古今家庭面临的共同课题。

2.**不诚无物与反求诸己**

维持和谐是家庭伦理的本质，但是和谐的代价往往需要牺牲个人自由，不合理的压抑就会变成易卜生《娜拉》一剧所描述的“玩偶之家”那样，成为维持表面和谐的虚伪道德。尺度的拿捏除了中庸之道的把握之外，最重要的是要有“诚”，《大学》“修身”“齐家”之前还有“正心”“诚意”。缺乏真诚的心念，所有的伦理规范都将沦为伪善，所以儒家说“不诚无物”。

《孟子·离娄上》：“行有不得，反求诸己。”它的含义是：事情做不成功，或者人际关系处得不好，就要反躬自省，一切从自己身上找原因。维持家庭和谐，不是拿来作为一种规范去强制别人，而是一种价值认同，要能够做到凡事“反求诸己”，透过自我调适与改变，促进家庭的正向发展。

3.**朱子的家庭教育思想**

反求诸己就凸显出“修身成德”的必要性，这是朱子教育思想的核心价值。“修身成德”要从小开始培养，《易经·蒙卦》：“蒙以养正，圣功也。”事物发展的初期阶段是关键时刻，要予以细心的照料和引导，为将来的发展打下良好的基础。家庭教育是幼儿启蒙的开始，大人的言传身教，是儿童建构道德认知、道德情感和道德行为的参照体系。朱子对家庭教育极为重视，除了《朱子家训》《朱子家礼》《古今家祭礼》之外，还著有许多专为儿童编写的启蒙读物和日常规范，如《童蒙须知》《训蒙绝句》《论语训蒙口义》。朱子的家庭教育思想除了上述著述，还可以从下列两类文章获得：专门教诫子辈的短文和书信，如《训子帖》《与长子受之》《戒子塾文》《与长儿书》。与师友门人通信中所提及家庭教育的内容，散见于《朱熹集》《续集》《遗集》等。

朱子相当重视家礼的建设，编有《朱子家礼》，将日用伦常和礼节制度，在

---

① 百忍堂是唐代的一个故事，当时有个郓州人曰张公艺，九代同居，竟和和睦睦，相安无事。唐高宗甚是好奇，便问其故，张公取出一张纸，写下了一百个忍字。唐高宗十分赞誉，便赐号“百忍堂”。从此各地张姓大都以“百忍”为堂号，并列为祖训。（《旧唐书·张公艺传》）

当时流行的《司马氏书仪》[1]的基础上重新修订,使行止有一合宜的规矩可遵循。对于冠、婚、祭、丧等礼节都有详细的规范。具体的礼节规范要有仁爱的精神作为核心,否则就成了一个空壳子。家庭主要在培育人的德行,使其仁心得到充分发挥。家礼是依止的方式,是一种恰如其分的践履,是外在形式,而仁心则是更为重要的内在精神和核心价值。《朱子家礼》:"凡父母、舅姑有有疾,子妇无故不离侧,亲调尝药饵而供之。父母有疾,子色不满容。不戏笑,不宴游,舍置余事,专以迎医检方合药为务。疾已,复初。"子女对于父母应当悉心奉养,这些行为必须是发自内心情感的自然表达,不是应付外在规范的虚伪做作。《朱子家礼》中还有许多关于"尊老爱幼""夫妻和睦"的描述,这些也都是要以诚意作为核心,朱子则是将理想与原则加以提示。

(二)家庭伦理与社会道德的重建

1.重建和谐的两性观

现代社会把夫妻结合的动力——爱情给绝对化了,出现了离婚率居高不下的问题。(过分强调个人自由以及个人情感,让家庭伦理对于两性关系的协调功能丧失)和谐的夫妻关系是家庭功能健全的最大保障,两性观是现代家庭伦理的重要问题。当然,过度压抑个人也并非理想的家庭形态,两者间寻求一个平衡点,需要家庭伦理的重建。

朱子"男尊女卑"这句话一直被很多人诟病,其实,我们可以从《易经》阴阳调和的思想来理解朱子对于夫妇问题的看法。除了爱情的媒介之外,夫妻关系本来就是异质元素的结合,在激情退去之后,更本质的部分就是调和互补的工作。这个部分是需要双方共同付出和努力的。传统的家庭伦理观要求男性负责物质和经济的责任,对于女性强调顺从和情感上的忠贞。这种观念具有特定的时代背景,现代人可能不太认同"男主外,女主内"的分工,主张双方都应该有对等的道德规范(情感忠诚和家庭责任)。西方文化把人与人、社会与社会,看成是相互冲突的矛盾体系。阴阳互补的两性观,把人与人的组成看成是一个完整的协同架构,共同实现和谐的理想而互相配合。这种阴阳互补、强调和谐思想的两性观,对于家庭这种重视情感的地方而言,可能更加适合。

---

① 《司马氏书仪》是由宋代的司马光所编订,内容大多围绕家庭礼仪和具体规范开展,在当时流传甚广,朱子也相当认同。于是在这个基础上,参照古礼与俗礼编订了《朱子家礼》。

2.家庭的道德教育功能

现代伦理学比较强调公领域的道德原则的讨论，忽略了个人修养和道德自觉的问题。但是我们很难想象一个不孝顺父母、不友爱兄弟的人，能够无私地实践道德行为。因此，儒家把家庭伦理视为人类道德的起点，是道德形塑的第一站，也是最重要的一站。在升学主义的影响下，现代家庭的教育重心过度偏重升学考试，这种情况和古代士子热衷科举进士的情况是一样的。这样的教育成为一种谋求个人利益的功利教育，不但无益于社会进步，也是道德风气败坏的根源，朱子对此也提出过强烈的批评。

朱子批评他们当时的官方教育已经丧失了儒家修身成德的教育理想：

> 所谓太学者，但为声利之场。掌其教事者，不过取其善为科举之文，而尝得售于场屋者耳。……间相与言，亦未尝开之德行道义之实。而月书季考者，又只以促其嗜利苟得，冒昧无耻之心，殊非国家所以立学教人之本意也。[①]

太学成了争名逐利的地方，造成“因仍浅陋，知有科举而不知有学问”[②]的现象，导致学术水平低落、社会风气败坏。他在书院教育理念中确定了五教之目：“父子有亲，君臣有义，夫妇有别，长幼有序，朋友有信。”(《白鹿洞书院揭示》)[③]在《朱子家训》开篇也载明了“父之所贵者，慈也。子之所贵者，孝也。兄之所贵者，友也。弟之所贵者，恭也。夫之所贵者，和也。妇之所贵者，柔也”，以伦理道德作为家庭教育的核心。

道德教育是社会和谐的基础，也是健全人格发展的必要条件。道德重建与社会风气的改变，家庭教育是关键，需要为人父母者能够深切地体认并且以身作则。朱子的家庭教育强调的是德性的教育，和当今社会普遍重视的升学教育不同。朱子的家庭教育思想和家庭伦理规范，对于建立现代化家庭伦理教育而言，具有不可忽视的参考价值。朱子编有很多蒙学教育的书，也是很好的家庭教育读本，如果可以每个星期抽出固定时间进行亲子共读，不但是家庭学习时间，也是珍贵的亲子互动时间。透过这些德育问题的沟通与讨

---

① 朱熹：《学校贡举私议》，孟宪承等编：《中国古代教育史资料》，北京：人民教育出版社，1980 年，第 217～218 页。

② 朱熹：《信州州学大成殿记》，《晦庵集》卷八十，《文渊阁四库全书》第 1145 册，第 663 页。

③ 邓洪波：《朱子的书院实践与理学书院观》，张品端主编：《东亚朱子学新论》，厦门：厦门大学出版社，2012 年，第 286 页。

论，树立正向的人生态度与价值观，也可以增进亲子间的情感交流，避免代沟的产生。

3.**家庭的情感功能**

家庭是每一个人精神的港湾。在工商业社会繁忙的工作压力之下，人们面临很大的精神压力。家人间的情感支持与互相倾诉，有助于抗压以及情绪平稳，可以预防精神疾病的发生以及青少年暴力倾向。家庭生活对于人格塑造有很大的影响，在充满爱与关怀的环境中长大的孩子，比较容易学会感恩与付出；在缺乏情感照顾环境长大的人，往往性格忧郁，甚至容易发展成反社会人格。

4.**孝道伦理与老龄化社会的来临**

老龄化是中国已经开始面对的社会问题，老年的照顾不能全部依赖社会福利[①]，还是必须以家庭照顾为主。老年照顾不只是物质层面的问题，更重要的是居家生活照顾以及精神生活的问题，这些都必须仰赖家庭生活而完成。重振孝道伦理，让孝道成为重要的社会道德，得到普遍重视，是老年问题的根本解决。

中国有句老话是："家有一老，如有一宝。"这是对老年人智慧的肯定。一个懂得孝道伦理的家庭，老年的照顾就不会被看成是家庭负担，而是一种自然而然的互相关怀与照顾，在彼此需要的时候伸出援手。和年长者共同生活，也能从中得到生活经验和智慧的传承，对于子女的道德教育和感恩的教育，更具有积极的示范作用。

三、结　　论

家庭伦理建设是维系社会和谐的基础，也是重建社会价值的重要工作。在巨大的社会变迁下，我们面临了重整家庭伦理的需求。传统的家庭伦理观是否适用于当代社会，一直是备受讨论的问题。传统的家庭伦理观是在"家国一体化"以及"家国同构"思想下产生的，适用于古代社会以大家族为主的家庭生活模式，套用于当代社会普遍存在的小家庭规模，不管在理论指导或

① 全面的社会福利政策必须耗费庞大的社会资源，在目前的经济水平下，可能难以支撑这样的福利政策。加上农村以及都市低收入人群，他们可能没有办法享受完整的社会福利保障，但是恰恰是最需要协助的人群。

是伦理规范方面，都有进一步调整的必要。一味地坚持传统或全面批判，都不是理性的态度。合理的态度应该是要掌握家庭伦理的本质，剔除其中受到封建政治意识形态影响的部分，重新考虑当代的价值取向，并配合当代家庭生活的实际情况重新调整。

朱子的家庭伦理思想强调和谐的价值。笔者认为和谐是家庭伦理的本质，对于和谐价值的肯定与追求，是传统文化具有的深刻内涵。家庭由个别的成员组成，不同的角色定位、不同的性格和立场，本来就很容易发生摩擦。过度强调个人主义容易激化矛盾，过度的压抑又不利于家庭成员的适性发展，当中的权衡不但需要智慧，更需要彼此间的自觉与反省。“行有不得，反求诸己”是儒家一贯的处世态度，和谐的维护是必须透过自我要求而建立的，不是作为外在规范去宰制任何人。面对家庭问题，朱子肯定“修身”的重要性，认为“修身为齐家之本”。而修身的前提是要能够“诚意”“正心”，否则就容易沦为维持表面和谐的伪善。

现代的家庭伦理主要面对下面两个问题：第一个是夫妻关系的问题。家庭规模的缩小，夫妻关系的品质对家庭功能和家庭氛围构成决定性的影响。在朱子的学说中，夫妻是阴阳两极的结合，是创造力的根源。这种具有和谐思想的学说，主要在于强调互相调适与互相配合的智慧，对于当代日趋紧张的两性关系而言，具有深刻的意义。另一个是家庭教育的问题。在当代家庭中，独生子女成为整个家庭的生活重心。虽然子女的教育普遍受到重视，但是在升学主义挂帅的社会氛围下，以升学考试为主的教育模式，非但限制了子女的适性发展，对于道德教育的问题更是有所欠缺。除了完整的教育思想，朱子还著有许多蒙学教育的书籍，可以作为家庭教育的素材。

朱子有着深刻而丰富的家庭教育思想，在混乱的社会风气下，很多青少年面临了价值迷思、精神生活空虚的问题，这些可以透过家庭伦理和家庭教育的重建改善。离婚率偏高、老龄化社会来临等社会问题，也可以从传统的家庭伦理中获得养分。朱子的家庭伦理思想不仅具有现代意义，对于当代社会而言，更是具有补偏救弊的积极功能。

朱熹安贫恬退的思想

◎ 陈国代

朱熹入仕，却淡于名利，安于退让，不因生活贫困而去刻意经营官宦生涯，始终坚持自己做人与当官的信念，以道德自律。这种安贫恬退的廉洁思想，是宋代理学伦理思想体系的重要组成部分，也是儒家道德伦理思想的一个缩影。

一、朱熹廉洁思想之来源

(一)来自庭训

朱松(1097—1143)自小喜欢读书缀文，名冠乡里。政和八年(1118年)登第，入闽为当官。二十七八岁才与杨时门人萧顗游，又向罗从彦问道受业，学习《大学》、《中庸》等儒家学说，始捐旧习，学问价值指向是以二程为代表的理学。朱松的理学思想与道德践履，深深影响着朱熹。朱熹颖悟早慧，在父亲严格要求下读书，自总丱读"四书"[①]——即读《大学》《论语》《孟子》和《中庸》等儒家经典著作，"以先君子之余诲，颇知有意于为己之学"[②]。孔子提倡"为己之学"，强调的是个体道德心性修养，要像古圣贤那样读书修养，使自己的学问道德充实完备。朱熹以"为己之学"为学问宗旨，便是受父亲启蒙教育影

① 黎靖德:《朱子语类》卷一〇四，北京:中华书局，1986年，第2611页。

② 朱熹:《晦庵先生朱文公文集》卷三八，《答江元适书一》，朱杰人等编:《朱子全书》第21册，上海:上海古籍出版社，合肥:安徽教育出版社，2002年，第1700页。

响最为核心而深刻者。朱熹十四岁时，父亲在病逝前语重心长地说："籍溪胡原仲、白水刘致中、屏山刘彦冲，此三人者，吾友也。其学皆有渊源，吾所敬畏。吾即死，汝往父事之，而惟其言之听，则吾死不恨矣。"[①]朱松的刻意安排，是要为朱熹身心与学业的成长铺平道路，为朱熹日后事业的发展奠定基础。朱熹还听说祖父朱森对生活的态度，即便贫穷潦倒，也不忘告诫后辈以读书为重："吾家业儒，积德五世，后当有显者。当勉励谨饬，以无坠先世之业。"当家庭经济窘迫时，有人劝他改事生业，增加收入，得到的回答却是："外物浮云尔，无庸有为也。使子贤，虽不荣，于我足。不然，适重为后日骄纵之资尔。"[②]朱森超脱名利、业儒求贤的立世大节，对朱松不附权贵有直接影响，也对朱熹安贫乐道产生间接影响。

（二）来自师友

朱熹受命到五夫屏山下从学武夷三先生，从三先生施教中加深对古人为己之学的理解，"十六岁便好理学"[③]。其中"籍溪教诸生于功课余暇，以片纸书古人懿行，或诗文铭赞之有补于人者，粘置壁间，俾往来诵之，咸令精熟"[④]。胡宪用古人有益的言论和高尚的行为影响从学者，而其"箪瓢无改乐"[⑤]的精神，对朱熹是有影响的。朱熹人生发生根本性转折的关键，是三十岁前得到父亲同门友李侗先生教诲，"近岁以来，获亲有道，始知所向之大方"[⑥]，知"静中气象"的意涵，不外慕走作。李侗是罗从彦门人，"退而屏居山田，结茅水竹之间，谢绝世故余四十年。箪瓢屡空，怡然自适"[⑦]。李侗去世后，朱熹与年龄

---

① 朱熹：《晦庵先生朱文公文集》卷九〇，《屏山先生刘公墓表》，朱杰人等编：《朱子全书》第 24 册，上海：上海古籍出版社，合肥：安徽教育出版社，2002 年，第 4167 页。

② 朱松：《韦斋集》卷十二《先君行状》，朱杰人编：《朱子全书外编》第 3 册，上海：华东师范大学出版社，2010 年，第 192 页。

③ 黎靖德：《朱子语类》卷一一五，北京：中华书局，1986 年，第 2783 页。

④ 黎靖德：《朱子语类》卷一〇一，北京：中华书局，1986 年，第 2582 页。

⑤ 朱熹：《晦庵先生朱文公文集》卷二，《挽籍溪胡先生》，朱杰人等编：《朱子全书》第 20 册，上海：上海古籍出版社，合肥：安徽教育出版社，2002 年，第 295 页。

⑥ 朱熹：《晦庵先生朱文公文集》卷三八《答江元适一》，朱杰人等编：《朱子全书》第 21 册，上海：上海古籍出版社，合肥：安徽教育出版社，2002 年，第 1700 页。

⑦ 朱熹：《晦庵先生朱文公文集》卷九七，《延平先生李公行状》，朱杰人等编：《朱子全书》第 25 册，上海：上海古籍出版社，合肥：安徽教育出版社，2002 年，第 5417 页。

相仿的何镐相识，受其“天资夷旷，廉静寡欲”[①]的影响。朱熹终身不忘明师良友的提携与砥砺。

（三）得益圣贤

朱熹读中国古代思想文化原典，明白道在六经，无须它求。又读张载、二程著作，确定了道德起源于天理之说。《论语·宪问》就是孔子回答门人“宪问耻”，认为“邦有道不能有为，邦无道不能独善，而但知食禄，皆可耻也”[②]。朱熹从二程及其门人阐述孔颜之乐的文章中受益，以圣人道德修养为榜样，融会圣贤智慧。如“夫子自言疏食饮水，乐在其中”[③]，不仅如此，孔子还在《论语·雍也》中表彰弟子颜回：“贤哉，回也！一箪食，一瓢饮，在陋巷，人不堪其忧，回也不改其乐。贤哉，回也！”朱熹关注到《论语》所说：“富与贵是人之所欲也，不以其道得之，不处也；贫与贱是人之所恶也，不以其道得之，不去也。”[④]“曾子之为人，敦厚质实，而其学专以躬行为主。故其真积力久，而得以闻乎一以贯之之妙。然其所以自守而终身者，则固未尝离乎孝敬信让之规。而其制行立身，又专以轻富贵、安贫贱、不求人知为大”[⑤]。故朱熹《论语集注》中讲颜回“乐道又能安贫”。颜子不以贫乏改其乐而求其富，合乎孔子“君子谋道不谋食，忧道不忧贫”之要求。朱熹把圣贤安贫的思想，内化为自己的道德伦理思想，用心加以体贴，并应用于生活实践。

二、朱熹廉退赢得圣旨褒奖

（一）廉洁自律

朱熹能绍先父之训，“早践世科而益笃志于伊洛之学，安贫守道深山穷谷

① 朱熹：《晦庵先生朱文公文集》卷九四，《知县何公圹志》，朱杰人等编：《朱子全书》第25册，上海：上海古籍出版社，合肥：安徽教育出版社，2002年，第4343页。

② 朱熹：《四书章句集注》，北京：中华书局，1983年，第148页。

③ 黎靖德：《朱子语类》卷三一，北京：中华书局，1986年，第796页。

④ 黎靖德：《朱子语类》卷一三，北京：中华书局，1986年，第241页。

⑤ 朱熹：《晦庵先生朱文公文集》卷八一，《书刘子澄所编曾子后》，朱杰人等编：《朱子全书》第24册，上海：上海古籍出版社，合肥：安徽教育出版社，2002年，第3855页。

之中者三十余年”[①]。又笃信恩师教诲,“其语治道,必以明天理、正人心、崇节义、厉廉耻为先。本末备具,可举而行,非特空言而已”[②]。朱熹在同安首仕归来,多年过着贫困的生活,以人能弘道的精神,复古人忠厚廉耻之余风,紧随李侗致力于“崇节义,厉廉耻”的践行,做好“内圣修养工夫”。“人须是有廉耻,孟子曰:‘耻之于人大矣!’耻便是羞恶之心。人有耻,则能有所不为。今有一样人不能安贫,其气销屈,以至立脚不住,不知廉耻,亦何所不至”[③]!朱熹时刻不忘廉洁自律,并付诸实践,做到知行合一。

(二)圣旨褒奖

朱熹十九岁考取进士,入仕二十多年,除在泉州同安任主簿四年外,“闲居之日十居七八”[④],期间不乏官员向朝廷推荐,朝廷也有意擢升,但朱熹淡于名利,安于退让。在乾道九年(1173 年)六月里,在五夫家居的朱熹,突然接到建宁府杨由义派人送来一道尚书省札子。省札中说,五月二十八日,三省奉圣旨表彰:“朱熹安贫守道,廉退可嘉,特与改合入官,主管台州崇道观,任便居住。”[⑤]朱熹觉得自己不当无功受禄,多次上状辞免改官,一再坚持,“将所准省札具状申使府寄纳军资库,及申尚书省,乞赐敷奏寝罢”。“安贫守道,廉退可嘉”八个字,是对朱熹的道德评价,是有依据的。皇帝不轻易下圣旨,也就难以收回对朱熹的褒奖。而朱熹终生能躬廉退之节,并不负朝廷树立廉洁之望。

(三)屡次辞官

在宋代,读书做官,是许多读书人的梦想,也是无数寒门学子报效国家的最佳途径。入仕为官,有稳定俸禄养家,加官晋爵,不但收入可观,更能光宗

---

① 傅自得:《韦斋集序》,朱杰人编:《朱子全书外编》第 3 册,上海:华东师范大学出版社,2010 年,第 2 页。

② 朱熹:《晦庵先生朱文公文集》卷九七,《延平先生李公行状》,朱杰人等编:《朱子全书》第 25 册,上海:上海古籍出版社,合肥:安徽教育出版社,2002 年,第 4519 页。

③ 黎靖德:《朱子语类》卷一三,北京:中华书局,1986 年,第 241 页。

④ 朱熹:《晦庵先生朱文公文集》卷二二,《申建宁府状一》,朱杰人等编:《朱子全书》第 21 册,上海:上海古籍出版社,合肥:安徽教育出版社,2002 年,第 979 页。

⑤ 朱熹:《晦庵先生朱文公文集》卷二二,《辞免改官宫观状一》,朱杰人等编:《朱子全书》第 21 册,上海:上海古籍出版社,合肥:安徽教育出版社,2002 年,第 975 页。

耀祖。但不少人驰骛官场，奔竞求人，讨官要官，不排除为贫而仕。朱熹继承孟子“耻之于人大矣”的观点，将廉耻列为伦理道德的重要内容[①]，并按儒家德性要求强化自身修为，为官则清廉，以洁身自好；退居则独善其身，不苟且循世。朱熹不但不求美差厚禄，还不断推辞朝廷的授官迁职，前后辞官达50多次，自言“平日辞官文字甚多”[②]，辞官文字见载于《晦庵先生朱文公文集》中。朱熹对道理看得透，在不能得君行道的前提下，就竭力请祠挂籍，在家从事著述与民间讲学，甘当朝廷储备官员，于公于私两便，是合乎天理要求的。

三、朱熹终身恪守不自毁廉隅

（一）自警警人

朱熹熟读儒家经典，从中汲取营养，当看到孟子所言“圣人与我同类者”，喜欢得不得了，难以用言余表达。进而领会孟子所言“人不可以无耻。无耻之耻，无耻矣”的含义，逐步树立“人须是有廉耻”的道德理念。朱熹依古圣贤所教的为人之道去做，不贪恋钱财与官爵，更不做贪图富贵利达、声色货利者，虽极贫贱，身自躬耕，而胸次亦自浩然。朱熹“从容乎礼法之场，沉潜乎仁义之府”[③]，不自毁廉隅，做到“贫而乐”“贫而无怨”“贫而无谄”。朱熹与门人因说贫，曰：“朋友若以钱相惠，不害道理者可受。分明说：‘其交也以道，其接也以礼，斯孔子受之。’若以不法事相委，却以钱相惠，此则断然不可！”[④]也就是俗话所说“受人钱财，为人消灾”未必正确，必须慎思，不取、不为，否则就会违背真道义。朱熹说：“学者须要有廉隅墙壁，便可担负得大事去。”[⑤]朱熹用廉隅比喻人方正、刚直，用墙壁比喻明确界限，认为人具有正直的品格和识别能力，就可以成就大事业。朱熹告诫门人：“学者不于富贵贫贱上立定，则是入门便差了也。”[⑥]朱熹展开理欲、义利、是非之辨，就是要门人和士友明是非，

① 王健：《儒学三百题》，上海：上海古籍出版社，2001年，第186页。

② 黎靖德：《朱子语类》卷一〇七，北京：中华书局，1986年，第2677页。

③ 朱熹：《晦庵先生朱文公文集》卷八五《书画象自警》，朱杰人等编：《朱子全书》第24册，上海：上海古籍出版社，合肥：安徽教育出版社，2002年，第4005页。

④ 黎靖德：《朱子语类》卷一三，北京：中华书局，1986年，第242页。

⑤ 黎靖德：《朱子语类》卷一三，北京：中华书局，1986年，第240页。

⑥ 黎靖德：《朱子语类》卷一三，北京：中华书局，1986年，第241页。

知抉择，牢牢守住道德底线，不要走进死胡同。

(二)守法拒诱

人们常言，世界之大，诱惑无处不在，但主要来自官爵与金钱甚至女色的诱惑。朱熹不断辞官，能抵挡来自官位与俸禄的诱惑。朱熹在金钱面前，同样具有拒绝力。朱熹针对诸司送往迎来折送钱，而令行不止，发表看法："上下视法令皆为闲事，如不许州郡监司馈送，几番行下，而州郡监司亦复如前。但变换名目，多是做忌日，去寺中焚香。于是皆有折送，其数不薄。间有甚无廉耻者，本无忌日，乃设为忌日焚香以图馈送者。朝廷诏令，事事都如此无纪纲，人人玩弛，可虑！可虑！"[①]有门生问朱熹官场中互送祝寿礼的事："在官所，还受人寿仪否?"朱熹说："否。然也有行不得处，如作州则可以不受，盖可以自由。若有监司所在，只得按例与之受。盖他生日时，又用还他。某在潭州如此，在南康、漳州，不受亦不送。"[②]师生又论监司巡历中受折送之事，朱熹说："近法，自上任许一次受。"黄榦说："看亦只可量受。"朱熹说："某在浙东，都不曾受。"[③]因此，尽管朱熹在官场生活有身不由己的感受，但在郡守和监司任上，没有借自己庆寿而收礼。而双亲早就去世，无需借口忌日而敛财，始终心里坦荡，不受人情困扰。

(三)世人楷模

朱熹以民本思想为廉政思想之基石。朱熹作为地方官员，总是爱惜由百姓交纳上来的官钱。朱熹说："某见人将官钱胡使，为之痛心！两为守，皆承弊政之后，其所用官钱，并无分明。凡所送遗，并无定例，但随意所向为厚薄。问胥辈，皆云：'有时这般官员过往，或十千，或五千。后番或是这样，又全不送，白休了。'某遂云：'如此不得，朝廷有个公库在这里，若过往官员，当随其高下多少与之，乃是公道，岂可把为自家私恩！'于是立为定例，看甚么官员过此，便用甚么例送与之，却得公溥。后来至于凡入广诸小官，如簿、尉之属，个个有五千之助，觉得意思尽好。"[④]朱熹实施公款使用改革，使得资助过往官员

---

① 黎靖德:《朱子语类》卷一〇六，北京：中华书局，1986 年，第 2649 页。

② 黎靖德:《朱子语类》卷八七，北京：中华书局，1986 年，第 2258 页。

③ 黎靖德:《朱子语类》卷一〇六，北京：中华书局，1986 年，第 2644 页。

④ 黎靖德:《朱子语类》卷一〇六，北京：中华书局，1986 年，第 2642 页。

有章可循,从制度层面控制浪费,就是控制腐败。

当然,朱熹为官时间短,长期过着贫穷生活,不但没有沉沦,而且以弘道为己任,赢得生前生后名。

朱子静坐法浅谈

◎ 马海燕

静坐之法，源远流长。中国文化语境中的“静坐”只是一种统称，它可以包括佛教的禅定、止观、思维修，以及道家道教的胎息、凝神等，但凡有摄动归静的姿态和作用者皆可称之为“静坐”。①

实际上，宋以后儒门亦行静坐法。明代袁了凡所著《静坐要诀序》云：“静坐之诀，原出于禅门，吾儒无有也。自程子见人静坐，即叹其善学。朱子又欲以静坐补小学收放心一段工夫，而儒者始知所从事矣。”②民国丁福保所著《静坐法精义》亦云：“宋之程子、朱子，明之王阳明、陈白沙，皆讲静坐法。”③可见儒门倡行静坐之法以宋程子、朱子最为得力。

静坐属于传统哲学中工夫论范畴，学界贤者对此已多有发明，可供参考。④ 笔者在此就朱子静坐法的来源、主要内容以及常人所易忽视者稍作探讨，略呈管见，不当之处敬请方家赐教。

---

① 南怀瑾：《静坐养生与长生不老》，《南怀瑾选集》第五卷，上海：复旦大学出版社，2016年，第539页。

② 袁了凡：《静坐要诀》，上海：上海古籍出版社，2013年，第25页。

③ 丁福保：《静坐法精义》，蒋维乔：《因是子健康养生经》附编，北京：中国长安出版社，2010年，第139页。

④ 主要有吴震：《身心技法：静坐——试析朱子学的修养论》，《朱子学刊》2000年第一辑；曲镌：《闲谈儒家静坐功》，《文史杂谈》2012年第1期；朱人求：《养得静气成圣贤：儒家的静坐养心法》，《中医健康养生》2016年第6期等。

一、朱子静坐法的传承

朱熹(1130—1200),宋建炎四年(1130年)九月十五日生于福建南剑州尤溪县,其祖世居江西婺源,其父朱松(字乔年,号韦斋)宣和年间任建州政和县尉,因此入闽。朱熹14岁丧父,遵遗训从胡宪、刘子翚、刘勉之"三君子"学。19岁中进士,24岁赴任同安,途中拜见李侗(字愿中,世称延平先生)。

三君子中刘子翚(字彦冲,号屏山,又号病翁)对朱熹影响最深,在19岁之前是以屏山为主受业。在《屏山刘公墓表》中,朱熹曾问及刘子翚平生问学次第,刘先生说:

> 吾(刘子翚——引者注)少未闻道,官莆田时,以疾病,始接佛老之徒。闻其所谓清静寂灭者而心悦之,以为道在是矣。比归,读吾书而有契焉,然后知吾道之大,其体用之全乃如此,抑吾于《易》得入德之门焉。[①]

朱熹《跋家藏刘病翁遗帖》又言:

> 病翁先生壮岁弃官,端居味道,一室萧然,无异禅衲,视世之声色权利,人所竞逐者漠然若亡见也。熹蚤以童子获侍左右,先生始亦但以举子见期。而熹窃窥观,见其自为与所教人者若不相似。[②]

从上可知,刘子翚虽然深受佛老之说的影响,但他对朱熹的教诲还是以儒家之学为主,故而朱熹有"见其自为与所教人者若不相似"的疑惑。然不可否认,刘子翚等人与佛老之徒的交往,引起朱熹的好奇,也给了他接触佛老的机会。朱熹回忆说:

> 某年十五六时,亦尝留学于此(禅)。一日,在病翁所会一僧,与之语,其僧只相应和了说,也不说是不是,却与刘说某也理会得个昭昭灵灵底禅。刘后说与某,某遂疑此僧更有要妙处在。遂去扣问他,见他说得也煞好。及去赴试时,便用他意思去胡说。是时文字不似而今细密,由人粗说。试官为某说动了,遂得举。[③]

朱熹早年所留心的是禅宗顿悟之法。朱熹喜读禅门语录及常与禅僧机

---

① 朱熹:《晦庵先生朱文公文集》卷九〇,朱杰人等编:《朱子全书》第24册,上海:上海古籍出版社,合肥:安徽教育出版社,2002年,第4169页。

② 朱熹:《晦庵先生朱文公文集》卷八四,朱杰人等编:《朱子全书》第24册,上海:上海古籍出版社,合肥:安徽教育出版社,2002年,第3966页。

③ 黎靖德:《朱子语类》卷一〇四,北京:中华书局,1986年,第3437~3438页。

锋往来，此为佛教人士所津津乐道。《佛祖历代通载》卷二十言：

> 朱文公少年不乐读时文，因听一尊宿说禅，直指本心，遂悟昭昭灵灵一著。十八岁请举，时从刘屏山。屏山意其必留心举业，暨搜其箧，只《大惠语录》一帙尔。次年登科。故公平生深知禅学骨髓透脱关键，此上根利器，于此取足者也。[①]

大惠，即佛日大师大慧宗杲（1089—1163），临济话头禅的祖师。宗杲一方面批评默照禅，另一方面火烧《碧岩集》（文字禅的代表作），别开新路，倡导看话禅。[②] 但朱子静坐法与禅宗禅法并无特殊关联。

至于延平先生，朱熹《名堂室记》中说："后事延平李公先生，先生所以教熹者不异乎三先生之说。"[③]朱熹在延平先生处真正抛弃了禅学方面的兴趣：

> 后赴同安任，年二十四五矣，始见李先生。与他说，李先生只说不是。某却倒疑李先生理会此未得，再三质问。李先生为人简重，却是不甚会说，只教看圣贤言语。某遂将那禅来权倚阁起，意中道：禅亦自在。且将圣人书来读，读来读去，一日复一日，觉得圣贤言语渐渐有味。却回头看释氏之说，渐渐破绽，罅漏百出。[④]

就是这位延平先生，平生也是极力提倡静坐的。朱熹屡屡谈及："明道、延平皆教人静坐。"[⑤]延平《答朱元晦书》云：

> 曩时某从罗先生学问，终日相对静坐，只说文字，未尝及一杂语。先生极好静坐。某时未有知，退入室中，亦只静坐而已。先生令静中看喜怒哀乐未发之谓中，未发时作何气象，此意不唯于进学有力，兼亦是养心之要。[⑥]

此中罗先生，即杨时弟子罗从彦。罗从彦（1072—1135），字仲素，号豫章先生，福建沙县人。朱熹静坐法应主要是受延平先生影响，但他坦承自己并没有真正领会延平心法，他说："然当时亲炙之时，贪听讲论，又方窃好章句训

---

① 念常：《佛祖历代通载》卷二十。

② 杜继文、魏道儒：《中国禅宗通史》，南京：江苏人民出版社，2007年，第448～451页。

③ 朱熹：《晦庵先生朱文公文集》卷七八，朱杰人等编：《朱子全书》第24册，上海：上海古籍出版社，合肥：安徽教育出版社，2002年，第3731页。

④ 黎靖德：《朱子语类》卷一〇四，北京：中华书局，1986年，第3438页。

⑤ 黎靖德：《朱子语类》卷一二，北京：中华书局，1986年，第371页。

⑥ 朱熹：《延平答问》，朱杰人等编：《朱子全书》第12册，上海：上海古籍出版社，合肥：安徽教育出版社，2002年，第322页。

诂之习，不得尽心于此。至今若存若亡，无一的实见处，辜负教育之意。每一思及此，未尝不愧汗沾衣也。”[①]

总之，朱熹虽然早年与禅宗结缘，但他的静坐法与佛教或者禅宗没有直接的关系，它源自程门，属于儒门自身的静坐法传承，系由程夫子传杨时，杨时传罗从彦，从彦传延平，延平传至朱子。

二、朱子静坐法的内容

同样是程门静坐法，二程夫子、杨龟山、李延平、朱子等在具体内容上还是有很大区别的。明代儒门静坐法集大成者高攀龙曾自述静坐的过程说：

> 明日，于舟中厚设蓐席，严立规程，以半日静坐、半日读书。静坐中不帖处，只将程、朱所示法门参求，于凡诚、敬、主静、观喜怒哀乐未发、默坐澄心体认天理等，一一行之。立坐食息，念念不舍。夜不解衣，倦极而睡，睡觉复坐。于前诸法，反复更互，心气清澄时，便有塞乎天地气象，第不能常。[②]

此中提到程朱所示的静坐法门，有诚、敬、主静、观喜怒哀乐未发、默坐澄心体认天理等。《高子遗书》卷一对这些儒门静坐法的不同解释得更为明晰：

> 人心放他自由不得。心中无丝发事，此为立本。无杂念虑，即真精神。去其本无，即吾固有。静中看工夫，动中看本体。工夫未是，静中作主不得；本体未真，动中作主不得。明道曰，人心必有所止，无则听于物，此不动心之道也。朱子谓学者半日静坐，半日读书，如此三年，无不进者。尝验之一两月，便不同。学者不作此工夫，虚过一生，殊可惜。濂溪主静，主于未发也。言动一差，虚明无事中如水著盐、如面著油，欲静而不可得。人生无穿窬之事，则无穿窬之梦，非礼不动，皆如不为穿窬，心自静矣。龟山门下，相传静坐中观喜怒哀乐未发前作何气象，是静中见性之法。要知观者，即是未发者也。观不是思，思则发矣。此为初学者引而至之之善诱也。静如是，动不如是者，气静也；静如是，动亦如是者，

① 朱熹：《答何叔京》，《晦庵先生朱文公文集》卷四十，朱杰人等编：《朱子全书》第22册，上海：上海古籍出版社，合肥：安徽教育出版社，2002年，第1802页。

② 丁福保：《静坐法精义》，蒋维乔：《因是子健康养生经》附编，北京：中国长安出版社，2010年，第141页。

理静也。理静者,理明欲净,胸中廓然无事而静也;气静者,定久气澄,心气交合而静也。理明则气自静,气静则理亦明,两者交资互益,以理气本非二故。默坐澄心,体认天理,为延平门下至教也。若徒以气而已,动即失之,何益哉!默坐澄心,体认天理者,谓默坐之时,此心澄然无事,乃所谓天理也。要于此时默识此体云尔,非默坐澄心又别有天理当体认也。①

于此可知,"主静"是周敦颐之法,"观喜怒哀乐未发"是杨时门下静坐之法,"默坐澄心体认天理"是延平门下之法。

后二者实际上是相近的,朱熹曾说:"李先生教人,大抵令于静中体认大本未发时气象分明,即处事应物自然中节。此乃龟山门下相传指诀。"②也就是说,延平先生是在杨龟山"观喜怒哀乐未发"基础上再进一步提出"默坐澄心,体认天理"的。

朱子静坐法主要针对初学,所谓"始学工夫,须是静坐。静坐则本原定,虽不免逐物,及收归来,也有个安顿处"③。朱子真正谈静坐的言语文字并不多,笔者略做集要如下。

(一)立志实行

佛教修行重视发心,静坐亦言辨志。《静坐要诀》首列《辨志篇》,言:"凡静坐,先辨志。志一差,即堕邪径矣。如射者先认的,的东而矢西,其能中乎?"④

立志也是儒佛分判之处。朱熹认为为学首先应在立志,有志做尧舜之圣贤。他说:"学者大要立志。所谓志者,不道将这些意气去盖他人,只是直截要学尧舜。"⑤"今之朋友,固有乐闻圣贤之学,而终不能去世俗之陋者,无他,只是志不立尔。学者大要立志,才学,便要做圣人是也。"⑥问:"为学工夫,以何为先?"曰:"亦不过如前所说,专在人自立志。既知这道理,办得坚固心,一

① 丁福保:《静坐法精义》,蒋维乔:《因是子健康养生经》附编,北京:中国长安出版社,2010 年,第 140 页。

② 朱熹:《答何叔京》,《晦庵先生朱文公文集》卷四十,朱杰人等编:《朱子全书》第 22 册,上海:上海古籍出版社,合肥:安徽教育出版社,2002 年,第 1802 页。

③ 黎靖德:《朱子语类》卷一二,北京:中华书局,1986 年,第 379 页。

④ 袁了凡:《静坐要诀》,上海:上海古籍出版社,2013 年,第 28 页。

⑤ 黎靖德:《朱子语类》卷八,北京:中华书局,1986 年,第 280 页。

⑥ 黎靖德:《朱子语类》卷八,北京:中华书局,1986 年,第 281 页。

味向前，何患不进！”[1]

立志之后，应勇猛发愤践行之。朱熹说：“今之学者全不曾发愤”[2]、“为学不进，只是不勇”[3]。

（二）读书静坐

朱熹提倡半日读书，半日静坐，“须是静坐，方能收敛”[4]、“看文字罢，常且静坐”[5]、“用半日静坐，半日读书。如此一二年，何患不进”[6]！

静坐不废读书（当时“有不读书之说，可以诱人，宜乎陷溺者多”[7]），朱熹说：“人之为学固是欲得之于心，体之于身。但不读书，则不知心之所得者何事”[8]、“人常读书，庶几可以管摄此心，使之常存”[9]、“初学于敬不能无间断，这是才觉间断，便提起此心。只是觉处，便是接续。某要得人只就读书上体认义理。日间常读书，则此心不走作”[10]、“心不定，故见理不得。今且要读书，须先定其心，使之如止水，如明镜”。[11]

但是读书一定要讲究方法，否则会影响静坐。

读书应切已。朱熹说：“学须做自家底看，便见切己。今人读书，只要科举用；已及第，则为杂文用。其高者，则为古人用，皆作外面看。”[12]“为学须是切实为己，则安静笃实，承载得许多道理。”[13]“世间万事，须臾变灭，皆不足置胸中，唯有穷理修身为究竟法耳。”[14]这方面朱子自己有实例，他说：“近日已觉向来说话太支离处，反身以求，正坐自己用功亦未切耳。因此减去文字工夫，

---

① 黎靖德：《朱子语类》卷一一六，北京：中华书局，1986 年，第 3657 页。

② 黎靖德：《朱子语类》卷八，北京：中华书局，1986 年，第 282 页。

③ 黎靖德：《朱子语类》卷八，北京：中华书局，1986 年，第 282 页。

④ 黎靖德：《朱子语类》卷一二，北京：中华书局，1986 年，第 379 页。

⑤ 黎靖德：《朱子语类》卷一一六，北京：中华书局，1986 年，第 3659 页。

⑥ 黎靖德：《朱子语类》卷一一六，北京：中华书局，1986 年，第 3674 页。

⑦ 黎靖德：《朱子语类》卷一一六，北京：中华书局，1986 年，第 3657 页。

⑧ 黎靖德：《朱子语类》卷一一，北京：中华书局，1986 年，第 331 页。

⑨ 黎靖德：《朱子语类》卷一一，北京：中华书局，1986 年，第 331 页。

⑩ 黎靖德：《朱子语类》卷一一，北京：中华书局，1986 年，第 331、332 页。

⑪ 黎靖德：《朱子语类》卷一一，北京：中华书局，1986 年，第 333 页。

⑫ 黎靖德：《朱子语类》卷一一，北京：中华书局，1986 年，第 338 页。

⑬ 黎靖德：《朱子语类》卷八，北京：中华书局，1986 年，第 288 页。

⑭ 黎靖德：《朱子语类》卷八，北京：中华书局，1986 年，第 296 页。

觉得闲中气象甚适。”①

读书应有次第，朱熹说：“凡读书，须有次序。且如一章三句，先理会上一句，待通透；次理会第二句，第三句，待分晓。然后将全章反复紬绎玩味。”②

读书不可不先立程限，朱熹说：“今之始学者不知此理，初时甚锐，渐渐懒去，终至都不理会了。此只是当初不立程限之故。”③

（三）居敬穷理

朱熹对于程子主敬一法尤其推崇，他说：“敬之一字，真圣门之纲领，存养之要法。”④“程先生所以有功于后学者，最是敬之一字有力。人之心性，敬则常存，不敬则不存。”⑤“敬不是万事休置之谓，只是随事专一、谨畏、不放逸耳。”⑥

主敬之外，应须穷理。朱熹说：“主敬、穷理虽二端，其实一本。”⑦“学者工夫，唯在居敬穷理二事。此二事互相发，能穷理，则居敬工夫日益进；能居敬，则穷理工夫日益密。”⑧“持敬以静为主，此意须要于不做工夫时频频体察，久而自熟。”⑨“穷理以虚心静虑为本。”⑩

（四）唤醒持守

朱熹重视唤醒工夫，所谓唤醒就是令心时常体察警省，频频提起，使之如日之升，则群邪自息。他说：“学者工夫只在唤醒上。……放纵只为昏昧之故。能唤醒，则自不昏昧；不昏昧，则自不放纵矣。”⑪“今于日用间空闲时，收得此心在这里截然，这便是‘喜怒哀乐未发之中’，便是浑然天理。事物之来，随其是非，便自见得分晓。是底，便是天理；非底，便是逆天理。常常忒地收

---

① 黎靖德：《朱子语类》卷一〇四，北京：中华书局，1986年，第3435页。
② 黎靖德：《朱子语类》卷一一，北京：中华书局，1986年，第346页。
③ 黎靖德：《朱子语类》卷一一，北京：中华书局，1986年，第327页。
④ 黎靖德：《朱子语类》卷一二，北京：中华书局，1986年，第371页。
⑤ 黎靖德：《朱子语类》卷一二，北京：中华书局，1986年，第371页。
⑥ 黎靖德：《朱子语类》卷一二，北京：中华书局，1986年，第372页。
⑦ 黎靖德：《朱子语类》卷九，北京：中华书局，1986年，第301页。
⑧ 黎靖德：《朱子语类》卷九，北京：中华书局，1986年，第301页。
⑨ 黎靖德：《朱子语类》卷九，北京：中华书局，1986年，第301、302页。
⑩ 黎靖德：《朱子语类》卷九，北京：中华书局，1986年，第306页。
⑪ 黎靖德：《朱子语类》卷一二，北京：中华书局，1986年，第360页。

拾得这心在，便如执权衡以度物。”[①]有人问持敬易散漫，朱熹曰：“只唤着，便在此。”[②]“问每日做工夫处，曰：‘每日工夫只是常常唤醒，如程子所谓主一之谓敬，谢氏所谓常惺惺法是。’”[③]

朱子又言持守，其《答何叔京》云：“此心此性人皆有之，所以不识者，物欲昏之耳。欲识此本根，亦须合下且识得个持养工夫次第而加功焉，方始见得。见得之后，又不舍其持养之功，方始守得。盖初不从外来，只持养得便自著见，但要穷理工夫互相发耳。”[④]

此外，在朱子看来，所谓存心、主敬、持志、求放心与唤醒都是一样的：“所谓存，所谓收，只是唤醒。”[⑤]“许多言语，虽随处说得有浅深大小，然而下工夫只一般。”[⑥]

这一段是朱子静坐法中较为高级的层次，或许它可以相当于佛道的入定阶段。朱熹说：“今说求放心，说来说去，却似释老说入定一般。但彼到此便死了，吾辈却要得此心主宰得定，方赖此做事业，所以不同也。”[⑦]

（五）动静适宜

朱熹说：“敬不是只恁坐地，举足动步，常要此心在这里。”[⑧]“静坐而不能遣思虑，便是静坐时不曾敬。”[⑨]“动时，静便在这里。动时也有静，顺理而应，则虽动亦静也。”[⑩]

总之，朱子静坐法有其内在的理路，讲究一定的程式，体系完整，简便易行。

---

① 黎靖德：《朱子语类》卷一二，北京：中华书局，1986 年，第 361 页。

② 黎靖德：《朱子语类》卷一二，北京：中华书局，1986 年，第 373 页。

③ 黎靖德：《朱子语类》卷一一六，北京：中华书局，1986 年，第 3667～3668 页。

④ 朱熹：《答何叔京》，《晦庵先生朱文公文集》卷四十，朱杰人等编：《朱子全书》第 22 册，上海：上海古籍出版社，合肥：安徽教育出版社，2002 年，第 1843 页。

⑤ 黎靖德：《朱子语类》卷一二，北京：中华书局，1986 年，第 360 页。

⑥ 黎靖德：《朱子语类》卷一二，北京：中华书局，1986 年，第 363 页。

⑦ 黎靖德：《朱子语类》卷一二，北京：中华书局，1986 年，第 362 页。

⑧ 黎靖德：《朱子语类》卷一二，北京：中华书局，1986 年，第 372 页。

⑨ 黎靖德：《朱子语类》卷一二，北京：中华书局，1986 年，第 376 页。

⑩ 黎靖德：《朱子语类》卷一二，北京：中华书局，1986 年，第 380 页。

三、朱子静坐法的关键

以上五个方面只是就朱子静坐法理论层面做出的总结，若具体到静坐的实际修持，还有一个关键的内容需要说明。

朱熹屡屡批判佛教之坐禅法，他说："静坐非是要如坐禅入定，断绝思虑。只收敛此心，莫令走作闲思虑，则此心湛然无事，自然专一。"①又说："也不必要似禅和子样去坐禅方为静坐，但只令放教意思静便了。"②特别是后一说，影响甚大，以至今天有人刻意将朱子静坐法与佛教（或道教）静坐法相区别，如方朝晖教授在《儒家修身九讲》中介绍儒门静坐法说：

> 儒家倡导的静坐之法，常被人与佛教、道教、瑜伽等的静坐修炼混为一谈。有的人只要一提到静坐，就想到'气从丹田而出'。想到气功、太极中的练功之法，把静坐说得玄乎又玄，仿佛神秘得不得了。这是完全不对的。儒家所说的静坐，乃是非常简易的身心调节手段，主要是一种个人的内心活动，与太极、气功、瑜伽中的功法迥然不同。③

此说在今天儒学研究界很具有代表性。

很难想象，作为根植于中国传统文化的修身方法，儒家静坐法能够不谈"气"，不谈"阴阳"。其实之所以在方教授等看来那些传统功法"玄乎"，那是因为今人自身对中国传统文化的偏见与疏离。④ 方教授所介绍给学生的所谓静坐之法，应该说与传统儒家静坐法无关，其所重视者也不过是《菜根谭》之类的"清言"而已。⑤ 这可以说是对儒门静坐法的浅化和曲解。

不过这种曲解由来已久，静坐法在儒门中的传承在清代即鲜为人知。清代道士黄元吉在其《乐育堂语录》卷一中言及儒门诸人说：

> 今之称道学先生者，莫不记得先贤语录、古圣经文，遂高谈性命，群推理学之儒。而问性命之在身心究是如何光景、如何模样，未有不咋舌而不能道者。又况既无下学，则基址无本，到头来，书是书，人是人，所述

---

① 黎靖德：《朱子语类》卷一二，北京：中华书局，1986 年，第 379 页。

② 黎靖德：《朱子语类》卷一二，北京：中华书局，1986 年，第 379 页。

③ 方朝晖：《儒家修身九讲》，北京：清华大学出版社，2011 年，第 22 页。

④ 中国传统文化中很多核心内容被今人，尤其是学术界学者当作"糟粕"。

⑤ 从该书学生静坐的体验文字来看，他们的静坐不过是闭目冥思而已。当然这种静坐也会有一定的效果，但不可与传统静坐相提并论。

皆其唾余。而微言大义，一毫不能有于身心，虽高谈阔论，一若博大通儒，而施之于日用事为，无有半点如人意者。此无本之学，不足道也。[1]

在黄元吉看来，这种不静坐不切己修身的道学先生，“若无此清净神水，抽取配合，烹炼温养，未有不情欲生而杂念多者焉。……不肯用功于积精累气，而徒求之于制欲制情，无怪乎少年而学，皓首犹然不断情丝也。”[2]以此联系今天的现实，近来学界几位知名学者身陷丑闻，可不令人警醒！

明末三一教教主林兆恩传播三一教时，主要借助其“九序心法”（践行此法可以疗病养生）。此法实际上就是一种静坐法。清代庄亨阳《醵修龙江书院小引》说：

先生（林兆恩——引者注）心法，人多闻而疑之，不知其为周子主静、程子主敬之说也。却病之方，又即孟子持其志，无暴其气之旨也。学者从事于此，而求其端，则治心以治气，人道为有阶矣，岂非孔氏之支流余裔哉？且是说也，行则人无奇衰，物无夭札，亦圣天子化育之一助也。[3]

庄亨阳将三一教的九序心法比拟为周程之法，足见周程之法在当世儒门中已属罕闻。

实际上，儒门静坐法，特别是朱子静坐法与佛教禅法（特别是天台禅法）、道教静坐法在下手工夫上是共通的，即都强调“调息”，而并非如一般学人所认为的只是安静地坐着。

调息一法是朱子静坐法的关键。唯有做到心息相依，息调心静，才能变化色身，气闲神安，最后摆脱情欲牵缠，“存天理灭人欲”才能落到实处。对此，朱熹有《调息箴》以言其要，其箴云：

鼻端有白，我其观之。随时随处，容与猗移。静极而嘘，如春沼鱼。动极而翕，如百虫蛰。氤氲阖辟，其妙无穷。孰其尸之，不宰之功。云卧天行，非予敢议。守一处和，千二百岁。[4]

观鼻端白，原是佛教《楞严经》上二十五个圆通法门中第十四个法门：

孙陀罗难陀即从座起，顶礼佛足，而白佛言：我初出家，从佛入道，虽

① 黄元吉：《乐育堂语录》卷一，北京：九州出版社，2014 年，第 20 页。

② 黄元吉：《乐育堂语录》卷五，北京：九州出版社，2014 年，第 259 页。

③ 《醵修龙江书院小引》，庄亨阳：《秋水堂遗集》卷六，《启引》，《清代诗文集汇编》第 258 册，上海：上海古籍出版社，2010 年，第 405 页。

④ 朱熹：《调息箴》，《晦庵先生朱文公文集》卷八五，朱杰人等编：《朱子全书》第 24 册，上海：上海古籍出版社，合肥：安徽教育出版社，2002 年，第 3997 页。

具戒律，于三摩地，心常散动，未获无漏。世尊教我，及拘絺罗，观鼻端白。我初谛观，经三七日，见鼻中气，出入如烟，身心内明，圆洞世界，遍成虚净，犹如琉璃，烟相渐销，鼻息成白。心开漏尽，诸出入息，化为光明，照十方界，得阿罗汉，世尊记我，当得菩提。①

宋代著名的养生大家苏东坡也是采用“视鼻端白”的做法(《东坡志林》卷一②)。朱子调息，虽言观鼻端之白，但与佛教之法并不相同，他强调顺其自然，不勉强，不执着，重视气机的把握。因为气机静到极处，自然会动，就如同春天的鱼，一定会浮出水面嘘气；气机动到极处，自然要静，就如同冬天的百虫，一定会伏在土里翕气。③

至于朱子静坐法是否采用佛教坐禅一般使用的跏趺坐(盘足坐)姿势，这倒是可以讨论的。④ 前引朱子所说“也不必要似禅和子样去坐禅方为静坐”，其实就是关于静坐的姿势而言。但需注意，朱子此说是有语境的。有人问朱子：“疲倦时静坐少顷，可否？”⑤朱子回答：“也不必要似禅和子样去坐禅方为静坐，但只令放教意思静便了。”也就是说，对于疲倦而静坐者来说，静坐时可以不需要跏趺坐，至于平时则未必了。朱子另谈及：“病中不宜思虑，凡百可且一切放下，专以存心、养气为务。但加(当作跏——引者注)趺静坐，目视鼻端，注心脐腹之下，久自温暖，即渐见功效矣。”⑥此说一方面可以为《调息箴》“观鼻端白”之调息法做详注，另一方面也说明他对跏趺坐的重视。因此，有理由推断，朱子静坐法推荐初学者最佳的静坐姿势也是跏趺坐。

四、余　论

朱子静坐法与佛道静坐法一样讲究程式和功法。朱熹在静坐方面也有

① 《楞严经》卷五，北京：中华书局，2012年，第229页。

② 陈撄宁：《静功总说》，胡海牙：《胡海牙仙学养生文集》，海口：海南出版社，2015年，第321页。

③ 陈撄宁：《静功总说》，胡海牙：《胡海牙仙学养生文集》，海口：海南出版社，2015年，第323页。

④ 南怀瑾先生认为儒门静坐法一般采取正襟危坐的方式，可供参考。南怀瑾：《静坐养生与长生不老》，《南怀瑾选集》第五卷，上海：复旦大学出版社，2016年，第515页。

⑤ 黎靖德：《朱子语类》卷一二，北京：中华书局，1986年，第379页。

⑥ 朱熹：《答黄子耕》，《晦庵先生朱文公文集》卷五一，朱杰人等编：《朱子全书》第24册，上海：上海古籍出版社，合肥：安徽教育出版社，2002年，第2381页。

一些独到的体验，这些体验写入诗中，自然有点类似佛教禅僧开悟后所作的禅偈了。例如朱子诗云："昨夜江边春水生，艨艟巨舰一毛轻。向来枉费推移力，此日中流自在行。"[1]这首诗应该是朱子静坐修身略有所得时所作。黄元吉在《乐育堂语录》中叙述"玄窍初开"的情形时即引朱子此诗为证："当玄窍初开，不过其机甚微。及养之久久，直觉平日之气息不能收纳者，至此自然收纳。平日之心神不能静定者，至此自然静定。朱子所谓'昨夜江边春水生，艨艟巨舰一毛轻。向来枉费推移力，此日中流自在行'是矣。"于此可知，以道教修行的视角来看，朱子静坐也是达到一定境界了。

当然，朱子静坐法的初衷乃是"以静坐补小学收放心一段工夫"，它与佛道二家的静坐法相比略为浅薄，尤其是朱子治学，不免有支离之讥。这自然也影响了他对静坐法的重视程度，这在朱子晚年更见其悔。[2] 尽管如此，对于今天的儒学学者而言，重拾朱子静坐法并践行之，这才是真正传承和弘扬儒学（或朱子学），复兴儒学（或朱子学）才有希望。毕竟"读书乃学者第二事"，真学问是"就自家身己上切要处理会方是"！[3]

---

① 黄元吉：《乐育堂语录》卷二，北京：九州出版社，2014 年，第 66 页。

② 曲镌：《闲谈儒家静坐功》，《文史杂谈》2012 年第 1 期。

③ 黎靖德：《朱子语类》卷一〇，北京：中华书局，1986 年，第 313 页。

“吾道南矣”本义辨析

◎ 叶梦婷　罗小平

“吾道南矣”本是北宋理学家程颢为儒家道统心法向南传播的感言，自此之后，历代儒家学者以传播心法为己任，并且将圣人之学发扬光大。但是五四运动后，道统中断，更有甚者，将“吾道南矣”解读成程颢个人的学术思想向南传播，不仅中断了儒家道统，更丢掉了儒家心法，儒学成了无源之水、无根之木，儒学的意义和目的由是茫然不知。

一、儒家道统溯源

“吾道南矣”是宋元丰四年(1081 年)，杨时到河南洛阳求学南归时，程颢所说的一句话。《宋史》卷四二八《道学二》载：“时河南程颢与弟颐讲孔、孟绝学于熙、丰之际，河、洛之士翕然师之。时调官不赴，以师礼见颢于颍昌，相得甚欢。其归也，颢目送之曰：‘吾道南矣！’”“时调官不赴”的“时”即杨时。但学者对“吾道”的解读不尽相同：有的说是程颢说“我的学术会向南发扬光大”，有的说是程颢说“我的理学向南面传播”。

事实上，上述的解读都是误解，或者没有理解原意，或者没有了解历史背景。“吾道”一词早在两千多年前孔子教育弟子曾参时就已经提出：“子曰：‘参乎！吾道一以贯之。’曾子：‘唯。’”[①]但这里的“吾道”不是孔子自己的学术思想，而是指整个儒家之道，因为孔子之前已有夏、商、周开其端。《宋史》卷四二七《道学一》载：“‘道学’之名，古无是也。三代盛时，天子以是道为政教，

① 《论语・里仁》，北京：中华书局，2007 年，第 46 页。

大臣百官有司以是道为职业，党、庠、术、序师弟子以是道为讲习，四方百姓日用是道而不知。是故盈覆载之间，无一民一物不被是道之泽，以遂其性。于斯时也，道学之名，何自而立哉。”又说：“文王、周公既没，孔子有德无位，既不能使是道之用渐被斯世，退而与其徒定礼乐，明宪章，删《诗》，修《春秋》，赞《易象》，讨论《坟》《典》，期使五三圣人之道昭明于无穷。故曰：‘夫子贤于尧、舜远矣。’孔子没，曾子独得其传，传之子思，以及孟子，孟子没而无传。两汉而下，儒者之论大道，察焉而弗精，语焉而弗详，异端邪说起而乘之，几至大坏。”

上述所说的“遂其性”的“性”，就是本性，也就是理学家解释的与生俱来的天生资质，对物而言是自然规律，对人而言就是心性（一定社会人与人和谐准则）。两则记载的意思是说，古代没有“道学”的名称，但三代（即尧、舜、禹）已把心性作为治政的方法，大臣百官以讲心性为业，党、庠、术、序师弟子也讲习心性之道，四方百姓日用以心性为依归，只是不知其中道理缘由，所以心性充盈覆载于天地之间，没有一民一物不受心性的惠泽，使人、物随其本然（自然）之性。不过此时没有道学的名称，也就不可能独立成为一门学术而自立。周文王、周公死后，到了孔子有德行而没有政治地位，不能使心性运用于世，但他隐居山野，定礼乐文明体制，效法周文王、周武王之制，删《诗》《书》，赞《周易》，修《春秋》，期望使三皇五帝圣人之道永续昭明于世，所以人们说孔夫子之贤远远超过尧、舜。孔子死后，曾子独得其所传，曾子传给孟子，孟子死后心性不传。到了两汉时期，学者虽论述心性，但识察而不精确，阐发而不周详，佛、老之学乘机而起，心性之道崩坏（“礼崩乐坏”就是心性之道崩坏的重要表现）。

由此观之，孔子说的“吾道一以贯之”之道，不是指孔子自己的学术，而是指夏、商、周中尧、舜、禹的心法。孔子的孙子孔伋说：“羡尧、舜之道，恨不及乎。”[①]朱熹对孔子子孙所做的贡献说得更清楚，“孔门传授心法”[②]。这个心法指的就是上古先圣大德明心之法，即儒家“人心惟危，道心惟微。惟精惟一，允执厥中”的十六字心性之法，由尧、舜、禹开其端，周朝数代君王发扬光大的礼乐制度。所以朱熹注释《诗经》时，多称“南国诸侯被文王之化，其女子亦被

---

① 孔德平、彭庆涛主编：《游读曲阜》，济南：泰山出版社，2014年，第248页。

② 朱熹：《四书章句集注》，《中庸章句》，北京：中华书局，2012年，第17页。

后妃之化”“南国诸侯被文王之化，能正心修身以齐其家”[①]。

其实，《宋史》说“‘道学’之名，古无是也”是作者不察，事实上“道学”一词早已有之。《尔雅》是中国最早按义类编排的综合性辞书，也是中国古代儒家“十三经”之一。据说产生于秦汉时代。此书称：“如切如磋，道学也。如琢如磨，自修也。”这里没有说明“道学”为哪家所有，只是表明治学的方式是切磋学问，也就是相互交流，探讨学问。而自己思考琢磨的学习方式则叫自修。如果进一步深究，“道”字最早是道家专属，因为“道”是由道教始有发现的。老子说：“有物混成，先天地生……可为天地母。吾不知其名，字之曰道。”[②]显然，这里的“道”属道家，“道学”最初也应指道家之学。

但是汉代以后，儒、释、道都强调自己是中国文化的正宗地位。因为撇开各教的教义不说，“如切如磋”只是“道学”的治学方式，这种方式，儒、释、道三家皆采用。于是在长达五六百年的时间里，出现了“三教并立”“三教兼宗”的说法。也就是除了道家之道外，儒家也有儒家之道，释家也有释家之道，只是各家脉系不同。

唐代韩愈提出了儒家“道统”一词。他在《原道》中提出：“斯吾所谓道也，非向所谓老与佛之道也。尧以是传之舜，舜以是传之禹，禹以是传之汤，汤以是传之文、武、周公，周公传之孔子，孔子传之孟轲。轲之死，不得其传焉。”这就是韩愈所说的道统，也就是儒家传播心法的脉络或系统。韩愈对儒家脉系进行了仔细梳理，明确指出他说的道统是儒家道统，不是道、释之道。

从“道”和“道学”一词的由来和演变，我们清楚了“道”和“道学”的最初含义。但是宋代以后，“道学”演变成了儒家哲学思想的专有名词，这就是元人脱脱把儒家哲学思想的学者归为“道学”一类，在《宋史》中单列《道学传》。由“道”“道学”回到“吾道南矣”，我们便可知道这个“道”的真正意含。

二、宋代以来对道统的继承

宋代，理学家把“道统”作为儒家的学脉，并围绕这个学脉进行研究注释阐发。程颐就曾多次提到儒家之道和“吾道”一词。他在为其兄程颢所撰《明道先生行状》说：“先生为学，自十五六时，闻汝南周茂叔论道，遂厌科举之业，

---

① 朱熹：《诗经集传》卷一，宋元人注《四书五经》(中)，北京：中国书店，1989年，第6页。

② 《道德经·第二十五章》。

慨然有求道之志。未知其要，泛滥于诸家，出入于老释者几十年，返求诸六经而后得之。……谓孟子没而圣学不传，以兴起斯文为己任。其言曰：'道之不明，异端害之也。'"可见程颢向周敦颐学儒道，而儒道来自原始儒学。程颐坚持儒家道统，也是为了与道、释划清界限，"'问：且将《语》《孟》紧要处看，如何？'伊川曰：'固是好，然若有得，终不浃洽。盖吾道非如释氏，一见便从空寂去。'"[①]显然，程颐说的"吾道"并不是他自己的理学思想，而是与佛教有着根本区别的儒家道统。

朱熹一生也坚守儒家道统，多次将儒道称为"吾道"。有弟子问"理之一贯"问题。朱熹回答说："只是其用不同，其体则一。一个本贯许多末。先生问：'如何是末？'曰：'孝弟忠信，居处有礼，此是末。'曰：'今人只得许多名字，其实不晓。如孝弟忠信，只知得这壳子。其实不晓，也只是一个空底物事，须是逐件零碎理会。如一个桶，须是先将木来做成片子，却将一个箍来箍敛。若无片子，便把一个箍去箍敛，全然盛水不得。曾子零碎处尽晓得了，夫子便告之曰：'参乎，吾道一以贯之。'"[②]有门人问："若非佛氏收拾去，能从吾儒之教，不知如何？曰：他又也未是那'无文王犹兴'底，只是也须做个特立独行底人，所为必可观。若使有圣人收拾去，可知大段好。只是当时吾道黑淬淬地，只有些章句词章之学。他如龙如虎，这些艺解都束缚他不住，必决去无疑。也煞被他引去了好人，可畏可畏！"[③]汉代佛教传入中国，势力坐大，他们强调儒、释、道"三教兼宗""三教并重"，甚至不少儒家学者都参禅问道，其原因是当时的儒家只注重"章句词章之学"，而淡化了心性之道，导致佛教势力"如龙如虎"。朱熹所言反映了佛教对儒学的冲击，但他坚持儒家的立场不变，称儒家之道为"吾道"。朱熹甚至引芮国器所言："天下无二道，圣人无两心。"[④]直到庆元党禁，朱熹仍然坚守儒家阵地。有人劝朱熹避难时，朱熹回答说："今为避祸之说者，固出于相爱。然得某壁立万仞，岂不益为吾道之光。"[⑤]朱熹不担心朝廷的党禁，相反，他倒认为在此危如累卵的时刻自己能坚持儒家道统，岂不是有益于儒家道统发扬光大。

陈淳是朱熹的重要弟子，他不仅秉承师说，还一如既往捍卫儒家道统，

---

① 朱熹、吕祖谦：《朱子近思录》卷三，上海：上海古籍出版社，2015年，第56页。

② 《论语·里仁》，北京：中华书局，2007年，第46页。

③ 黎靖德：《朱子语类》卷四，北京：中华书局，1986年，第80页。

④ 黎靖德：《朱子语类》卷九七，北京：中华书局，1986年，第2479页。

⑤ 黎靖德：《朱子语类》卷一〇七，北京：中华书局，1986年，第2621页。

称:“有天地之忠恕,至诚无息,而万物各得其所是也。有圣人之忠恕,吾道一以贯之是也。”[①]“忠恕”是儒家的伦理思想,即处理人与人之间关系的重要原则之一。曾子在解释孔子“吾道一以贯之”时说:“夫子之道,忠恕而已矣。”[②]陈淳不仅承认这是孔子所说的可以终身行之,又可以一以贯之之道,而且是可以类推到万物的心性之道。

元代奎章阁侍书学士虞集虽然没有对“吾道”一词做出解释,但他对程颢的“吾道南矣”之叹有独到的见解。他说:“程子送其门人龟山杨氏之归,已有‘吾道南矣’之叹。程子之叹,非私叹也。”[③]私与公相对,程颢之叹不是个人之叹,就是因“公”而叹,是为道统南传而叹。

明代,朝廷重视经济,也重视儒学文化,在诸多儒者为理学家著作撰写序言和奏疏或所创诗歌中,也多用“吾道”“心传”一词。如周木说:“然其学者,妙体用而合为一,合显微而无二。实斯文之正脉,吾道之的传,与尧舜禹汤文武周公孔子异趣者。”[④]意思是说,体用一原是理学的正脉,是儒家道统的然相传的结果,但因为理学把儒家的思想上升到天理的高度,与原始儒家道脉中的尧、舜、禹、汤、文、武、周公、孔子有不同的意趣。又如《八闽通志》的作者黄仲昭诗曰:“仙梵争华侈,伤哉吾道穷”“道脉承伊洛,心传在考亭。”[⑤]黄仲昭是明代著名的方志学家、诗文家,官至翰林院编修,而不是思想家、哲学家,不敢自诩“吾道”是自家之道。第二首诗中,黄仲昭点明了朱熹传播理学,实际是传播儒家心法,而这个心法是杨时、游酢师事河南程颢、程颐兄弟得以向南传播。黄氏所言符合历史事实,儒家道脉南传的关节点是“吾道南矣”“程门立雪”,根源于伊洛,而不是直接来自孔子的家乡洙泗,不能牵强附会地说是孔孟的嫡传。但二程所传并不等于是程氏之道,而是包括孔孟以前的儒家之道。从王安石的神位被逐出孔庙也可以看出“吾道”是儒家心性之道。王安石官居相位,而且是著名的思想家、文学家,宋崇宁三年(1104年)配享孔庙,靖康元年(1126年)就被罢黜配享,保留从祀。淳祐元年(1241年)从祀资格

① 陈淳:《北溪字义·忠恕》卷上,《四库全书》子部(影印本)。

② 《论语·里仁》,北京:中华书局,2007年,第46页。

③ 虞集:《延平路新修宣圣庙学记》,《中国地方志集成·福建府县志辑·(民国)南平县志》卷十四,上海:上海书店出版社,2000年,第562页。

④ 周元文:《延平答问序》,朱杰人等主编:《朱子全书》第13册,上海:上海古籍出版社,合肥:安徽教育出版社,2002年,第357~358页。

⑤ 黄仲昭:《谒延平书院二首》,《未轩文集》卷八,《四库全书》集部(影印本)。

也被取消，原因就是他认为“天命不足畏”“祖宗不足法”“人言不足恤”。理学家把祖宗之法上升到天命之理，明天命就是要倡明心性，光大文明礼乐，使我们的社会成为礼仪之邦。王安石违背了儒家的心法，必然遭到一向以儒学为治国之本的朝廷的强烈反对，最终难以进入儒家最高的文化殿堂——孔庙。游居敬在为李侗所撰《请从祀疏》中，对李侗的学术道德表彰有加，称他“上继往圣，下开来学，其有功吾道大矣”。游居敬官居明刑部侍郎，是一位崇儒重道的官员，而不是学术上形成自己的思想体系，所以他说的“吾道”不是自己的学术之道，而是儒家的道脉。

与黄仲昭、游居敬同时代的徐即同样认为南传的儒道是一种心法。其诗曰：“南来吾道传心印，虚过一生愧汗流。”[①]这里的“南来吾道”，指的是程颢的“吾道南矣”，即儒家道统，而不是徐即自己的一家之言。否则连语法都不通，甚至可能理解为徐即的学术思想向南传播。熊汲上疏为罗从彦、李侗请求从祀孔庙事迹中更直接指出“心法之传，上符尧禹”[②]，并且强调孔子是上续尧、舜的道统：“若孔子道高德厚，接尧、舜、禹、汤、文、武、周公之传。六经垂宪，功德在人，宜万世食报无穷焉。”[③]孔子的贡献在于注六经，使得尧禹之道大明于天下。

除了儒者之外，碑刻也证明“吾道”的本义。山东曲阜孔庙立有一方明成化年间石碑，碑文说：“盖孔子之道，即尧、舜、禹、汤、文、武之道。”又说：“孔子之道，常存而不泯，则纲常无不正，伦理无不明。而万物亦无有不得其所者，行将措斯于雍熙、泰和之域，而无异于三代之盛也。”[④]孔子创立儒学是通常的说法，事实上儒家的心法须上溯到孔子之前。尧、舜、禹三代心法之道就已经盛大光明，而孔子继承发扬了三代的遗风，才有“不异于三代之盛”的说法。所以碑文中称“使天不生孔子，则尧、舜、禹、汤、文、武之道，后世何从而知之。将必昏昏冥冥，无异于梦中，所谓万古如长夜”[⑤]。春秋时期，在道统榛芜绝续

① 徐即：《登四贤祠》，《中国地方志集成·福建府县志辑·（民国）南平县志》卷十八，上海：上海书店出版社，2000年，第648页。

② 熊汲：《奏补罗李二儒从祀疏》，《中国地方志集成·福建府县志辑·（民国）南平县志》卷十二，上海：上海书店出版社，2000年，第500页。

③ 熊汲：《奏补罗李二儒从祀疏》，《中国地方志集成·福建府县志辑·（民国）南平县志》卷十二，上海：上海书店出版社，2000年，第500页。

④ 孔德平、彭庆涛主编：《游读曲阜》，济南：泰山出版社，2014年，第106～107页。

⑤ 孔德平、彭庆涛主编：《游读曲阜》，济南：泰山出版社，2014年，第106～107页。

之际，是孔子传承接绪，使儒家道统得以延续。

清代朝廷崇文重道，尤推重朱子理学，儒者或地方官员笔下称赞理学家同样多引“吾道”一词。清人钟紫帏说：“因忆《延平答问》一书，乃朱子授受衣钵。迄今被阅研究，俨接两贤笑语，不禁喟然曰：‘吾道南来，真谛其在斯乎？其在斯乎？’”[①]钟紫帏只是读了李侗的《延平答问》一书，了解了李侗与朱熹的师生关系，以及他们对儒家所做的贡献，也把儒家道统称为“吾道”。如果把这里的“吾道”理解为是钟紫帏的学术思想，必然谬之千里。何棅《李延平先生文集》序中说：“外此，则史言历代之行事，各擅一家之长。子则各鸣其所能，而未必皆合于吾道之中。”何棅只是长洲提学佥事，如何敢说历代各家之说、之行都未合“我”的学术思想？于辰说：“昔孔子承精一之统，以传其徒曾参，曾参传孔伋，孔伋传孟轲氏。”[②]这个“承”就是继承，即孔子继承了前代的统绪，而不是孔子创造了统绪。孔子在道统绝续之际，承前启后，传至孟子。陆鸿对李侗传播理学多加赞赏，赋诗曰：“於戏李公，吾道宗工。承河南派，启剑溪翁。南来道统，于斯无穷。千里百世，共仰风流。秋月皎洁，冰壶玲珑。”[③]据说陆鸿是一位画家，但更像是一位儒者，他对李侗事迹了如指掌，而且十分清楚“吾道”是南来的道统。可见此人是一位深谙儒家的画家。

清代，对道统的由来评说以康熙皇帝最为有力。康熙二十三年（1684年），康熙到曲阜时写下五言诗：“銮辂来鲁东，先登夫子堂。两楹陈俎豆，数仞见宫墙。道统唐虞接，儒宗洙泗长。入门扶松柏，瞻拜肃冠裳。”[④]在这里，康熙帝明确肯定了孔子的道统来源于唐虞。唐即唐尧，虞即虞舜。也就是说，儒家道统由尧、舜二帝开创，孔子接绪了道统的脉络。

此外，从朱子学传播台湾也可以进一步得到证明，台湾的“道东书院”以“道”命名，意思是说道统向东面的台湾传播。所以邓传安在文开书院祭祀朱子时说“紫阳儒宗，海隅仰止”。朱熹是理学大家，其学说为著名的考亭学派，但仍然是儒家的一名弟子，是以儒为宗，而不是儒家之外的学术派别。

---

① 钟紫帏：《延平答问跋》，朱杰人等主编：《朱子全书》第13册，上海：上海古籍出版社，合肥：安徽教育出版社，2002年，第359页。

② 于辰：《李延平先生祠堂碑记》，《中国地方志集成·福建府县志辑·（民国）南平县志》卷十五，上海：上海书店出版社，2000年，第576页。

③ 陆鸿：《延平李先生像赞》，《李侗文化研究》，南平：李侗文化研究会，2009年，第234页。

④ 孔德平、彭庆涛主编：《游读曲阜》，济南：泰山出版社，2014年，第134页。

与“吾道”意义相同的还有“吾儒”“吾党”之词。宋代，官历朝奉大夫、南康军知军的赵师夏为“南剑三先生”之一的李侗撰写《李先生文集序》时，引用李侗的话说：“吾儒之学所以异于异端者，理一分殊也。”这个“吾儒”不是指李侗的儒学，而是与释氏相区别的儒家门派。朱熹十年师事李侗，是李侗最得意的门生，他对朱熹的评价是：“进学甚力，乐善畏义，吾党鲜有。”[①]“党”在古代有乡党、乡人之意，还用于量词，如《周礼·地官》：“五家为比，五比为闾，四闾为族，五族为党。”这里指儒家学者这一群体。

三、余　　论

“吾道南矣”是儒家的道统向南传播，而绍绪道统是儒家心法接续。程颢、程颐、朱熹、陈淳等理学家以及诸多官员所说的“吾道”，表明儒家学者坚守儒学的立场，将自己视为儒家的坚定捍卫者。在整个儒家道统脉系中，那些圣贤对儒家的贡献各有不同，“孔子倡道于洙泗”[②]，羽冀六经，功在明道；“程氏倡道于伊洛”[③]，创建理学；“龟山先生（杨时）倡道东南”[④]，道统南传。而朱子则是“倡道闽中”，使斯道大明（明人薛瑄称“自考亭以还，斯道已大明……”）[⑤]。孔子、程氏、杨时传播儒道的地点不同，但他们的共同点都是倡道，而不是创道，一字之差，离题万里。孔子都不敢说他所倡之道是自家之道，程颢何以敢说“吾道”就是自己的理学思想。

在道统南传的过程中，“南剑三先生”传道的先后不同，地位也不同，延平区玉地村杨龟山祠堂的门联是“斯文上续三千载，吾道南来第一家”。杨时求学南归，倡道东南，是道学南传的第一人，自然是第一家，也表明儒学不只上续到二程，而是上续到数千年前的尧、舜。罗从彦祠堂的门联是“遵尧录上传千年，吾道南来第二家”（这里的“遵尧录上传千年”是泛指，实为上溯数千

---

① 李侗：《李延平集》卷四，福州正谊堂书院典藏版（影印本）。

② 翁正春：《覆从祀议》，《中国地方志集成·福建府县志辑·（民国）南平县志》卷十二，上海：上海书店出版社，2000 年，第 506 页。

③ 翁正春：《覆从祀议》，《中国地方志集成·福建府县志辑·（民国）南平县志》卷十二，上海：上海书店出版社，2000 年，第 506 页。

④ 林钿：《请补宋罗李二先儒从祀庙庭呈议奏疏》，《中国地方志集成·福建府县志辑·（民国）南平县志》卷十二，上海：上海书店出版社，2000 年，第 499 页。

⑤ 张廷玉等撰：《明史》卷二八二，北京：中华书局，1974 年，第 7229 页。

年)，罗从彦是杨时的门人，自然是道学南传的第二家。李延平(李侗)祠的原联是“斯文上续数千载，吾道南来第三家”，李侗是罗从彦的门人，自然是道学南传第三家。今天南平的诗家吕桂叨、程经华为李侗纪念馆撰柱联：“斯文上续，文章崇一品；吾道南来，道统第三家。”如果把这里的“吾道”理解为吕桂叨、程经华个人的学术思想，就会贻笑大方。

心法由尧、舜、禹所创，但在数千年的发展进程中，儒家不断丰富了心法的内容，文、武、周公制定周礼，规范了心法的礼乐制度；孔子毕生注六经，儒家心法进一步得到弘扬。到了宋代，出现理学、道学之名，但二者并没有离开儒家道统，“之所以称为理学，是因为两宋诸子所创建的思想体系以‘理’为宇宙最高本体，以‘理’为哲学思辨结构的最高范畴”。“之所以称为‘道学’，是因为宋代理学诸子自认继承尧舜禹汤文武周公的道统，并宣称他们的学问以明道为目标”[①]。“明道”就是要明天地之性，明天命之性。因为理学家以理释性，以理释心，所以理学也被称为性理之学，儒家的性命之学、心性学由此而来，而尧、舜、禹的心法是性命之学、心性学的最初来源。由此可知，“孟子没而不传”并不是儒学不传，因为汉代讲经大量存在，私人讲学的地方称作精舍，官方还设有专门的讲经官，称为经师。即便是两晋，儒学也与玄学、史学、文学并立，所以道统不传实为心法不传。

总之，儒家道统只有一个，不能理解为某人说的“吾道”是个人的学术思想。儒家学者阐发儒家思想，传播心法，是围绕儒家的道统而展开的，他们或对儒家经典做出注释，或提出个人的见解，都没有离开儒家道统。如果把“吾道”理解为个人的学术思想，就会造成天下“多道”，既不符合历史事实，更给学术界带来混乱。

① 李耀曾编著：《理学泰斗——程颢程颐》，郑州：河南人民出版社，2014年，第46页。

儒家集会中合唱诗歌的传统

◎ 袁鑫浛

中国乃礼乐之邦，古代存在灿烂的音乐文化。本文专说合唱问题。先来看一场明代的大型合唱。晚明某年中秋，文坛领袖张岱（1597—1679）参加苏州虎丘聚会，“在席者七百余人，能歌者百余人”，同声唱《澄湖万顷》，“声如潮涌，山为雷动”[①]。如果说这是即兴为之，不足为训，那下面就追索一番有组织乃至完全制度化的合唱。这种不是随兴为之的，便是“礼”中之乐，恰是儒家的主流和强项。

一、庙堂之合唱诗歌

无论儒家原典，抑或秦汉以降的国家礼制，宋以降的“新儒学”，都明确采纳并运用着合唱这种音乐形式。

《仪礼》中《乡饮酒礼》《乡射礼》《燕礼》《大射仪》四篇所规定的嘉礼，都有合唱环节。合唱人数，有“工六人”“工四人”不等。工是歌工，郑玄注：“瞽蒙，善歌讽诵诗者也。”即善于唱诗的盲人。以《燕礼》为例，该礼“作乐”的部分，其仪程略分四步：

第一步，在乐正引领下，工四人升堂（带有两把瑟），歌《鹿鸣》《四牡》《皇皇者华》（属《诗经·小雅》）。

第二步，堂下吹笙队吹《南陔》《白华》《华黍》（属《小雅》）。

第三步，堂上歌与堂下笙交替：上歌《鱼丽》，下笙《由庚》。歌《南有嘉

① 张岱著，弥松颐校注：《陶庵梦忆》，杭州：西湖书社，1982年。

鱼》,笙《崇丘》;歌《南山有台》,笙《由仪》(均属《小雅》)。

第四步,堂上堂下"合乐",演唱《关雎》《葛覃》《卷耳》(属《诗经·周南》)和《鹊巢》《采蘩》《采蘋》(属《诗经·召南》)。

歌者登堂,谓之升歌,或登歌。依《仪礼》所示,燕射诸礼都会用到升歌。然而不仅嘉礼,作为吉礼的祭礼也广泛用到。《周礼·春官》谈到了"大祭祀"和"大飨"中的登歌:"大祭祀,(大师)帅瞽登歌,令奏,击拊;下管,播乐器,令奏,鼓朄。大飨,亦如之。"《小师》:"登歌击拊。"这里的大师、小师,是乐队之队长,应该也是盲人。如《仪礼·大射仪》,登堂而歌的乐工六人,其中就有大师、小师各一人。他们的"击拊"(拊似鼓),是起歌的指令。《春官》中"下管播乐器"一句,"管"指笙箫等管乐,是说管乐器在堂下为堂上之歌伴奏,与上述《燕礼》的布置一致。据周代之礼,登歌人数都是双数。后世朝廷、宗庙大典无不有登歌之仪,但人数并不统一。《宋史·乐二》总结:"魏晋以来,登歌五人,隋唐四人,本朝因之。"北宋元丰二年(1079年)进行改革,"堂上歌为八",规模扩大了一倍。其原因是琴瑟等乐器增多,为了保证人声不被掩盖,必须扩大合唱人数。同样不统一的还有歌词,例如《明史·乐志一》云:"明兴,太祖锐志雅乐。……其登歌之词,多自裁定。"不用诗三百,而是作新词,可能是为了显示天子制礼作乐的特权,也可能是有见于《诗经》乐谱难明之故。

从登歌的安排很容易看出来,人声最贵,器乐为声乐服务。《礼记·郊特牲》谈升歌:"歌者在上,匏竹在下,贵人声也。"汉代的登歌甚至取消了乐器伴奏,为的就是"不以丝竹乱人声"(《隋书·音乐下》)。后代流行的一句话是,"丝不如竹,竹不如肉"。[①] 反观今日,所谓民乐表演,实为单纯的民族乐器表演。各地祭孔复原释奠礼,音乐部分也是侧重钟鼓丝竹的演奏。它们都遗漏了古礼所推崇的人类自身的歌喉。人声的连续性、多样性,为打击乐器、管弦乐器所不及。更重要的是声乐有文词,如登歌之歌《鹿鸣》《关雎》等,每篇都有不同的含义。

合唱选什么人,是个有趣的问题,关系到古人认为谁人更有天赋,什么样的嗓音更动听,更能达到目的。上古歌者多瞽者,这是常识,前文多及之。秦汉以后,征选青少年的多了起来,其中汉高祖是先行者。《史记·高祖本纪》记载,刘邦回乡,与家乡父老子弟纵酒:"酒酣,高祖击筑,自为歌诗曰:'大风起兮云飞扬,威加海内兮归故乡,安得猛士兮守四方!'"也是这次,他从沛中

① 语出陶潜:《晋故征西大将军长史孟府君传》。

征选了少年一百二十人，教他们唱歌。相信这班少年的主要职责就是合唱诗歌，而且必唱高祖自作的慷慨之歌，其气势可以想见。是否也用于庙堂登歌之仪，则不得而知。后来汉惠帝保留了一百二十人的编制，有缺就补，但“皆令为吹乐”，转为演奏器乐了。

二、书院内外之合唱诗歌

宋代道学兴起后，除了国家礼制层面继承过去，理学家个人对音乐的态度与了解程度如何？学者集会时有合唱吗？就此，理学集大成者、闽学第一人朱子的例子至关重要。

毫无疑问，朱子喜爱吟唱。《朱子语类》卷一〇七记载，朱子每“领诸生游赏，则徘徊顾瞻，缓步微吟”。他与张栻等人同游衡山，留下《南岳酬唱集》，便属于此类。但严格说，唐以后盛行的近体诗吟唱，音乐性略低，还不是“歌”。宋人以长短句作歌，如“凡有井水处，即能歌柳（永）词”[①]之歌，才是“歌”。陈荣捷先生在1980年代作《朱子之歌》一文，说他所知的朱子高歌，只有他二十一岁时回徽州，酒酣独歌《离骚》一次。[②] 这种认识，容易造成朱子不喜歌或不善歌的印象。

陈文提到，《宋元学案》记元儒许衡将死，“歌朱子所撰歌”，歌罢奄然而逝。歌曰：“睡起林风瑟瑟，觉来山月团团。身心无累久轻安，况有清凉池馆？句稳翻嫌白俗，情高却笑郊寒。兰膏元自少陵残，好处金章不换。”这首《和西江月》，载《朱文公文集》卷十四，陈荣捷先生误以为文集未载。此外，应张栻之邀，朱子曾作《虞帝庙迎送神乐歌词》两阕：“皇朝为兮山之幽，翳长薄兮俯清流……”1182年，许进之挟琴来到朱子的书堂，月夜“挥弦度曲，声甚悲壮”。嗣后朱子为琴曲《招隐操》作词二阕：“南山之幽，桂树之稠，枝相樛……”更有名的是游九曲溪所作《武夷棹歌》十首，相信用的是当时武夷山间的民谣曲调。今曲不存，而词犹在。实际上，朱子自小生长在浓厚的音乐氛围中。其祖父朱森，“时时为歌诗，恍然有超世之志”。[③] 朱子十余岁在崇安五夫，便从屏山先生刘子翚学琴。《朱文公文集》卷八十五载《紫阳琴铭》一则，知此琴为

---

① 语出叶梦得：《避暑录话》。

② 陈荣捷：《朱子新探索》，上海：华东师范大学出版社，2007年，第91～92页。

③ 朱松：《韦斋集》卷十，《先君行状》。

朱子所有。据悉，此琴仍存世，名“太古遗音”，琴铭落款“淳熙丁未，新安朱熹书”，为《文集》所无。此琴曾为吴景略（1907—1987）所藏，2009 年在北京匡时拍卖会上以 2072 万元人民币成交。① 朱子《精舍杂咏》回忆：“琴书四十载，几作山中客。”“精舍”指武夷精舍，建于淳熙十年（1183 年），时朱子 54 岁，距其 14 岁移居崇安，正好四十年。

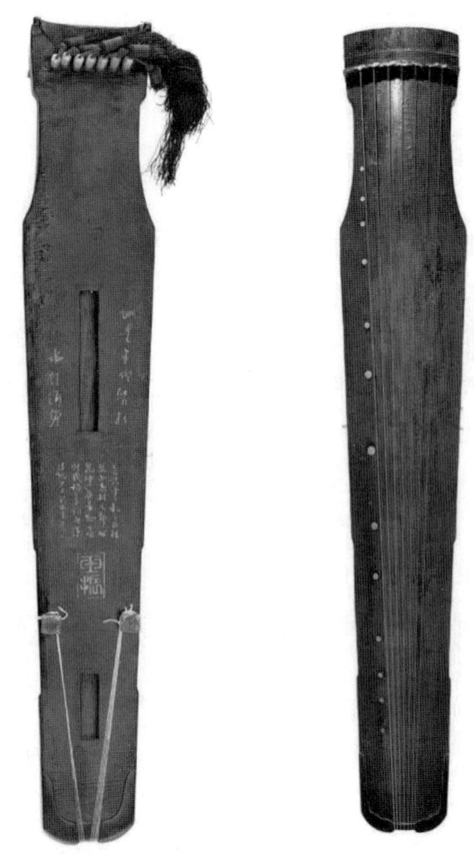

图 1　朱熹所用“太古遗音”琴，刻有《紫阳琴铭》

（转载自《古典工艺家居》杂志，出自北京匡时拍卖公司）

可以肯定地说，朱子对音乐是充满热情的。韩元吉（1118—1187）《武夷精舍记》：“（吾友朱元晦游武夷，）与其门生弟子挟书而诵，取古诗三百篇及楚人之词，哦而歌之。潇洒啸咏，留必数日。”门生辐辏于武夷，自是朱子中年以后事，特别是精舍建成以后事。也就是说，他青年高歌诗赋的兴致，日后并未抛弃。此等情怀，正是孔门“浴

① 汤石香：《“太古遗音”和它打开的千万古琴时代》，《古典工艺家具》2016 年 12 月刊。综合各路报道，朱子用过或收藏过的古琴，怀疑尚有三把传世：1947 年，著名古董名家王世襄（1914—2009）于北京地安门外万宝兴古玩店购入一琴，琴池内右侧刻有“朱晦翁藏”（王世襄《自珍集》）；1963 年春，部队离休干部王赣于北京宝聚斋古玩店购得古琴一张，琴腹刻有“大宋庆元己未年朱熹制”《淄博市文物志》（1984 年）；2011 年 8 月 19 日，台北“琴为何物——历代传世古琴暨当代古琴大展”，展出朱熹用琴“冰磬”，有铭文“宫应商名，击玉敲金。怡情养性，中和且平。淳熙丁未秋日，晦翁自铭”（中新社当天报道）。

乎沂，风乎舞雩，咏而归”的浪漫传统。后来陈白沙之“或浩歌长林，或孤啸绝岛”[①]，王阳明之“老夫今夜狂歌发，化作均天满太清”[②]，皆一脉相承。

朱子流连武夷山水，与门生“哦而歌之，潇洒啸咏”之际，同声合唱应是大概率事件。几百年后，王阳明在滁州也做了同样的事：他“日与门人遨游琅琊、瀼泉间。月夕则环龙潭而坐者数百人，歌声震山谷”[③]。可以想象，比之行军打仗的阳明一门，紫阳一门的歌唱，激昂之气或稍逊。无论如何，与张岱他们在虎丘合唱《澄湖万顷》一样，这些合唱由山水激发，遣怀咏志，哪怕是集体行为，仍属个人自由意志范畴。而我们更希望找到制度化的合唱，一种常规的、超越个人目的的合唱。这就需要诉诸儒家礼制，一个异于山水之乐的、不那么浪漫的传统。就宋明道学而言，除了对于家国礼法的意见，主要就是书院内部的礼仪活动。

宋明学校诸生歌诗，始于胡瑗。作为宋初三先生之首的胡瑗（993—1059），在湖州州学、苏州州学、汴京太学的一套经验，成为后来学校、书院教育的典范。它具有多方面的创新，如课程分为经义斋、治事斋，如设投壶、射艺，即今之体育。又如令学生歌诗奏乐。黄宗羲《宋元学案·安定学案》载：“先生在学时，每公私试罢，掌仪率诸生会于肯善堂，合雅乐歌诗，至夜乃散。诸斋亦自歌诗奏乐，琴瑟之声彻于外。”所谓“合雅乐歌诗”，不是偶尔为之，而是经常举行。《宋史·乐十七》记胡瑗在湖州事：“宋朝湖学之兴，老师宿儒痛正音之寂寥，尝择取《二南》《小雅》数十篇，寓之埙篇，使学者朝夕咏歌。自尔声诗之学为儒者稍知所尚。”当有宋之初，胡瑗等人抱着急迫的心情，意图复兴传统音乐文化，其中歌《诗经》就是一环。

如果说胡瑗令学校学生歌诗，多有存亡续绝背景下的演练性质。当其渐为儒者所知，开枝散叶，到明代则已被普遍吸收为固定的书院仪式。资料很多，兹举四例。

1.紫阳书院，徽州，主祀朱子。其祀典规定，亚献礼、终献礼之间及前后，“歌诗生”总共三次“升歌”。歌生八人或六人左右对立，歌《诗》某章。[④] 歌诗的目的，主要是降神和送神。

---

① 黄宗羲：《明儒学案·白沙学案》，北京：中华书局，1985年。

② 王阳明：《月夜与诸生歌于天泉桥》，吴光等编校：《王阳明全集》，上海：上海古籍出版社，1992年。

③ 钱德洪：《王阳明先生年谱》，阳明教育研究院。

④ 施璜编：《紫阳书院志》，黄山：黄山书社，2010年。

2.姚江书院,余姚,主祀王阳明子。有会规曰,会讲前,“同会就坐,鸣云板三下。赞:‘歌诗!’童子出班揖行则折旋。歌时或以小磬节之,歌毕鸣云板三下”①。歌童“出班”,即是升歌之仪。会讲者来自书院内外,会讲之礼参照分主宾的“燕礼”。歌诗的目的,重在和主宾。

3.刘宗周的证人会。其会仪规定:拜过先圣先贤,坐定后,“司赞者传云板三声,命童子歌诗。诗毕,复传云板三声,请开讲。……讲毕,命童子复歌诗”②。此合唱模式类似姚江书院。看得出来,童子歌诗可前可后,可一次可两次。

4.东林书院,无锡,有道南祠祭祀“洛闽中枢”杨时。其会讲仪式为:“会日,久坐之后,宜歌诗一二章,以为开畅性灵之助。会讲毕,就听讲中推一人,朗诵嘉言善行一二,则其于感发兴起未必无补也。”③无韵的文用来朗诵,有韵的诗用来歌唱,有分别。歌诗的目的,是活动血脉,开畅性灵。东林书院的歌诗队如何组成?规定:“习礼者充歌生,每歌,鱼贯升堂齐立,对圣像一揖。择年长声亮一人为倡,每句倡者先歌一声,众生齐和一声。”这段话信息丰富:歌生是书院习礼的学生;有人领唱;唱者要向孔子圣像行礼。

以上基本属晚明清初之事。较早,王畿(1511—1587)“每遇讲会,以童子歌诗,声中金石”④,应该也是童子合唱。明代书院俨然普遍化、制度化了的歌诗队,从形式上看,综合了庙堂的升歌礼和汉高祖选育童子的做法。有趣的是,朱子特意观察过童子的唱功,说:“向见一女童,天然理会得音律,其歌唱皆出于自然。”⑤明清书院志留存较多,歌诗之出声法、伴奏乐器等细节,班班可考,今日复原颇便利。⑥

遗憾的是,朱子、王子二人,虽皆以讲学为事,均未发现留下这方面的资料。这是就成人讲学场所或提供高等教育的书院而言,至于蒙学、小学,二人则皆明文提倡童子歌诗。如朱子《小学》多处提到小学生歌咏舞蹈之要,指出歌以养性情耳目,舞蹈以养血脉,且援引程子之言:“(《诗经》)今人未易晓,别欲作诗,略言教童子洒扫、应对、事长之节,令朝夕歌之。”程朱尚停留在纸面,

---

① 《姚江书院志略》。

② 刘宗周:《证人会约》。

③ 《东林书院志》。

④ 黄宗羲:《明儒学案·泰州学派一》,北京:中华书局,1985年。

⑤ 黎靖德:《朱子语类》卷九二,北京:中华书局,1986年。

⑥ 参阅朱燕:《明代书院唱诗觅踪》,中国音乐学院硕士学位论文,2008年。

至王阳明则已实行之。钱德洪《王阳明年谱》载，王子平定南康、赣州之贼，随即“兴立社学，延师教子，歌诗习礼”。他留下的《训蒙大意示教读刘伯颂等》曰：“今教童子者……务其培植涵养之方，则宜诱之歌诗，以发其志意；导之习礼，以肃其威仪；讽之读书，以开其知觉。”如果有人怀疑这些所谓童子歌诗，只是童子聚在一起学习唱歌，不是真正意义上的合唱，那么再看一下王子同时人崔铣(1478—1541)为其家塾规定的功课：“日中令群立歌诗，一人倡之，众乃和之。诗用《孝顺》三十章及邵子《子养亲》六章，渐进之《二南》及《鹿鸣》。”[①]时间定在正午，且需站立而歌。看得出来，仪式性是很强的。社学、家塾之类也可以行释奠释菜礼，把歌诗用于祭孔典礼是完全可能的。当然总的来说，跟成人场合的登歌比，小学之歌诗更多是预备性质。

因为今天不少人以为朱子单调，与音乐似乎无缘，所以关于他的音乐这里多说几句。他丰富的音乐实践前文已及之，而他的音乐理论在他的时代其实也是一流，读者具体可翻阅其长篇论文《琴律说》及诸多经注、语录。据郑俊晖博士学位论文《朱熹音乐著述及思想研究》，[②]中国最早的律吕谱《风雅十二诗谱》收入朱子及其门人编纂的《仪礼经传通解》，经过了朱子与作者赵彦素的切磋。而中国音乐学史上的重要著作、署名蔡元定的《律吕新书》，实为蔡朱二人共同的智慧成果。相视其浩繁的著述，关于朱子本人音乐实践的文字真的是凤毛麟角。究其原因，相比于个人自娱的音乐，朱子更关心礼制层面的音乐，也就是他在《诗集传》序中说的“可以用之乡人，用之邦国，以化天下”的音乐。他对《诗经》乐谱、对音律的大量讨论，正是基于乐教方面的无比热情。有研究者指出，由于朱子对音乐的主要功能强调它的社会教化，导致“会友之时，乐而放歌于朱子是常有之事，但他却不说”。[③] 换言之，不是其他可能的合唱，而是上述周礼中的登歌才是他关心的合唱。

---

① 崔铣：《洹词》卷七《休集·训略》，文渊阁四库全书本。

② 郑俊晖：《朱熹音乐著述及思想研究》，福建师范大学博士学位论文，2007年。

③ 郑锦扬：《朱熹音乐思想论稿》，《中国音乐学》1992年第3期，第96～97页。

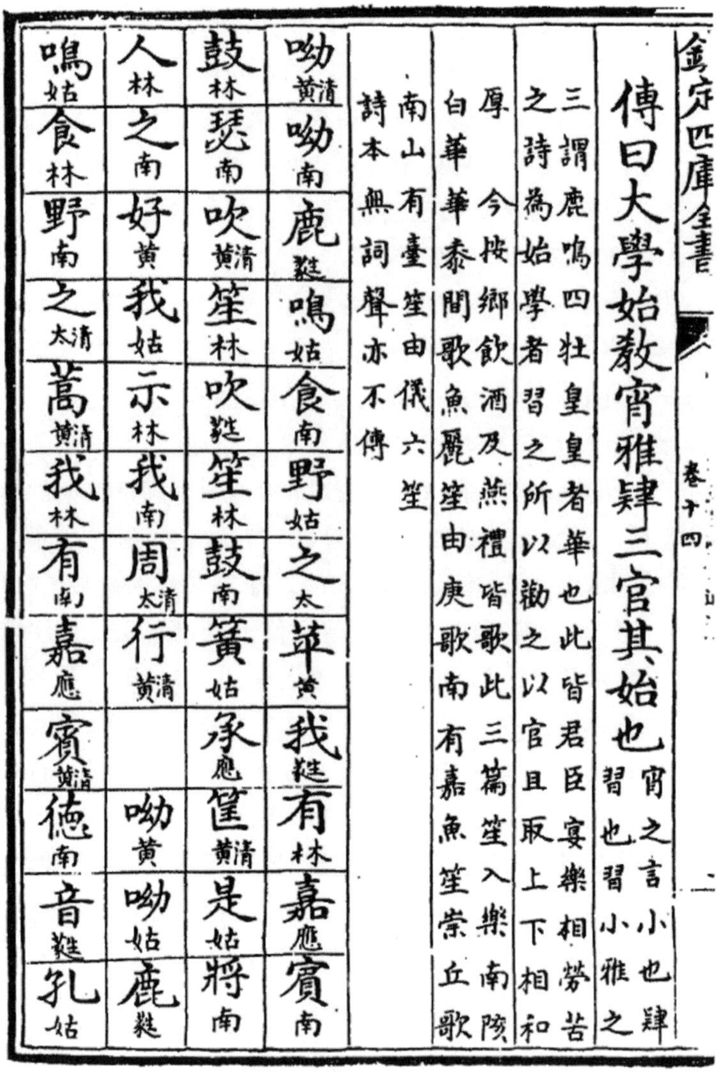

欽定四庫全書　卷十四

傳曰大學始教宵雅肄三官其始也宵之言小也肄習也習小雅之

三謂鹿鳴四牡皇皇者華也此皆君臣宴樂相勞苦

之詩為始學者習之所以勸之以官且取上下相和

厚　今按鄉飲酒及燕禮皆歌此三篇笙入樂南陔

白華華黍間歌魚麗笙由庚歌南有嘉魚笙崇丘歌

南山有臺笙由儀六笙

詩本無詞聲亦不傳

呦黃清 呦南 鹿蕤 鳴姑 食南 野姑 之太 苹黃 我蕤 有林 嘉應 賓南

鼓林 瑟南 吹黃清 笙林 吹蕤 笙林 鼓南 簧姑 承應 筐黃清 是姑 將南

人林 之南 好黃 我姑 示林 我南 周太清 行黃清 呦黃 呦姑 鹿蕤

鳴姑 食林 野南 之太清 蒿黃清 我林 有南 嘉應 賓黃清 德南 音蕤 孔姑

图 2　朱子《仪礼经传通解》所收《风雅十二诗谱》

——中国现存最早的律吕字谱

《福建文化》:民国地方儒学研究的兴起

◎ 陈文庆

20世纪30年代,福建协和大学(福建师范大学前身)创办福建文化研究会,《福建文化》杂志成为该会展示研究成果的重要平台。本文在考述《福建文化》福建理学研究成果的基础上,分析其研究特色并就其对于当今福建理学研究的意义做了评价。

一、《福建文化》福建理学研究概况

《福建文化》是福建协和大学福建文化研究会主办的刊物,该会"分作史地、语言、风俗、物产、歌谣、民族等股,另学者分股研究,然后向共同的目标进行。并且每一股又分作若干类专门研究"[①]。王治心在《发刊词》中说:"我们所说的文化并不是像一般人的思想,专注意到精神方面。我们知道文化是包含物质生活的,所以我们要研究的范围,是包括一切属于生活的各方面。"[②]可知《福建文化》的研究范围极为广泛,是人文社科综合刊物。这样的办刊方针也使该刊的中国哲学研究带有强烈的文献实证色彩,而不单单是思想阐释。《福建文化》从1931年创办,到1949年与《协大艺文》(福建协和大学艺文社出版)合并为《协大学报》,共出版了三十八期。据目录统计,发表的文章总计210余篇,作者达90余人。《福建文化》实行"综合"与"专号"相结合的办刊方

① 郭际唐:《关于福建文化研究会和福建协和大学的几句话》,《福建文化》1931年创刊号。

② 《发刊词》,《福建文化》1931年创刊号。

针，前十七期(1935 年 1 月)均为综合性质。从第 18 期到第 26 期为止，连续出了七期专号(第 20、25 两期除外)，分别为李卓吾专号(第 18 期)，风土特辑(第 19 期)，漳州史迹专号(第 20 期)，福建谜语专号(第 21 期)，福建谚语专号(第 23 期)，福建理学专号(第 24 期)，郑和专号(第 26 期)[①]。

福建是朱子的出生地和主要活动区，其弟子也以福建籍为主，可以说福建文化深受朱子学影响，朱子学的研究自然成为福建文化研究会的重点研究项目。该刊第 3 期(1932 年 4 月)即发表了王孝泉《从地理民族学术的变迁说到研究福建文化的途径》[②]的主题演讲，其中第三部分"学术的变迁"重点论述宋明理学诸家学术的传承和流变。演讲结尾指明研究福建文化两条途径是：(1)纵的方面，靠历史的研究，从书本搜集材料；(2)横的方面，分门别类，实地调查。这两点可以看作朱子学研究两大特色。据统计，《福建文化》发表有关朱子学文章达 17 篇，研究时间长达十年之久。兹将有关福建理学研究论文以表格的形式整理如下：

表 1 《福建文化》理学研究一览表

序号	篇名	作者	期号	备注
1	《福建理学系统》(一)	王治心	1933 年第 2 卷第 13 期，第 3～5 页	《福建理学系统》(三)文后标注"待续"，然查遍《福建文化》也无续篇。推考其故，详见正文
2	《福建理学系统》(二)	王治心	1934 年第 2 卷第 14 期，18～21 页	
3	《福建理学系统》(三)	王治心	1934 年第 2 卷第 15 期，第 26～32 页	
4	《朱子著述考》	金云铭	1934 年第 2 卷第 16 期，第 2～15 页	
5	《李光地传略》	郭毓麟	1934 年第 2 卷第 16 期，23～25 页	
6	《关于朱子研究的一封信》	邦宪	1934 年第 2 卷第 16 期，第 30～32 页	此信为(吴)邦宪写给宜弗先生

① 此据檀梅仁"本刊的回顾与前瞻"，《福建文化》1944 年第 2 卷第 1 期，第 1 页。

② 《福建文化》1932 年第 1 卷第 3 期，第 1 页，第 8～9 页。

续表

序号	篇名	作者	期号	备注
7	《朱晦翁与闽清》	刘强	1934 年第 2 卷第 16 期,第 38 页	
8	《洛学道南系的渊源》	李兆民	1935 年第 3 卷第 17 期,27～28 页	
9	《胡安国传略》	郭毓麟	1935 年第 3 卷第 17 期,第 39～41 页	
10	《福建理学之渊源》	李兆民	1937 年第 4 卷第 24 期,第 6～18 页	
11	《论宋代福建理学》	郭毓麟	1937 年第 4 卷第 24 期第 19～72 页	
12	《游鹰山先生之迹》	李兆民	1937 年第 4 卷第 24 期	四篇俱属于理学专号
13	《紫阳理学之我见》	李兆民	1937 年第 4 卷第 24 期,第 81～93 页	
14	《明清福建理学诸家之概况》	李兆民	1937 年第 4 卷第 24 期,第 94—108 页	
15	《明末的福建思想家及三教关系》	小柳司气太撰,休休生译	1944 年第 2 卷第 1 期,第 25～33 页。	休休生为傅衣凌先生笔名
16	《儒家思想对于中国的影响与中国应取的途径》	郭毓麟	1944 年第 2 卷第 1 期,第 37～43 页	
17	《儒家思想对于中国的影响与中国应取的途径》(续前)	郭毓麟	1944 年第 2 卷第 2 期,第 26～35 页	

该刊创办初期,王治心即发表了《福建理学系统》系列文章,据笔者查阅有三篇,最后一篇《福建理学系统》,发表于 1934 年。虽文章后面标明"待续",但此后刊物似无连载。1934 年后,王治心调任沪江大学国文系,大概因为作者工作调动,打断了写作计划,《福建理学系统》的系列论文未能完成。

王治心(1881—1968),浙江吴兴人,系当时著名的中国基督教学者,有《中国基督教史纲》和《中国宗教思想史大纲》等著作。王氏1928年出任福建协和大学文学院院长、国文系主任,虽身为基督教学者,但对中国文化其他方面也有宏观的把握。福建协和大学1934年出版了王氏《中国文化体系》一书,该书将中国学术发展分为七大时代,宋元明被归为理学时代。七个时代中,作者对先秦子学和宋明理学格外推崇,作者认为"在这三个时代中,最有系统有目的的研究,与世界哲学家所讨论的有相等的价值,宋明理学比较的更可注意"(第六章)。《福建理学系统》的撰写也就合情合理了。

1933年,《福建文化》第2卷第13期发表了王治心的《福建理学系统》(一)。次年,又先后发表了《福建理学系统》(二)、(三)。该论文从地域文化的角度明确提出了"福建理学"的概念,并以此作为研究主题,对北宋时期福建理学家做了系统的梳理。1935年,《福建文化》第3卷第17期发表了李兆民的《洛学道南系的渊源》。该论文具体探讨了作为福建理学重要组成部分的道南系的思想渊源。1937年,《福建文化》第4卷第24期开辟"福建理学专号",发表了李兆民的《福建理学之渊源》《游廌山先生之遗》《紫阳理学之我见》《明清福建理学诸家之概况》,以及郭毓麟的《论宋代福建理学》。这些论文以"福建理学"为主题,从思想史的角度系统地概述了福建理学的思想渊源,宋代福建理学思想,以及明清时期的福建理学。20世纪30年代前期有关朱子学的文章只有零星的几篇,1937年第4卷第24期,《福建文化》发行"福建理学专号"。专号共有五篇,除《论宋代福建理学》作者为郭毓麟外,其他俱为李兆民所写。内容也更为全面,包括了朱子学的渊源和朱子后学的研究,具有朱子学学术通史的特征。20世纪40年代虽然没有专门的朱子学作品问世,但相关文章也有涉及,史学家傅衣凌翻译了日人小柳司气太《明末的福建思想家及三教关系》,郭毓麟发表了《儒家思想对于中国的影响与中国应取的途径》系列文章。其时该会已改成中国文化研究会,研究内容也不局限于福建一省,扩展到了整个中国文化各方面。

二、《福建文化》的宋代福建理学研究

有关福建理学的研究受朱子学传授谱系的影响很深,一般认为朱子学来源于道南学派,其传授法系是杨时——罗从彦——李侗,职是之故,福建的理学一般都溯源于杨时一人,必须指出福建儒学显然早于宋代,王治心即指出:

"通常讲到福建理学家的时候,总是从杨龟山说起。其实在龟山以前,已经有过古灵(陈襄)学派。与龟山同时的,又有福建(胡安国)学派。古灵、福建都已成了一派学说,我们应当从他们说起。但是与他们同时的,还有若干散见于初期学案中的福建人,应当首先叙述。"①

王治心《福建理学系统》已经看出福建理学来源的多元,据王治心研究,北宋福建儒学主要有三种学脉。首先有安定(胡瑗)一系,安定学侣的阮逸,建阳人。安定门人刘彝,闽县人,子淮夫,从子康夫。门人邹夔、邹棐及其弟邹括,皆泰宁人。安定门人翁仲通,崇安人,子彦约、彦深、彦国。此外还有安定门人林晟及其子,福清人;游烈,邵武人;徐唐,宁化人;莫表深,邵武人;陈高,仙游人。另外泰山(孙复)一系有泰山门人莫说及其子莫表深,邵武人;泰山再传弟子吴秘,瓯宁人;胡安国,崇安人。还有庐陵(欧阳修)一系,庐陵再传弟子王回,侯官人;郑耕老,莆田人。②

王治心《福建理学系统》第二篇着重梳理了古灵学系,王治心说:"在福建理学系统中,最先成为一独立学系的,要算是古灵一派。"古灵学派,即黄宗羲《宋元学案》所列"古灵四先生学案"。其中陈襄,字述古,学者称为古灵先生;郑穆,字闳中;陈烈,字季慈;周希孟,字公辟。均为侯官人。古灵门人吴道,浦城人;张公谔,闽县人;章衡,浦城人;傅楫,仙游人;黄颖,莆田人。古灵讲友有刘彝。公辟学侣有刘夔,崇安人;蔡襄,仙游人。③ 除古灵学派外,还有章望之、黄晞、陈瓘、黄隐、刘衡等人。④

在《福建理学系统》第三篇中,王治心指出:"在龟山讲友及门人中,大多数是福建人。"⑤在所列举的杨时讲友中,包括胡安国,崇安人,胡安国之子胡寅、胡宏、胡宁,从子胡宪等。此外还有陈瓘,南剑州人;游复,建阳人;李夔,邵武人;游酢,建阳人。《福建文化》杂志有关福建理学的研究,王治心开其端,为其他同仁的研究打下了很好的基础。

王治心有关福建理学的问题意识明显影响了李兆民和郭毓麟的研究,如李兆民《洛学道南系的渊源》和《福建理学之渊源》二文专门就杨时道南学派的渊源问题做了梳理,另外郭毓麟《论宋代福建理学》开篇指出"溯自胡安定

① 王治心:《福建理学系统》(一),《福建文化》1933年第2卷第13期。

② 王治心:《福建理学系统》(一),《福建文化》1933年第2卷第13期。

③ 王治心:《福建理学系统》(二),《福建文化》1934年第2卷第14期。

④ 王治心:《福建理学系统》(三),《福建文化》1934年第2卷第15期。

⑤ 王治心:《福建理学系统》(三),《福建文化》1934年第2卷第15期。

诸公提倡正学，士林风气为之一变，吾闽向往者先辈中颇不乏人”[①]，而且郭毓麟同样敏锐地发现，理学很早就传播福建，文章特别列举安定门人有刘彝、翁仲通、林晟及其子，游烈、莫表深、徐唐，泰山门人莫说，庐陵门人王回、郑耕老。

李兆民的《洛学道南系的渊源》论述杨时所传二程洛学不仅开创了道南学派的先河，而且直接影响了朱子闽学的形成，“这是宋朝以来福建文化的大本营”[②]。《福建理学之渊源》从更大视野分析了福建理学的思想渊源，文章在阐述北宋理学的形成的基础上，分析了周敦颐、邵雍、程颢、程颐及张载等人的思想，最后着重分析杨时、罗从彦、李侗、朱熹道南一脉的思想传承。李兆民以此方式说明福建理学，特别是朱子学乃导源于“北宋五子”，明确指出“朱子学统周、邵、程、张诸子，为理学派最成熟之硕果”[③]。

郭毓麟《论宋代福建理学》[④]一文分为十三节，分析了两宋时期福建理学家杨时、胡安国、陈瓘、罗从彦、李侗、胡寅、胡宏、朱熹、蔡元定、蔡沈、黄榦、陈淳、真德秀等人的学术：

1.一元派杨龟山先生时，“龟山之哲学，与明道(程颢)同为气一元论，以天地只是一气，宇宙间千态万状，不过一气之聚散离合而已。……一之理在人则为诚”“龟山从格物致知，以至修齐治平，皆本乎诚”。

2.致知派胡福建先生安国，“先生为学之道，主致知穷理尽性。其斥释氏殄灭良知良能，极中肯綮”。

3.主心派陈了斋先生瓘，“了斋先生学说重心字，以为学者工夫，只在求放心。人之为恶，即是此心受欲蒙蔽，倘临刑之际，良心发现，知悔前非，犹可有为，犹当赦他用他”。

4.义理派罗豫章先生从彦，“豫章学说重义理，不重功利。故言士之立身，要以名节忠义为本，而斥老氏下流为申韩”。

5.心气合一派李延平先生侗，“延平先生主心气合一，心气不能合一，即是未见得集义处。心气如何能合一？须静坐澄心，体认天理，不许一毫私欲之发”。

---

① 王治心：《福建理学系统》(三)，《福建文化》1934年第2卷第15期。

② 郭毓麟：《论宋代福建理学》，《福建文化》1937年第4卷第24期。

③ 李兆民：《洛学道南系的渊源》，《福建文化》1935年第3卷第17期。

④ 李兆民：《福建理学之渊源》，《福建文化》1937年第4卷第24期。

6.主心派胡致堂先生寅,“致堂先生主心为本……以圣人教人正心。心所同然者,理也义也,穷理而精义,则心之体用全矣”。

7.心性派胡五峰先生宏,“五峰先生以为心性二字,乃道义渊源”“五峰先生以明辨心性为目的,以慎发感通为手段,以求放心为日间学问”。

8.穷理致知派朱晦庵先生熹,“朱子学说,于哲学上,主理气二元论,本濂溪、伊川之说。于伦理学上,论性主分天地之性与气质之性二者,本张横渠之说。论心则因理气二元之解释,分道心与人心二者,而以仁统之。又主穷理以致其知,反躬以践其实,以求放心,持敬、守静为德之修养法。盖朱子集古来诸家之思想,冶为一炉,而又能自以己意评判,融合贯通,而蔚成有宋一代理学大家也”。

9.数理派蔡西山先生元定,“西山精研《易》理,上继康节(邵雍)之遗绪,重有发明”。

10.范数派蔡九峰先生沈,“九峰先生最大之发明,厥为数之一字。先生以数字能含括一切妙理”。

11.一本派黄勉斋先生榦,“勉斋学说之大要,以为道有体用二方面,体者一本,天命之性……用者万殊,率性之道”。

12.道理派陈北溪先生淳,“北溪学说注重道理二字,道理却有分别,万古通行是道,万古不易是理。道理须参得透……方可达到诚意居安之地步”。

13.象理派真西山先生德秀,“西山先生以为天下凡有象有形之物,皆有无形之道理存于其中”。

《福建文化》杂志有关两宋时期福建理学的研究可谓全面而且系统,除了传统的朱子学,还有前朱子学——道南学派。王治心、李兆民及郭毓麟等研究者还对朱子门人蔡元定、蔡沈、黄榦、陈淳以及朱熹后学真德秀等,而且还涉及了古灵学派、福建学派等,还把视野扩大到了明清时期,可以说《福建文化》杂志研究的范围和关注的焦点已经涉及了福建儒学的各个领域。

三、《福建文化》的明清福建理学研究

明清福建理学研究方面,主要有李兆民《明清福建理学诸家之概况》一文[①],主要理学家包括入闽讲学者阳明弟子王畿,泰州学派入闽学者耿天台。

① 李兆民:《明清福建理学诸家之概况》,《福建文化》1937年第4卷第24期。

其他还有莆田人周瑛、晋江人蔡清、漳浦人陈真晟、惠安人张岳、漳浦人黄道周，等等。李兆民《明清福建理学诸家之概况》不仅关注闽籍理学家，而且把视野扩大到了域外理学家，并以王畿、耿天台的思想为例，来分析他们思想的闽学化倾向，最后成为福建理学的逻辑范畴。

李兆民的《明清福建理学诸家之概况》对于闽籍理学家的思想和历史地位做了表彰，如蔡清，李兆民说“虚斋（蔡清号）为学从训诂而窥见大体，究不为支离所域也。概以静而虚断之。……虚斋说出慈湖（杨简）而宗陆氏”。另外陈真晟，李兆民说“剩夫（真晟字）为程朱传统思想之继承也，与白沙派大别”。而李兆民称张岳为“保守闽学而力拒新兴阳明势力侵入者”，还有李兆民对于黄道周评价较高，肯定了其独立不迁的学术性格。《明清福建理学诸家之概况》胪列的理学家还有蔡世远及从子蔡新，漳浦人；雷鋐，宁化人；阴承方，宁化人；谢金銮，侯官人；林赞龙。雷鋐和阴承方属于客家人，明清时期，客家地区崇文重教，理学思想发展起来。雷鋐著有《阳明禅学考》《象山禅学考》等文章。

以今天的视角来看，李兆民的《明清福建理学诸家之概况》可能还比较粗糙，对于很多问题只是点到为止，没有展开，如朱子学与阳明学的交涉，还有客家地区的儒学问题等。这些都没有深入下去，但无疑为我们今后的研究开了一个好头。

四、研究特色及其启示

（一）福建理学研究涉及朱子学诸多领域

《福建文化》在长达十余年的朱子学研究中，整个朱子学史的各个阶段都有涉猎。朱子学史包括了朱子前论、朱子本论及朱子后论，朱子学是一脉相承的思想学说。王治心的《福建理学系统》系列文章改变了以往讲宋明理学简单从杨时说起的路径，而从此前和其时的古灵学派、福建学派说起，梳理了朱子学的理学渊源。朱子学本论的研究则有金云铭《朱子著述考》、李兆民《紫阳理学之我见》、郭毓麟《论宋代福建理学》等，朱子后学的研究有郭毓麟的《李光地传略》，李兆民的《明清福建理学诸家之概况》，傅衣凌翻译的《明末的福建思想家及三教关系》等。在朱子遗迹的调查方面有吴邦宪《关于朱子研究的一封信》，刘强《朱晦翁与闽清》，李兆民的《游鹰山先生之迹》等。

(二)侧重探讨福建理学渊源问题

王治心的《福建理学系统》并没有从“价值立论”,而是从传授系统方面叙述其关系和影响,“通常讲到福建理学家的时候,总是从杨龟山说起,与龟山以前,已经有过古灵学派;与龟山同时的,又有福建学派。古灵、福建都已成为一派学说,我们应当从他们说起”。《福建理学系统》试图以《宋元学案》为材料,理出福建理学的系统出来,因此还是传统的学案体。文章重点考述古灵、福建学派的学侣、同调和门人。在李兆民《福建理学之渊源》中,将闽学渊源追溯到宋初,“五代丧乱,文化凌迟,宋太祖反正,重学艺,求遗书……声教风靡天下,竟出欧阳修、孙复、石介、胡瑗诸先辈,尊崇师道,讲明正学。尔后濂洛关闽之递兴,盖渊源有自也”。同样,李兆民的《洛学道学系的渊源》说程颐洛学道南系是“宋朝以来福建文化的大本营”,而道南系以杨时为祖师,“龟山(杨时)是洛学道南系的先河,也是洛学传统思想的中坚,等到朱熹出来,便集中全国的学术思想了”。

(三)福建理学材料的调查与整理取得了一定成果

注重史迹调查是《福建文化》的办刊风格,1935 年第 3 卷第 24 期特别开辟“漳州史迹专号”,朱维之在卷头语中说“本会(福建文化研究会)近来觉得调查和研究本省各文化中心地底史迹这项工作非常重要,所以在进行各种工作之外,特别注意史迹调查的进行”“这还不过是福建地方史迹调查研究底开端,我们打算继续进行福州、兴化、泉州等文化中心地底史迹研究”。需要指出的是,这次的史迹调查,研究会成员已经切身感受到到朱子于福建的重大影响,朱维之说:“此外可注意的点很多,如朱子影响底伟大等等,都很明白地表现出来了。”刘强的《朱晦翁与闽清》从“事迹”“笔迹”两点,介绍了作者家乡闽清有关朱熹的传说遗迹[①]。1934 年第 2 卷第 16 期刊载的《关于朱子研究的一封信》[②],作者署名邦宪(即吴邦宪),此信是写给宜蒂先生的回信,二者可能是师生关系。邦宪是闽北人,在信中就其所知,论列了闽北各地朱子遗迹。

金云铭的《朱子著述考》[③]是考证朱熹撰述的佳作,文章考证朱熹撰述之

---

① 刘强:《朱晦翁与闽清》,《福建文化》1934 年第 2 卷第 16 期,第 38 页。

② 邦宪:《关于朱子研究的一封信》,《福建文化》1934 年第 2 卷第 16 期,第 30～32 页。

③ 金云铭:《朱子著述考》,《福建文化》1934 年第 2 卷第 16 期,第 2～15 页。

书《周易本传》等39种，朱熹编次之书《二程遗书》《近思录》等18种，朱熹注释之书《四书章句集注》等六种，朱熹校刊之书《周易参同契考异》等15中，朱熹著述经后人编次而成书者《朱子五经大全》《朱子语类》等64种，以上总计朱子撰述达142种，文章对于各书之版本和存佚情况著录尤详。后面还附录有历代研究朱子学的篇目，可以说《朱子著述考》是一篇朱子学研究的综合目录书。

20世纪福建朱子学研究迎来了两次高峰，《福建文化》杂志的朱子学研究是第一次，另外一次则是20世纪80年代高令印、陈其芳两先生《福建朱子学》的问世。两次时间间隔长达半个世纪[①]。《福建朱子学》将朱熹及其福建籍的弟子、再传弟子和后学二十余人的思想、言行有关记载汇集在一起，按时代先后分别论述，对每人的著作加以简介，对开展朱子学的研究和中国文化史的研究提供了许多史料及史料线索。高令印先生于福建朱子学的学科建构起到了发凡起例的作用。福建朱子学，即朱子及其福建籍后学的理学思想，高令印先生认为："南宋时闽学和朱子学的概念是一致的，其后闽学和福建朱子学的概念也具有相同的意义。"[②]

有观点评价福建朱子学"标明20世纪80年代福建朱子学研究比30年代的研究水平大为提高，并在全国朱子学研究中亦占有一定地位"[③]。《福建朱子学》的问世，标志着福建朱子学研究取得突破性进展，为建设朱子学新学科和教系统的福建哲学史、闽学史研究打下良好基础。特别需要指出的是《福建文化》与《福建朱子学》两者都非常注重实地调查，成为共有的研究特色。高令印先生研究朱熹思想与深入考察其家事、生计、行踪、遗迹相结合起来，编著《朱熹事迹考》一书[④]。此书对朱子学研究，具有另辟蹊径特点。有人评价此书：第一，弄清了朱熹祖籍；第二，提供了重新评价朱熹政治立场和政治思想的证据；第三，发现了朱熹思想转折的木刻匾；第四，较多地发现了朱熹佛教思想的墨迹；第五，发现了朱熹从事自然科学研究的遗址与墨迹。[⑤]

《福建文化》杂志在民国时期已经明确提出了"福建理学"的概念，在对两

---

① 从学术史的角度阐述20世纪福建朱子学研究成果的论著有刘树勋：《闽学源流》，福州：福建教育出版社，1993年，第536～540页，但于两次高峰的异同点并未展开。

② 高令印：《朱子学通论》，厦门：厦门大学出版社，2007年，第4页。

③ 刘树勋：《闽学源流》，福州：福建教育出版社，1993年，第538页。

④ 高令印：《朱熹事迹考》，上海：上海人民出版社，1987年。

⑤ 王鉴平：《评〈朱熹事迹考〉》，《福建论坛》1987年第4期。

宋、明清的理学家及其思想方面已经进行了深入的阐释,达到了较高的水平。填补了福建理学的空白,在这方面,《福建文化》无疑的开了先锋。可惜,《福建文化》理学研究的传统曾中断了很长一段时间,直到 20 世纪 80 年代,关于福建理学的研究才又走上正轨。现今有关福建理学的研究已经有很大进步,范围扩展到道南学派、朱熹门人及后学。但不可否认,《福建文化》杂志的系统研究无疑开了一个好头,对于当今福建理学,乃至福建理学的研究,在问题意识,研究方法和材料收集等方面,无疑是具有重要的借鉴作用。

朱子学在日本的传播与科举学的转型

——以江户时代的《对策则》为中心

◎ 熊 娟 吴光辉

江户时代被称之为“日本朱子学”得以确立的一个时期。这一学说得以确立的标志，即1790年，江户幕府推行的“宽政异学之禁”；这一学说得以落实的标志，即1792年，日本幕府正式在幕府官办的教育机构——昌平坂学问所导入“学问吟味”（GAKUMONGINMI，学问测试）的定期考试制度。该考试制度以朱子学的诠释为正典，模仿明、清时代的科举考试，以落实奖励学问、扩充幕府臣僚的目的，故而亦被称为“江户版的科举制度”。①

日本是否施行过科举考试？历史上曾留下所谓的“定论”，即日本始终不曾推行科举制度。② 不过审视江户时代“学问吟味”这一考试的“及第者”——远山景晋（1752—1837）撰写的《对策则》（1796年），我们可以大略把握江户时代是如何落实朱子学的正统教学，日本武士是如何应对“学问吟味”，且构筑起犹如“科举考试”一样的学问观念，或者知识架构的过程。换言之，通过该书的研究，我们可以站在一个更具“广域”的视角来审视与把握朱子学在东亚的深远意义。

---

① 围绕这一时期日本科举学的研究，可以参考吴光辉：《日本科举制的兴亡》，《厦门大学学报》2005年第5期，第35～41页；吴光辉：《科举考试与日本》，《东南学术》2005年第4期，第53～58页；吴光辉：《近代日本的科举评价与文明转型》，《厦门大学学报》2010年第3期，第98～104页。

② ［日］辻本雅史著，张崑将、田世民译：《日本德川时代的教育思想与媒体》，台北：台湾大学出版中心，2005年，第225～227页。

一、《对策则》的成书经纬

《对策则》是一部以应对江户幕府的官办教学机构——昌平坂学问所的“学问吟味”考试。依照朱子学的理解来编辑问题答案，阐释技巧的手抄本考试参考书，且在参与该考试的武士阶层之中广为流行。该书的作者远山景晋，为日本江户时期德川幕府的旗本(家臣)永井直令第四子，被明知远山氏的远山景好收为养子，通称金四郎，曾在宽政六年(1794 年)参加第二次昌平坂学问举行的“学问吟味”考试，以甲科笔头及第。而后被提拔为幕臣，曾担任长崎奉行、作事奉行、勘定奉行等一系列官职，并作为使臣巡察北方蝦夷(现日本东北、北陆、北海道地区)、九州长崎与对马。担任过幕府蝦夷地区的行政长官，接待过俄罗斯使节的长崎之行(1804 年)与朝鲜通信使易地聘礼(1811 年)，是一位长期奔走在江户幕府外交领域第一线的杰出官吏。

与这一时期的狂歌师、通俗小说家大田南畝(1749—1823)撰写出版的《甲寅延试稿》一道，远山景晋撰写于宽政八年(1796 年)的《对策则》一书被后世尊为“考试宝典”。审视《对策则》的目录，该书在一开始就介绍了远山景晋得以被录取为一等甲科，从事与汉人、洋人之间外交事务的业绩，而后以“题言・附言”的方式指出科举考试选拔“博闻强识”之人的重要性，并阐述了撰写该书的目的。尤其是“附言”部分，远山告诫即便是通过了科场考试，亦绝对不可自以为是，不可把“试学之式”视为绝对“正解”，不可忘却各人所存谬误之所在。换言之，为学者须持以精进之态度，注重学问之真知，不可忽略为己之道。① 不仅如此，该文还在“举业之事”“学问流派之事”“礼之事”之后，指出必须排斥“徂徕之学”——江户时代日本儒学者荻生徂徕(1666—1728)创立的古学派，明确了作为正统的“程朱之说乃是试场提倡”的学问，必须予以重视。之所以提到“程朱之说”，批判“徂徕之学”，也就是强调了以朱子的注释为正统来把握中国经典的问题。

接下来，《对策则》一书列出了第 1 至第 10 条，针对应试科目进行了示范

① 这一观念可谓是体现了该考试注重人才品德，强调学问之道的内涵。就此而言，这一思想与朱子主张的“实践科举观”有一致之处。可参考李兵:《书院大师朱熹的科举生涯与科举观评析》,《湖南大学学报》2004 年第 3 期，第 20～23 页；黄强:《朱熹倡导的应试动机及影响——科举史上一个值得关注的话题》,《扬州大学学报》2007 年第 1 期，第 43～48 页；张全明:《朱熹对科举态度的转变及其改革主张》,《南都学坛》2011 年第 5 期，第 25～30 页。

性的剖析。首先是提到了“试学之定”“讲义之式”，并就“小学”、《论语》《诗经》《礼记》《贞观政要》《左传》《史记》进行了讲解。尤其是在“经术讲义式”之中，远山提到了《论语》“子曰：巧言令色，鲜矣仁”这一段文字，按照“章意、字训、解义、余论”进行了示范性的诠释。在这之后，远山提到“对问”的方式，选择了《左传》为例进行了讲解。之后，再提到了“纪事文之式”，选择了《十训抄》《平家物语》《太平记》等一系列日本经典来进行讲解。最后则提到“论”，以“贾谊”为例进行了讲解。换言之，《对策则》以“学问吟味”的考试科目为准，以朱子的经典诠释为原则，逐一地提示考试范文，点明答题技巧，结合中国与日本的古代经典，进行了详细而缜密的指导。

那么，《对策则》一书究竟何以会出现？对此，我们需要站在一个历史的宏大背景下来加以解读。首先，我们必须提到这一时期日本幕府推行的一次重大改革。宽政二年（1790 年），幕府权臣松平定信推行宽政改革，提出了“宽政异学之禁”的政策，要求昌平坂学问所禁止教授非朱子学的学问，并制定了“圣堂学规”与职制规定，将之自林家掌控下的“私塾”转变为幕府直辖的教学机关。[①] 不言而喻，这一改革的目的，就是为了应对来自地方藩学乃至西方学问的冲击，由幕府自上而下地推行以朱子学为正统、以朱子学教育为正学的思想，以实现幕府统一政令下的人才培养与思想教化。因此，幕府在自地方选拔了柴野栗山、尾藤二洲等一批学者到幕府担任臣僚之后，就在昌平坂学问所设立了“学问吟味”的学术性考试。就此而言，通过远山景晋的《对策则》，我们可以最为直接地认识到，朱子学成为学问所推行的“学问吟味”考试，学者编撰答案参考的指导思想，成为日本幕府正官学、斥异学、贬胡言、立清流、传正统的一大工具，也是培养第一流的儒者、第一线的外交家的重要阶梯。

其次，就这一时期而言，或许我们亦不得不提到，日本幕府自身的人才需求成为幕府开设昌平坂学问所，通过考试选拔人才的根源之所在。事实上，江户幕府这一时期尤为需要“人才”。根据美国学者罗纳德.P.多尔的研究，“18 世纪中叶以来，各藩所发布的公布设立藩校，或者改变教育政策，使之更

---

① 江户幕府在 1790 年下令给昌平坂学问所，指出幕府自建立以来即世代崇信朱子学，朱子学乃是“正学”（正统教学），阳明学一类的儒学流派乃至新兴的“兰学”均为“异学”，此即“宽政异学之禁”。参考叶渭渠：《日本文明》，北京：中国社会科学出版社，1999 年，第 167～168 页。

为明确化的布令"之中,"人才"一词成为一个时代流行语而被不断提起。[1] 这一时期的日本地方藩校或是接受来自中国的阳明学,或是兴起古学、国学或者洋学的学问,构筑起了江户时代新学问的滥觞。不过作为统治机构的日本幕府却不曾如地方藩校一样采取灵活机动的方式来选拔人才,正如18世纪中期的朝鲜通信使书记官申维翰(1681—1752)在纪行文《海游录》中的评述:"日本没有根据科举制度录用人才之法,官吏无论大小,皆是世袭制,所以奇才俊物不能出世得以自鸣。民间人士之间,抱恨而去世者,多为此类。"[2]就此而言,幕府之所以设立昌平坂学问所,是为了培养幕臣;之所以推崇朱子学的正学,是为了统一思想;之所以推行"学问吟味"的考试制度,就是为了选拔人才。一言蔽之,也就是为了满足幕府巩固自身统治之目的,充实自身机构之需要。

最后,"学问吟味"带有了科举考试选拔人才的重要功能,故而才被称为"江户版的科举制度"。这一考试制度可谓是完全承袭明代以来的程式,即以"朱子学"为典范来推行考试。那么这一考试是否发挥出了真正的功能?正如该书撰写者远山景晋的人生经历所示,经历了"学问吟味"及第之后,远山被授予了朝廷重职,得以一跃龙门。而且审视远山景晋所担任的职务,或是极北之地的虾夷,或是极南之地的长崎、对马,皆处在这一时期日本外交事务的第一线。事实上,就在这一时期,西方与日本开始了直接接触。远山景晋就曾担任幕府代表,与俄罗斯特使尼古拉·彼得罗维奇·雷扎诺夫(Nikolay Petrovich Rezanov,1764—1807)进行谈话,也成为之后"文化露寇"事件的开端。[3] 远山与朝鲜通信使之间的交涉往来,尤其是与作为天文学者、地理学者西川如见(1648—1724)这样的地方学者之间的沟通,亦为这一时期的日本带来了中国、东南亚乃至西方的最新信息。[4] 就此而言,远山景晋所处的江户时代中期,正是日本开始真正地接触到西方的学问或者世界的观念,被拉入一

---

① [英]罗纳德,P.多尔著,[日]松居弘道译:《江户时代的教育》,东京:岩波书店,1970年,第40页。

② [韩]李进熙:《江户时代的朝鲜通信使》,东京:讲谈社,1992年,第274页。

③ 所谓"文化露寇",是指日本文化年间即1806—1807年,雷扎诺夫面对日本拒绝开国通商的局面,下令俄罗斯(日本称之为"露国")军队攻击北海道择捉岛的事件。这一事件成为日本与俄罗斯早期接触交流的媒介。

④ 围绕朝鲜通信使的研究,可参考李进熙,《江户时代的朝鲜通信使》一书,或者参考复旦大学文史研究院编:《朝鲜通信史文献选编》第1～5册,上海:复旦大学出版社,2015年。

个世界史的现代体系时期，也是西方的冲击与殖民危机正在日本逐渐显现出来的一个时期。

简言之，远山景晋撰写的《对策则》，表面上看似一册为了考试及第而提示考试技巧、作答样本的小册子，实质上它牵涉作为官学的朱子学与地方学问之间的冲突、以幕府为中心的人才选拔、近代西方的冲击等一系列宏大背景。尽管它不过是近代日本改革的宏大叙事下的一段“小插曲”，却反映了来自东方的传统学问——朱子学在日本江户时代是如何借助政治体制而得以贯彻的过程，同时也间接地体现了与“科举文化圈”彼此呼应的“朱子学文化圈”是如何得以树立起来的历史事实。①

二、朱子学视野下的“学问吟味”

日本历史上是否曾实施过“科举考试”？围绕这一问题，学术界曾出现过不少讨论。事实证明，日本的平安时期不仅积极引进唐朝律令，制定了开科取士的制度，还在一个相对漫长的时期内实施选拔考试，录取了一批贵族子弟进入官僚机构。那么作为“江户版的科举制度”，日本幕府下属的昌平坂学问所是如何推行考试，采取了什么样的程式，具有什么样的重大意义？

首先，基于历史传承的立场，江户时代幕府施行的“学问吟味”事实上与中国明、清时代的科举制度以大众化的社会阶层为对象存在着显著的不同，它是以隶属于幕府的旗本、御家人乃至其子弟，也就是“直系武士”为对象的学术性考试。与这样的“学问吟味”同步进行的，是“素读吟味”的定期考试。所谓“素读”，即采用汉音诵读经典原文。不过“素读吟味”并不是吟诵中国古典，而是以7～14岁的幕府臣僚的子弟为对象，以测试生员的学习水平与基本素质为目的，一年举行一次的口述考试。反之，“学问吟味”则是每三年举

① 日本学者认为这一时期施行的“学问吟味”的考试制度本质上不同于中国的科举考试，亦不同于儒教文化圈的其他国家所施行的科举考试，且尤为突出这一考试所具备的“教化”之功能，并将之接续到了近代日本的教育原型。参考辻本雅史：《日本德川时代的教育思想与媒体》，台北：台湾大学出版中心，2005年，第222～225页。但是不管是设置的目标还是考试的程式，皆不可否认这一考试制度与明、清时代的科举制度存在着密切的关联性。不仅如此，日本学者的考察亦大多将科举考试限定在了单一性的人才选拔，忽略了科举考试所具备的集选拔、教化、传承等为一体的全方位的功能。就此可参考刘海峰：《科举学导论》，武汉：华中师范大学出版社，2005年。

行一次的学术性考试，其实质是一场带有了竞争性质的，以考究学问为核心的选拔性考试。其目的是进一步奖励正统学问，扩充幕府臣僚。

"学问吟味"这一形式之所以得以确立下来，首先源自宽政二年（1790 年）松平定信进行的"宽政改革"，至 1792 年，幕府设立昌平校，延请朱子学者，举行朱子学讲义。至 1794 年，举行第二次"学问吟味"（实质上为第一次），自此一直延续到庆应四年（1868 年），先后累计实施了十九次。不过通过该考试之后，实质上并不是直接授予官职，而是还需要接受所谓"番入"（BANIRI），即针对考试及第者的品行、学问、武艺、父辈的任职等为内容的录用考核，而后才可被录用为"吏僚"。[①] 就此而言，日本的"江户版"科举制与唐朝"叙位任官"，即官吏选拔的科举制度不同，更为接近于以奖励学问、推动教育为目的的褒奖名誉的方式。不过也不乏由此一鸣惊人而为幕府提拔重用之人。正如日本学者所指出的，以"素读"为手段的读书方式，结合"素读吟味""学问吟味"的考试方式，不论是昌平坂学问所还是地方藩校、名家私塾，基本上皆采取了这样的考核方式，因而使来自中国的学问或者知识在整个江户时代获得了"均质化"的推广与普及。[②]

其次，基于科举程式的立场，昌平坂学问所可谓是采取了日本前所未有的考试程序，代表了江户时代日本选拔人才程式的新发展。具体而言，昌平坂学问所自宽政四年（1792 年）开始实施"学问吟味"考试，就程序与科目而言，应该说与中国的科举考试，尤其是明清时期的科举考试基本保持了一致。"学问吟味"分为"初试"与"本试"，"初试"就是以小学、四书、七经为题目进行考试，合格者才能进入"本试"；"本试"分为"经义科""历史科""文章科"，分别考试经义、历史、作文。前者持续一天，后者持续四天。就此而言，"学问吟味"基本上承袭了中国科举考试的核心内容。不仅如此，江户时代还出现了专门针对"学问吟味"的笔试技巧的书籍，也就是"辩书"，即《学问所御试辩书并御达书》。所谓"辩书"，就是面对以经书的一章为题目的考试内容之际，要求采取"章意""字训""解义""余论"的固有顺序来加以阐述。具体而言，"章意"就是阐述章节大意，"字训"就是就出现的字句展开训诂解读，"解义"就是

---

① ［日］石井耕：《御家人与昌平坂学问所・学问吟味》，《北海学园大学学园论集》2009 年 6 月号。

② ［日］中村春作：《江户儒教与近代的"知"》，东京：塘鹅出版社，2002 年，第 113～116 页。

详细解读原文,“余论”就是引用其他章节或者书籍来加以穿插论述。这样的一种固有的答题方式可以媲美明、清时期的以朱子学为核心、以“八股文”为格式的科举考试,带有了规范性的功能。[①]

最后,站在思想文化的立场,江户时代昌平坂学问所实施的教育,是以武士为对象,以朱子学的经典为教材,以“学问吟味”为评价基准的官办教育。因此,朱子学被称为“官学”,成为幕府落实学问所——藩校——乡学——手习塾(寺子屋)的系统学校构想,引导国民教育、推动伦理道德建设的一大工具。不过这样一种教育方式,到了幕府末期则受到来自一批开明武士的深刻批判。吉田松阴在《讲孟余话》(1855 年)之中,批判江户时代推行的是一种“功利性的学问观”,武士皆以立身处世为目的。[②] 后世的一部分学者亦批判这样的教育方式犹如中国的科举考试,不曾注重考试者的训练或者实践。因此提倡要推动作为“训练”的考试,或者突出这样的考试应该区别于中国的科举考试,将重点放在考察“有德之人”的品行与行动。由此可见,“学问吟味”在深入贯彻以朱子学为中心的学问教育,以科举考试为蓝本的考试程式的同时,亦不免形成了日本走向西方式的近代化的一大“反动”,成为阻挡日本接受西方学问,走向西方化的一大“阻碍”。

不过“朱子学”为什么会成为日本近代的“绊脚石”?“科举制度”为什么会成为西方人乃至日本人所批判的中国文化的“三大祸害”?[③] 在此,本论认为这样的问题本身实质上就存在着一大疑问。简言之,即这样的批判大多是站在西方学问的立场,站在把西方的文明史观作为世界文明的发展方向这一大前提下而展开的。事实上,朱子学的思想突出了“大义名分”的观念,构筑起日本前近代的“尊王”思想的前奏。[④] 朱子学的教育方式不断深入日本的民间阶层,构筑起日本接受西方学问的文化基础,乃至近代日本“国民教育”的

---

① 事实上,幕府在导入“学问吟味”之际,在昌平坂学问所就以“辩书”或者历史的“对问”方式举行了一场说明会,提示了《经书讲义式(经义式)》《历史和解对问式》的手本,尝试进行规范式的解释。参考桥本昭彦:《江户时代的评价下的统制论与开发论的相克——以武士阶层的考试制度为中心》,《国立教育政策研究所纪要》第 134 集,2005 年,第 21 页。

② [日]桥本昭彦:《江户幕府的学问吟味》,《教育学研究》第 51 卷第 1 号,1984 年。

③ 刘海峰:《重评科举制度——废科举百年反思》,《厦门大学学报》2005 年第 2 期。

④ 朱坤容:《幕末勤王思想对明治维新的影响——以水户学为中心》,《世界历史》2016 年第 4 期。

核心内容。[1] 换言之,尽管日本不曾实施"纯中国化"的科举制度,但是"学问吟味"不管是在人才理念、教育方式、考试科目、评价基准,皆与中国明、清时期的科举考试大同小异。尤其值得一提的是,它真正地发挥出了引导教育、培养人才、选拔能吏的考试功能,故而可以站在一个"东亚"的、"科举文化圈"或者"朱子学文化圈"的立场来重新加以评价。

三、结　　语

19 世纪末,美国传教士丁韪良(W.A.P.Marti,1850—1916)曾经指出,"科举制对维护中国的统一和帮助它保持一个令人尊敬的文明水准,起到了比任何其他制度更大的作用。"[2]作为中国文化的"变异体",日本在传承中国文化之际尽管采取了有所选择的态度予以取舍,但始终保持了大方向的一致性。就此而言,《对策则》一书所印证的,正是日本借助中国文化这一"母体"来阐释针对儒家经典的诠释,同时通过援引日本自身的文化经典,而将自身的文化思想纳入朱子学的思想体系之下。尤其是在《对策则》中,针对日本古典中的《十训抄》《平家物语》《太平记》一类的引用与诠释,无不借助了朱子学的理论与思想。换言之,日本文化即使是作为"变异体",依旧遵循了以朱子学为核心的"大义名分",成为中华母体文化的一大延续。

以《对策则》为核心,我们审视东亚科举文化圈、审视日本科举学之际,亦可以看到一方面日本推行的"学问吟味"实证性地论证了科举制度在日本的演绎与发展,尤其是以"学问吟味"为标志的"江户版的科举制度";一方面亦可以看到日本学者针对科举制度,尤其是针对日本接受中国科举制度的否定与批判。[3] 因此,作为实证性的文献资料,《对策则》展现了以朱子学为平台、以科举考试为形式、以选拔人才为目的的异文化间的真正对话,可以让我们进一步回味与反思作为"东亚"传统的科举考试,作为"东亚"文明体现的"科举文化圈"。

---

① [日]辻本雅史:《日本德川时代的教育思想与媒体》,台北:台湾大学出版中心,2005年,第 225 页。

② W.A.P.Martin,A Cycle of Cathay,or China,South and North with Personal Reminiscences,Edinburgh and London,1896,pp.42-43.

③ 吴光辉、张凌云:《宫崎史学与科举评价——以〈科举史〉为中心》,《厦门大学学报》2014 年第 6 期。

德川朱子学者对阳明学的批判及其局限

◎ 张崑将

德川时代朱子学派，约可区分藤原惺窝（1561—1619）、林罗山（1583—1657）师门的朱子学，山崎闇斋（1618—1682）门下的朱子学派，贝原益轩（1630—1714）门下的朱子学，大阪怀德堂师门的朱子学，以及幕末朱子学则以古贺精里（1750—1817）、佐藤一斋（1772—1859）门下的朱子学系统。但是朱子学在德川初期流行以前，是依托于战国以前的五山禅学。当是时，佛教思想凌驾于儒家思想，五山禅学从室町幕府以来几被视为官学，受到将军以及朝廷和守护大名（诸侯）的重用。五山禅僧经常参与军政机要，起草文书，故在与明朝交往中担任日本使节者，几乎全是禅僧。[①] 故朱子学的传入与五山禅学有相当大的关系，德川初期的朱子学者如藤原惺窝、林罗山还有山崎闇斋等，均是脱离禅门转向儒学并还俗的儒者。当时一般社会中下层阶级的一流读书人，皆是从寺院中苦熬而出，也只有在寺院中才有儒家思想的经典。

不过看似朱子学流行的德川时代，其发展状况实不能与朝鲜及中国相比，反而不满朱子学的阳明学者中江藤树（1608—1648）、熊泽蕃山（1619—1691），古学派的山鹿素行（1622—1685）、伊藤仁斋（1627—1705）、荻生徂徕（1666—1728）等皆兴起于德川初期，更不用说还有本土的神道思想。当是时，明末清初对朱子学提出质疑的顾炎武（1613—1682）、阎若璩（1636—1704）、毛奇龄（1623—1716）等人的书籍，由于他们几乎是同时代的人，考据学之风还吹不到日本国土，但都是从朱子学启蒙，深入朱子学后最终却倒过来反朱子学，在日本造成了一股反理学意识的风潮。

---

① 参见杨曾文：《日本佛教史》，杭州：浙江人民出版社，1995 年，第 488～497 页。

本文关注朱子学在德川日本发展的特殊现象，特在第二节从外部的制度面分析其发展的局限，第三节则从学说思想，扣紧在德川时代批判阳明学最有力道的闇斋朱子学派，分析其批评亦多未能击中阳明学要害。闇斋学派可以说是在日本众学派中最排斥阳明学，除山崎闇斋本人有《大家商量集》以批阳明学之外，其门人佐藤直方（1650—1719）之弟子丰田信贞更是编纂《王学辩集》，汇集韩国朱子学者李退溪（1501—1570）以及闇斋学者等非议阳明学观点的著作，更旁及日本林氏朱子学者林鹅峰批判阳明学之作。本文企图以闇斋学派的阳明学批判论为主，观察他们对阳明学的批判理论之不足，加上德川特殊的政治文化体制，让阳明学足以在日本的文化土壤中缓慢成长并在幕末成为显学。

一、德川朱子学在幕藩体制的发展限制

德川时代朱子学的发展，除了过去依存在五山禅学之下，得到酝酿延续的契机。至于德川初期朱子学的发展，一开始还得到朝鲜朱子学的刺激，而这个关键人物就是李退溪。朝鲜朱子学大儒李退溪的著作，东传日本之后，颇获德川朱子儒者重视。德川初期的朱子学者林罗山与山崎闇斋及其弟子，都曾读过李退溪的著作，例如林罗山在给朝鲜使者书信中提到李退溪云：

> 贵国先儒退溪李滉，专依程、张朱子说，作四端七情，分理气辩以答。奇大升其意谓四端出于理，七情出于气。此乃朱子所云四端理之发，七情气之发也。末学肤浅，岂容喙于其间哉！退溪辩尤可嘉也。我曾见其答，未见其问，是以思之，其分理气，则曰："太极，理也。阴阳，气也。"而不能合一，则其弊至于支离欤。合理气，则曰："理者，气之条理也。气者，理之运用也。"而不择善恶，则其弊至于荡莽欤。方寸之内所当明辨也。大升所问果如何？[①]

《山崎闇斋年谱》中也记载：

> 闇斋亦尝曰："朱子之后，知道者，薛文靖、邱琼山、李退溪也。文靖见识之高，文庄博文之富，朱门之后，无有出其右者。其后特李退溪而已

---

① [韩]林罗山：《寄朝鲜国三官使》，《林罗山文集》卷十四，京都：京都史迹会，1979 年，第 156 页。

矣。盖退溪平生之精力，尽在《朱子书节要》，可以观其学之醇也。”[①]

闇斋弟子佐藤直方（1650—1719）推崇朱子学在东方的真传是朝鲜李退溪，在德川日本则是山崎闇斋，他说：

> 朝鲜李退溪，东夷之产，而悦中国之道，尊孔孟、宗程朱。其学识之所造，大非元明诸儒之俦矣。我邦中古崇儒道……近世独山崎敬义先生，读其书，尊其人，讲其学。博文之富，议论之实，识见之高，实世儒之非所及焉。盖我邦儒学正派之首唱也。[②]

山崎闇斋最为推崇的是李退溪的《朱子书节要》，该书是退溪精读《朱子大全》之后，选录其中三分之一的精华而成，故名“节要”。日后闇斋自己的《仁说问答》亦类似“节要”，抄录朱子的《仁说》与时人张南轩、吕伯恭的精华问答，是一部述而不作的作品。[③] 退溪的《朱子书节要》广泛流传，成为日本朱子学者必读的经典，甚至在维新后担任天皇的侍讲官元田永符（1818—1891）亦将之呈献给天皇，讲述其内容。[④]

尽管朱子学有如以上发展与流行，但就学术体制而言，朱子学未能定为一尊，与没有科举制度有相当大的关系，以及德川将军固然重用林氏朱子学，但也没有强制各藩可以学习其他学问，特别是被朱子学视为异端的佛学。因为即连德川将军乃至日本天皇都信仰佛教，甚至在德川初期也出现反朱子学的古学派等学问。另就武士制度而言，朱子学固然有利于德川政权的统治，但对于广大的下级武士阶层而言，阳明学往往有很大的吸引力。

由于阳明学在德川武家幕府时代受到武士阶级的青睐情况，这又涉及儒学在德川时代的发展现象，实不可与朝鲜、中国相提并论。阳明学虽然在德川时代保留一席之地，但考其最流行时期，当在幕末时期。这其实也反映出阳明学在幕末以前的德川思想界，比起朱子学的流行仍无法相比。但是即便

---

① [日]山田思淑：《闇斋先生年谱》，《山崎闇斋全集》第 4 册，东京：ぺりかん社，1978 年，第 414 页。

② [日]佐藤直方：《韫藏录讨论笔记》，《年谱》，《山崎闇斋全集》第 4 册，东京：ぺりかん社，1978 年，第 426 页。

③ [日]闇斋在《仁说问答》的序文中说：“窃尝合先生之《仁说》并图，及与南轩、东莱论此者以为一卷，题号《仁说问答》。”参西顺藏等编：《山崎闇斋学派》，《日本思想大系》，东京：岩波书店，1982 年，第 244 页。

④ 有关李退溪的作品及思想影响德川日本的朱子学者，可参阿部吉雄：《日本朱子学と朝鲜》，东京：东京大学出版会，1965 年，特别是第三篇《日本朱子学史中の李退溪》。

朱子学流行，切勿将德川儒学流行的情况与中国和朝鲜相比，这已是学界共识，如尾藤正英的研究指出："朱子学在思想上并没有成为一枝独秀的思想地位，于政治上前期之际也没成为拥护幕府体制的角色。即使稍有那种意味，这种朱子学与中国朱子学也不可等同视之。"[①]黑住真的研究也指出，占据德川宗教与政治的主要地位是佛教与神道，儒教即使在十八世纪初期想发展出儒教自己的祭祀制度，结果仍无法改变行之已久的传统习俗。加上德川是武家支配的家族继承原理，以及没有科举制度，其结果只能发展出"实用主义与经验论""个别性的对人伦理与臣从的伦理""和各种学说与思想结合的发展"之特色。[②] 黑住真主要表达的是儒教从来没有在宗教上、伦理上或思想上全面地被制度化而影响全日本。因此，中日朱子学性格的差异，关键在于幕藩支配体制原理之根本就是"以武立国"，渡边浩及前田勉的研究均指出宋学的思维内容和构造，与在德川初期的政治和社会难以兼容，其统治的真正实情是以"御威光"及"兵学"的武力象征进行其支配体制，而不是"儒学"的教养。[③]

由此可窥，在朱子学未被德川儒学界定为一尊，故阳明学传至日本，虽不是学术主流，但信仰者颇众，且与朱子学几乎同时期流传开来，日本阳明学开宗者中江藤树与朱子学先锋的藤原惺窝、林罗山及山崎闇斋都是德川初期的人物。民间儒者不久却也衍生出许多门派，反对官方意识形态的朱子学大有人在，如山鹿素行、伊藤仁斋、荻生徂徕所倡的古学派，他们的思想源头几乎都在同一时代创立，可以说是儒学思想异说分立、百家争鸣时代。而这种学说多元的情形是朝鲜儒学所未有的现象。

由此可知，就是因为在这样的朱子学并非整个德川支配体系的意识形态，阳明学才能在德川时代武家的文化土壤中保留其滋养的环境，也限制了朱子学在德川时代学术的独霸现象。

二、闇斋朱子学派对阳明学批判的局限

上节系从外部制度与学术发展脉络上探讨何以朱子学无法在德川时代

---

① [日]藤正英：《日本封建思想史研究：幕藩体制の原理と朱子学的思维》，东京：青木书店，1961年，第20～21页。

② [日]黑住真：《近世日本社会と儒教》，东京：ぺりかん社，2003年，第170～176页。

③ [日]参渡边浩：《东アジアの王权と思想》，东京：东京大学出版会，1997年，第18～20页。前田勉：《兵学と朱子学・兰学・国学》，东京：平凡社，2006年，第20～21页。

定为一尊，本节则拟以内部思想的批判论上，探索德川朱子学对阳明学的思想批判，亦有其局限之处。

揆诸德川朱子学者的阳明学批判论，当以闇斋朱子学派为主，批判也最为成熟，其他朱子学者对于阳明学的批判仅零星可见，未见系统性的批判。因此本节以闇斋学派批判阳明学的编辑者丰田信贞所汇编的《王学辩集》为主，分析其批判阳明学的局限处。由于有《王学辩集》的编辑，相较于德川其他朱子学派，闇斋朱子学派清楚定位出排斥陆王学的坚定立场，所以闇斋本人即编有《大家商量集》大斥阳明学，以免学生迷惑于朱陆之是非。[①] 又闇斋门人佐藤直方之弟子丰田信贞更是编纂《王学辩集》，是一部搜集韩国朱子学者李退溪，日本林氏朱子学者林鹅峰、闇斋及其门人佐藤直方、浅见絅斋(1652—1711)与三宅尚斋(1662—1714)等人非议阳明学观点的著作。

闇斋弟子佐藤直方在1715年(正德乙未年)为《王学辩集》作序曰：

> 天地圣人学者，其分虽异，而其皆在知行之。二则初无不同，而《大学》之格物以至诚正修，《论语》之志学以至从心，《中庸》知仁勇与博学笃行，《孟子》之始条理终条理与知性知天存心养性。其序功之不可乱阙者，乃从上圣贤相传之旨诀尤明白也已矣。若夫陆王二氏之学，与此正相反，则实天地圣人之罪人也。有志乎圣学者，何得不辩之哉！丰田信贞尝编次《王学辩》，今请冠予一言于篇端，以镂诸梓。予嘉其卫正拒邪之志，聊述所怀云。[②]

上述序文点出了陆王二氏之学企图用心学混融之说，扰乱圣学的为学次第或条理。至于到底为何陆王心学如何违反，序言并无详说，或可从以下搜集的批判阳明之论窥其端倪。

首先，《王学辩集》引用李退溪的驳斥阳明学，引用《李退溪文集》中有《传习录论辩》及《白沙诗教传习录抄传》两篇原文及部分《抄医间先生集》之原文。由于本文以德川朱子学者的阳明学批判为主，故仅列有关引用退溪批判阳明学的重点，暂并不对之进行分析。退溪以上全文的论辨集中，笔者整理五个重点如下：

---

① 相关研究参前引田尻佑一郎：《山崎闇斋の世界》第一章之第五节《阳明批判——〈大家商量集〉の编纂》，第77～95页。

② [日]佐藤直方：《王学辩集序》，《佐藤直方全集》卷三，东京：ぺりかん社，1979年，第401～402页。以下丰田信贞所汇编的《王学辩集》，均是收入在《佐藤直方全集》卷三中。

1.批阳明改《大学》的“新民”为“亲民”之论；

2.以朱子的主敬穷理破阳明的“心即理”说；

3.以义理之知行可分可合，驳斥阳明的“知行合一”，或“知行本体”论；

4.区隔陈白沙与阳明之学，阳明之学皆禅学，“白沙犹未纯为禅，而有近于吾学”；

5.辨别朱子与阳明的静坐性质不同，认为“延平，朱子则为心学之本原而非禅也。至于阳明，似禅非禅，亦不专主于静，而其害正甚矣”。[①]

一些学者都曾指出，纵使退溪排斥阳明学，视之为异端，但他的理气论“隐含着一只阳明学的翅膀”，足以包容阳明的心学理论。李明辉教授的研究更指出纵然退溪批判阳明学，但都出于“误解”，因而使退溪对朱子思想的创造性解释，实际上都与阳明学思想“暗合”。[②] 但这种“思想暗合”的情况并没有发生在日本德川朱子学者的思想界。

《王学辩集》在李退溪批判阳明学之后，接着引述官方林氏朱子学者林鹅峰为其父林罗山《阳明攒眉》之序文。罗山的《阳明攒眉》，由于《林罗山文集》中并未收入，笔者尚未能亲见其书，暂以此序文分析。鹅峰序言提及罗山早已有此作：“家君暇日偶阅明人之说，而抄纂其驳议阳明者，且并其所自发明。遂作一书，凡七卷，号曰《阳明攒眉》，如冯氏《求是篇》。”[③]林鹅峰此篇序文写于1652年(庆安壬辰)，可见罗山的《阳明攒眉》写于更早，当是日本批判阳明学论著最早的作品。《阳明攒眉》抄录的有明儒罗整庵、霍韬(渭崖，1487—1570)、汪必东、陈清澜、徐笔洞、郁天民等人批判阳明之论，罗山收入上述诸人的要旨，皆指出阳明似是而非之论，故云：

> 差之毫厘，谬以千里，不可不明焉。学士注心于此编，则其似而非

---

① 有关李退溪驳斥阳明学的《传习录论辩》及《白沙诗教传习录抄传》，丰田信贞《王学辩集》中第一个收入，第403～407页。以上两项资料均收入在《韩国文集丛刊》中《退溪文集》卷四一中的《杂著》。

② 李明辉说：“如退溪主张四端(仁义礼智)与七情(喜怒哀乐爱恶欲)为异质，承认理具有活动性，而四端即是理本身的活动，这都与朱子思想脱逸，与阳明学不谋而合。因为阳明的‘心即理’说同时包含理具有活动性与四端与七情异质这两点。从此观点视之，退溪与阳明二者到底是思想的对手或是同道，相当清楚。作者由此间接论议阳明学在韩国始终不发达的原因，与李退溪对朱子学的创造性诠释有很大的关联。”李明辉：《李退溪与王阳明》，《四端与七情：关于道德情感的比较哲学探讨》第八章，台北：台湾大学出版中心，2005年，第317～350页。

③ [日]丰田信贞汇编：《王学辩集》，东京：ぺりかん社，1979年，第408～409页。

者，几可以悟也。阳明高弟王龙溪谈良知，罗念庵谓其说不合师意，阳明亦当攒眉。攒眉者，忧恨着于外者也。念庵护良知之学，顾虑人之议阳明而归罪于门人乎！今取之以名此书者，似入彼室，操彼戈而伐彼乎！尝闻陶渊明攒眉不入惠远社者，所以非其所好乎！我辈之于阳明亦如此，则攒眉亦如渊明乎！又闻邵尧夫听杜鹃攒眉于天津桥，以有先见之明也。①

以上序文指出之所以用“攒眉”，乃明显表示“忧恨着于外者”。引用陶渊明与邵雍的攒眉公案，说明陶渊明即便与高僧惠远交往，但始终未加入其莲社，成为佛门中人；邵雍闻杜鹃攒眉，内涵先见之明。均表达道不同不相为谋之意，即儒佛不能相容也。

其次，《王学辩集》收入其祖师山崎闇斋的《大家商量集》。此篇主驳阳明的阳儒阴佛的似是而非之论，感慨自元代吴澄（草庐）、赵东山、程篁墩、王阳明等承接陆象山之学。即便有陈清澜《学蔀通辩》、冯柯的《求是篇》的批驳陆王心学仍不足以为朱子辨。闇斋更驳斥其前辈藤原惺窝的尊佛态度，中了陆象山的阳儒阴佛之学，因而提倡“尊朱恶陆”之学。② 但《王学辩集》仅是摘要闇斋《大家商量集》的批判重点，并无详细的论证，同时《大家商量集》也多引述朱子文集批判陆象山之论，未能看出直接批判阳明学相关的深入观点。

接着《王学辩集》引述佐藤直方的“讨论笔记”，这种讨论笔记颇如山崎闇斋《大家商量集》一样，大量引用《朱子语类》与文集中朱子批驳陆象山的论点，佐藤直方简论其重点：

王阳明之学，实祖尚陆象山矣。故其所论说，大意与陆子同而又不自谓学陆子。间去取于陆子之言，常欲出于其右，辄自以为接孔孟之传焉。是以辩陆学则王学亦在其中矣。③

由此可窥，尽管王阳明自己撇清与陆学之关系，但讨论笔记直接将陆学看成王学。故只要拜读朱子如何辩陆学，其实也可以看成是批驳阳明学。

《王学辩集》再引用浅见絅斋的《大学非孔书辩》，此文扣紧“似而非乱大道”之论，批判自陆象山至阳明及其弟子的弥近理而大乱真的情况：

邪说害正，如杨、墨、老、佛者，固其渠魁。而经孟子以来至宋数君

① ［日］丰田信贞汇编：《王学辩集》，东京：ぺりかん社，1979年，第408页。

② ［日］山崎闇斋：《大家商量集》，《王学辩集》，东京：ぺりかん社，1979年，第409页。

③ ［日］丰田信贞汇编：《王学辩集》，东京：ぺりかん社，1979年，第409页。

子，相继攘摈，或息或衰。而岁月因循其尚，窟冗盘据，虽未即就消灭，然邪正真妄，界辩甚明，无有能以彼淆此者。其擿埴冥行，放荡不反者，率不过乎流俗之愚而已。唯其间儒名儒服，以道自任，如荀卿、杨雄之徒，以至近世陆象山、杨慈湖、吴草庐、程篁墩、王阳明、王龙溪、罗近溪之类者，虽未敢显然竖帜倒戈，与吾圣人之道为寇敌。然其离正立异，舍规趋径，阳假阴诱，以乱大道，而误后学。其害既不在四者之下，而至于似而非大乱真，则又已甚焉。①

以上不只批判阳明学，上溯陆象山、杨慈湖、吴澄、程篁墩等，认为他们贻误后学如同杨、墨、老、佛四子之害正学一样，秉持朱子学正统意识，划清异端的陆王心学，也将近似陆王心学的杨慈湖、吴澄等，纳归为异端的继承者。

最后，《王学辩集》收录最详细者应是三宅尚斋的《读传习录笔记》。笔者认为尚斋这种笔记，应是德川时代直接批判阳明学最深入的讨论，比之于前此的批判阳明之作，多只是摘录朱子文集的批陆之论。故所论均切中阳明最核心的思想，并且多有细致的讨论，如以下所引：

余读王阳明《传习录》，以圣贤之语断之，百孔千疮，不胜枚举。冯负白已辩之，作《求是篇》。其间得失相半，未得阳明之肺肝，则终不足屈服彼之徒矣。传习一录，论说反复，要之，不过于致良知、知行合一之一路。至于晚年定论，则尤足以见阳明心术之机械。②

尚斋直指阳明学“知行合一”与“致良知”的核心理念，也注意到了阳明的《朱子晚年定论》。因此他的笔记，直接一一破除阳明之论，而不只是引述朱子话语，如他以“知先行后”破除阳明的“知行合一”论而言：

存天理，去人欲，由是非之良心固也(即是知先行后)。去人欲，存天理，则良心亦日明亦固也(知行相资而进是也)。良心日明，则存天理，去人欲，亦日益进(亦知先行后)。去人欲，存天理，非兀坐瞑目无所为，在要日用间事事纯乎天理矣已。要如此不可不思，思而后能知(即是知先行后)。明师之善诱启发，良友之忠告善道，与夫四子之讲习六经之讨论，皆所以思之也。其曰“多闻见”“阙疑殆”，而言行之，曰“闻斯行之”，曰“诗可以兴”。事父事君，文义明白(上三语不可罗织调停、牵强附会者)。尤足以见知行先后之序，读书讲习之为，行之基矣。盖知行之有先

① [日]丰田信贞汇编：《王学辩集》，东京：ぺりかん社，1979年，第409页。

② [日]丰田信贞汇编：《王学辩集》，东京：ぺりかん社，1979年，第413页。

后，本体自如此。圣人亦如此学者，亦如此行外之知，固非朱子所谓格物穷理。阳明立合一论，而不自知其合一论中，依然有先后，教人以合一，而不自免知行先后之序矣。[①]

尚斋区分“存天理，去人欲”与“去人欲，存天理”两种不同的概念，二者应是体用关系，前者是良知本体，后者是良知工夫，由此而强调“思”的重要性。在此，尚斋将“思”视为“知先行后”的关键，需要师友启发其内在行动的“思”，良知方有着落。由此而论“知先行后”，而不是跳过“思”即论“知行合一”。平心而论，尚斋此论并未能有效击中阳明知行合一之论，因阳明《传习录》中已经详细讨论“思维省察”的课题，并区分“全不解思维省察而冥行妄作”及“只会悬空思维而不肯着实躬行”两类。[②] 尚斋并未针对出现上述两类的“思维省察”的正反弊病做出回应。

再者，尚斋再针对《朱子晚年定论》批驳阳明：

> 按，朱子解格物曰“即物而穷其理”，王氏常所恶朱子者专在格物，而《定论》所收数十条，则虽皆言急涵养之实，而无一语废穷理之功。则何处见同于王之禅底，以是证其同，予未能无疑于王之心术焉。盖学之道，居敬穷理之二端而已矣。本领之地易怠，而穷理之功亦散漫，朱子自壮至老，忧勤切，年年自知以往之非。故自反悔悟之语，不特出于晚年，而壮年亦然。以王氏所集若干条中，有早年之语亦可见，而所谓居敬穷理二端者，不有早晚之异也。…或人曰朱子全体与王氏异，而唯此数语出于朱子之本心而与王氏同。节略于人之文字，以类聚之，佛可以为儒，儒可以为佛，王亦可以为朱，朱亦可以为王。但其全体异，则其同者亦其实异耳。谓之特取其语之同者，则定论二字，诬之甚矣。况此数语，固已不

---

① ［日］丰田信贞汇编：《王学辩集》，东京：ぺりかん社，1979年，第414页。

② 《传习录》中阳明针对弟子徐爱对“知行合一”的回答：“古人所以既说一个知，又说一个行者，只为世间有一种人，懵懵懂懂的任意去做，全不解思惟省察。也只是个冥行妄作，所以必说个知，方才行得是。又有一种人，茫茫荡荡，悬空去思一索，全不肯着实躬行。也只是个揣摸影响，所以必说一个行，方才知得真。此是古人不得已，补偏救弊的说话。若见得这个意时，即一言而足。今人却就将知行分作两件去做，以为必先知了，然后能行。我如今且去讲习讨论做知的工夫，待知得真了，方去做行的工夫，故遂终身不行，亦遂终身不知。此不是小病痛，其来已非一日矣。某今说个知行合一，正是对病的药，又不是某凿空杜撰，知行本体，原是如此。今若知得宗旨时，即说两个亦不妨，亦只是一个。若不会宗旨，便说一个，亦济得甚事？只是闲说话。”（第五条）

同邪！①

以上引文可分两段重点，前半段以朱子早晚皆以“居敬穷理”的态度反省自我，并无早晚改变的问题，未有如阳明所称晚年废穷理之工夫。后段重点批判阳明“节略”朱子文字，择其所要，断章取义，这样的结果会导致“佛可以为儒，儒可以为佛，王亦可以为朱，朱亦可以为王”。故朱子与阳明实是“全体相异”，即便有文字之同，放在全体的脉络下，也自是“异”。尚斋这种总观其学问之“整体”以破除阳明摘取朱子片言断语之论，或朱子的自我反省之语，出现有些与阳明心学类似的言语文字，认为这是阳明个人的牵强附会，批其朱子晚年的“定论”二字，污蔑朱子太甚。比之上述尚斋对“知行合一”的批评，这里批评阳明的《朱子晚年定论》似较合理。

以上从闇斋学派丰田信贞所汇编《王学辩集》的批判阳明学之论，我们约略可窥，他们批判阳明学多搔不到阳明良知学的痒处，即便最有深入见解的三宅尚斋的批判，对于阳明的“知行合一”之论也仅能是打擦边球的批判，未能针对“知行本体”之论进行深刻的内在心性理论之批判。这似乎也说明了朱子学者既未能在制度上占有独霸德川思想界，即连在思想上的批判良知学也未竟全功。或许这也能让我们理解幕末的 19 世纪初期，佐藤一斋这位占据幕府昌平黉朱子学儒官首席的地位，竟有阳朱阴王的学问性格。一斋之后，阳明学名家辈出，如曾因同情农民苦难而举兵的大盐中斋（1793—1837），还有出现许多遵奉阳明学的幕末维新志士如东泽泻、春日潜庵（1811—1878）、西乡隆盛（1828—1877）。当然也有反维新志士，如山田方谷（1805—1877）及方谷弟子河井继之助（1827—1868），其他如吉村秋阳（1797—1866）、池田草庵（1794—1859）、奥宫慥斋（1811—1877）、奥宫晓峰及大盐中斋弟子林良斋（1807—1849）等，均是奉良知学之幕末知名人物，成为学者所称“阳明学的季节”。②

三、结　　论

本文关注朱子学在德川时代何以发展受到限制，未能如朝鲜与中国般的流行。从本文的分析可知，在外部体制脉络的发展而言，“以武立国”的幕府

① [日]丰田信贞汇编：《王学辩集》，东京：ぺりかん社，1979 年，第 415 页。

② [日]野口武彦：《江户の兵学思想》，东京：中央公论社，1991 年，第 293 页。

体制有先天限制朱子学定为一尊的根本原因。另外，日本本土的神道学说往往也渗透到儒学，以儒学为辅助工具，成为共同对抗佛学的最佳思想利器，朱子学者林罗山及山崎闇斋都有浓厚的神道思想，发展出日本独特的理学神道。又从儒学思想内部而言，对朱子学发展威胁最大的，恐怕还是阳明学，虽然德川初期阳明学的发展看不出对朱子学致命的威胁，但幕末阳明学在德川末期成为一股风潮，赢得了下级武士的推崇。而这股风潮又在明治维新后持续地延烧不绝，只是维新后的阳明学染上了国家主义的色彩。

本文选择批判阳明学最力的闇斋学派，而以闇斋学派丰田信贞所汇编的《王学辩集》为考察对象。《王学辩集》编辑成书在1712年，当时古学派的仁斋学已负盛名，徂徕学在当时正潜研古文辞阶段，仍掩盖于仁斋学之下。因此，当时朱子学者批判的重心在于古学派者而非阳明学，阳明学仅是被批判的旁枝而不是主干。这与朝鲜朱子学独尊，没有如德川一样有挑战朱子学的古学派，或可说明阳明学在朝鲜朱子学要发芽成长的困难度远比日本艰难。最明显的例子是1790年幕府实施的宽政异学之禁之际，幕府儒官批判的"异端"主力并非阳明学，而是古学派。即便是批判心学异端，批判的集中对象也是"石门心学派"，如以下曾担任幕府昌平黉的教官，同时也是宽政三博士之一的尾藤二洲(1745—1813)，在《正学指掌》(1787年刊)之《附录》如是批判石门心学派：

> 有所谓知本心一派，是见禅学之余习也。是谬气为理，不知道是人之理所由起者也。其徒皆见此心之灵活，是善知觉之所，固宜珍重之。以此为主而教人，随口说出廓然大公，使人迷于空虚，其害亦不浅鲜。世之有志而无所见者，多为所陷。彼虽言性命道德之说，为种种高妙之谈，毕竟于识心之灵活知觉之前，非真知性命道德之义。因其不知本来道理，故不能从事理学；因不能从事理学，故不能辨道心人心之分。唯由其心，出于无作为，亦言道说理，猖狂妄行。呜呼！圣人之门，何有此率易无稽之谈哉！有志者，必不可听此本心之说。…本心之说近于陆王，故亦最惧学者之染彼。今倡陆王之学者不少，不及细辨，若使看破本心之说，亦可看破陆王之学。学本心之说者，有尽废彝伦、祝毛发而着僧衣者，其鄙陋虽不足挂齿，仅就此而亦可见其悖戾之甚。此辈可谓禅家之

最下流者。[①]

二洲所说的“知本心”一派，显然指的是石田梅岩弟子手岛堵庵的心学派，并严责他们是“禅家之最下流者”。但可注意者，他在指责石门心学的同时，在文末言此派心学系受陆王之余习，其本心之说亦近于陆王，而要学者“看破本心之说，亦可看破陆王之学”。显然将陆王心学与石门心学视为同样威胁朱子学正统的“异学”。不过从文脉看来，石门心学当时的发展当超过阳明学，而成为被批判异学的主力。[②] 由此看来，德川朱子学所要面对的“异端”，不只是古学派与阳明学派，还有受到庶民欢迎而主张三教合流的石门心学派。当然，不被视为“异端”的本土神道学更是限缩了朱子学的纯正性，更不用说佛学或禅学也笼罩着武家的精神思想。以上种种皆可充分说明，朱子学在德川发展的限制，它只能是众多交响乐中的一个高亢的旋律，但还不能是主旋律。正因如此，何以在幕府末期政权不稳定之际，有高度平等主义的阳明心学能从下级武士诸多精神世界中脱颖而出，成为学者所称“阳明学的季节”。

---

① [日]尾藤二洲:《正学指掌》，井上哲次郎、蟹江义丸编:《日本伦理汇编·朱子学派下》附录，东京:育成会，1903年，第416页。

② 有关石门心学与阳明心学的比较与发展之异同，可参张崑将:《日本阳明学与石门心学》，《清华学报》第40卷第4期，2010年12月号，第663～711页。

从当代儒学观点看
朝鲜朝主理主气两派的义理形态

——兼论朱子为主理的形态

◎ 杨祖汉

一、引　言

从 1990 年起，我因为应韩国友人的邀约，参加有关韩国朝鲜朝儒学的会议，开始阅读有关的文献，理解到朝鲜朝儒学虽然以朱子的性理学为主，但内容十分丰富，对朱子一系的义理问题有细密的讨论，并有新的发展。这一部分的文献，应该是研究宋明理学者不能不注意的。对于朝鲜朝的儒学发展，我的研究虽然不够详细，但对其中的重要论争，如无极太极之辩、四七之辩、人心道心之辩、湖洛论争等，都做了探讨。对于朝鲜朝后期的儒学不同学派的争论，也以田艮斋为核心，做了一些研究，出版了两本专著。[①] 除了对朝鲜朝儒学的重要人物的主张有所讨论外，又有一种特别的收获，从韩儒对朱子的诠释，让我对朱子学的义理形态的理解产生了变化。我本来遵从牟宗三先生对朱子学的衡定，即朱子是心性情三分、理气二分，心通过格物穷理，而于对象处寻找对性理意义的理解。故是意志的他律，用格物穷理所得的超越所以然来规定道德的当然之理，使道德意义有所减杀。故朱子是泛认知主义的他律伦理学，而且在朱子的成德之教中，道德实践的动力是不足的。牟先生

① 见杨祖汉：《从当代儒学观点看韩国儒学的重要论争》，台北：台湾大学出版中心，2005 年（简体版于 2008 年由华东师范大学出版社出版）；及《从当代儒学观点看韩国儒学的重要论争续编》，台北：台湾大学人社高研院东亚儒学研究中心，2017 年。

根据以上的论述，于是判定朱子为儒学的别子（程伊川是“别子为祖”，朱子是“继别为宗”），并非孔孟易庸，及周张大程等儒学义理的正宗形态。我近年从对朝鲜儒学的研究，又加上对康德道德哲学的进一步探索，似乎可以为朱子学给出不同于牟先生的衡定。我认为可以以“主理”来说明朱子的成德理论，即朱子根据人对性理本有所知，而将此性理抽出进一步了解，这就是致知格物。而这对理的了解，就是对道德法则做了解，即要明白人的真正道德行为，是由道德法则直接决定意志而产生的[①]。而此所谓法则对意志的直接决定，即表示人之从事道德或义务性的行为，是因为此行为是理所当然的行为，只能是因为理所当然而行，才是道德的行为。如果为了别的目的而表现善的行为，此行为只有表现上的善，而没有真正的道德价值。这是孟子以来儒者以义利之辨来说明道德的共识。朱子对于道德之理意义的理解是清楚的，我们可以用“要充分明白此理，才可以给出恰当的，具有真正的道德价值的行为”来理解朱子的义理形态。而此一形态因为是根据本知的何谓道德或义务（道德之理）而做的进一步了解，故并非是从意志所对的对象来寻找道德之理。朱子的格物致知论似乎是以心知来理解性理，而显心、理为二之相。于是就会被认为是依心外之理的规定而行，此便是他律的形态。但据朱子的《大学章句》，明德是“人之所得乎天，虚灵不昧，以具众理而应万事者也”，此明德应以心为主来理解，心具众理之具也应是本具。[②] 据朱子《大学章句》此处的注解，明德虽然“为气禀所拘，人欲所蔽，则有时而昏。然其本体之明，则有未尝息者。故学者当因其所发而遂明之，以复其初也”。此表示了明德是虽然昏昧之极的人也可以有之，而且在日用中会随时表露出来，于是人就可以根据此表现在日用中的明德来做进一步的讲明。据此可以肯定朱子是认为人对于道德之理是本来就有所知的，即使没有通过格物致知，此对道德法则的了解，气质昏昧之人也可以在日用生活中了解。朱子的《大学或问》对此义有进一步的发明：“唯人之生，乃得其气之正且通者，而其性为最贵。故其方寸之

---

① 康德说：“行动之道德价值中那本质的东西便是：道德法则定须直接地决定意志。如果意志底决定实依照道德法则而发生，但只因着一种情感，不管是那一种，始能如此……则这行动将只有合法性，但无道德性。”见康德著，牟宗三译注：《实践理性底批判》卷一，《康德的道德哲学》，台北：台湾学生书局，1982 年，第 265 页。

② 牟宗三先生认为明德应是性理，而具众理是虚灵不昧的心知之明，以认知地管摄之而具。故依牟先生的理解，此心之具众理是后天的具，也可以说是当具而非本具。见牟宗三：《心体与性体》（三），台北：正中书局，1969 年，第 374 页。

间虚灵洞彻，万理咸备。盖其所以异于禽兽者正在于此，而其所以可为尧舜而能参天地以赞化育者，亦不外焉，是则所谓明德者也。然其通也，或不能无清浊之异；其正也，或不能无美恶之殊。故其所赋之质，清者智而浊者愚，美者贤而恶者不肖。又有不能同者，必其上智大贤之资，乃能全其本体而无少不明。其有不及乎此，则所谓明德者，已不能无蔽而失其全矣。……然而本明之体得之于天，终有不可得而昧者。是以虽其昏蔽之极，而介然之顷，一有觉焉，则即此空隙之中，而其本体已洞然矣。"此段明白表示了明德须以心为主来规定，虽然是至愚之人，此本有之明德也会有明朗的体现。据此可知朱子确主张人对于道德之理是本知的，虽然明德是具理之心，而非心即理之心，但此明德之心本具理。此本具的意思，也可以从虽昏昧之极的人，在介然之顷也可以有所觉，而本体已洞然之说来证实。即依朱子，人对于性理之知是人人本有，虽下愚者也有的。如果依此理解，则人是对道德有先验的理性知识者，此可以肯定。由以上的讨论，可知朱子确认为明德常发见于日用，是人人可知的，是以每个人都不能够自昧。所谓自昧，即以为自己不明白何谓道德之理。故朱子注语中所说的"虚灵不昧"，虚灵是指心的作用，而不昧是就理来说的。理随时都会显于心，人不能假装不知道。

由于朱子认为人心对于理有本知，故朱子的"格物补传"所说"因其已知之理而益穷之，以至乎其极"，是就本有的对于理之知做进一步的了解，或可说是将本知之理抽出来做进一步的了解。由于是对于本具或本知之理抽出来做进一步了解，故不能够根据心理为二，就说心要进一步求知的理，是从心所对的对象处得来。由于要进一步知之，故把心中所具之理或本具之理抽出来而成为对象。以求穷尽的了解之，固然此一形态并非心即理之意，但也不能因为心与理为二就说此理与心本来是平行为二，必须通过后天的认知才可以理解。如果是从本知之理而求进一步了解，则可以是根据随时可以显现在伦常日用中的人对于当然之理的了解为线索，并不是对性理或道德之理全无所知，而要通过格物穷理才可以知道何谓道德之理或性理。

依上说，则朱子的格物致知论或理气论，理一分殊等说，是从在人伦关系中，随时可见的道德行为中所表现出来的"当然而不容已"之理，来推证所以然而不可易的天理①。由于这是从所当然出发，而追问其故（在明白到当然之

① 朱熹《大学或问》卷二："自其一物之中，莫不有见其所当然而不容已与其所以然而不可易者。"

理时，内心会有不容人不去实践的自我要求，所谓不容已）。即追问何以对当然之道德之理人会有不能不依循之来实践，何以会对此理有不容质疑的感受。能就当然处做这种追问，很自然就会认为一定有一所以然之理。而此所以然之理是存在之理，是存在之理是决定事事物物的存在者。既然是存在之理，便是最后的，确定而不可移动的。朱子此一思路，既然是从人伦活动中的当然而不容已处，推证所以然而不可易，则应该还是道德的形上学，而不是形而上学的道德学（或伦理学）。当然，如果把朱子的理气论，及要从当然之不容已进至所以然而不可易，这种形上学的理论，理解为是为了说明当然之理是人必然要遵守的而建构，则好像是以形上学的理论来说明道德价值，于是有形而上学的伦理学之嫌。如果是这样，则朱子难免于为“他律的伦理学”。但我们也可以将朱子从当然而不容已，必须进到所以然而不可易，才能稳定住人道德实践的信心，来理解这一形上学的建构。即这是为了实践上的需要，于是要把当然之理理解为所以然之理。而之所以要进这一步，除了是要以道德之理担负说明存在的责任外（此即道德的形上学），也是为了满足道德实践的要求者。即如果道德的实践只是人伦生活之理，而不是在天地间本有的、绝对普遍之理，则对于从事道德实践而体认到的此理之普遍性、无限性，是不能有充分说明的。而且如果不能进至这一步，即如果道德之理不就是普遍的，使一切存在能存在的根据，则人对于从事道德实践并不容易有不可摇动的信心。譬如在人努力实践后，遭遇到不合理的现实情况，甚至终身行道后，道仍然不能实现，此时人会有天道何在的怀疑。如果不克服此一怀疑，是否能继续努力实践，是有问题的。故必须从当然之理进至形上学理论，如孔子从四十而不惑，进至五十而知天命，才能解决此一实践上产生的怀疑。这好比康德在说明德福一致（圆善）是实践理性的必然要求实现对象时，必须肯定上帝的存在。这是有实践的要求而肯定上帝，而为道德的神学。如果不做这一步的肯定，康德也认为会使人对道德实践不能有不可动摇的信心。故朱子的格物致知论，要从当然而不容已之理，进至所以然而不可易，也是由实践上的要求，而以形上学的理论给出的理之必然来稳定住人实践道德的信念。这不能简单地理解为用思辨的形上学来做道德实践理论的根据。

如上说不误，即所当然的实践上的肯定，是所以当然的依据。于是实践的要求，是先于形上学的理论者，则朱子的形态，如同康德所说的，是从道德法则或以道德法则为先来理解何谓无条件的实践。即从人对道德法则本有所知或本明处来理解何谓道德实践。对于此法则愈了解，当然便愈会要求自己从事无条件的道德实践。对于道德法则本身所含的意义，如果能够做充分的了解，当然会引发人的道德意识，而逐渐排除感性欲望的影响，要求自己纯然的按理而行。此一明理的过程也应该就是纯净化自己的生命的过程。除了这种形态之外，依康德，也可以从自由意志或以自由意志为先来理解何谓无条件的实践[①]。而此后一形态，应该就是孟子、陆王的说法，如阳明说“致知存乎心悟”，或王龙溪所说的“从心悟入”[②]，就是以自由意志为先，来明白何谓无条件的实践。如果程朱陆王的不同，只是从理（法则）或从本心、良知（自由意志）来体会何谓道德行动的不同，则程朱陆王的不同，并非对于何谓道德有不同的理解，只是就成德之教的入路不同。二系可以同为有效的成德之教的理论形态。二系的工夫论对于人的成德，都是有效的。[③] 当然在此处也需要思考朱子的成德理论是否属于他律的形态，如果属于他律的道德学，则依康德的说法，他律是假的道德之源。如果朱子是他律的形态，则不可能有真正成德的效果。而依上文所说，格物穷理所显示的心理为二之相，是在将本知之理抽出来做进一步了解而产生的，而不是心对于理毫无所知，要在事事物物中寻找何谓道德之理。如果是后者的情况，当然是会以空泛的所以然之理来规定道德之理，如此对道德之理的理解应该是不切的，但假如是从本知之理而做进一步的了解。而此本知之理是从当然而不容已处来体证的，所以要格物穷理是要对此理做更进一步的了解，从实践的不容已的要求而进至对此理何以是必然而且是真实的做一论证。故是道德的形上学，则不能因为心理为二就说其为他律的伦理学，此依本知之理或进一步穷理而真知之理来实

---

① 康德说：“这样，‘自由’与‘一无条件的实践法则’是互相涵蕴的。现在，在这里，我不问是否它们两者事实上是不同的，抑或是否一个无条件的法则不宁只是一纯粹实践理性之意识，而此纯粹实践理性之意识又是与积极的自由之概念为同一的。我只问我们的关于‘无条件地实践的东西’之知识从何处开始，是否它是从自由开始，抑或是从实践的法则开始？”见康德：《实践理性底批判》卷一，第 165 页。此段当然先说明道德法则与自由相含之意，也表示了从道德法则可以认知自由，而自由是道德的存在根据。但此段文不只表示上述之意，从以法则或自由为先来了解何谓无条件地实践，可知对于无条件的实践（即道德实践）可以通过以法则为先来了解或以自由为先来了解。这等于说对于道德之意义可以从理来契入，也可以从本心（即自由意志）来契入。

② 阳明之语见《大学古本序》；龙溪之语见《闻讲书院会语》，《王畿集》，南京：凤凰出版社，2007 年，第 6 页。

③ 此意详见杨祖汉：《程朱、陆王二系的会通》，《当代儒学研究》第 24 期，“中央大学”儒学研究中心，2018 年 6 月，第 47～68 页。

践。由于是依道德之理(即为义务而义务之理)或让当然之理直接决定人的意志,要人只因为理的缘故而从事实践,则此实践行动当然是道德实践,因为是按照无条件律令的道德之理而实践之故。在这种情况下是否仍然是他律性的行动呢?这必须深思,固然此时是心按照道德法则而行,心与理仍然是二。因为此心并不是道德之理的纯然流露,也可以说是心接受理的要求或责成,而要努力勉强的按理而行。但这种情况应该是大多数人的道德实践的感受,而当在本心出现时,通过逆觉体证,让本心充分体现,如如之心就是如如之性或理,心与理完全是一,心之活动就是理的体现而不是心按照理的规定而行的情况。这当然也是最真实的道德活动的体现,而且是其中所表现的道德行动是自然而然,毫无勉强的。但如果以这种自然而然的表现道德行为的境界才是自律的道德,而勉强依理而要求自己努力实践,则是他律的,不算是道德行为。则恐怕此自律的规定太严格,境界也太高。① 康德虽然肯定意志的自我立法才是自律,但人在从事道德实践时,也只能勉强的责成自己去服从义务,在神圣意志处,则是不用责成的。人并非神圣意志者,而且自由意志只是设准而不是具体的,故依康德,人在从事道德实践时,道德法则与实践的主体并不能是一。如此一来,康德所主张的真正道德实践,难道是人从来都不能产生过吗?人自以为从事道德实践,虽然其所依据的道德法则是自己给出来的,但法则与实践的主体并不是一,是以会有责成、勉强的情况,难道这仍然是他律的形态吗?如果是他律就是假的道德行动了,这一判断应该不对,或者过严了。② 此依自己给出的道德法则努力实践,不断要求自己的发心动念要符合道德法则,这应该就是道德实践了。依此而行,人就可以成德。如果此说可通,则朱子的理论形态与实践工夫论应该是儒家成德之教一可行的理论形态。

这是我近年由于研究韩国儒学,而对当代儒学、康德哲学融会而产生的

---

① 刘述先教授对于牟先生所规定的自律之意有以下的批评:牟先生又限定只有如明道那样直接由本体论的方式去体证他所谓即活动即存有的本体,才是"自律道德"。这也不符合西方哲学一般对于此词之理解。在西方哲学传统,由苏格拉底以来,倡导"唯智主义的伦理学"(intellectualistic ethics),人依照真理(truth)行所当为(virtue for virtue's sake),就是自律道德。行德是为了德性以外的快乐、功利,才是"他律道德"。见刘述先:《论儒家哲学的三个大时代》,香港:香港中文大学出版社,2008 年,第 115 页。刘先生此说可供参考。

② 牟先生在他译著的《实践理性底批判》中认为康德这一形态"似乎亦可以说是另一种他律道德",这一衡定可能太严格了。牟先生之说,见牟宗三:《康德的道德哲学》,《牟宗三先生全集》,台北:联经出版公司,2003 年,第 316 页。

一点收获。顺着这一线索,以下希望能概括叙述一下我对朝鲜朝儒学发展的一些理解,特重其中一些论辩所显出的哲学含义。

二、朝鲜朝儒学主理主气两系的区分

日人高桥亨对朝鲜朝儒学区分为主理与主气两派,用此来说明李退溪与李栗谷二人的不同形态,及依循此两义理形态而发展的两系。这一区分可能过简,在义理形态的区分或内容的说明上或有不恰当处,如栗谷虽然主张气发理乘一途之论,但并非主张唯气论或以气为本体(徐敬德花潭才是以气为本体,栗谷对于花潭虽有欣赏,言其有自得之味,但并不赞成其气论)。依栗谷,理仍然是天下之大本,为气化之根柢。而退溪虽主张四端是理发,但也不得不承认理发而气随之,即四端有气的活动在。而七情虽然是气发,但也不能没有理,故曰气发理乘。即退溪对于有理即有气,有气即有理,理气二分而不离之义,也必须承认。高桥氏此说近年很受韩国学界及台湾研究韩国儒学的专家(如林月惠、李明辉等)的批评,认为此一区分并不合理。但我认为此一区分仍有其方便处,只要明白主理主气区分是相对比较而言,并非一以理为本体,一以气为本体。而且主理主气这一区分本来也是朝鲜儒者所使用过的概念,并非高桥氏的发明。如郭钟锡(号俛宇)就称其老师李寒洲及自己的主张为"主理",而批评"主气"之论。[①] 又朝鲜朝的儒学派别及论争很多,用主理与主气来概括,当然是犯了太简约的毛病(如郑霞谷的阳明学也持论深入,不能归在主理主气两系),但虽如此,这两系也的确是朝鲜儒学史上最显著的两派,用来概括程朱理学在韩国的发展,应该也能明白表意。

退、栗二系虽然都遵从朱子的理气论,但退溪强调了在道德情感的活动中理的作用,而栗谷则认为善情之生发,是由于清气。在此关键的问题上主张之不同,以主理与主气来区别,确能表意。此关键问题是对道德实践何以可能说明问题,依退溪或主理一系,实践之可能根据在于理在心有直接的作用,而栗谷或主气一系实践的根据在于人具有本然之气,只要通过养气就可以使气恢复为本然,而本然之气是所谓清气,善是清气之发。

---

① [韩]郭钟锡:《俛宇集》卷七六,《答李子明·别纸》,民族文化推进会编:《韩国文集丛刊》第340集,首尔:民族文化推进会,2004年,第119页。

三、李退溪四端为理发之说的哲学含义

退溪主张孟子所说的四端，一定是理发，而且主张四端是从中而发。此说表面引用朱子的说法为据，但他主要的论据是根据自己的理解而提出的，其论证很有哲学性，能够表达出有他对道德或性理的理解。他认为四端据孟子，是纯善的。而如果四端为纯善，则四端一定是纯理而发，不能夹杂有任何气的成分，这是从四端的纯善而推论出使四端生发的根源只能是理。此一想法如果用康德所说的道德行为是由道德法则直接决定意志而产生，就很明白。道德行为不能是为了其他缘故而行的行为，只能是因为此行为该行而行，这就表示产生此行为的意志只因为该行为是该行而行。而此该行而行的想法就是只因为理所当然之故，故可以说此时的意志是为道德法则所直接决定。而所谓道德法则须从孟子所谓的义利之辨来了解，即道德的行为必须是只因为理所当然而行，不能为了其他的缘故或条件，此如康德所说道德法则是无条件的，为定然的律令。李退溪所说的理发如果从法则直接决定意志来了解，就可以说得清楚，而且不必进一步说退溪肯定心即理。法则直接决定意志可以只从人去给出行动的时候，只因为理所当然而行。这虽表现了理的直接决定性，但并不必含理本身是活动的，即只需说心因为而且是只因为理的缘故而行，就是理发了。在恻隐之心，或情上见出这是只因理而发，而不是理本身有发用。[①] 因为此时心或主体除了为了理之外，没有因为其他而给出行动，于是法则或理是心给出行动的动力，虽然此动力不一定就是心本身提供的，理在心之外，心的虚灵明觉不即是理。但只要心只因为理而行，则理对于心也可以说是给出了动力，可能如此解既表示了理发说所含的法则是意志的直接决定之义外，又不必将退溪学理解为往心学靠近。对于心与理的不同，退溪并非不清楚，他虽然认为心是理气合（此是陈淳的说法），但这是表示理在心中为心所本知，而且心的做意或决定行动可以纯因理而发。故理发在退溪应是理在心中有其发用之意，而所谓理在心中有其发用是心纯依理

① 退溪明白说到，所谓理发是理在心中发用之意（文献待查）。在《圣学十图》讨论四端理发气随等，是在“心统性情图”中，可见所谓理发是理在心中给出作用。而如果心理解道德行动是纯依理而发的，即是由法则直接决定意志而产生的，则也可以说理在心中给出直接的影响或作用。

而发。

另外，退溪所说四端从中而出，七情从外而发，此一区分也有其道理，他这样区分就表示了四端等的行动是由自己决定而给出来的。固然恻隐之发必须要因应对象而后有，但并非所看到的对象决定了人给出恻隐之心或恻隐之情。此恻隐是自发自觉，即自己决定而给出来，才产生的，并非由外在的对象决定。故孟子分析恻隐之心时表示了此心并非因其他的目的、条件而发，只是内心感觉到非要如此不可而发，孟子此一分析也等于是康德所说真正的道德行为必须从自由意志发出来之意。由于道德行为是法则直接决定意志而给出来的，故此给出道德行为的意志只能是因为理所当然而行。此时的意志并不能受任何其他的因素影响，故虽然恻隐是见孺子入井而发，但所以要给出这恻隐与其后的往救孺子的行动，也是意志自己决定的，并不是受其他原因影响而产生的他律性的，或因着刺激而一定有反应的行为。明白此真正道德行为是出于自由意志之义，就可知退溪所说“四端从中而发”是一定要有的讲法。

四、栗谷的反对理发说与其从理气不离而阐发的特殊见解

由上述可知，退溪的四端理发说很能表达出道德行为的特性。由于是如此，故可说退溪之说有其不易摇动的立论基础。当然栗谷对退溪主张的反对也有其论据，也相当能够服人。栗谷认为如果四端是理发而气随，七情是气发而理乘，则理气就有时间上的先后或离合可讲。如果理气有离合有先后，就不能够说明天地生化，因为假如四端是理先发，则理发时便无气，而七情是气先发，则此时便无理。故此说表示了理气有先后，而且这样一来也会有理气可以分开，然后再合起来之义，这是所谓理气有离合。如果理气有先后离合，则气化的活动可以不以理做根据，而理可以超然独立，不需要气来表现其意义或作用，这是不通的。栗谷此说哲学性很强，当然此所谓哲学性是就宇宙论、形上学的意义来说。可以说栗谷在客观面形上学或存有论的理论上特别有明白的分析，从宇宙论上看，当然是理气不能离的，如果理气不离，则四端七情的生发，就不能有此先发彼跟随的区别，只能说有理就有气，有气就有理。而如果从此一宇宙论或理气论的观点来做标准，四端七情都只能是气发而理乘，即发是气发，气之发处都有理为根据，理无所不在，一切气化流行都有理作为根柢，不能有气自发而没有理的可能，也不能有理独行而不借着气

的情况。但这样一来，四端七情就不能有意义上的或层次上的区分，故奇高峰及李栗谷都认为七情是总说全部的情，四端是七情中的善情，故说四端不如七情之全，七情不如四端之粹。这在宇宙论上说是很合理的，但不能表达意志为法则所直接决定而有自由自决之义。这可以看出宇宙论的理论对于道德行动的说明是有问题的，此所以康德认为在道德行动上所必须肯定的自由，与从自然因果上必须肯定的因果必然性是相冲突的，因此我们不能因为因果的必然性对于经验事实的说明为必须，就否定了道德实践所要肯定的意志自由。这两者都要成立，而且在二者相冲突时，理性的实践应用应该是可以优先的，即不能因为理性的理论应用不能肯定自由（由于事出必有因，在因果的必然关联下，不能有自由），就认为道德实践上所必须有的自由不能成立。依此意，吾人可说，虽然在宇宙论理气论的理论上对于存在界的说明不能够主张理先发或理独自发用，但从人的道德实践必须按理而发排拒其他影响，此意上说需肯定理独自的作用。这也可以用实践理性的优先性来解决栗谷的质疑，如果认为不必因为栗谷的质疑就否定了四端由纯理而发，则栗谷的气发理乘一途说虽然可以说明宇宙气化活动的情况，但并不能用来说明道德实践的活动，从能否说明道德实践活动的真义，就可以看出退溪主理、栗谷主气这一区分的意义。主气之说就是由于主张有气即便有理，而否认了理的独立作用，而主理就是从道德实践的体会处肯定理非直接决定意志不可，虽然主气论不否认理作为存在的根据，但在道德实践上对于道德上的善产生只能从因为气清所以理得以实现来解释。道德的善如果由于气清才可能，不是由气决定吗？故说栗谷一系为“主气”，其实未尝不可，而且如此说就可以看出栗谷一系对于道德实践的意义及其真实的可能说明不够，甚至很不成功。即如果“善者清气之发”[1]，如果为善是靠清气才可能，则性理的作用或动力就不能说了。当然栗谷对退溪理发说的批评如前文所说，在宇宙论的理论上是非常合理的，于朱子的理气论也有根据，因为理是不活动的，活动者是气，则理气的关系应如栗谷所说。故退溪与栗谷此一不同的主张，在朝鲜朝儒学中栗谷是占上风的。

栗谷对于理气不离很有体会，由此而有一些特别的见解阐发出来，既然

---

① 见李珥：《人心道心图说》，《栗谷全书》卷十四。关于此说的讨论，杨祖汉：《吴石农、权阳斋对田艮斋“气质体清”说的继承》（艮斋学国际学术会议，全北大学，2016 年 10 月）有比较详细的讨论。

善是清气之发，则成德的要点在于养气，即恢复气之本然。他认为气有湛一清虚的本体，如果维持或恢复此气之本然，性理就可以不受限制地表现出来。如果气质有清浊厚薄的不齐，则理虽然清通，也只能表现有善恶参差的情况。这是栗谷的工夫论要点。由于理气不离，而且理通气局，故栗谷认为不合理处也应当有理，这是他对于程子所说的理有善恶的说明。另外由于理气之不离而气是有聚散变化的，故栗谷认为现在所见的天地(也可以说是世界或宇宙)已经生灭了许多次。此即其天地有无限生灭说，因为理是不能没有的恒常存在，而有理即有气，故气也是常存的。既然气是常存，但有聚散变化，而天地是气化所组成的，则天地一定经历过许多次的聚散变化，故吾人所处的天地一定已经生灭过多次。此一见解非常有哲学的深度，可以为有聚散变化的天地何以要存在，及对人类文明的存在既然是不能常存的，则其存在有何意义的问题给出一个说明。即人类文明虽然可以毁灭，但既然有理便必有气，天地可以有无穷生灭，人类的文明也可以有无限次的存在。这是生灭与不生灭综合起来的宇宙观。生灭可以容易推出其存在是可有可无的，即其存在并非必然的存在，但假如有生有灭是由恒常存在之气所构成，而且又由恒常之理作为生灭的根据，则此生而又灭的存在就有其存在的必然性，故可说既生灭又是不生灭。于是人生的存在固然是有生有灭的暂时存在，但又可以体现出永恒的理的意义。于是人世间之存在为不能没有的，即其存在是有理上的必然性，这也是可以说的。这也可以用牟宗三先生所说的“即有限而无限”之意来说明。

五、奇芦沙主理论证中的道德含义

奇正镇(号芦沙，1798—1879)对于栗谷的说法，甚不以为然，晚年正式提出反对的见解。芦沙论证理为气之主宰，故理是有尊位的，而认为栗谷的理气论使理好像成为附骥尾的存在，可有可无。他认为圣贤典籍历来都主张理是气的主宰，则理一定有他的主宰性，无论气的作用如何强大，但都必须接受理的主宰。如果可以如此说，则理的主宰性如何表现呢？芦沙于此就给出了理完全不借着气，但有其主宰性的力量之说。他论证理为气之主宰，气不能决定理，如云理之乘气是原来所乘，并非气来而后理乘之。又说天地间虽看起来都是气在作用、活动，但气之所以能如此，是有看不见的理给出决定。故看到气的活动，就如同看到理的主宰性或决定性。如同贵人乘坐马车出游，我们看到马车在走动时，虽然看不到贵人的活动，但由于有贵人的决定，才会有马车及马车上马夫的种种活动。此譬喻是说，理的决定性虽然没有在气的活动中被看到，但其实是理主宰着气。没有贵人的发号施令，可见的马车活动是不可能发生的，此如同没有理的给出主宰，气化的活动是不可能的。于是不能因为只看到形而下的气在活动，于是认为无形的理只能靠气才能表现其作用，或认为理的作用受到气的限制。此明白地反对栗谷的"理通气局"说。芦沙又认为理的做主之作用，完全不藉赖气的能力，单靠理本身的力量，就可以给出主宰性的、根本的作用。他举例说，西汉末的更始帝，才智平庸，只因为他姓刘，就被拥立，称帝了一段时间。这就譬喻单只是理而没有气的作用，就可以给出主宰的力量。对于理一分殊的意义，芦沙也做了特别的诠释。他认为理本身就含着分殊，并不是理之一因为气的作用，而成为分殊之理，各存在物都是由理作为根据。故处处都表现了理的意义，这是理的分殊。而分殊之理其实都是理，其为理，一也。故分殊之理就是理之一，而不是先有理一，因为气的局限，而成为分殊之理。芦沙这些证明理为气之主宰，理一定有其作用，虽然其作用于气的活动变化中看不出来，这些论辩都很有精思。

而理的主宰既然完全不借着气，则如何去理解这种主宰性呢？我认为必须通过道德实践的无条件性来理解理的作用，如上文所说，道德法则对于意志有直接的决定性，即我们只能纯粹为了理所当然之故而行，完全不为其他，才可以给出真正的道德行动。这是我们稍微反省何谓道德义务就一定明白的道理。既然是如此，则道德的行为动机假如掺杂了一点感性的欲望、气性的要求，那就不能是道德的行动了。这就可以说明愈没有气的作用愈会有道德的理的意义，能够给出真正的道德行为完全或只能是因为理的缘故，这样不是就可以说明理的力量或作用了吗？理的作用是单靠他自己就可以成为道德行动的动机或存心，而只能够是以纯理（或纯粹理性）作为行动的动机或原则，才可以给出具有真正道德价值的行为。掺杂了一点感性的欲求的话，那么无条件的道德行为就成了有条件的、有所为而为，于是该行动的道德价值就会全部消失无踪了。从这一道德实践的角度来理解芦沙对于理必有作用的分析，就可以看出他的论证是很有效力的，在人愈能拒绝感性的作用干扰时，愈可以显出理的主宰性。而如果理能显出这种纯粹的、不依于气的主宰性，就愈有可能产生真正的道德行为，这一论证除了说明道德之理是无条件的法则，单靠其自己就可以决定意志而成就道德行为之外，也可以说明理不需要像气一般的活动，而可以使表面有最大力量的气也需要服从的缘故。

人如果通过内省，而发现自己的行动是于理不合时，则不管他地位多高、有多大的势力，也不免惭愧内疚。于是理的作用在人知理的时候，就会给出来。如果是这样，则理是否有活动性，便不是能否产生真正道德行为的关键。道德之理只靠他自己，就可以产生动力，不必有实际的活动性，才可以产生使人依循之而产生的力量。依此意，则理即使为存有而不活动，照样可以提供实践的动力。当然，此动力的产生，如同康德所说，是法则作用于主体而产生的影响力，此时行动的主体必会产生对于道德法则的尊敬。由尊敬而接近法则，而给出实践的行动。

六、寒洲学派与华西学派对主理说的发展

李震相（号寒洲，1818—1885）有“心即理”说，他认为心的本体是理，而其外表的作用是气。如同和氏璧的情况，即外表是石，里头是玉。他如此规定心，就表示心不能只从气来理解，理是作为心的本质，于是也有它的作用表现。如心统性情之“统”，就是理的作用。他又用“理一”与“分殊”的不同，来区别“心之统”所表现的“理”与他所统的“性”，也有其精思。李华西则认为心可以以理言与以气言，又认为明德是理，都表示了理有其作用。寒洲与华西两派对理的理解，都强调了理本身就有其作用，其作用可以从心的活动中直接体会到。他们虽然不能如陆王直接以心为理，但也可以说是往心即理趋近。田愚（号艮斋，1841—1922）对于这两派的主张都加以反对，认为如此说心，使心与理的界限不清，不能够让理维持作为实践的标准之义，也会引发心的僭越、自主。艮斋认为这是违反传统儒学大义的，他认为儒学的第一义是肯定心性为二、“性师心弟”才是儒学的合理主张。本来按照儒学成德之教的要求，能够给出一个人人都能自发的为善根据，是非常重要的。作为所以然之理，如果只是静态的，则是否能够给出实践的真实动力呢？由于这一思考或要求，退溪主张理发，而寒洲、华西主张理有它实在的作用，也是合理的。当然，如果透过奇芦沙的论证，说明理的作用或力量由于是单靠理而给出的，不依于任何有形可见的气化作用，顺着此一论证，则理应该可以不用活动，就能给出其对气的主宰性。而如果通过道德法则的含义来理解，如上文所说，道德法则是对意志给出直接的、无条件的决定者。既然是无条件的决定，则任何现实可见的作用，或功效、利益，都不必加进来，作为理的力量构成要素。相反，越理解道德之理的无条件性，就越可以排除一切有形的或对人的感性

有吸引力的种种现实作用，来直接肯定理本身的力量。越能拨开现实有用的想法，越能理解道德法则的力量。我们的存心越能纯粹，就越会遵守此一以无条件的律令颁布的道德法则。如此理的主宰性力量，就不必借着活动才能起用。这应该就是朱子所谓"理必有用，何必又说是心之用"[①]之意。理的这一种不藉任何其他功能就可以独立起用的意思，越了解之，越会让人肃然起敬。故理所当然之理，当然有他的力量。

七、主气派所提出的道德实践的超越根据，结穴于田艮斋气体本清说

朝鲜儒学主气派的李栗谷一系，固然不能给出上文所说的理作为实践动力的说明，但也有其他的贡献，对于理解朱子学的义理形态也有帮助。栗谷系的学者大都认为心虽然是气，但心之为气，是气之精者。栗谷肯定有气之本然，或本然之气，即肯定了人生命中有本来清明的气之本体。如果人能检束其气（心气），就可以恢复气之本然，即恢复清明的气之本体。而善是从清气发生出来的，故如果人有本然的清气本体，则只要通过养气，就可以恢复清气而为善。此一对人本有清气之本体的肯定，也可以作为人人可以为善的超越根据。栗谷此说为后来的李柬（巍岩）所强调，吴熙常（老洲）认为心气是清明而与理无间的，也应是承此义而发展。到朝鲜朝最后期的田艮斋，则正式提出"气质体清"之说，认为人在其生命开始时所禀受到的气，是有清明的气之本体在其中的，此气之体并不会因着后天的活动变化而失去。此一肯定可能也可以说明朱子学所以重视涵养之故，即人如果能有涵养的功力，本有的清明气之体就可以出现。此所谓"才歇即清"，而人就可以为善。当然对于此气之本体的肯定与证成恐怕有困难，而且善的行为如果是由清气而有，如栗谷所说的，"善者，清气之发"，则性理的作用恐怕太弱化，也不能说明何以在见孺子入井的情形下，人人都会有要求自己无条件地往救孺子之想法。这是无分于气性清浊之人都会有自我要求，此一问题在艮斋的弟子继续有所讨论。

田艮斋的思想以"性师心弟"为主旨，他认为性理是标准。标准是不能变化的，故性理不会活动。艮斋此说给出了性理是不活动的理由。心是活动，故心是气。但心之为气是虚灵的，故"心可以学性"。从心之虚灵与心可以明

① 黎靖德：《朱子语类》卷一八，北京：中华书局，1986 年，第 416 页。

理，也可以说心是善的，但心虽然善，会流于恶，因为心是会变化的。这是艮斋承继吴老洲所说的“心本善而不可恃”之义。既然心之虚灵可以学性而为善，但不可恃，则心对性的态度应该是如同学生以恭敬的态度来从师问学一样。心自居为弟子，事事以性理为遵从的标准，不敢自以为是，即弟子永远以老师为学习对象。艮斋认为心这种对性理的态度是最恰当合理的，如果心以为自己就是理，那就是僭越。他认为人间的种种毛病都是由于心的妄自尊大，僭越了性理的位置而产生。艮斋此说大略同于上文所说康德论尊敬的意思，也表达了心性为二的必要，即如果太强调心性是一，会引发人的骄傲自大。另外，从“心学性”之义，也给出了朱子一系学者所以强调读书明理的说明。即由于心虽然可以通彻于理，但心之虚灵并不等于是理。心会活动变化，故对于本来知道的道德之理不一定能持守，在这种情形下，多识前言往行以蓄其德，是必要的。朱子强调读书以明理，虽然也涉及一草一木之理，但还是以求知道德之理为主的。而对于道德之理的了解，从“心学性”之言，也可以说明读书的必要。即心若以性为学习对象的话，则读书就可以作为明理学习的好方法。故艮斋的说法既说明了心性为二的必要，也说明了读书在心性为二的系统下是必要的。

通过上述对朝鲜儒学两系义理的分析，可知朝鲜的性理学虽然以朱子思想为主，但并非只重复朱子本有的义理内容，而是有进一步发展的。而通过他们的有关论辩，可以看出其中有许多很有哲学意义的理论发明。而最重要的是可以给出对朱子思想的不同的诠释，如栗谷一系对朱子学的理解，很接近当代牟宗三先生对朱子学的诠释，但虽相近，也有不同。如上文所说，从李栗谷到田艮斋，都肯定心虽然是气，但作为气之灵的心并非一般的形气，而是可以通彻于理的，只要维持本性是清虚的气之本然，或本清的气体，就可以表现善的行为。这是主气一系对于成德如何可能，给出一个说明，即肯定了人人都有成德的超越根据。只是从气体本清来保证成德人人可能，论证不够坚强，而且如果道德的善行由于清气而有，则道德实践所必须的意志的自我立法、自觉、自由等义，就比较不好说了。而主理的退溪、芦沙、寒洲、华西一系，则突显了理必须有其作用，才能产生真正的道德实践之义。此系的理论对于说明朱子学，我认为特别有贡献，可以参考他们的理解，重新诠释朱子学。或许可以用主理的观点来理解朱子学的形态，如本文第一节所述。如果这一诠释可通，则朱子系（包括程伊川及朱子的重要弟子）的义理，应可与陆王系并列，而为儒家成德之教的两个可行的理论形态。

曹植的性理学思想

◎ 张品端

曹植(1501—1572),号南冥,韩国岭南人,少年崇尚举业,并多次参加科举应试。他曾数度被推荐,中宗三十三年(1538 年)被任命为献陵参奉。后又作为遗逸,先后被任命为典牲署主簿(1548 年)、宗薄寺主簿(1551 年)、丹诚县监(1555 年)、造纸署司纸(1558 年)、尚瑞院判官(1566 年)、宗亲府典钱(1569 年)等官职,但均没有赴任。南冥自始至终拒绝出仕,并非他不关心国家大事和人民疾苦。他曾多次上疏朝廷,要求改革。如明宗十年(1555 年),他针对当时的时局,上疏说:“殿下之国事已非,邦本已亡,天意已去,人心已离。比如大木百季虫心,膏液已枯,茫然不知飘风暴雨何时而至者久矣。”[①]又于明宗二十二年(1567 年)上疏曰:“百疾所急,天意人事,亦不可测也。”[②]可见南冥是希望挽救危机,扶正朝纲,主张实施变通之策,富民强国。他还在《民严赋》中说:“民则戴君,民则覆国。”[③]认为可以解决现实政治矛盾的力量在于人民。这充分体现了南冥的民本思想,人民性的一面。

南冥所处的时代,正在从朱子学的吸收时期向逐渐形成韩国朱子学的时期转变。他 25 岁时,读到《性理大全》,此后全力研究性理学,并躬行实践。据记载:“至是读《性理大全》,至鲁斋许氏言志伊尹之志,学颜子之学。出则有为,处则有守,大丈夫当如此。出无所为,处无所守,则所志所学将何为?遂脱然契悟。慨然欲学圣人向里做去,刊落枝叶,专就六经四子,及周程张朱

① [韩]曹植:《南冥集》卷二,《辞免丹城县监疏》,1894 年重刊本影印,韩国南冥学研究院,2000 年。

② [韩]曹植:《南冥集》卷二,《疏状封事》,韩国南冥学研究院,2000 年。

③ [韩]曹植:《南冥集·别集》卷一,《赋》,韩国南冥学研究院,2000 年。

书。穷日继夜，苦日继夜，苦心致精，研穷探索，以反躬实践为务。”[①]从这里可以看出，南冥曾一度沉迷于俗学，后对此进行了深刻的反省，转而开始学习儒家的为己之学。

中宗二十六年(1531年)，南冥读了李浚庆(1499—1572)送给他的真德秀的《心经》后，开始关注心学。中宗二十八年(1533年)，又读到宋麟寿(1487—1547)送给他的《大学》之后，对理学产生了坚定的信念，认为“善反之具，都在是书”[②]。南冥在儒家经典中，最尊崇的是四书，而四书之中，又特别重视《大学》，他说：“古今学者，穷易甚难，此不会熟四书故也。学者精熟四书，真积力久，则可以知道，而穷易庶不难矣。盖精而未熟，则不可以知道；熟而未精，则亦不可以知道。精与熟俱至，然后可以透见骨子。”[③]又说：“夫《大学》，群经之纲统。须读大学，融会贯通，则看他书便易。”[④]南冥强调《大学》的原因，不仅是因为朱子倾其一生精力研究《大学》，更是因为《大学》中蕴含了修己治人的实践性伦理思想。韩国成均馆大学教授吴锡源认为南冥义理思想的理论基础来源于以性理学为中心的《性理大全》，实践的基础则来源于以修养方法为中心的《大学》。[⑤]

一、为己之学

先秦时期，孔子就说“古之学者为己”[⑥]“为仁由己”[⑦]“君子求诸己”[⑧]等。这就肯定了人的自我价值和生命意义，道德伦理是人所以为人的本质所在，即朱熹所说的“仁者，人之所以为人之理”[⑨]，并提高人的自觉性和主动性，以达到内圣成德之境界。南冥对中国儒家学者的“为己之学”，是深有感悟的，并从践履和义理上终生力行。他对自己是“笃行践履之工甚笃，精神气魄多

① [韩]曹植：《冥南集》附录《编年》“二十五岁条”，韩国南冥学研究院，2000年。

② [韩]曹植：《南冥集》卷四，《杂著·书圭庵所赠大学后》，韩国南冥学研究院，2000年。

③ [韩]曹植：《南冥集》卷四，《杂著·示松坡子》，韩国南冥学研究院，2000年。

④ [韩]曹植：《南冥集》卷四，《杂著·示松坡子》，韩国南冥学研究院，2000年。

⑤ [韩]吴锡源著，邢丽菊、赵甜甜译：《韩国儒学的义理思想》，上海：复旦大学出版社，2014年，第213页。

⑥ 朱熹：《四书集注》，《论语集注·宪问》，长沙：岳麓书社，1987年，第226页。

⑦ 朱熹：《四书集注》，《论语集注·颜渊》，长沙：岳麓书社，1987年，第191页。

⑧ 朱熹：《四书集注》，《论语集注·卫灵公》，长沙：岳麓书社，1987年，第241页。

⑨ 朱熹：《四书集注》，《孟子集注·尽心章句下》，长沙：岳麓书社，1987年，第526页。

有动悟人处”[①]；对他人，南冥皆“观其出处，然后论其行事得失”[②]。这里讲的“出处”是“出则有为，处则有守”“谨出处之节”[③]。南冥为学，力避空谈心性天理，笃实践履力行，贵在自得，以期之内圣成德。他说：“学必以自得为贵，徒靠册子上讲明义理，而无实得者，终不见受用。得之于心口，若难言学者，不以能言为贵。”[④]为了说明空谈心性天理对自身的成德为人处事毫无用处，南冥举了一个例子。他说：“遨游于通都大市中，金银珍玩靡所不设，终日上下街衢而谈其价，终非自家家里物，只是说他家事耳。却不如用吾一匹布，买取一尾鱼来也。今之学者，高谈性理而无得于己，何以异此？”[⑤]这就是说，为学空谈心性天理，就像谈论市场上金银珠宝的价格，而不能买一样，成不了自家的东西，还不如用一匹布换一条鱼回来，可供自己受用。

南冥认为进学在于下学上达，他说：“学者须守下学上达之悟，乃学之要。”学者求天理，“须是合内外之道，一天人，齐上下，下学而上达”[⑥]。又说：“舍人事而谈天理，乃口上之理也；不反诸己而多闲识，乃耳底之学也。休说天花乱落，万无修身之理也。”[⑦]但是南冥强调“下学上达”，并不反对谈论心性天理，如他“每读书得精要语言，必三复已，乃取笔书之，名曰《学记》。手自图神明舍，因为之铭，又图天命、天道、理气、性情与夫造道入德堂室科级者，其类非一”[⑧]。他把性理学理论用20多个图标示，从义理和实践上全面地论述理学。可见南冥是非常重视性理学之形上理论的。

南冥认为学问有阶梯路脉，先下学再上达是符合理学家之进学之路。他说：“濂洛以后，著述辑鲜，阶梯路脉昭如日星。新学小学，开卷洞见，至其得力浅深。”[⑨]南冥依据“下学上达”的进学之序，在读书方法上，主张先治四书，后治《周易》。在他心目中，古代圣贤为学皆是如此，如朱熹“平生精力，尽在《大学》”，认为“《语》、《孟》既治，则六经可不治而明矣”[⑩]。因为在南冥看来，

---

① [韩]曹植:《南冥集》卷六，郑琢《金参判行状略》，韩国南冥学研究院，2000年。

② [韩]曹植:《南冥集·别集》卷二，《言行总录》，韩国南冥学研究院，2000年。

③ [韩]曹植:《南冥集·别集》卷二，《言行总录》，韩国南冥学研究院，2000年。

④ [韩]曹植:《南冥集·别集》卷二，《言行总录》，韩国南冥学研究院，2000年。

⑤ [韩]曹植:《南冥集》卷五，《金宇颙行状》，韩国南冥学研究院，2000年。

⑥ [韩]曹植:《南冥集》卷三，《学记类编》上，韩国南冥学研究院，2000年。

⑦ [韩]曹植:《南冥集》卷二，《戊辰封事》，韩国南冥学研究院，2000年。

⑧ [韩]曹植:《南冥集》卷一，《成大谷《墓碑文》，韩国南冥学研究院，2000年。

⑨ [韩]曹植:《南冥集·别集》卷二，《言行总录》，韩国南冥学研究院，2000年。

⑩ [韩]曹植:《南冥集》卷四，《杂著·示松坡子》，韩国南冥学研究院，2000年。

四书特别是《大学》一书，是“群经之统纲”，是“第一存养地”[①]。所以“学者须精熟四书，真积力久，则可以知道之上达而穷《易》，庶不难矣”[②]。即只有在精熟四书基础上，才可把握“道”的真谛。

南冥对朱熹的“一以贯之”思想做了阐述，认为修身之道“始于格物”，下学就在“日用事物之间”。同时，他还认为“下学”虽是“上达”的前提和基础，但如果“只理会下学又局促了”，还必须在“事事理会”的基础上，进一步上升到“贯通处”，即由“贯”上升到“一”。“下学”是末是粗，“上达”是本是精，本与末，精与粗是不可分离的，是“一以贯之”的。南冥基于对“一以贯之”的理解，他认为“今人说道，爱从高妙处，便入禅去”[③]。南冥还指出，陆象山的错误如同佛教一样，也是“专务上达而无下学”，离“贯”求“一”，把“本”与“末”分离开来，陷入了“悬空妄想”的境地，滑向了虚无之学。

南冥极为关心世道人心，“以为必先掇于纪纲本源之地”[④]，努力从道德伦理践履力行上教化人，提高人们的德性素质。据南冥弟子郑逑所记：“上曰：‘曹植教尔者何事？尔之所做何工？’（金宇颙）对曰：‘臣诚不能做功，若植之所教，则以求放心为务，又以主敬为求放心之功矣！’上曰：‘求放心、主敬皆切己工夫。’”[⑤]南冥主反己修身，诚意正心，笃实践履，力避空谈心性天理的思想，是“为己之学”的典范。这种“为己之学”彰显出东亚儒学的本质特征。

二、敬义之学

16 世纪以后，朝鲜性理学者开始把关注的焦点转向人的存在及其本质问题，特别是对“四端七情”问题的讨论。而南冥则执着于程朱理学的修养理论上，并倾其一生努力躬身实践。韩国学者玄相允对其评价说；“南冥也，如其他诸儒一样，潜心研究程朱之学，特别是把反躬体验和持敬实行作为学问的关键，这也是他的独特之处。南冥的学问专精敬义之学，一生都在努力实践持敬居义，而且他从来不满足于口头或文字，必须都要通过实践躬行，总是保

---

① ［韩］曹植：《南冥集》卷二，《解关西问答》，韩国南冥学研究院，2000 年。

② ［韩］曹植：《南冥集》卷四，《杂著・示松坡子》，韩国南冥学研究院，2000 年。

③ ［韩］曹植：《南冥集》卷三，《学记类编》下，韩国南冥学研究院，2000 年。

④ ［韩］曹植：《南冥集》卷七，郑逑《祭文》，韩国南冥学研究院，2000 年。

⑤ ［韩］曹植：《南冥集》卷七，《金参判行状略・遗事》，韩国南冥学研究院，2000 年。

实现人的修养和实践的理论。对于“穷理”,南冥说:“所谓明善者,穷理之谓也。”[①]“其所以为穷理之地,则读书讲明义理,应事求其当否。”[②]这就是说,穷理不是观念性的理论分析,而是对善恶这一道德行为进行判断和分析的根据,是价值论层面的。所以南冥认为穷理作为实践的根据,必须在与实践的义理相连接的情况下,才具有实际的意义。[③] 1568 年,南冥向宣祖上疏说:“穷其理,将以致用也;修齐身,将以行道也。”[④]

南冥认为“即物穷理”是“明明德第一工夫”,他引真德秀的话说,“即物而理在焉,有著力用功之地,不至驰心于虚无之境。”[⑤]他认为“为学工夫不在日用之外,检身则动身语默,居家则事亲事长,穷理则读书讲学”,具体而言,“穷理”的主要方法有:

1.在人伦上求理。南冥赞成程颢的说法,主张明天理,应“于五伦上求”[⑥]。他认为:“学者实下工夫,须是日日为之,就事亲从兄接物处理会。”[⑦]如果“不去人伦上寻讨”,而悬空处去求,则“吾学道亦惑矣”[⑧]。

2.读书讲学。南冥认为穷理只在“日用间读书应事处”求之,即朱熹所说的“穷理或读书讲明义理,应事接物求其当否而已”[⑨]。

3.随事致察。南冥认为:“随事观理而天下之理得矣”“穷理莫如随事致察,以求其当然之则”[⑩],如“遇富贵就富贵上做工夫,遇贫贱就贫贱上做工夫”[⑪],离开人伦和社会实践去求理,只能陷入“虚无之境”。可见,为学工夫不在日用之外。

在“进学之序”上,南冥认为即物穷理并不是一蹴而就,而是一个由下学而上达的不断积累过程。正如朱熹所说:“下学者,事也;上达者,理也。理只

① [韩]曹植:《南冥集》卷二,《戊辰封事》,韩国南冥学研究院,2000 年。

② [韩]曹植:《南冥集》卷二,《戊辰封事》,韩国南冥学研究院,2000 年。

③ [韩]吴锡源著,邢丽菊、赵甜甜译:《韩国儒学的义理思想》,上海:复旦大学出版社,2014 年,第 214 页。

④ [韩]曹植:《南冥集》卷二,《戊辰封事》,韩国南冥学研究院,2000 年。

⑤ [韩]曹植:《南冥集》卷三,《学记类编》下,韩国南冥学研究院,2000 年。

⑥ [韩]曹植:《南冥集》卷三,《学记类编》上,韩国南冥学研究院,2000 年。

⑦ [韩]曹植:《南冥集》卷三,《学记类编》下,韩国南冥学研究院,2000 年。

⑧ [韩]曹植:《南冥集》卷三,《学记类编》上,韩国南冥学研究院,2000 年。

⑨ [韩]曹植:《南冥集》卷三,《学记类编》下,韩国南冥学研究院,2000 年。

⑩ [韩]曹植:《南冥集》卷三,《学记类编》下,韩国南冥学研究院,2000 年。

⑪ [韩]曹植:《南冥集》卷三,《学记类编》上,韩国南冥学研究院,2000 年。

在事中。若真能尽得下学之事,则上达之理便在此。”[①]“学如登塔,逐一层登将去。上面一层,虽不问人,亦自见得。”[②]南冥亦说:“舍人事而谈天理,乃口上之理也;不反诸己而多闲识,乃耳底之学也。休说天花乱落,万无修身之理也。”[③]又说:“天下之物,无一物不具天理。下学之序,始于格物,以致其知,不离乎日用事务之间。”[④]这就是说,只有通过下学人事才能上达于天理,舍下学之事是不可能获得天理。

从“穷理涵养并进”来说,南冥认为:“穷理涵养,要当并进。盖非稍有所知,无以致涵养之功;非深有所存,无以尽义理之奥。”“涵养中自有穷理工夫,穷其所养之理也;穷理中自有涵养工夫,穷其所穷之理也。两项都不相离,才见成两处便不得。”[⑤]“心外无理,穷理即所以致知;理外无物,格物即所以穷理。言穷理则易流于恍惚,言格物则一归于真实。”[⑥]

从朱子学的居敬穷理说的立场上来看,居敬属于行的领域,穷理属于知的领域。这一点南冥也是一样的。南冥同样认为应该属于义的“方外”,在理论上应属于知的领域,而应该属于敬的“直内”,在理论上属于行的领域。他在《易书学庸语孟一道图》[⑦]中,对此做了进一步的阐释。该图上半部分是强调体现对外性实践的义分属在知的领域,作为实践的义行必须建立在穷理的基础上,而作为理论的穷理,则必须通过义行才能得以实现。下半部分则是强调将敬分属于行的领域,作为修养身心的居敬必须通过行动才能得以实现,作为实践的行为则必须通过居敬来节制。[⑧]

南冥还将义和知、敬与行联系起来,特别是他把义这一实践的德目分属在知这一理论性的领域之中,试图以此来克服宋代以后对穷理层面的形而上学领域研究过分的深化现象。南冥对于当时疏于实践,空谈义理的现象是不

---

① 黎靖德:《朱了语录》卷四四,北京:中华书局,1986年,第1139页。

② 黎靖德:《朱子语录》卷一三,北京:中华书局,1986年,第223页。

③ [韩]曹植:《南冥集》卷二,《戊辰封事》,韩国南冥学研究院,2000年。

④ [韩]曹植:《南冥集》卷二,《戊辰封事》,韩国南冥学研究院,2000年。

⑤ [韩]曹植:《南冥集》卷三,《学记类编》上,韩国南冥学研究院,2000年。

⑥ [韩]曹植:《南冥集》卷三,《学记类编》下,韩国南冥学研究院,2000年。

⑦ 南冥将自己平时所学绘制成《学记图》,1894年刊行的重刊本共有十幅图,《易书学庸语孟一道图》为其中之一。

⑧ [韩]吴锡源著,邢丽菊、赵甜甜译:《韩国儒学的义理思想》,上海:复旦大学出版社,2014年,第217页。

满意的，他说："今之学者，高谈性理，无实得于心。"[1]又说："下学人事，上达天理，是其学之目的也。舍人事而谈天理，不反诸己而多闻识，乃口耳之学，非所以修身之道也。"[2]这一看法，与儒家最初"道非高远，就在人伦日用之间"的观点是一致的。南冥的学术特点，比起深入的理论性的穷理研究，更加重视实践理性的义理研究。这是南冥学与退溪学所不同之处。所以郑逑对退溪与南冥的评价是："李滉德器浑厚，践履笃实，工夫纯熟，阶段分明。曹植器局峻整，才气豪迈，超然自得，特立独行。"[3]

综观南冥的为学，是通过自我修养，即致力于人格修养和道德实践，把学到的学问用"身教"的形式体现出来，形成独特的学风。所以有的学者把南冥学称之为身心性命之学。其学问是认识自己的生命本质和价值，从而使其意识到自己不仅是个精神的产物，而且是个经验的存在。这种通过每个人的人格塑造，使道德伦理理想转化为社会现实，以达到国家社会的和谐，是南冥学的精神实质。此外，南冥强韧的志向和躬行实践的义气，被其门人所传承，成为后来韩国国难之时发起义兵活动的基石。他阐明理学，振作士林，对形成新士风影响极大。

① [韩]曹植:《南冥集》卷五，许穆《神道碑铭并序》，韩国南冥学研究院，2000 年。

② [韩]曹植:《南冥集》卷二，《戊辰封事》，韩国南冥学研究院，2000 年。

③ [韩]曹植:《南冥集》卷二，《戊辰封事》，韩国南冥学研究院，2000 年。

陈淳思想在韩国

◎ 邓庆平　王小珍

朱子学进入朝鲜半岛之后迅速成为当地最盛行的学术思想，对朝鲜王朝七百年历史社会产生深远影响。这种影响自然是以朱熹为最重要代表。但这并不意味着朱熹是韩国性理学家关注的唯一对象，朱子门人后学也是他们关注的重要人物。在朱子门人当中，黄榦与陈淳在韩国的影响尤其值得重视。例如李退溪及其后学对勉斋（黄榦）的关注与认同较多，勉斋的观点成为退溪四端七情观点的重要源头，在太极、五行等宇宙论问题上，也受勉斋思想影响较大。[①] 就陈淳（1159—1223，字安卿，亦称北溪先生）而言，张加才在《诠释与建构：陈淳与朱子学》第五章“陈淳思想的历史影响”中第三部分“陈淳思想在国外的影响”专设一小节“陈淳思想在韩国的影响”[②]，先对《北溪字义》传入韩国的时间做了一个大概推测，然后略微提及李退溪对陈淳的一些评价，就陈淳思想在韩国的影响做了一个简单提示。我们认为韩国学者对陈淳思想的接触，最早应该是伴随着朱子学在元末传入高丽朝就已经开始。此后随着永乐时期三部大全，即《性理大全》《四书大全》与《五经大全》书成之后不久就传入朝鲜半岛。由于三部大全当中收集了陈淳的不少材料，韩国学者对陈淳思想的接触与理解愈发具体和丰富。关于陈淳的《北溪大全集》传入朝鲜半岛的时间没有明确记载，而且韩国性理学家对陈淳思想的重视主要依赖于永乐的三部大全和《北溪字义》。因此，本文的叙述便从《北溪字义》传入韩国

① 参见邓庆平、王小珍：《退溪对黄榦思想的独特理解与接受》，《退溪学报》第 141 辑，2017 年 6 月。

② 详见张加才：《诠释与建构：陈淳与朱子学》，北京：人民出版社，2004 年，第 204～206 页。

开始，然后再从正反两方面就陈淳的一些具体观点在韩国的接受与评论做一简单梳理。

一、《北溪字义》在韩的接受与评价

《北溪字义》对理学概念的精致化、规范化诠释得到后世朱子学者的高度认可，该书成为陈淳所有著作当中影响最大的一部，也成为朱子学当中的重要经典之作。过去我们对《北溪字义》在朱子学发展过程中的重要价值与意义给予高度评价，但就《北溪字义》在国外传播与重要影响的揭示远远不够，而事实上，该书不仅是中国朱子学的重要著作，而且对韩国性理学发展也具有重要影响。这里围绕《北溪字义》在韩国的接受与评价问题来一窥《北溪字义》的理论价值及其在国外的影响，也可帮助我们全面恰当地理解该书。

明胡广等编《性理大全》收录《北溪字义》五成以上的内容，有些字条全部收入，而《性理大全》早在明初完成之后不久就传入朝鲜半岛，可见《北溪字义》的部分内容至少此时已经进入朝鲜。张加才看到朝鲜学者丁应斗等人的明嘉靖刊本(1553 年)《北溪先生性理字义》，其底本为元刻本，因而推断《北溪字义》大概在元代就已经传入朝鲜。这个讲法尚缺乏直接证据支持，说服力不够。据韩国儒者眉岩柳希春(1513—1577)在 1572 年的日记中记载道："初九日，见昨日谢恩使贸来书册《文苑英华》一百卷……陈北溪字义二卷，可谓大得。"[①]可见《北溪字义》在明隆庆六年(1572 年)购入朝鲜半岛。但后并未广泛传播，后因兵祸而遗失。这点在李圭景的《韵书辨证说一》中有记载："《义》《三韵通考》，遗失于兵燹，复从倭国得来。"[②]这里讲的从日本再次购入《北溪字义》一事，在泽堂李植(1584—1647)的《陈北溪字义后序》中有记载：

> 陈北溪此书名目，不见于本传，亦不传于我国。顷年金学士世濂道源(东溟金世濂 1593—1646)奉使日本，始购得之。盖自江浙海舶，转入彼国也。时不佞方辑字训书，闻而喜甚，亟借而观焉。……今者道源出按关北，将谋梓刻行布，故仍为之校定而归之。……幸赖道源之表章此书，使经生学子举以从事。则其为正学入门之助，岂虑末也哉！德水李

---

① [韩]柳希春《日记》之"壬申，隆庆六年，我宣庙六年"，《眉岩集》卷之九，民族文化推进会：《韩国文集丛刊》第 34 册，首尔：景仁文化社，1990 年。

② [韩]李圭景：《韵书》，《五洲衍文长笺散稿》之《经史篇·经传类》。

植谨志。[①]

据《东溟先生集附录》的《资宪大夫户曹判书兼弘文馆提学世子左副宾客赠谥文康公金公行状》(许穆)记载,世濂出使日本的时间是1636年。活斋李榘(1613—1654)记录:"丁丑年间,金公世濂奉使日本,得所谓北溪先生性理字义以还。入刊于关北,吾东学者始见此书。"[②]另外《东溟先生集》卷之八《书陈北溪性理字义后奉使日本时》文末标注时间也为丁丑孟春,即1637年。是年《北溪字义》再次传入韩国,此后经金世濂的大力表彰推崇与出版,该书在韩国学术界流行开来,越来越受重视。

韩国性理学者对《北溪字义》的重视,一方面体现在努力研读《北溪字义》,以获取为学进步的思想资源,如南溪朴世采(1631—1695)将该书定为小学阶段的重要书目:

> 李氏珥集注《尔雅》(郭氏璞注○邢氏昺疏),朱子《童蒙须知》,陈氏淳《性理字义》。右(上)三书,《尔雅》固《汉史艺文志》小学之科,而《童蒙须知》则补小学之阙,《性理字义》则启大学之路,亦所不可废者。[③]

《北溪字义》又名《性理字义》,被视为小学高阶段的读物,是开启和衔接大学教育阶段的文本,地位非常重要。《北溪字义》以比较精致规范的方式对理学义理当中的基本概念进行诠释,既不是完全针对日常行为规范的小学之书,也不是完备翔实的大学义理讨论,韩国性理学家的这种对定位,对于《北溪字义》来说应该是比较恰当的。

另一方面,韩国性理学者对《北溪字义》本身也有较多深入研究,其中就包括不少质疑与批评声音,值得我们重视。活斋李榘(1613—1654)就说:

> 盖其规模旨义,悉皆印证于师门,可谓粹然一出于正。第一是性命源头,便提出理气二字,分明指认天命气禀之分,四端七情之别。一心之体用显微,众理之精粗本末,莫不该贯总会。至于吾道异端之辨,尤截然也。此其学识其大者,不但为名义训诂之书而已也。噫!道术之灭裂,莫甚于近日。而其受病处实在于看理气不透,千差万谬,都从此出。若使鹘囵之辈,果能消详于此书,则其所以启发之功,岂浅浅乎?第其题目

① [韩]李植:《陈北溪字义后序》,《泽堂先生别集》卷之五,民族文化推进会编:《韩国文集丛刊》第88册,首尔:民族文化推进会,1988年。

② [韩]李榘:《谨书陈北溪字义下》,《活斋先生文集》卷之四。

③ [韩]朴世采:《经传要目(丁巳十一月二日)》,《南溪先生朴文纯公文正集》卷第五十三。

次第及说话文字间，有未可知者，或不无传本豕亥之讹。此则不得不俟于后之君子之订正云尔。[①]

李榘虽然从整体上肯定了《北溪字义》的价值，但他还是围绕理气问题对《北溪字义》进行了正反两方面的评价。一方面，陈淳首先就提出理气二字来指示性命源头，这是其学识贡献所在，体现了陈淳学问规模与旨义，是其超出一般名词训诂工具书的地方；另一方面，《北溪字义》存在的最大问题也就在对理气问题的理解存在差误，导致对理学概念的诠释有很多不到位的地方。文中的"鹘囵"是不明事理之意。从总体上来说，对于那些没有领会理学内部诸多义理体系的人来说，旨在诠释辨析理学概念的《北溪字义》，在帮助学者理解各个理学概念，丰富有机的理学思想体系方面还是具有重要的启发价值。此外，李榘还指出《北溪字义》在文本上存在一些纰漏错误需要校订。

由于意识到《北溪字义》存在一些问题，因而在学习吸收《北溪字义》的基础上，泽堂李植也编了一部《初学字训增辑》，宋时烈为之作序，序中说："昔程蒙斋尝辑字训，其注甚简。至于陈北溪字义，则一字又数十百言。今观泽堂公所编，盖折衷两家而取正于洛建诸书，故约而不陋，博而不杂，真字学之要诀也。"[②]简约而不粗陋，广博而不杂乱，宋时烈对李植所编字训评价较高。

总的来看，对于《北溪字义》讨论最为全面且深入的应该是拙斋柳元之(1598—1674)。在他《拙斋先生文集》卷之十有一篇文章，即《陈北溪性理字义说后辨》(壬子)，专门讨论《北溪字义》的得失，他说：

陈北溪性理字义说序，是陈宓作。谓下学工夫已到，得此书而玩味，则上达由斯而进矣。此言恐误，夫下学人事，乃所以上达天理。苟其下学工夫已到，即上达在其中，何以谓上达由斯而进耶？谓人事之外别有天理，宁非误耶。〇又见《伊洛渊源录》，北溪语学者曰："所谓下学上达者，须下学工夫到，乃可从事上达。"此语未安，岂记者误耶？若曰小学工夫到则无病矣。[③]

柳元之并不认同陈宓在《性理字义序》中所表达关于《性理字义》价值的观点，即下学工夫已到，再详读《北溪字义》的话，那么就可以由此上达。他认

---

① ［韩］李榘：《谨书陈北溪字义下》，《活斋先生文集》卷之四。

② ［韩］宋时烈：《初学字训增辑序》，《宋子大全》卷一三七，民族文化推进会：《韩国文集丛刊》第108册，首尔：景仁文化社，1990年。

③ ［韩］柳元之：《陈北溪性理字义说后辨》，《拙斋先生文集》卷之十。

为下学与上达不可简单分为先后的两个阶段，正确的理解应该是下学工夫已到则上达也就在其中了，下学与上达在内在是一致的。并且他还举出北溪对下学上达的解释，认为北溪的观点也是有误。

接着，柳元之对《北溪字义》的具体内容提出诸多质疑：

> 右(上)北溪字义说一卷，见其论说颇详，而错理会处亦多，致有失于名理之弊。盖北溪若欲训释字义以示学者，则当于各字之下，用先儒解本字名义之语，各以类附之。因以己见敷陈而畅其义，则似应历落分明，可以有益于初学之士。而今此书不然，所立题目，颇似猥杂，亦间有害义理处。又其所论说，与本题有不相应处，有说不痛快处，有久下落无收拾处。北溪以详于名物称，而犹未免此病，何也？末学浅见，不敢妄议前贤得失。而此乃天下之公理，有所未安，不容迁就。故兹记所疑于心者，以为与朋友讲论之资。览者恕其僭逾之罪，而指其迷则幸矣。①

他认为《北溪字义》错理会处较多，涉及所立题目或有害义理处，所论说与本题不相应处，有说不痛快处，有久下落无收拾处等多方面。接着柳元之针对《北溪字义》的条目，一一提出商榷与批评，这些问题有以下几个特点：

其一，涉及较广泛。在《北溪字义》二十六个概念当中，柳元之涉及命、性、心、情、意、仁义礼智信、忠信、忠恕、道、太极、中和、经权等条。

其二，既有具体用词准确与否的问题，也有整体理解差误的问题。如命字条的问题：第二条末端禀气云云。非但禀气清浊之不齐，以孟子之说观之，则其有不能尽其分者。有数存焉，是亦命也。

第四条论夫子禀气处。得字不如值字之为安，长字不如全字之为稳，盖气有清浊。数有淳漓，夫子是得其气之清而值其数之漓，所以不全也。且杂诡字上着或字，其意方足，其清字上甚字亦未稳。盖煮成赤饭赤汤，终是未尽清故也。②

第二条是整体理解上的问题，而第四条主要是对几个字使用不当。整体上来看，柳元之指出的这些问题多是着眼于《北溪字义》中的一些具体表述，尤其是用词方面，从用词方面的质疑来揭示陈淳对一些理学问题理解上的误差。柳元之讨论比较精细严格，甚至对陈淳有过于苛刻之感，也显示出柳元之自身理学修养的严谨深刻。

---

① [韩]柳元之:《陈北溪性理字义说后辨》,《拙斋先生文集》卷之十。

② [韩]柳元之:《陈北溪性理字义说后辨》,《拙斋先生文集》卷之十。

其三，柳元之不仅指出问题所在，还有具体分析与改正。

他在此文中常用的评价语言是："恐非小病""亦未安""无乃与朱子之意大相反耶""╳字未稳""╳之说恐未安、未圆""与立题之意不相衬着""太涉烦碎""亦恐不切"与"此说近悖"等，正确的处理应该是"当去之""去之稍稳""恐不必有""当删去""以╳╳╳代之则如何"等，其中对"性"字部分的讨论是该文的一个重点。下一节将逐一详细讨论，在此不述。

其四，在道和太极这两条上，柳的态度是充分肯定。对"道"当中第二三条论老佛言道之差云云，"北溪前后之论极分晓，于学者为有功"。对"太极"当中"第二条无极而太极，北溪谓而字只轻接过，此说甚好"。

其五，文章最后，柳元之一方面注意到朱熹对陈淳论理精密有许多肯定，另一方面《北溪字义》又存在许多问题，因而他推测《北溪字义》应是后人杂取若干陈淳早年未定之议论而编成，故而才会出现这如许的问题。这样的判断或有一定合理处，《北溪字义》的确是陈淳弟子按陈淳讲学内容记录而编成。

应该说，无论是对后来中国朱子学的发展，还是在韩国性理学发展史上，《北溪字义》都是一部被普遍重视的朱子学著述。

二、"理与气合所以虚灵"的讨论

除了对《北溪字义》的整体关注之外，韩国性理学家还对陈淳的具体思想有所讨论。这些讨论有质疑、批评，也有辩护与肯定。"理与气合，所以虚灵"的诠释问题便是其中讨论最多的。

《北溪字义》"心"条当中明言："理与气合方成个心，有个虚灵知觉，便是身之所以为主宰处。然这虚灵知觉，有从理而发者，有从心而发者，又各不同也。"[①]这条成为韩国学者关注的一个焦点。

后山许愈(1833—1904)肯定这里的"理与气合方成个心"的观点：

> 心合理气，非周程张朱之言也，陈北溪倡之，而退陶从之。夫道以心同，言以时异，故知言者尚其时也。孔子曰性相近，而孟子则曰性善，明道曰生之谓性，而伊川则曰性即理。子将以孟伊之说，谓不遵旧规，别立

① 陈淳：《北溪字义》，北京：中华书局，2009 年，第 11 页。

一路乎。北溪、退陶之说，皆有所为而发也。[①]

许愈认为北溪此语乃是有所为而发，而栗谷则在坚持理气不相离的立场上批评陈淳此语之“合”便有问题，认为“理气元不相离，非有合也”[②]。

西坡吴道一(1645—1703)则对“理与气合所以虚灵”持批评态度：

> 陈北溪所说“理与气合，所以虚灵”一句，分明有病。盖心之虚灵，由于气之清明，而北溪之说，则分明以心之虚灵为由于理气之合。若果以理气之合而能虚灵，则万物皆是理气之合，何必人心独虚灵，而万物则不虚灵乎。北溪之说非徒说时病痛，恐不能深见理之真体，认气为理而有此言也。愚伏至以朱子所谓理与气合而成性之语，援而附之于北溪此说，殊未可晓也。朱子所谓理与气合而成性者，即指天理之在气质而为性耳，曷尝谓理与气合？故能虚灵如北溪所云也。且北溪之病，特在于以心之虚灵，为由于理气之合而已。不至于分“虚灵”二字，一则属理，一则属气也。而愚伏谓北溪之意，欲以虚字属理，灵字属气。此则于北溪之言，亦有所未能尽其意者。故其所以欲扶北溪者，乃所以增其所无之病也。大抵人心所禀之气，虚故能灵，灵故能通众理而已，天下岂有虚为理灵为气之理乎？真所谓不察于理而过生分别者也。[③]

吴道一明确认为陈淳的讲法有病，其根源在于未见理之真体而认气为理。他提出的论证是，(一)心之虚灵乃是由于气之清明；(二)如果以理气合而能虚灵，那么万物皆是理气之合，万物则均具虚灵。[④] 为了强化其观点，吴道一还将陈淳此语与朱子的理与气合而成性的说法做出辨析，认为朱子所言实质是指出天理要在气质之中才成其为性，与陈淳这里的讲法是两回事。那种认为虚属理、灵属气而为陈淳辩护的观点[⑤]，一来并不属于陈淳，二来本身

---

① [韩]许愈:《后山问答》,《后山集》卷之十一，民族文化推进会:《韩国文集丛刊》第108册，首尔:景仁文化社，1990年。

② [韩]李珥:《记大学小注疑义》,《栗谷先生全书》卷之十四，民族文化推进会编:《韩国文集丛刊》第44册，首尔:民族文化推进会，1990年。

③ [韩]吴道一:《困得编》(上),《西坡集》卷之二十七，民族文化推进会:《韩国文集丛刊》第152册，首尔:景仁文化社，1990年。

④ 其他韩国学者也有类似这里第二点的论证，可参考诚斋南汉皜(1760—1821)《答族弟公宣·甲戌》,《诚斋先生文集》卷之七。

⑤ 奇高峰便是如此。参见:“虚灵二字，陈北溪曰合理气，朱子答林德久书曰属于气，高峰所论天命图说，理气分注虚灵。”(晚求李种杞(1837—1902)《答成圣初(丁酉)》,《晚求先生文集》卷之五。)

也是有问题的。

此外，在一次书院讲学上，韩国儒者尹九凤、权裕、洪章海等人在对“明德”做系统阐述之后，专门就陈淳的该段话进行过集中讨论。下面逐一来看：

明德

小注陈北溪曰，人生得天地之理，又得天地之气。理与气合，所以虚灵。

裕曰，陈氏此说，辨疑诸说皆以为有病，而惟奇高峰，郑愚伏、朴玄江不以为非矣。窃念理气虽非二物，亦非一物。朱子说亦多有分开双言者，且合者，实本于太极图妙合之合，恐不必苛摘。至于所以虚灵一句，沙翁及厚斋两说，可谓不易之定论矣。第朱子之论知觉有二说，而前后异意。一说在《大全·答林德久书》，曰知觉正是气之虚灵处，此专以气言者也。一说见《语类》，有问知觉是心之灵，抑气之为耶。曰不专是气，先有知觉之理，理未知觉，气聚成形。理与气合，便能知觉。此则合理气言者也。夫知觉，乃虚灵之用也，其理决无不同。今于论虚灵，亦当如论知觉。而朱子之说，既相矛盾，诚不无左右佩剑之叹矣。然今以语类说，准之于沙溪所谓禽兽蔽塞之说，则实有窒而不通者，恐当以大全说为正如何。[①]

权裕持肯定说，认为理气之合乃是本于太极图中的妙合之合，从朱子之论知觉的两种讲法也可证明“理与气合，所以虚灵”与朱子其中一说也相吻合。对此章海一一反驳：

章海曰，谓之上面，先有知觉之理则可，朱子、退溪说盖亦如此。谓之理与气合，所以虚灵云，则是必有理虚灵、气虚灵之分矣，其可乎。妙合之合，指人物赋形受性之始，与此合字地头迥别，不必牵合。至于知觉之说，恐当以大全为正。[②]

洪章海的意见有：（一）理与气合，所以虚灵，会推导出理虚灵与气虚灵；（二）太极图说中的妙合之合与理与气合之合的意思不同。

最窝金奎五（1729—1791）进一步指出：

奎五曰，“理与气合，所以虚灵”之意，又见或问虚灵洞澈万理咸备下小注，盖北溪平日主见。然气亦自能虚灵，若必待合理而始虚灵云，则是

① ［韩］尹凤九：《竹林书院儒生大学讲说答问》，《屏溪先生集》卷之四十二。

② ［韩］尹凤九：《竹林书院儒生大学讲说答问》，《屏溪先生集》卷之四十二。

单言之气不虚不灵，无所作为矣。且以具众理见之，是又合理底物事，复能具理矣。此八字终恐有病矣。或问小注，又以心恙人为合理虚灵之证，此尤所未晓。心恙之人，理未尝无，只是其气之昏错耳。若如陈说，则是心恙人之气，为无理之气，其可乎。知觉说，大全固好。然知觉气也，所以知觉理也。语类说活看，则似亦不妨矣。理与气合四字，虽与北溪说无异。然此则上下文句来历正不同矣，如何。沙翁说此无所考，可愧。[①]

这段话也保留在《最窝先生文集》卷之五《大学讲录·经一章》中。在这里，他的论证有三个：一是由于气自能虚灵，如果将气须合理才能虚灵，那么单独讲的气便是不虚不灵而无所作为了；二是朱熹讲"虚灵不昧，以具众理而应万事者也"[②]，就其中"以具众理"来说，虚灵不昧应是合理的事物，而气则并未必然合理；三是针对的是陈淳讲理与气合所以虚灵之前的一段："如今心恙底人，只是此心为邪气所乘，内无主宰，所以日用间饮食动作，皆失其常度，与平人异。理义都丧了，只空有个气，仅往来于脉息之间未绝耳。"心恙之人并非没有理，只是理被邪气所遮蔽，而陈淳将心恙人的气视为无理之气自然就是错误的。

就章海对"合"字的理解，其他学者有不同看法：

裕曰，此段克念说，甚是敬服。然所谓妙合之合，指赋形受生之始者，恐不无语病。盖此合字，只是混融无间之谓。若如克念说，则似有始离终合之嫌，如何。[③]

对此，章海继续澄清两个合字理解的差异，以反驳陈淳所言：

章海曰，理气本是混融无间，故泛指一物，则无不合理之气。而就其中分别看出，则不离之中，自有不杂者。界分甚明，不可乱也。至如造化发育，赋形受性之始，则不得不于不离处看。故图说妙合之合，盖以此也。若此虚灵不昧，则正是气一边事，本不和理而自能虚灵，自能不昧，何必强言合理字也。鄙人所谓地头迥别云者此也，而语不将意，致圣垂反难，良愧。景休说，恐无改评。今曰有气则有理，虚灵岂独无理云，则此实然矣。然北溪若以此而言合理气云则不然。又以此章句所言虚灵，

① [韩]尹凤九：《竹林书院儒生大学讲说答问》，《屏溪先生集》卷之四十二。

② 朱熹：《四书章句集注》，北京：中华书局，2001年，第2页。

③ [韩]尹凤九：《竹林书院儒生大学讲说答问》，《屏溪先生集》卷之四十二。

谓兼理气说则尤不可。其下言具众理者，不免为理具理也，果成甚义理。理气虽本混融无间，各言其体段，则理自理气自气，自有别焉，如太极阴阳何尝相离。然言太极则太极而已，不必合阴阳言。言阴阳则阴阳而已，不必合太极言。此言虚灵，固单言心，虚灵之气具理云也，何可于此而先合理言也。且北溪之理与气合所以虚灵者，若气必合理然后始虚灵云，此亦恐不然。气之精爽自能虚灵，何待合理然后为虚灵耶？其又得云者，又不无理气先后之嫌，栗谷之驳之也亦宜矣。此等义理一字之误，其谬千里，不可不审矣。[①]

这里表达了如下几层意思：（一）太极图说中的妙合之合是就造化发育而言；（二）虚灵不昧是气之性能，不需待与理合而后才能不昧；（三）虚灵属于气，但亦有理，而这不会导致理气合的结论；（四）虚灵兼言理气的立场要坚持，否则具众理便不免为理具理；（五）气必合理然后才具备虚灵功能，有理气先后之嫌，这也是不对的；（六）重申朱子的气之精爽自能虚灵的观点，坚持对陈淳此段话的批评。

这次讨论虽然存在肯定与批评的两种立场，但就论证的有效性来说，批评一方更胜一筹。于此可见，韩国性理学家对义理的理解力求精微，对义理的表述追求准确。

对于这些批评，毅庵柳麟锡（1842—1915）有不同意见：

是同陈北溪所言"理与气合，所以虚灵"之意也。然我东诸贤，多以北溪之言为非是也。

曰愚于诸贤是言，不敢以为然。北溪之言，与朱子理与气合便能知觉之训，意思不远也。[②]

柳麟锡认为陈淳此言与朱子理气合便能知觉之意相近，故并无毛病，这种论证比较简略。[③] 舫山许薰（1836—1907）也持肯定态度：

---

① [韩]尹凤九：《竹林书院儒生大学讲说答问》，《屏溪先生集》卷之四十二。

② [韩]柳麟锡：《散言》，《毅庵集》卷之三十一，民族文化推进会：《韩国文集丛刊》第 337 册，首尔：景仁文化社，1990 年。

③ 韩儒姜浚钦也有类似论证："臣浚钦窃惟理气合而为心，故有虚灵不昧之妙。议者或以陈北溪理与气合所以虚灵者指为语病，然语类曰气聚成形，理与气合，便能知觉。《中庸章句》曰气以成形，理亦赋焉。则北溪之说，即朱子之意，恐未可轻议也。"参见《故实一大学（甲寅）》，《弘斋全书》卷一二九，民族文化推进会：《韩国文集丛刊》第 262 册，首尔：景仁文化社，1990 年。

来谕云虚灵不昧只释明字，具众理应万事方释德字。先儒亦有此说，然此恐未然。朱子曰虚灵不昧四字，说明德意已足，更说具众理应万事，包体用在其中。陈北溪曰人生得天地之理，又得天地之气，理与气合，所以虚灵。此盖如铜合水银而明，灯合膏油而照。理气二者，不可偏废也。若以明德，全属之性则单谓理可也。而明德当合心性看了，心之意较多则不可专言理也。亦不可曰虚灵字与合理气训心之义，微有不同也。[①]

对于《大学》之“明德”二字，不少学者认为朱熹《大学章句》中的虚灵不昧只是解释明，而具众理应万事才是解释德。但许薰以为不然，其给出的理由一是朱子所讲虚灵不昧说明德意已足的观点，二是陈淳所述合理气所以虚灵的观点。这里对陈淳“理与气合，所以虚灵：的观点并无进一步论证。而且朱子所讲的虚灵不昧说明德意已足的观点被老洲吴熙常(1763—1833)所批评：

而朱子尝谓禅家但以虚灵不昧为性，无具众理以下之事。观乎此，则大全所谓“虚灵不昧四字，说明德意已足”云者，岂不是语病乎？此盖陈北溪之说，而大全系之朱子。[②]

朱子认为禅宗只有虚灵不昧为性而无具众理以下之事，吴熙常据此批评了虚灵不昧说明德意已足的观点，并认为这本是陈淳之说，而《性理大全》说是朱子观点。渊斋宋秉璇(1836—1905)明确指出这种编辑错误的源头：“盖只虚灵止已足一段语，出格庵赵氏《四书纂疏》，而本是陈北溪说也。明儒胡大光辈，认为朱子语而编入之，以误后来学者，可胜叹哉。”[③]

重庵金平默(1819—1891)则主张活看陈淳此语：

谨按北溪，朱门高弟，亲承性道者。而其言如此，则不可以相左于近世之说而不信也审矣。然则心之虚灵，随其立言地头，或以气看，或以理看，有何不可。而凡以理言者，一切挥斥耶。又按栗谷先生讥北溪理气合之说曰理气元不相离，岂有合也？此训固然，但北溪说，原其本意，不

① [韩]许薰：《答宋继祖·别纸》，《舫山集》卷之十，民族文化推进会：《韩国文集丛刊》第327册，首尔：景仁文化社，1990年。

② [韩]吴熙常：《杂识》，《老洲集》卷之二十五，民族文化推进会：《韩国文集丛刊》第280册，首尔：景仁文化社，1990年。

③ [韩]宋秉璇：《随闻杂识》，《渊斋先生文集》卷之十七，民族文化推进会：《韩国文集丛刊》第329册，首尔：景仁文化社，1990年。

妨活看。周子亦有无极、二五妙合之训，而朱子以混融无间释之矣。[①]

他一方面认同其他学者如栗谷等人对陈淳的批评，但另一方面又主张不必直接推翻其观点，认为可以活看北溪之说。所谓活看，也就是不必拘泥于表明文字表述上的差误，从北溪立言的本意来看，或以气来看心之虚灵，或以理来看心之虚灵。

总的来说，对陈淳此观点的批评，在韩国性理学家那里是主流的态度。就他们各自论证来看，这些批评也可以成立。

三、对陈淳思想的批评

韩国性理学者对陈淳思想并未完全肯定，这里再举几例：

陈淳将恻隐规定为气，韩国学者认为这句话对气的强调太过了，讲到了理的范围。如修溪李升培(1768—1834)指出："昔陈北溪以为恻隐气，而所以能是恻隐理也，虽不见非于朱门，而退陶犹疑其侵过理界分。"[②]对此，韩元震也认同，"然某亦尝疑恻隐气也一语，太主张气字，不无侵过理界分。宏仲非之，似不为无理。"[③]

除了上文提及对《北溪字义》里面观点的不同意见外，就"仁义礼智信"条也有不少批评：

陈北溪曰，仁是此心生理全处，常生生不息，故其端绪方从心中萌动发出来，自是恻然有隐。由恻隐而充，及到那物上遂成爱。故仁乃是爱之根，而恻隐则根之萌芽，而爱则又萌芽之长茂已成者也。

按，孟子以恻隐言仁之端，程子朱子以爱言仁之用，恻隐与爱，虽二名而实一物。恻隐虽就初动处言，然到那及物处，亦是恻隐。而所谓爱者，亦只是这个物事，无二体无先后，非始以恻隐而后方成爱也。今以萌芽长茂分言，则是情有两节而爱不足以尽仁之情，恐非程朱论仁之本意也。

又曰，所谓"心之德，爱之理"，此是以理言者也。心之德，乃专言而

① ［韩］金平默：《江上散录(辛亥)》，《重庵先生文集》卷之三十九，民族文化推进会：《韩国文集丛刊》第319册，首尔：景仁文化社，1990年。

② ［韩］李升培：《答圣应问目·孟子》，《修溪先生文集》卷之四。

③ ［韩］韩元震：《杂著》之"人心，七情是也。道心，四端是也"，《南塘先生文集拾遗》卷之四。

其体也。爱之理，乃偏言而其用也。

按，言仁有专偏之异，故专言而以心之德为体，则其用以恻隐之贯四端者为情。偏言而以爱之理为体，则又以爱之发为用。今以专言者为体而偏言者为用，则体全而用偏，体大而用小，恐不成造化矣。[①]

文中所列举两段陈淳的话，皆出自《北溪字义》的"仁义礼智信"条。李大山对这两条均有批评。

此外，芝村李喜朝（1655—1724）对陈淳"智只是心中一个知觉处"也有怀疑，即"且考《仁说》，只云仁包乎智，而无知觉是智之用云者"[②]。

四、对陈淳思想的肯定

当然，陈淳的某些观点也为韩国性理学家接受和认可，如：

1.陈北溪论理有能然必然当然自然处，朱子以其说为甚备。这个对"理"的诠释受到韩国性理学者的重视，时常标举出来。果庵宋德相（1710—1783）："陈北溪所谓理有能然必然当然自然者，诚理到之言。"[③]

2.陈淳把太极比喻为水银，说明统体一太极与万物各具一太极的观点，也为克斋申益愰（1672—1722）所赞赏："朱子曰太极之体圆，余谓合而为统体太极，则如一个大圆物。分而为各具太极，则如万个小圆物，陈北溪水银之喻是也。然水银有形，故合之则不为分，分之则不为合，而其形实有大小之殊。太极无形，故合而未尝不分，分而未尝不合。而其合也不加大，其分也不加小。妙矣。"[④]

3.陈淳对以身体仁的强调。大山李象靖（1711—1781）指出：

仁之道，只消道一公字。公而以人体之故为仁。

一身血气片片生意，凑合一段。此是就人字上认得仁底意思。朱子

---

① ［韩］李象靖：《读性理大全札疑》），《大山集》卷之四十，民族文化推进会：《韩国文集丛刊》第226册，首尔：景仁文化社，1990年。

② ［韩］李喜朝：《论智是知觉》，《芝村集》卷之八，民族文化推进会：《韩国文集丛刊》第170册，首尔：景仁文化社，1990年。

③ ［韩］宋德相：《答李伯讷》，《果庵集》卷四，民族文化推进会：《韩国文集丛刊》第229册，首尔：景仁文化社，1990年。

④ ［韩］申益愰：《性理汇言》，《克斋集》卷之八，民族文化推进会：《韩国文集丛刊》第185册，首尔：景仁文化社，1990年。

亦尝为此说。然陈北溪以为人字不必重看，当就体字上看，朱子是之。盖公是仁之理，须将来就自家身上体贴出来，方是为仁。北溪说见《性理大全》"仁门"。[①]

此说亦为俛宇郭钟锡(1846—1919)所接受。[②]

4.对"情"条中"四端为善，七情为合善恶之说"的肯定：

窃谓就浑沦看，则言七而四端之理浑然于其中。七情之善一边，亦何害其为四端乎？朱子曰四端剔拔而言善一边，陈北溪曰四端是专就善处言之，喜怒哀乐及七情等是合善恶说云云。[③]

5.心之出入问题，李大山举陈淳观点为一说：

陈北溪曰，心存便是入，亡便是出。然出非是里面本体走出外去，只是邪念感物逐他去，而本然之正体遂不见了。入非是自外面已放底牵入来，只一念提撕警觉便在此。又心虽主乎一身，而体与天地同其大，用与天地相流通，四海六合，皆心之境界。故敛在方寸而非其入，应接事物而不可谓之出也。此又是一说。[④]

陈淳用存亡来解释心之入与出，这是就工夫论来立言。这里的基本态度是符合朱子学立场的，故而为李大山所认可。此外所庵李秉远(1774—1840)也对陈淳之出入说持肯定态度："陈北溪说，言亡非是里面本体走出外去，入非是自外面已放底牵入来云。则包操舍而言无出入，其说亦自精致可爱。"[⑤]

6.因对《孟子集注》中"嘑蹴不受"[⑥]不同理解，引发了学者对《北溪字义》"心"条中"食所当食，饮所当饮，便是道心"观点的一个讨论。权希元以为陈淳所言与《中庸序》和《答蔡西山》的观点不同：

嘑蹴不受，梧老看作道心，鄙见认为人心。盛谕以为大舜就此心危微中，分别言之。孟子道性善，故取善一边言之，不必分人心道心，然必

---

① [韩]李象靖：《答金直甫问目》之"近思录"，《大山集》卷之三十，民族文化推进会：《韩国文集丛刊》第226册，首尔：景仁文化社，1990年。

② 可参考[韩]郭钟锡：《答许后山(己亥)》，《俛宇集》卷之十八，民族文化推进会：《韩国文集丛刊》第340册，首尔：景仁文化社，1990年。

③ [韩]李象靖：《答李希道(甲子)》，《大山集》卷之二十，民族文化推进会：《韩国文集丛刊》第226册，首尔：景仁文化社，1990年。

④ [韩]李象靖《心无出入说(丁丑)》，《大山集》卷之三九，民族文化推进会：《韩国文集丛刊》第226册，首尔：景仁文化社，1990年。

⑤ [韩]李秉远：《心无出入辨证》，《所庵先生文集》卷之十三。

⑥ 朱熹：《四书章句集注》，北京：中华书局，2001年，第333页。

欲分别言之。似当属人心云云。近偶见陈北溪字义，有云“食所当食，饮所当饮，便是道心”。如蹴尔嗟来，皆不肯受。这心便是就里面道理上发来，与见孺子入井怵惕之心，皆是降衷秉彝，真实道理自然发出来。陈氏盖以此为道心矣。然中庸序文，分性命形气而别白言之。答蔡西山书曰，所谓清明纯粹者，既属于形气之偶然，则亦但能不隔乎理而助其发挥耳，不可便认以为道心云云。与序文分别性气，以明大舜危微之义一串贯矣。以此推之，食所当食，饮所当饮，便是道心云者，已是有疑。[①]

根据朱熹的这两段材料，权希元以为陈淳所言“食所当食、饮所当饮”应该是人心。对此，大山李象靖有不同意见，他认为：

北溪之论，固与中庸序文不同。然朱子盖尝分合说矣，有“问饮食男女之得其正者，又何以分。朱子曰，这个毕竟是生于血气”，即中庸序及答蔡季通之意也。又曰：“自人心而收回，便是道心；自道心而放去，便是人心。”又曰：“有道心而人心为所节制，人心皆道心也。”此即北溪之论所从出也。盖分看是一样道理，错看又是一样道理。饮与食，固人心。而其当饮与当食，即道心之所节制。故就其所发地头而谓之人心，就其所节制而谓之道心。二说并行而不悖，恐不可专执一说也。[②]

对陈淳与朱熹的不同观点，李象靖主张应该分合兼顾来看。他认为朱子所言“这个毕竟是生于血气”[③]的观点与中庸序和答蔡季通的观点相同，都是自分来看。自合来看，他认为陈淳的这个观点应该是来源于《朱子语类》关于人心道心相互转化的两则材料，即“自人心而收之，便是道心，自道心而放去，便是人心”[④]、“有道心而人心为所节制，人心皆道心也”[⑤]。并对陈淳的观点应该予以肯定。在这里，李象靖以言说角度的分合，对权希元所指出的两种看法进行融贯，认为陈淳与朱熹的观点都可以承认，而不可偏执一边。

总体来看，韩国性理学家对陈淳思想，尤其是《北溪字义》，虽然非常重视，但在深入研读的基础上，他们就陈淳的许多具体观点提出了较多的质疑

① [韩]李象靖：《书答权希元》，《大山先生文集》卷之八，民族文化推进会：《韩国文集丛刊》第226册，首尔：景仁文化社，1990年。

② [韩]李象靖：《书答权希元》，《大山集》卷之八，民族文化推进会：《韩国文集丛刊》第226册，首尔：景仁文化社，1990年。

③ 黎靖德编：《朱子语类》卷七八，北京：中华书局，2007年，第2012页。

④ 黎靖德编：《朱子语类》卷七八，北京：中华书局，2007年，第2012页。

⑤ 黎靖德编：《朱子语类》卷七八，北京：中华书局，2007年，第2011页。

与批评。这些质疑与批评更集中体现出韩国性理学家对包括朱子门人在内的中国朱子学的理解已达精微境界，超越了同时期的中国学者，是东亚朱子学中心东移的一个鲜明例证。[①]

① 陈来:《中韩朱子学比较研究的意义》,《中国社科科学报》2014 年 3 月 12 日。

朱子社仓法在朝鲜的施行

——以朝鲜前期为中心

◎ 郑墡谟

在以农业为中心的传统社会中，社会安定之维持，最重要的莫过于保障交纳租税、承担赋役的农民以安定的生活。因此中国历代统治阶级都推崇以百姓为根本的民本主义，实行将农事视为一切产业之根本的农本主义政策，并从这一民本思想出发，实行保障农民最低生活的各种福祉政策。尤其是对于挣扎于饥饿中的下层民和鳏寡孤独，优先给予经济上的惠泽，保障其生活安定，积极推进社会福祉政策。

朝鲜王朝的建国以朱子学为思想背景，为了实现“大同社会”这一儒教的理想社会，积极实行针对弱势群体的各种社会福祉政策。实行的政策包括作为百姓的救荒对策，在春荒期贷与粮食（谷食）、秋收后还收的还谷制度；国家在春荒期将粮食贷与农民，在收获期偿还的义仓制度；为了弥补义仓的缺点，强化乡村社会村民相互扶助功能的社仓制度等。另外，还施行有关救恤制度的社会福祉政策，包括救济首都圈患者和销售药材的惠民署、救护和诊疗地方百姓的济生院、救恤旅行者和流浪者的活人署等的设立，以及综合运营以上救护活动的赈恤厅和宣惠厅等的设立。此外，关于税制改革和“大同法”施行的讨论，以乡村社会教化和村民自治活动为目的的乡约施行和书院的建立等相关讨论等等，都详细记载于各种文献资料上，我们可以从中窥探朝鲜知识分子试图建立儒教理想社会的思想脉络。在朝鲜时代实行的各类社会福祉政策中，社仓制度尤其值得关注，它和朱子学的接受及朝鲜朱子学的发展有着密切关系。

社仓是朱子参考隋唐制度及王安石的青苗法，为了防备凶年饥馑，在乡村社会设立并运营粮食的仓库。当时南宋的国家救荒政策，主要是惠及中央官僚被派遣的州、县一级，而大多数百姓所居住的州县以下的乡村社会，并没有受惠。朱子的乡村备荒储备即社仓，作为救荒政策的一环，是针对国家救荒制度中被疏离的乡村百姓而实施的。因此同民间自治的义仓制度具有相同的性质。

依据淳熙八年(1181年)朱子给孝宗的《辛丑延和奏札四》，社仓以救济饥馑为目的，乾道四年(1168年)首次在建宁府崇安县开耀乡实行。朱子向建宁府借了常平米600石，与同村居住的朝奉郎刘如愚一道管理，夏天贷出，冬天还纳，每石收取利息2斗。十四年后，当初所借的粮食都已还纳平仓，而且还增加3100石。财源实现增加后，就不再收取利息，只收取出纳过程中产生的自然损失部分，每石收取三升。朱子将自己十四年间直接试行成功的社仓法详细地向孝宗介绍，并建议推广到全国。① 可见社仓和常平仓、义仓不同，是乡里人民在结社组合等组织下，在乡村内部设立仓库储藏粮食，当遇到凶年等危机时开仓用于救济。对于乡村成员来说，社仓可以说是一种“村民自治的社会保障机构”。

那么，前近代具有“村民自治社会保障机构”性质的朱子社仓制度如何被朝鲜知识分子所认知，又经历了怎样的实行过程，得以在朝鲜乡村社会扎根呢？本章将着重对上述问题展开分析。②

一、义仓的弊端和朱子社仓法

朝鲜王朝从百姓为本的儒教民本主义出发，哪怕有一位百姓挨饿，难以维持生计，也被视作是国王的责任。因此当发生天灾地变等灾害时，国家有义务实行对贫民的救济政策。朝鲜的历代君主都十分关心民生问题，社会福祉政策的相关法规逐渐得到完善。以农业为中心的传统社会，最核心的社会福祉政策便是救荒政策。救荒政策又以义仓制度为代表，当遭遇凶年百姓的

---

① 朱熹：《辛丑延和奏札四》，《晦庵先生朱文公文集》卷十三，朱杰人等编：《朱子全书》第20册，上海：上海古籍出版社，合肥：安徽教育出版社，2002年。

② 关于朝鲜社仓制度，中国国内尚未发现相关研究。在韩国国内的研究中，主要有以下研究有关社仓制度的施行，金龙基：《李朝时代的社仓法施行》，《文理大学报》第6辑，1963年；吴焕一：《朝鲜时代社仓研究》，韩国中央大学校博士学位论文，1990年。此外还有金容燮：《还谷制的厘正和社仓法》，《东方学志》第34辑，1982年；吴焕一：《栗谷的乡约观和社仓契约的性格》，《中央史论》第6辑，1989年等。

生活极度贫困时，义仓制度要求政府为他们提供生活的对策。

义仓制度于中国隋文帝开皇五年(585 年)设立，至唐代成为全国范围内实施的赈贷法之一，是指由国家储备粮食，当遭遇凶年时国家无偿支给或贷与官粮，以救济贫困的百姓、鳏寡孤独和患者等无能力者的制度。朝鲜半岛的义仓制度于高丽成宗五年(987 年)首次实施，朝鲜王朝太祖元年(1392年)，都评议使司裴克廉、赵浚等将义仓法的实施视为新王朝创立后的 22 条重要任务之一[①]。翌年，政府便主导实行在农作季节的粮食贷与和百姓的赈恤[②]。

义仓的粮食由政府通过征收租税所得的粮食充当，原则上一半需保存于义仓以备凶年，另一半则用于贷与。农民从义仓借贷的粮食必须还纳，倘若各个道持续凶年，就会出现官府义仓米被借走多年后也无法还纳的情况。[③]另外，储存于义仓的粮食也会在保管途中因人为或自然原因出现损失，亦会在出纳过程中发生减少的情况，中央政府只有填补这些损失，救贫事业才能维持。因此不足部分的义仓原谷，不得不用军资谷来填补，凶年持续、义仓粮食不足的地区则需动用国库的粮食展开救灾。[④]

开国初期因频繁的凶年，针对生活保护对象的支出增加，而借贷给普通百姓的粮食又难以收回，因此义仓的原谷有所减少。为了弥补损失，太宗六年(1406 年)制定烟户米收敛法(根据土地和户口数征收一定的米)，但因遭到大臣的反对，太宗十一年被废止。[⑤]

持续的凶年使得各地义仓粮食告急，政府为了缓解这一情形，一方面强化军资谷和义仓谷的收纳规定，[⑥]另一方面督促军资谷的还纳。[⑦] 但一些百姓只借不还，几年下来借出的粮食达到数十石，因此不断涌现丧失还贷能力的事例。太宗十七年(1417 年)作为借出粮食不还纳的对策，对于没有能力还纳者，免除其还谷量，同时强化了今后对义仓救护对象及粮食贷与标准的审

① 《太祖实录》卷二，太祖元年(1392 年)九月二十四日(壬寅)条。

② 《太祖实录》卷三，太祖二年(1393 年)四月二十七日(辛丑)条。

③ 《太宗实录》卷十六，太宗八年(1408 年)七月十九日(乙丑)条。

④ 《太宗实录》卷十七，太宗九年(1409 年)三月十六日(己未)条。

⑤ 《太宗实录》卷二十二，太宗十一年(1411 年)七月十二日(辛未)条。

⑥ 《太宗实录》卷三十二，太宗十六年(1416 年)八月五日(甲子)条。

⑦ 《太宗实录》卷三十二，太宗十六年(1416 年)十二月二日(己未)条。

查。[①]除了不还纳导致的义仓原谷减少问题，义仓运营上的种种弊端也层出不穷。如出现了地方守令使用捷径，盗用州县义仓粮食的事例。[②] 还有国家强行将长久保存而致变质的军资谷贷给百姓，但要求用新的粮食还纳的弊端。[③]又义仓谷因利息低，除了贫民，富豪也参与借贷，因此违背了救济贫民的初衷。

为了纠正义仓运营上的诸多弊端，世宗五年(1423 年)采取了以下措施：

户曹启："义仓为赈济还上而设，国库乃军国之需，近年以来，屡致凶荒，凡民之生，专仰赈济还上。缘此义仓不敷，不得已以国库支给救恤，军需渐至殆尽，诚为可虑。请将壬寅(1422 年)、癸卯(1423 年)俭年各道还上赈济所给元数及己丑年(1409 年)付籍民户之数，酌量除出国库，以添义仓。当还上赈济时，专以义仓支给，国库毋令轻支，以备军需。其义仓补添定数…… 又依朱文公社仓耗米之法，每一石各三升加收纳，以备后日耗损。"从之。[④]

近年来，屡致凶荒，所有的百姓都期待获得国家的救济米，义仓的粮食不足，不得已以国库支给救恤。军需粮食逐渐殆尽，因此提出填补方案。即严格管理义仓谷和军资谷，同时将一百零六万九千余石的军资谷按照户口数分配到各道义仓，作为义仓的原谷数。为了维持原谷数，依照朱子的社仓耗米(出纳过程中产生的自然损失份)之法，对贷出的义仓谷每石各加收三升。即提议采用朱子社仓书目中的耗米法作为确保义仓原谷的权宜之计。

值得注意的是，朝鲜王朝从政府的层面提出了实施朱子的社仓制度，以此作为弥补义仓制度弊端的方法。从翌年起，朱子的耗米法得到实行，范围也有所扩大。

户曹启："按《经济文衡》，朱文公于建宁府开耀乡立社仓一所，逐年敛散，每一石收耗米三升。依此制受教，义仓米粫每一石，随其本色，加纳三升，以备后日之耗损。愿自今义仓之制，京外各官亏欠米粫，除妄费盗用及雨漏地湿所损者，依式追征外，随其本色，每一石计除耗米三升。"从之。[⑤]

在上述材料中，户曹引用了收录于朱子弟子滕珙[⑥]所撰《经济文衡》中的

① 《太宗实录》卷三十三，太宗十七年(1417 年)四月二十五日(辛巳)条。

② 《太宗实录》卷二十七，太宗十四年(1414 年)四月二十二日(乙丑)条。

③ 《太宗实录》卷二十六，太宗十三年(1413 年)十一月十四日(庚寅)条。

④ 《世宗实录》卷二十一，世宗五年(1423 年)九月十六日(甲午)条。

⑤ 《世宗实录》卷二十四，世宗六年(1424 年)六月八日(辛亥)条。

⑥ 滕珙，字德章，号蒙斋，婺源人，淳熙十四年(1787 年)进士。

内容，介绍了朱子在建宁府崇安县开耀乡所建社仓中实施的耗米法，并提议在全国实行。值得瞩目的是关于朱子社仓法的内容，这里引用的是《经济文衡》[①]，而到了朝鲜后期，《朱子大全》和《朱子语类》已经成为朝鲜知识分子的必读书目，从其他文献中间接引用朱子行迹则变得十分罕见。

虽然朝鲜实行了朱子耗米法以确保义仓元谷，但因凶年持续，"贷与谷"的回收并不景气，"救护谷"的支出也日益增加，因此各道不断要求添补义仓谷。为了解决义仓原谷的确保问题，朝中上下展开了关于社仓设立的实质性讨论。世宗十年（1428 年），议政府和六曹依据户曹的请求，对社仓设立的优缺点展开了讨论，但因意见不一，最终未能设立社仓。[②] 世宗二十年（1438 年），议政府在指出各地还上粮食的问题时，就引用了"谨按《活民书》朱文公崇安县社仓条约，节该……"的社仓条目，主张"臣等窃谓本国所设义仓之法，与文公社仓条约无异。立法非不善也，但其收纳，率从姑息，不以岁前为限。无知之民，多方糜费，及至岁后，家无所储，种子口食，还仰国库。则官司非徒不忍催征，又从而加给"[③]。关于社仓的收纳方法，强调要像朱子的社仓条约一样进行严格管理。[④] 试图采用朱子社仓制度的管理方法来防止义仓的弊端。

河纬地（1412—1456）的《戊午庭对策》（《丹溪先生遗稿》）是戊午年，即世宗二十年（1438 年）科举考试的一篇对策文，文中反映了该时期世宗国王（1418—1450 年在位）实施社仓制度的意志和当时知识分子对于社仓的认识。对策文的撰写，要求应试人对义仓作为救恤制度的症结以及朱子实施的社仓制度发表各自的见解。[⑤] 对此，河纬地做出了如下回答：

臣伏读圣策曰云云。臣闻义仓者，生民之大命，而邦本之所赖以固

---

① 该时期朝鲜知识分子在提到朱子相关事项时，经常引用《经济文衡》。《世宗实录》卷一百二十，世宗三十年四月十九日（甲戌）条；《世宗实录》卷一百二十一，世宗三十年八月八日（辛酉）条。

② 《世宗实录》卷三十九，世宗十年（1428 年）一月二十一日（甲辰）条。

③ 《世宗实录》卷八十二，世宗二十年（1438 年）九月二十五日（丙午）条。

④ 值得注意的是，这里朱子社仓条目所引用的是南宋董煟（字季兴，号南隐，江西德兴人，宋光宗绍熙四年进士）所编撰的《救荒活民书》。

⑤ 《丹溪先生遗稿》："王若曰：……义仓之设，将以救民也。比因旱干，民罹饥馑，义仓之粟，未能周急，其故何欤。朱子社仓之制，可得而闻其详欤。版籍不明，人民离散，社仓之制，似难举行，若何以复朱子之遗意，以建社仓于闾里乎。"（民族文化推进会编：《韩国文集丛刊》第 8 册，首尔：民族文化推进会，1990 年，第 543 页）

也。方今义仓之设，非不广也，而一遇旱干，州县告匮。而有移粟之患者，以其蓄积之不多也。古者，九年耕，有三年之蓄。今数郡而无一年之蓄者有之，求其能周急而免饥馑之患，不亦难乎。臣闻朱子社仓之制，初请本于官。排年取息以后，还本于官，而定为久计，更不收息，以救一方之人。水旱凶荒以相济，兹亦仁人君子经纶兴邦之一政，而牧民者之所当遵守也，岂有可行于文公之时，而不可行于今日乎？苟能心文公之心，法文公之法，而任得其人，敛散有余，则不患版籍之不明，人民之流移，而社仓之制，可复行于今日矣。[①]

河纬地大致谈到了朱子的社仓法，强调此法是“仁人君子经纶兴邦之一政，而牧民者之所当遵守也”，今日的朝鲜也应实行。不过他同时提到其前提条件是“苟能心文公之心，法文公之法，而任得其人，敛散有余”，即如能秉持和朱子一样的爱民精神，依据朱子制定的社仓条目，任用有良知的管理者进行从容不迫地征收和分配，朝鲜也能够运营朱子的社仓法。河纬地认为这是决定社仓制度成败的最为重要的因素，也是反映了当时朝鲜知识分子对朱子社仓法的理解和认识。

世宗二十二年(1440 年)三月二十三日，左参赞河演上言救济民间的各种赈恤政策，其中就言及“外方闲良品官有慈惠，如朱文公社仓之事，出私财立义仓，赈贷里内饥民者，超秩赏职”，[②]提到了朱文公社仓。通过这些记录，可以推测当时一些地方官将朱子的社仓视作义仓的对策并加以实践。

世宗二十六年(1444 年)七月十二日，议政府列举并上呈了社仓法的条目，让集贤殿的学者对其实行与否进行讨论。[③] 但两天后的七月十四日，集贤殿审议议政府提交的社仓法后，所下的结论却是否定其实行。[④] 但世宗并没有放弃实行社仓法的意志，他通过世子首阳大君(世祖)把自己的想法转达给礼曹判书金宗瑞说：

讳又谓宗瑞曰：“上尝曰：‘近年饥馑相仍，今年旱干太甚，而畜积不敷，予不知所为也。’若民罹饥饿，盗贼蜂起，岂可徒用刑戮以止之，而不救其饥死者乎？今欲行社仓之法，募令为社仓之长者，择其廉谨者而任

① [韩]河纬地：《丹溪先生遗稿》，民族文化推进会编：《韩国文集丛刊》第 8 册，首尔：民族文化推进会，1990 年，第 543 页。

② 《世宗实录》卷八十八，世宗二十二年(1440 年)三月二十三日(乙丑)条。

③ 《世宗实录》卷一〇五，世宗二十六年(1444 年)七月十二日(乙未)条。

④ 《世宗实录》卷一〇五，世宗二十六年(1444 年)七月十四日(辛酉)条。

之。初给粟若干石，使为本。其出纳敛散，听其自为，计年纳本。本官将其取息之粟，救部内之民。取息多而能救民者赏之，其不能取息救民者罪之。又贪饕不廉者，听民告诉而罪之，何如？”宗瑞曰：“社仓之法，不可不行。”①

这里我们可以看到世宗与首阳大君（世祖）实行社仓法的强烈决心。世宗实行的社仓法条目大多仿照了朱子的社仓法，但世宗试图设立社仓的缘由则是出于对最近持续凶年，国家储备的粮食不足以救济百姓的担忧。因此通过社仓的实行，就可以用作为利息收取的粮食去救济管辖内的百姓。也就是说，他认为利用社仓的利息可以解决原谷和军资谷的减少问题，因而救济更多的百姓。总而言之，朝鲜世宗想导入的社仓法，其实是为解决义仓原谷及国库财源枯竭问题的临时方案。

二、朱子社仓法在朝鲜时期的施行

世宗的爱民意识及实行社仓制度的意志十分强烈。世宗二十七年（1445年）七月二十三日，世子首阳大君遵照世宗的意愿，指示集贤殿直提学李季甸（1404—1459）对社仓的设置和义仓的运营问题展开详细探讨。② 李季甸提出义仓的运营问题后，主张依据古制施行社仓制度：“社仓之制，先贤已行之良法也。依古制各官四面，度其远近，民居稠密之处，创置社仓。量出义仓之谷以为本，敛散之权，守令主之，毋得委任胥吏。可行事目，条列于后。”并列出了如下社仓制度的相关事目：

仓库造成材木及功役，当面所居各户，量宜分定为之。如有空废寺院及今后新造寺社，破取用之。其四面距官府不过一息者，不必各面创置，只于义仓之侧，别置社仓，遍给四方之民。若四面，或远或近，其远者依他创置，其近者亦依上项例。又仿宋真宗景德间沿边州郡不置常平仓例，其沿边各官社仓，亦置于义仓之侧。

社仓看守，择当面所居清强品官，定为别差，以附近富实户，定为仓直，使当面各户轮次直宿。其仓直及别差杂役，一皆蠲免。

当支散时，豫定日期，晓示当面人户，各依日限具状。每十名结为一

① 《世宗实录》卷一〇五，世宗二十六年（1444年）七月十四日（辛酉）条。

② 《世宗实录》卷一〇九，世宗二十七年（1445年）七月二十三日（乙未）条。

保,递相保委。及交纳时,亦定日期,同保共为一状交纳,未足不得交纳。如保内有人逃亡,即同保均备足纳。(仿朱文公之制)

每十斗取息二斗,或遇小歉,即蠲其息之半,大饥即尽蠲之。(朱文公之制)所期不纳,明年又息二斗。年月虽多,不过一本一利。

每有营运,衣服不阙者,不得请贷。(朱文公之制)其两经倚阁人户,更不支借。(宋神宗之制)

新立之法,当有渐次,且各道各官丰歉不一,不可一时并建。先从丰稔处创置,其农事不实处,待丰年为之。

守令递代,未毕收纳之责,依义仓例。

出纳会计,依义仓例收息,十倍元数,纳元数于义仓。

不难发现,李季甸提出的社仓事目大体上参考了朱子的社仓事目,有些条目是对朱子事目的直接引用,有些条目则是朱子事目的大义在朝鲜现实中的运用。第一条介绍了社仓设置的位置和财源调度的方法,第二条提到了社仓管理者的选拔问题,第三条以下具体介绍了关于社仓谷出纳的管理问题。尤其是三、四、五条中提到"仿朱文公之制",强调直接按照朱子的社仓事目实行。具体而言,是将社仓设置于人口稠密的地方,由义仓粮食充当原谷,将社仓的权限委任于地方守令,胥吏不得担任。为了防止腐败,还规定社仓的看守人须选择各面清廉、强直之人,严格管理出纳情况,实行连带责任制。全面征收利息,每年收取20%的利息。社仓制度的导入,是为了填补义仓原谷减少所致的国库财源的空缺,因此有必要对利息实行全面管理。第六条还将实行地点锁定在丰稔之处:"先从丰稔处创置,其农事不实处,待丰年为之。"

可见朝鲜最初构想和试图施行的社仓,为了实现对利息的全面管理,是以相对富庶地区的农民和在一定期限内可以收取利息的阶层为对象,而没有针对极度贫困者。

李季甸呈上与社仓设立相关的事目后,一时议论纷纷,但学者和大臣之间只是对利息问题、社仓选定等问题展开讨论,并没有立即实行社仓。[①] 世宗不顾大臣的反对,在两年后的世宗三十年(1448年)正月对李季甸提出的社仓事目展开试运营,锁定知咸阳郡事李甫钦(? —1457)为合适人选调到大邱。[②] 李甫钦曾在世宗二十七年(1445年)以地方官的经历出发,提议社仓法的实

---

① 《世宗实录》卷一〇九,世宗二十七年(1445年)九月六日(丙子)条。

② 《世宗实录》卷一一九,世宗三十年(1448年)元月二十五日(壬子)条。

行。现在将李甫钦从咸阳郡调任大邱知事并让其试验社仓法，一方面是因为大邱在达城平原，农产品丰富；另一方面，则是因为李甫钦熟悉大邱地区的事务。世宗希望首先在经济相对富庶的大邱地区试行社仓，然后推广到其余相对不富庶的地区并待到丰年再实施。同年5月，世宗对调任到大邱的李甫钦下了以下谕示：

> 尔所启社仓事，宜下政府议之。佥曰："难行。"又下集贤殿议之，或以为姑试之，或以为不可行，众论如是其不同。故其社长赏职节次，不可据以为定。然社仓之法，朱文公固已行之，且尔方锐意为之，便欲姑试一邑，以观民之好恶，尔其试之。其布置之方略，务要徐缓，勿致烦扰。①

世宗将上述谕示和集贤殿的议论内容同封后，交给李甫钦参考。从中可以知道当时大部分大臣的意见："此法虽实为民而设，然取息之名，似累大体。且社长未能尽得廉谨者，则或侥幸得爵，或窥窃羡余，务于取息而收纳过中，或虑还收之难，只给富户，而不给茕独。其他侵渔豪横，无所不至，惠未及民，而先受其弊。"大臣们的意见主要提到了利息问题和有良知社长的选定之难。意见还提到："大抵立法之初，以为永终无弊者。及其久也，弊必生焉。况此法利害之议，今已纷纭，要当先甲熟讲，详加节目。姑于大小膏瘠不同数郡，行之数年，验其法之利害与民情之便否？果有利无害，遍行诸道为便。"②即表达了先选定若干村落进行试验，听取当地百姓意见后，若无伤害再逐渐推广的意见。

收到世宗谕示的李甫钦立即在大邱设立了社仓，并于6月1日对其进展做了如下报告：

> 知大丘郡事李甫钦报："顷承谕书及集贤殿议，又将甲子年(1444年)谕书，布告境内，言其立社仓本意及赏职社长。愿为社长者，二十余人，择十三人为社长，分为十三社，每社给本二百石。又作小图书付社长，每当分给，籍其受者姓名及斗升之数，遂以图书印之，以防奸伪。成二件，一社长自藏，一纳官，以备遗失。"③

依据上述资料，李甫钦当时选拔了社长13人，分设社仓13处，每社给予本金200石，并下令对账簿的整理进行彻底管理。李甫钦接着转达了百姓对

① 《世宗实录》卷一二〇，世宗三十年(1448年)五月十五日(己亥)条。

② 《世宗实录》卷一二〇，世宗三十年(1448年)五月十五日(己亥)条。

③ 《世宗实录》卷一二〇，世宗三十年(1448年)六月一日(乙卯)条。

社仓建立的期待："境内人民皆云：'有义仓，又有社仓，自今以后，岂复受私家长利！'人皆利之，唯私畜长利者，不便焉。"[①]可见最初在大邱地区实行的社仓是在得到世宗的坚定支援，以及李甫钦的执行管理等努力下才得以顺利开展起来的。

但在李甫钦实行社仓不到两年的世宗三十年(1450年)二月，世宗离开了人世。李甫钦在大邱地区施行的社仓，得到了之后继位的文宗(1450—1452在位)的关心，得以继续实行。事实上，李甫钦在大邱地区试行的社仓颇有成效。文宗一年(1451年)二月，文宗谕示庆尚道观察使李仁孙："社仓之设，诚为有利。今依知大丘郡事李甫钦措置，行之，则可以无弊。如不得人，必有弊难行。其举行便否，广询各官守令，如有曰可行者，其社仓设置试验，可当郡县，磨勘并启。"[②]这里提到有必要关注李甫钦在大邱地区实行的社仓所取得的成效，并将其推广到庆尚道全部地区，广泛调查自愿设置社仓的郡县并上报名单。

庆尚道观察使李仁孙询问管辖各地区的守令后，同年5月，报告的结果显示共有12个邑申请设置社仓，他提议首先在永川、金山、居昌等邑设置并试行。[③] 当时庆尚道共有66个邑，其中12个邑赞成设置社仓，其余邑则持反对意见。[④] 文宗再次让议政府讨论，讨论的结果是在12个赞成设置社仓的邑当中，除去2个在海边的邑，批准其余10个邑作为设立社仓的第二批郡县，在试行后再次通过议论，然后才推行到全国。[⑤]

同时，文宗注意到李甫钦试行的社仓及其成果，决定召见李甫钦并授予任期未满的李甫钦以更好的官职，但遭到吏曹的阻止，计划最终落空。[⑥] 文宗二年(1452年)二月，李甫钦结了知大邱郡事的任期，继而转任中央的司宪部章令，[⑦]文宗立即召见李甫钦，向其询问大邱地区的社仓实行效果："世宗择汝

---

① 《世宗实录》卷一二〇，世宗三十年(1448年)六月一日(乙卯)条。

② 《文宗实录》卷六，文宗元年(1451年)二月二十三日(壬辰)条。

③ 《文宗实录》卷七，文宗元年(1451年)五月十日(丁未)条。

④ 《文宗实录》卷八，文宗元年(1451年)六月二日(己巳)条。

⑤ 《文宗实录》卷八，文宗元年(1451年)六月二日(己巳)条。

⑥ 《文宗实录》卷十，文宗元年(1451年)十一月二十八日(壬戌)条。

⑦ 《文宗实录》卷十二，文宗二年(1452年)二月三日(丁卯)条："甫钦容貌朴野，衣冠弊垢，言必杂乡俚。然心地开莹，论古今成败，形势无滞碍。且善处决，皆断以己意，略不拘文簿。苟便于民，必欲行之。尝守军威县，每居上考，又为大丘郡，试社仓，颇有成效，人以循良荐者多。至是考满，擢拜是职。"

守大丘使，试社仓便否，所息几石，民情何如?”李甫钦做出如下详细回答：

丁卯(1447年)正月，自咸阳移守大丘，然未知上意，未敢试验。戊辰(1448年)二月，见谕书，乃知上意，即立社仓十三所，从其自愿，定其社长，每一所授义仓谷二百石，每一石取息三斗。自戊辰(1448年)至辛未(1451年)，敛散收息，共二千七百余石，皆已收敛封库。大丘多巨室农庄，贫民受贷出食，因失其所者有之。境内十三处立社仓，一仓所储本息，并可四百余石。又义仓以时分给，故境内之民，受长利者，视昔年则盖少。如待五六年敛散，则一仓所储，可至千余石。十三所各以千余石，赈贷穷民，豪富侵渔之弊，不禁而自绝矣。但臣恐国家以为取息有利，十年之后，不能便止，而取息之无穷也。又世宗传旨，有监考赏职之条，故臣亦以为可行。今褒贬之法未立，又恐社长惮于敛散，而不肯用心也。[①]

根据李甫钦的报告，大邱新设的13处社仓从世宗三十年(1448年)至文宗元年(1451年)共实行了四年，收到利息共2700余石，各仓库增加了200石。其实行结果是向富豪借贷长利的百姓逐渐减少，社仓法的实施实际上受到了欢迎。不过李甫钦认为今后应继续实行五六年，十年后仓库里的储备可达千余石，此后便可无息贷与。这一想法和朱子的初衷相同，可以说也是社仓设置的最终目的。

作为消除义仓原谷不足的手段，政府已经注意到大邱地区的社仓试行仅用了四年，就获得了原谷翻倍的利息。但同时，李甫钦考虑到一旦在社仓运营中尝到利息的甜头，十年后即便原谷达到千石，利息的收取也不会终止。而且世宗朝时曾允诺对社仓管理者进行褒赏和身份保障，否则很难保证他们继续对社仓实行有效管理，因此李甫钦对社长的待遇问题也提出了建议。文宗答道，社仓是救恤百姓的根本，是凶年救荒之法，由于朝廷的意见还没统一，因此褒赏之法尚未实行：“世宗以为社仓恤民之大本，断然以为可行，命汝试验。予亦以为救荒莫如此法，夫岂不义文公为之？但廷议未同，故褒赏之法，未即遽立，岂终不可行乎？且一仓之谷，至于千石，则又岂有取息无穷之理乎？一从汝所启。”[②]

① 《文宗实录》卷十二，文宗二年(1452年)三月十七日(庚戌)条。

② 《文宗实录》卷十二，文宗二年(1452年)三月十七日(庚戌)条。

三、余　　论

综上,世宗三十年(1448年)以来,在国王的强烈支持下,李甫钦在大邱地区试行的朱子社仓法取得了显著成效。此后文宗一年(1451年),又对社仓制度是否可以推广到庆尚道全部地区展开了讨论,并在申请社仓设立的10个邑开始试行第二批社仓。但文宗即位2年3个月就不幸驾崩,这使得社仓制度的推广和试运营失去了动力。年仅12岁的端宗(1452—1455年在位)即位后,世祖(1455——1468年在位)及其支持势力试图篡夺王位,在动荡不安的政势下,庆尚道地区的社仓难以得到有效的运营。因此世祖即位翌年(1456年),便让庆尚道观察使禀报大邱地区的社仓是否益于百姓等社仓实行情况。世祖七年(1461年)下令在全国推行社仓制度,以取代义仓制度。但此后社仓性质却逐渐发生了变质,从救护机构变成了高利贷机构,不仅没有给百姓带来恩惠,反而因官吏的腐败招来了百姓的怨声,成宗元年(1470年)被废止。此后知识分子之间偶尔还会展开关于社仓设置的讨论,但具体的实行事例不见记载。

事实上,朱子首次实行社仓法也并非偶然。年轻时地方官的经历和爱民精神下对现实的关怀,以及士大夫的责任感成为社仓法实行的契机。朱子24岁时任同安县主簿,任职四年间秉着爱民精神建立了学校和图书馆,整顿婚礼、树立民风等,在文化教育方面取得了重要成绩。乾道三年(1167年)7月,朱子38岁时以祠禄官身份回到故乡,正好遇到建宁府崇安县发生洪水。朱子受当时建宁府长官的委托,花了10天时间视察了受灾地区,目睹了富户高官对于救济民的漠不关心。① 乾道四年(1168年)的春夏,建宁府一带发生饥馑,朱子担任贷与官米的工作,再次意识到问题的严峻。② 面对这样的情况,朱子试图建立更加具体和安定的机制,以救助陷于饥馑的百姓,他获得了府知事的同意,并获得同乡士人刘如愚的协助,设立并运营社仓。

当时虽有常平义仓,但这只是州县所储备的粮食,其恩惠只恩及市井之

---

① 朱熹:《答林择之》,《晦庵先生朱文公文集》卷四三,朱杰人等编:《朱子全书》第22册,上海:上海古籍出版社,合肥:安徽教育出版社,2002年。

② 朱熹:《答何叔京》,《晦庵先生朱文公文集》卷四十,朱杰人等编:《朱子全书》第22册,上海:上海古籍出版社,合肥:安徽教育出版社,2002年。

人，而且经过几年储备粮便发生腐蚀。为了修正常平义仓的缺陷，朱子将社仓设立于乡里一级，以救济农民，尤其是下层农民为目的。[①] 因此朱子社仓书目的规定十分详细。以保为单位，从粮食的支给到纳入，由县官、乡官和村民中有责任者共同运营，相互约束，对防止欺诈行为等做了具体规定。朱子希望对容易偏向罪恶的人事先进行控制并通过法律预防，社仓细目甚至注意到了度量衡的情况。可见社仓法的背后融入了是朱子的爱民之心和作为官僚、士大夫的责任感。[②]

与此相比，朝鲜政府导入朱子社仓法的最大目的是确保义仓原谷。因此从实行初期开始，不管是知识分子还是国家，都免不了遭到高利贷事业的批判。在实际运营的过程中，由于负有执行和监督职能的地方官出现违纪，且相关地方富豪的干涉等，使得社仓没有得到很好的实行。正如河纬地所说，为了在朝鲜实行朱子的社仓法，需要"苟能心文公之心，法文公之法，而任得其人，敛散有余"。即有必要秉持和朱子一样的爱民精神，依据朱子制定的社仓条目，任用有良知的管理者。这是决定社仓制度成败的最为重要因素。

直到朱子学发展和深化的百余年后，朝鲜的社仓实行才得以实现。李珥（栗谷，1536—1584）在参与中央政治并试图改革后，意识到现实政治的局限，于宣祖十年（1577 年）从朝廷隐退。他回到故乡海州石潭，与乡党一族共同制定海州乡约，实行乡约的同时设立社仓，摸索乡村的经济互助和救恤方法。李珥所建立的社仓法参考了朱子的社仓细目，并添加了具体的实行细则，制定实行了《社仓契约》。[③]

① 朱熹:《崇安县五夫里社仓记》,《晦庵先生朱文公文集》卷七七,朱杰人等编:《朱子全书》第 24 册,上海:上海古籍出版社,合肥:安徽教育出版社,2002 年。

② [日]友枝龙太郎:《朱子の思想形成》,东京:春秋社,1969 年,第 373～385 页。

③ [韩]李珥:《栗谷先生全书》卷十六《杂著三》,民族文化推进会编:《韩国文集丛刊》第 44 册,首尔:民族文化推进会,1990 年。

论朴文镐“性四层说”

◎ 史甄陶

“湖洛论争”是18世纪韩国儒学界最重要的论争之一,“人性物性异同”是其论辩的主要内容之一,代表人物有湖派学者韩元震(1682—1751)和洛派学者李柬(1677—1727)。两人都属于李珥(号栗谷,1536—1584)为主的畿湖学派。韩元震主张人性和物性相异,以及未发时心体有善有恶;李柬主张人性与物性相同,以及未发时心体纯善。① 他们的论争一直持续到19世纪末仍然没有解决,其中继承韩元震学说的朴文镐(1846—1918),以及与李柬立场一致的田愚(1841—1922),可以说是此论争后续的代表人物。他们的性论皆有可观之处,然而田愚的学说目前仍有薪火相传。② 但是对于朴文镐的观点,现今的研究成果并不多。③ 因此本文以朴文镐的性论为主要研究的对象,探讨韩元震学说的后续发展,以及19世纪末期朝鲜儒学的独到之处。

朴文镐,字景谟,号壶山、枫山、老樵,宁海人。他7岁从父亲朴基成学文,11岁认识李象秀(1820—1882),20岁开始向他求学。④ 尔后朴文镐在科

① 杨祖汉:《韩儒〈人性物性异同论〉及其哲学意义》,《从当代儒学观点看韩国儒学的重要论争》第八章,上海:华东师范大学出版社,2008年,第391页。

② 在韩国,田愚的思想到现在尚有传人,根据田炳郁教授提供的资料,现今全罗道淳昌乡校训蒙斋山长金忠浩(古堂)先生,便是田愚的再传弟子。田愚的相关研究,参见杨祖汉:《朝鲜儒者田艮斋对朱子思想的理解——比较牟宗三先生的说法》,《中正汉学研究》2016年第1期(总第27期),第93～116页。

③ 目前与此议题最接近的研究成果是梁在悦:《壶山朴文镐의性学과性四品说에관한考察》,《东洋哲学研究》第12辑,1991年,第273～292页。

④ 参见“韩国历代人物综合信息系统”http://people.aks.ac.kr/index.aks。

举中落第数次，遂专心于义理心性之学，特别重视朱熹的经注，并私淑韩元震。[①] 1872年建成枫林精舍讲学，并供奉朱熹（1130—1200）、李珥、宋时烈（1607—1689）、韩元震等人。朴文镐著述甚多，有《大学章句讲义》《大学章句详说》《论语集注详说》《孟子集注详说》《书集传详说》《周易本义详说》《壶山集》《人物性》等，数量超过一百本，涉及的面向非常广泛。因此若要了解朝鲜后期朱子学的发展，朴文镐实在是一位不可忽视的学者。

一、朴文镐与田愚争论的焦点

朴文镐与田愚的思想，皆属于以李珥为主的畿湖学派。李珥发挥朱熹“理气不离”和理“无计度、无造作”的观点，反对李滉（号退溪，1501—1570）“理气互发”的说法，主张“气有为而理不为”，并在此观点下强调“气发理承”—理不活动，唯有气会活动，故理只能通过气而所有表现，以及“理通气局”—理既然只能乘气而有所表现，因此也受到气的局限。至于人心和道心的问题上，李珥既然主张气发理乘一途之说，则人心、道心俱是气发。则心（气）当其为能使理全幅体现的本然之气，就是“道心”；心（气）当其一变而不能顺理而发的非本然之气，就是“人心”。于是在工夫论上，李珥的重点便在“养气”上面，当气恢复为能依理而行的“本然之气”时，则自然是道心的显露。[②]

17世纪之后，栗谷学派在政治上进一步分化为老论和少论，在学问上则发生湖洛论争：湖派以韩元震为首，洛派以李柬为首。两人都支持李珥所强调的“理通气局”，然而偏重有所不同，韩元震重视气的局限性，强调人、物性异；李柬重视理的普遍性，强调人、物性同。两派的论争一直延续到十九世纪末，朴文镐景仰韩元震的学说，主张人物性异，而田愚则受到金长协（1651—

① [韩]李东哲：《诗集传详说・解题》，《韩国经学资料集成》第14册，首尔：成均馆大学校，1991年，第17页。

② 杨祖汉：《李栗谷、成牛溪〈四端七情与人心道心〉的论辩》，《从当代儒学观点看韩国儒学的重要论争》第五章，上海：华东师范大学出版社，2008年，第318～321页；《朝鲜儒者田艮斋对朱子思想的理解—比较牟宗三先生的说法》，《中正汉学研究》（总27期）2016年第1期，第94页。

1708)后学的影响,强调人物性同。两人于1885年至1886年频繁地往来通信[①],结果不欢而散。四年之后,田愚将其所著人物性论,托人带去给朴文镐。[②] 朴文镐并未接受他的看法,他曾说:

> 庚寅夏,善长以艮斋意,示其所著人物性论。其论分“物”“吾”“圣”三层,以为物性同于吾,吾性同于圣。不直云“物”“圣”性同,而必以“吾”做枢纽而承接之,何也?虽曰急于扶物性一边,何其自处之至是卑也。[③]

又说:

> 艮论中引孟子注“同得天地之理以为性”之语,以为人物性同之证。吾辨之曰:“是谓得之之同,非谓所得者同也。”只见同字而不就其所用,可乎?若以此为性同之证,则其上文曰“同得天地之气以为形”,亦可以此而遂万物之形皆同乎?形同则性同,形异则性异,如影随形,如响随声,有不可诬。今观其形各不同,则性之不同,不言可知。朱子所称“异体之理绝不同”,言约而意尽矣。[④]

从朴文镐对田愚的反驳中,大致可以看见田愚的观点,以及与朴文镐的差异。田愚的人物性论,分为“物、吾、圣”三层。此三层之性皆同,主要根据朱熹对《孟子·离娄下》“人之所以异于禽兽者几希”的注解。但是朴文镐认为田愚的说法断章取义,因为朱熹的注解是这么说的:

> 人物之生,同得天地之理以为性,同得天地之气以为形。其不同者,独人于其间得形气之正,而能有以全其性,为少异耳。虽曰少异,然人物之所以分,实在于此。众人不知此而去之,则名虽为人,而实无以异于禽兽。君子知此而存之,是以战兢惕厉,而卒能有以全其所受之理也。[⑤]

朱熹的说法其实有两面:一面是从万物的根源而论,人物皆以天理为性,这是论其“同”;另一面则从万物之气禀不齐而论,人得形气之正,因此性全;物不得其正,因此人物之性相异。在朴文镐看来,田愚的重点仅在人物同得

---

① [韩]朴文镐:《人物性》,《壶山集·附录》(此书目前收藏于韩国中央图书馆)卷五,第5页。朴文镐《壶山集》中,目前保存他写给田愚的信,共有七封(朴文镐《答田艮斋》,《壶山集》卷一三,第16~27页)。但是田愚《艮斋集》(此书目前收藏于韩国中央图书馆)中,目前仅有一封《答朴景谟》(《艮斋集》前编卷四,第52~53页)。

② [韩]朴文镐:《人物性》,《壶山集·附录》卷五,韩国中央图书馆藏本,第4页。

③ [韩]朴文镐:《人物性》,《壶山集·附录》卷五,韩国中央图书馆藏本,第4页。

④ [韩]朴文镐:《人物性》,《壶山集·附录》卷五,韩国中央图书馆藏本,第4~5页。

⑤ 朱熹:《四书章句集注·孟子集注》,北京:中华书局,1983年,第293~294页。

到天地之理而言，但就着实际“用”的层面而言，人与物在气的局限下，到底能展现多少性理，则有所不同。因此他主张探讨人性与物性的重点，应该要“因情明性”，[①]也就是放在经验上可见的层次来思考，而不能仅从本源的层次上谈。但这并不表示朴文镐反对从本源论性，而是考虑到人有不同的情况。他说：

性一而已，故程子曰：“二之则不是。”张子亦曰：“气质之性，君子有不性焉。”君子且犹不性，况圣人乎？故孟子曰：“尧舜性之也。”又曰：“尧舜性者也。”“之”字亦有迹，不若“者”字之无迹，而人与性遂混合无间矣。然则为圣人说者，奈何只曰性，可也。……然中人以下之质，不能免气禀之不齐，故程、张二子，又不得已而立本然、气质之名。[②]

“性”只有一个，程颐与张载都说过此源于天理的“性”，但是朴文镐认为这只能用于圣人。至于中人以下，则会有形体之后的气禀问题，因此不得不产生“本然之性”与“气质之性”的说法。由此可见，相较于田愚从本源处论性，朴文镐更关心的是天命之性在后天的影响下，所产生出来的各种情况，也就是“因情推性”的方法。[③] 他说：

孟子之论性善，亦无他方法，只是因情推性而已。而物之情未可保其可以为善，则又安可谓其性同于人乎？[④]

朴文镐有意沿袭孟子论性善的方法，但是其人性论的内容，却明显地与孟子的思想旨趣不同。以下便是他对“性”的看法。

二、朴文镐对韩元震“性三层说”的继承与发展

朴文镐主张人性与物性不同，但是人物性的差异何在？朴文镐在朝鲜儒学发展的脉络中，追随韩元震的观点，但同时继续拓展出自己的见解。韩元震对人性的讨论，最重要的就是“性三层”说：

元震窃疑以为性有三层之异。有人与物皆同之性，《中庸》二十二章

---

① [韩]朴文镐：《性学辑考》，《壶山集·杂著》卷五八，韩国中央图书馆藏本，第28页，

② [韩]朴文镐：《性学图说》，《壶山集》卷四十，韩国中央图书馆藏本，第23～24页。

③ [韩]梁在悦：《壶山朴文镐의性学과性四品说에关한考察》，《东洋哲学研究》第12辑，1991年，第287～288页。

④ [韩]朴文镐：《考亭人物性考》，《壶山集·杂著》卷五九，韩国中央图书馆藏本，第22页。

> 《章句》:"人物之性,亦我之性。"有人与物不同而人皆同之性,《孟子·告子篇》辑注:"以理言之,则仁义礼智之禀,岂物之所得而全哉。"《大学·序》文:"天降生民,则莫不与之仁义礼智之性。"有人人皆不同之性。《论语》子曰:"性相近也。"性非有是三层而件件不同也,人之所从而见者,有是三层耳。就人物上除了气,独以理言,则浑然一体,不可以一理称之,一德名之,而天地万物之理,仁义礼智之德,无一不具于其中矣。此人与物皆同之性也。就人心中,各指其气之理而名之,则木之理谓之仁,金之理谓之义,火之理谓之礼,水之理谓之智。四者各有间架,不相淆杂,而亦不杂乎其气而为言,故纯善而无恶。人则禀气皆全,故其性亦皆全;物则禀气不能全,故其性亦不能全。此人与物不同,而人则皆同之性也。以理杂气而言之,则刚柔善恶,有万不齐。此人人皆不同之性也,岂人既有人与物皆同之性,又有人与物不同之性,与人人皆不同之性哉?特以其独言理而不及气,则人与物皆同。各指其气之理,而亦不杂乎其气而言,则人与物不同,而人则皆同。各指其气之理,故有仁义礼智名目之不同,而人与物不同,亦不杂乎其气而为言,故纯善无恶,而人则皆同。以理与气杂而言之,则人人皆不同,而有是三层耳。上二层本然之性,下一层气质之性,其实一性而已也。[①]

这里所谓的"性三层",就着本质上来看,只有一性。然而之所以会分为三层,是因为"性"受到气质的影响,而有表现上的差异。[②] 第一层指的是"人与物皆同之性",第二层是"人与物不同而人皆同之性",第三层是"人人皆不同之性"。从理气论来看,第一层独以"理"言,人与物同具天地万物之理、仁义礼智之德,"则其性无不同矣"。[③] 第二层是就着气之理而论性:人禀气皆全,因此性全;物禀气不全,因此性亦不能全。至于性的内容,则是以健顺五常而言。[④] 第三层之性则是就着理与气杂而言之,其中有善有恶,人与人,物

---

① [韩]韩元震:《上师门戊子八月》,《南塘集》卷七,民族文化推进会编:《韩国文集丛刊》第201辑,首尔:民族文化推进会,1998年,第163~164页。

② 杨祖汉:《从当代儒学观点看韩国儒学的重要论争》,上海:华东师范大学出版社,2008年,第419页。

③ [韩]韩元震:《与崔成仲·别纸》,《南塘集》卷八,民族文化推进会编:《韩国文集丛刊》第201辑,首尔:民族文化推进会,1998年,第22页。

④ [韩]韩元震:《附书·气质五常辨后》,《南塘集》卷十一,民族文化推进会编:《韩国文集丛刊》第201辑,首尔:民族文化推进会,1998年,第42页。

与物，皆不相同。此外，韩元震又将第一层性与第二层性称之为“本然之性”，将第三层性称之为“气质之性”。[①] 朴文镐基本上也同意这样的看法，他说：

> 性理分三等为说，然后人物之性乃有着落。夫天者，一原之理也，人物同也；性者，异体之理也，人物异也。气质之性则其善恶不齐，亦如心之有善有恶，故人人而不同，物物而不同矣。[②]

然而他也并非毫无己见，在《性学图说》中，朴文镐明确地将“性”分为四层：太极之性、赋予之性、气禀之性和习成之性。同时又将前两性归于“本然之性”，后两性归于“气质之性”，藉由此图可以更清楚地说明。

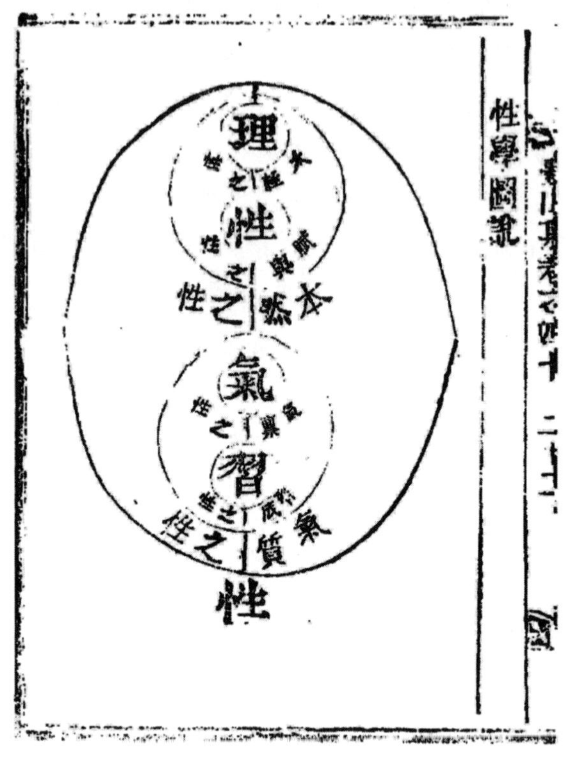

---

① 以上讨论，参考杨祖汉：《从当代儒学观点看韩国儒学的重要论争》，上海：华东师范大学出版社，2008 年，第 393～409 页；李甦平：《韩国儒学史》，北京：人民出版社，2009 年，第 459～467 页；吕政倚：《从中韩儒学中的“人性、物性”之辨论当代新儒家的“内在超越”说》，政治大学哲学研究所博士学位论文，2017 年，第 82～84 页。

② [韩]朴文镐：《孟子随笔·尽心上·尽心一章》，《韩国经学资料集成》第 47 册，首尔：成均馆大学校，1991 年，第 45 页。

以下便针对朴文镐论"性"的前三层—继承韩元震的部分，进行解说和分析。至于"习成之性"，是朴文镐自己所提出的观点，则置于下一节讨论。

朴文镐将韩元震所说"人与物皆同之性"，称之为"太极之性"。他之所以采用此名，因为"六经罕言此性，惟《系辞》之太极二字，可以当之"[①]。他在解释《周易·系辞》"易有太极，是生两仪"时说道：

按此无性字，而太极亦可谓之性，故取之。盖万物同一太极，是极本穷源之性也。万物各一太极，是物与一性者也。此之所取，取其万物同一义耳。[②]

"太极"是万物的根源，对朴文镐而言，也就是万物共同之"性"。这种看法可能是受到韩元震的影响。[③] 至于此性的特质，他说：

此所谓以理为性者也，万物之所以生之理也。极本穷源，无加无减，至善之名也。冲漠无朕，而寂然不动之地也，万殊之一本也，人与物同之性也。[④]

这段话主要是强调"以理为性"，是万物发生的本源，也是存在的根据。他采纳程颐的看法，程颐曾说："孟子之言善者，乃极本穷源之性，"[⑤]主张此性乃是至善。又以"冲漠无朕"形容性理的空寂不动，无形无兆的状态。[⑥] 由此可见，朴文镐认为唯有本源之性，才是万物同一之性，此性等同于理。

至于"赋予之性"，等同于韩元震所谓"人与物不同，而人皆同之性"。朴文镐认为六经中谈"性"，多半指此。此性的内容是：

此所谓以性为性者也，万物之生之理也。随物各赋，而其理或全、或偏之名也。万象森然而众理方动之地也，一物与一无妄而一定不易者也。一本之万殊也，一物之一本也。人与人同，犬与犬同，牛与牛同者也。人则与善，牛则与顺，马则与健，金与刚，火与热之类也。万物各一太极者也。凡此泛言之，则曰理。指物而言，则曰性。此理既赋于物，则

---

① [韩]朴文镐：《性学图说》，《壶山集》卷四十，韩国中央图书馆藏本，第 24 页。

② [韩]朴文镐：《性学辑考》，《壶山集·杂著十》卷五八，韩国中央图书馆藏本，第 8 页。

③ 韩元震说："超形气而言，则太极之称是也。"载《与李公举柬·别纸，辛卯六月》，《南塘集》卷九，民族文化推进会编：《韩国文集丛刊》第 201 辑，首尔：民族文化推进会，1998 年，第 213 页。

④ [韩]朴文镐：《性学图说》，《壶山集》卷四十，韩国中央图书馆藏本，第 24 页。

⑤ 程颢、程颐：《二程遗书》卷三，《二程集》，北京：中华书局，2004 年，第 63 页。

⑥ 程颢、程颐：《二程遗书》卷十五，《二程集》，北京：中华书局，2004 年，第 153 页。

非复理也，乃性也。[①]

朴文镐主张的“赋予之性”，是在人与物的后天之性中，被天所赋予之性理。无论先天或后天，性的源头皆本于一理，然而散在万殊之中，人性皆同，但与物性不相同。他说：

以本然之理而言之，犬之性亦犹牛之性，牛之性亦犹人之性耶！言不同也。此则人与犬、牛，其本然之性不同者也。物中之水、木、犬、牛，固与人殊性，而人中之尧、舜、桀、纣，未尝言殊性。此乃本然赋与之理，万物各一其性者也。[②]

在朴文镐看来，从本然之理的角度，即便是圣王之性与暴君之性，也没有差别。然而人与物之性却不同。他又说：

万物禀阴阳五行之气以生，而人得其全，故五常备焉。禽兽得其偏，故其灵者，乃有一焉。虎狼之于父子，仁也；蜂蚁之于君臣，义也；雎鸠之于夫妇，礼也。鸿雁之于兄弟，鸧鹒之于朋友，亦近于智与信云。[③]

人性与物性在本质上的不同之处，是因为人全备“五常之性”，但是物却偏得其一。[④] 除此之外，朴文镐主张“天下之言性者，岂有舍形气而可能说着‘性’字乎”？又提出人与禽兽“以其正横之异体，故禽兽之性，必递落于人性一等，偏而不能全以此也”[⑤]。又说：“性之偏全，各随其形。”[⑥]可见他分判人物之性全与不全的问题，也可以从“形”入手。这与韩元震着重的焦点不同，韩元震强调“就人心中，各指其气之理而名之”，[⑦]也就是从“心”的角度，说明人物所禀之气，是否与理相合。但是朴文镐却重视“形”与“性”的关系。

对于第三层“气禀之性”的解释，朴文镐说：

此所谓以气为性者也，万物之生之性也。物各禀得，而其气或清、或浊、或粹、或驳之名也。一物之万殊也，一身之一定也。人人不同，犬犬不同，牛牛不同者也，人有不善而牛马有不顺健之类也，六经中亦多言此

① ［韩］朴文镐：《性学图说》，《壶山集》卷四十，韩国中央图书馆藏本，第24页。

② ［韩］朴文镐：《性学辑考》，《壶山集·杂著》卷五八，韩国中央图书馆藏本，第23页。

③ ［韩］朴文镐：《人物性》，《壶山集·附录》卷五，韩国中央图书馆藏本，第1页。

④ ［韩］朴文镐：《性学辑考》，《壶山集.杂著十》卷五八，韩国中央图书馆藏本，第13页。

⑤ ［韩］朴文镐：《人物性分殊图说》，《壶山集》卷四十，韩国中央图书馆藏本，第31页。

⑥ ［韩］朴文镐：《人物性》，《壶山集·附录》卷五，韩国中央图书馆藏本，第1页。

⑦ ［韩］韩元震：《上师门戊子八月》，《南塘集》卷七，民族文化推进会编：《韩国文集丛刊》第201辑，首尔：民族文化推进会，1998年，第163页。

性。其为性也,气与质合而得。然本其有生之初而观之,则气之用事居多。故谓之气禀之性也。[①]

他认为这是由"气"的层面论性,此"气"是由"生"而来。[②] 由于人物禀气清、浊、粹、驳不同,因此人与人的气禀之性不同,物与物的气禀之性也不同。六经当中所言之性,多半是气禀之性。而人物之善恶,也在此性中表现出来。这是因为从"生"的角度看,本然之性已受到气禀的影响,进而产生不齐的现象。朴文镐认为告子所说的"生之谓性",便是气禀之性。[③]

以上所述及的"太极之性""赋予之性"和"气禀之性",主要是朴文镐继承韩元震的观点之后,提出的另一种说法,就着基本概念来看,与韩元震差异不大。至于韩元震的意见,朴文镐认为主要是从程、朱而来。他说:

昔退之有三品性之说,只就气质性中而分三品,其说固浅近不足言。至于程子论性,以人生而静以上为一说,又以性善为一说,又以生之谓性为一说。玩其辞,味其旨,显然有三品之分。近世湖中诸贤之论性有三品者,其本盖出于程子此说,及《朱子语类》天、命、性、气之论。

程颐认为告子"生之谓性"与孟子不同,告子是"彼命受生之后谓之性"。[④] 至于朱熹的意见,则出现在他解释"气质之性"时。朱熹说:

性譬之水,本皆清也。以净器盛之,则清;以不净之器盛之,则臭;以污泥之器盛之,则浊。本然之清,未尝不在。但既臭浊,猝难得便清。故"虽愚必明,虽柔必强",也煞用气力,然后能至。某尝谓《原性》一篇本好,但言三品处,欠个"气"字,欠个来历处,却成天合下生出三般人相似!孟子性善,似也少个"气"字。[⑤]

由此可见,韩元震与朴文镐对程朱之学十分熟稔,继承他们的性论,并且加以说明和分析,成为"性三层说"的立论根据。

此外,在上述的架构下,朴文镐区分出人、动物、植物和枯槁之物的差异,根据他的分类,制表如下[⑥]:

---

① [韩]朴文镐:《性学图说》,《壶山集》卷四十,韩国中央图书馆藏本,第 25 页。

② 朴文镐说:"性之为字,从心从生。生者气也,生之理则性也。"载朴文镐:《性学辑考》,《壶山集·杂著》卷五八,韩国中央图书馆藏本,第 10 页。

③ [韩]朴文镐:《性学辑考》,《壶山集·杂著》卷五八,韩国中央图书馆藏本,第 22 页。

④ 程颢、程颐:《二程遗书》卷三,《二程集》,北京:中华书局,2004 年,第 63 页。

⑤ 黎靖德:《朱子语类》卷四,北京:中华书局,1986 年,第 72 页。

⑥ [韩]朴文镐:《人物性分殊图说》,《壶山集》卷四十,韩国中央图书馆藏本,第 31 页。

表 1-1 朴文镐区分人、动物、植物和枯槁物的差异表

	理、气(形、生、知觉)	性
人	有理而有气,而有形,而有生,而有知觉者	正生性全
禽兽	有理而有气,而有形,而有生,而有知觉者	横生性偏
草木	有理而有气,而有形,而有生,而无知觉者	倒生无知觉性,非真性
枯槁之物	有理,有气,有形而无生者	死物无生气性,非真性

朴文镐的观点,虽然受到朱熹的影响,但与朱熹也有所不同。朱熹说:

天之生物,有有血气知觉者,人兽是也;有无血气知觉而但有生气者,草木是也;有生气已绝而但有形质臭味者,枯槁是也。①

朱熹仅从"血气知觉""生"和"形"三个方面思考,但是朴文镐则是由"理""气""形""生"和"知觉"五个面向思考,分析的内容更加细致。在朴文镐的脉络下,原本朱熹考虑中人兽无别的状态,重新被厘清为人兽有"正生"与"横生"的差异,并且还特别说明草木是"倒生"。可见他对"生"的定义,并非是朱熹"生气"的概念,而是指"生"的状态。这里可以看出,朴文镐虽然承袭朱熹的想法,却也形成了自己独特的分析结构。

还有一点需要补充的是,朴文镐对于"心"的看法。他追随朱熹的观点,强调"性者,心之理也。故其为字,从心从生,心与性未尝相离。有心则有性,无心则无性"。因此他主张"草木枯槁皆无心,则其无性"。② 很显然,朴文镐主张"心"是"知觉"而已,被"一元之气所统",心仍然属于气禀的层次,只能说是人的实践主体,却不足以成为人的道德主体。③

---

① 朱熹:《答余方叔》,《晦庵先生朱文公文集》卷五九,朱杰人等主编:《朱子全书》第 23 册,上海:上海古籍出版社,合肥:安徽教育出版社,2002 年,第 2854 页。

② [韩]朴文镐:《人物性分殊图说》,《壶山集》卷四十,韩国中央图书馆藏本,第 31～32 页。

③ 朴文镐以"气"论心,与朱熹的看法一致。关于朱熹之心,仍由气禀所决定,无法成为道德主体之说。参见李明辉:《朱子论恶之根源》,《国际朱子学会议论文集》,台北:"中央研究院"中国文哲所筹备处,1993 年,第 26～30 页。

就这一点来说，朴文镐仍在朱熹和韩元震的观点之下，并没有更多的突破。①

从以上的解说与分析中，可以看见朴文镐根据《系辞》得出“太极之性”；依循《孟子》的观点，说明“赋予之性”；指明告子“生之谓性”的概念，提出“气禀之性”。他继承韩元震思想，具有以下三方面的特点，值得重视。首先，从韩元震到朴文镐的观点，正能凸显出程颐和朱熹论“性”，不仅限于孟子，同时也关注告子，扩大了儒家“性”论的内涵。在这个基础上，韩元震与朴文镐更进一步衍生出“性”论的各种复杂面向。其次，在“赋予之性”的概念中，朴文镐展现出人与物的后天之性，可与先天之理相通的一面。这样的学说，确保了程朱之学工夫论的可行性，但是对“修养工夫”的动力没有清楚的说明。最后，在人、动物、植物与枯槁之物的分类上，朴文镐不仅受到朱熹解释的影响，同时也后出转精，从“理”、“气”、“形”、“生”、“知觉”的理论框架，更完整且全面地对万物之差异性，做出更加细致分析。

三、朴文镐的新说—“习成之性”

朴文镐的性论，还不仅有上述“性三层说”的观点，他在韩元震的架构下，又提出“习成之性”，并且主张这是“性学图”的“骨子所在”。② 这是他独到的见解，并且非常重视这个问题。以下分为三部分讨论。首先，究竟什么是“习成之性”，朴文镐说：

> 此所谓以习为性者也，凡人有生以后，自少至老所习之性也。习于善，则恶者可变为善；习于恶，则善者亦变为恶者也。一身之有，万其殊也，日以或不同，而岁以或有迁者也。六经之中亦颇言此性。其为性也，习与气合而得。然沿其成质之后而观之，则习之为事居多，故谓之习成之性也。③

---

① 杨祖汉曾针对韩元震人性、物性的观点说：“（韩元震）不愿先从天命太极说下来，而要以人心之五常证天道，由此可见人之可贵，应是南塘说人、物性异之用心。但虽有此用心，南塘的立论所依据的……是由于气化而来的差异，并无关于人的自觉努力。这样，亦不能显出人的可贵，及真正异于禽兽之处。”（杨祖汉：《从当代儒学观点看韩国儒学的重要论争》，上海：华东师范大学出版社，2008 年，第 422 页。）

② ［韩］朴文镐：《性学图说》，《壶山集》卷四十，韩国中央图书馆藏本，第 30 页。

③ ［韩］朴文镐：《性学图说》，《壶山集》卷四十，韩国中央图书馆藏本，第 25 页。

朴文镐将此性与“气禀之性”，同归类于“气质之性”中。但是习成之性与气禀之性不同之处，在于习成之性的养成，是气禀经年累月被习惯所浸染之后的结果，是人变善或变恶的转折点。

其次，“习成之性”判定的原则，以及特质为何？朴文镐曾在解释《礼记·乐记》“声音动静，性术之变，尽于此矣”时说：

> 按此编之例，凡遇论气质性处，有习字则属之于习性，余皆属之于气。今此虽无习字，而“性术之变”四字，有制裁变化之意，故取以属之习性云。①

由此可见，“习成之性”是“性”中可以制裁变化之处，这虽然是在气禀之性中，却是人可以挣脱气禀限制的关键。如朴文镐在解释《礼记·王制》“中国夷戎，五方之民，皆有性也，不可推移”时说：

> 按，凡言气皆兼天地之气，此则单指地气，即所谓土性也。〇又按，以气论之，则不可推移，以习论之，则可以变化。②

他接受郑玄“地气”的解说，说明人在禀气上受到“土性”的影响，不可推移。然而若从习性的角度来看，则可以加以变化。既然“习成之性”会影响人的“善”或“恶”，便是“修养工夫”的重心所在。他说：

> 夫太极混囵之中，人物赋与之始，阴阳气禀之初。其为性也，皆无所容人力于其间，惟有一仰于在天之理与气而已。至于习性，然后乃有下手着力处。凡以性为学者，不于此焉从事，而更于何处耶？……吾之所取于此图者，只取其习于善，而至于复性一事而已。夫吾辈生禀中人以下之质，能立志为学，动心忍性，寸除诸恶，铢集众善，以终底于变化气质，而复我本性。此系乎人力之至，而非性与气之责也。③

在朴文镐看来，“习成之性”是人“可以用力之地”，这就是“复性”之重点。然而圣人不用顾虑，唯有中人以下，需要经过气质之性的转化，从小处去恶习善，才能使人不受到气禀的障蔽，进而让“本然之性”朗现。此外，朴文镐说：

> 盖人性虽曰本善，其气禀所拘，习俗所染，不能无此等昏愚之人。人虽昏愚，为先觉者，亦不弃之，常引以推之于中人之中，而为之晓之曰：

① ［韩］朴文镐：《性学辑考》，《壶山集·杂著十》卷五八，韩国中央图书馆藏本，第12页。

② ［韩］朴文镐：《性学辑考》，《壶山集·杂著十》卷五八，韩国中央图书馆藏本，第10～11页。

③ ［韩］朴文镐：《性学图说》，《壶山集》卷四十，韩国中央图书馆藏本，第29～30页。

“汝之性本善，与禽兽之性不同。此自天之赋与之，初而已如是，汝何故乐趋禽兽之域哉？”彼虽昏愚之甚，亦将油然感悟，惕然畏惮，有以回头却步，而冀得免禽兽之归矣。①

最后，中人以下者如何才能产生反省与警惕呢？朴文镐主张需要藉由他人提醒，领悟人与禽兽的差异，进而兴起感悟，戒慎恐惧。这种领悟并非由人之道德主体自发地产生。

至于“习成之性”与前面所述之“性三层论”有什么样的关联？朴文镐曾以“米”为比喻：“太极之性”就如同米被收于仓廪之中，而“赋予之性”则像是仓廪中的米，按照各人的爵秩高下和俸给多寡，分给不同的官吏，则称之为“禄”。“气禀之性”则是班禄当中的米粒，或有大小精粗不同，或是量器不准，或遭雀鼠侵扰，或受吏隶剥削，或遇路上盗贼抢夺，或口袋破洞而漏等等，因此各人所得皆不相同。“习成之性”也就是讨取被抢夺的部分，追回损失的部分，缝补好口袋的漏洞，最后将所得的俸禄，全部运送回家。② 由此可见，朴文镐的重点不在于“米”，而是“米”作为“禄”之用所产生的各种问题。同时在此譬喻之中，性之四层的状态昭然若揭，特别是“习成之性”的工夫论特质，显得更加清晰。

总而言之，朴文镐在韩元震的“性三层说”上，再加入“习成之性”，不仅凸显“变化气质”在工夫论中的重要地位，并且也明确指出用力之地。虽然朴文镐建立起自己的性论体系，然而这并不表示他的学说毫无问题。很显然，朴文镐在他的“性”论中，并没有提到实践的动力来源为何？正如牟宗三先生所说，孔子、孟子以至周敦颐、张载和程颢等人，肯定人具有道德主体，并且藉由逆觉体证的功力，当下就可以体现道德主体，以及给出实践的动力。但是朴文镐对于动力的问题，始终没有加以说明，的确有所欠缺。

四、朴文镐对朱熹异说的厘清

朴文镐强调“性四层说”，那么他如何看待朱熹说法中不一致的情形呢？朱熹在《中庸》首章“天命之谓性”的注释中，强调“人物之生，因各得其所赋之

---

① [韩]朴文镐：《性学辑考》，《壶山集·杂著》卷五八，韩国中央图书馆藏本，第 34～35 页。

② [韩]朴文镐：《性学图说》，《壶山集》卷四十，韩国中央图书馆藏本，第 26 页。

理，以为健顺五常之德”，[①]所强调的是人物具有共同的性理。但是朱熹在注解《孟子集注》“生之谓性”时，则说：“(人物)以理言之，则仁义礼智之禀，岂物之所得而全哉?”[②]所强调的是人为万物之灵，与物性不同。这是主张人物性同的李柬，和人物性异的韩元震发生争论时，各自所根据的文献。朱文镐对此问题的看法则是：

> 主同之家所依以为重，莫如《中庸》首章注；主异之家所依以为重，莫如《孟子》“生之谓性”章注。以此二注迭为宾主，与相辨难，终年阅世而不知止焉。则实无异于宋人之守株，而未免有固滞之病，盍异观于其合二注而再转为晚年《答黄商伯书》乎？又盍观于其三转而为《语类》人物性门僩录乎？[③]

朴文镐认为朱熹在《中庸章句》与《孟子集注》中的说法虽然有异，但是在朱熹晚年时，其弟子黄灏已经提出这个问题，而朱熹也从“万物之一原”与“万物之异体”两个层次回答。在朴文镐看来，前者是“太极之理”、“是万物之所公共也”，后者是“以五常之性而言，是万物之所各具也”。[④] 他主张这是朱熹晚年的第二次转变。至于第三次转变，则是《语类》中沈僩记载朱熹重新解说《答黄商伯书》。朱熹说：

> 曰：“气相近，如知寒暖，识饥饱，好生恶死，趋利避害，人与物都一般。理不同，如蜂蚁之君臣，只是他义上有一点子明；虎狼之父子，只是他仁上有一点子明。其他更推不去。恰似镜子，其他处都暗了，中间只有一两点子光。大凡物事禀得一边重，便占了其他底。如慈爱底人少断制，断制之人多残忍。盖仁多，便遮了义；义多，便遮了那仁。”问：“所以妇人临事多怕，亦是气偏了?”曰：“妇人之仁，只流从爱上去。”[⑤]

朴文镐认为这段话要与《朱子语类》中吕焘所记载的朱熹言论一同参

---

① 朱熹：《四书章句集注·中庸章句》，北京：中华书局，1983年，第17页。

② 朱熹：《四书章句集注·孟子集注》卷十一，北京：中华书局，1983年，第326页。

③ [韩]朴文镐：《考亭人物性考》，《壶山集·杂著十一》卷五九，韩国中央图书馆藏本，第2～3页。

④ [韩]朴文镐：《考亭人物性考》，《壶山集·杂著十一》卷六十，韩国中央图书馆藏本，第8页。

⑤ 黎靖德：《朱子语类》卷四，北京：中华书局，1986年，第57页。

看,[1]其重点在于"体之所异,性亦随而异焉"[2],重点放在"赋予之性"。但是朴文镐特别补充:"又按慈爱以下,又专论人之气质之性,览者查之。"[3]可见此段文字当中,也谈到"气禀之性"。从上述的讨论可知,虽然朱熹的批注内容,的确有所不同,但是朴文镐从时间的角度,将朱熹不同的说法,视为思想前后的转变,弥平了其中的矛盾,同时也解决了朴文镐所担心的"以朱子攻朱子"的情况,将朱熹重新恢复到崇高的地位。

此外,朴文镐厘清朱熹观点的最特别之处,乃是重新检讨主同之家与主异之家的立论根据及其有效性。他主要从朱熹的著作着手,并加以评论:

> 夫朱子之书,如彼期多而要,不出于四等。如《精义》《辑略》之类,是虽经朱子之手辑,实则非其言也。如《语类》则虽曰其言,亦非其所手定也。如《大全》《或问》之类,虽其所自言而手笔者,亦只是一时之事,故或不能无憾于其间。至如经书注,则既就而屡改之,是终身之事也。故经书注不可以初晚论。然则世之论朱子人物性同异说者,舍经书注,且安所取衷哉。[4]

由此可知,朴文镐依照朱熹写作时间的长短,以及是否由朱熹手定这两个标准,将朱熹的著作分为四等:第一是"经书注",第二是《大全》及《或问》,第三则是《语类》,第四是《精义》和《辑略》。但是确认朱熹观点的关键,并不仅在是否用到最重要的经书注,而是能否在这些文献中,找得到根据,并且看见其中解释的层级关系。他说:

> 《语类》《大全》虽本有逊于经书注,然今因论经书注而有此二说,则此二说者,是亦经书注而已。假令以二注为经,则《黄书》当为其注,而倜录又为其疏。三者打成一片,盛水不漏,其宗旨所载有可见矣。……若夫主同之家,则不待《黄书》、倜录,只开卷读"生之谓性",圈下一性已恍

① 黎靖德:《朱子语类》卷五九,北京:中华书局,1986年,第1377页。

② [韩]朴文镐:《考亭人物性考》,《壶山集·杂著》卷六一,韩国中央图书馆藏本,第28页。

③ [韩]朴文镐:《考亭人物性考》,《壶山集·杂著》卷六一,韩国中央图书馆藏本,第3页。

④ [韩]朴文镐:《考亭人物性考》,《壶山集·杂著》卷五九,韩国中央图书馆藏本,第2页。

然无去处，只转身思遁，又何暇安意平心而遍读其诸书乎？[①]

就着厘清朱熹人物性论的文献上，朴文镐认为最重要的是从朱熹对《孟子》"生之谓性"的批注着手，接着则采用《答黄商伯书》和《语类》，类似于《孟子章句》之注与疏。这种滴水不漏的做法，与主同派仅从经书注来说明，更加严谨且有效。

总而言之，从朴文镐对朱熹异论的诠释内容与解决方式中，不仅可以看见他的性论立场，同时对于立论的根据，也有更深一层的反省。这里正反映出 19 世纪韩国儒者朴文镐对朱熹著作的评价，并且也可以看见他的研究方法——利用著述时间顺序的排列，以及经学注疏的基本框架，厘清朱熹说法前后矛盾之处。

五、结　　论

从 18 世纪初韩元震与李柬的"湖洛论争"开始，到朴文镐的时代，已经将近二百年之久。然而到了 19 世纪末，人物性论之异同，仍旧是朴文镐与田愚争论的焦点。相较于田愚对道德主体性——"心"的关注[②]，朴文镐更重视"性"的分析，提出"性四层说"。这不仅是韩元震"性三层论"说的延续，并且朴文镐更强调"习成之性"，藉以凸显修养工夫的重要。他之所以不赞成人物性同，有以下三方面的原因：

其一曰，以气则形不同，以理则性不同，实一串事耳。若曰形则各异而性皆相同，则是理与气之相离而为二也。久矣，形之与性更不相干，而所赋者或非其物之理，岂可乎哉？其二曰，凡物之性使果皆同，其发用之际，必混杂无定。主牛或有为马性，马或有为犬性。而今人考之犬之性，虽或不齐，终不为马性；马之性虽或不齐，终不为牛性。观其发明之不混，则其本之异，岂不甚明乎？其三曰，凡主异者，其意欲人之自贵也。若曰自贵之弊必至于自骄，则其弊视自贱者之入于自陷，又何如也？[③]

---

① [韩]朴文镐：《考亭人物性考》，《壶山集・杂著》卷五九，韩国中央图书馆藏本，第 2～3 页。

② 杨祖汉：《韩儒田艮斋"性为心宰"的道德实践涵义》，潘朝阳主编：《跨文化视域下的儒家伦常》上册，台北：台湾师范大学出版中心，2012 年，第 231～260 页。

③ [韩]朴文镐：《考亭人物性考》，《壶山集・杂著》卷五九，韩国中央图书馆藏本，第 5 页。

首先,从理气关系来看,朴文镐主张"形"关乎"气","性"关乎"理",若人形与物形不同,则两者之"气"不同,其"性""理"亦不同。若是将人性与物性视为相同,则是将"理"与"气"视为互不相干的两部分,不合乎朱熹理气不离的说法。这是说明"赋予之性"的重要性。其次,朴文镐从"发用"的角度思考,观察到犬、牛、马各有其性,所以不同类型的动物,其性各不相同。这里所说明的是物与物之间具有不同的"气禀之性"。最后,朴文镐强调人性与物性的差异,其好处在于使人产生回复本然之性的认知,不会陷溺于自贱。这是修养的功力,是"习成之性"之所以必要的原因。同时在研究观点上,朴文镐强调"由情见性",重视从形而下的经验层面,思考形而上的性理,充分把握程朱之学"体用一源,显微无间"的特点。

朴文镐除了重视性论的层次之外,对于立论的根据也有所反思。他认为若要厘清朱熹说法前后不一致的情况,就需要遍读朱熹著作,并且以朱熹修订时间最长的"经书注"作为基础,同时还要兼顾朱熹自言或手笔的《大全》与《或问》,再加上门人所记的《语录》,如此才能确认朱熹的观点。这正反映出朴文镐严谨且细致的研究态度。

虽然朴文镐的性四层说对于继承和发展朱子学说有所贡献,但是在他的观点中,除了圣人能"循其自然"之外,中人之所以能够"自贵而反其性"的自觉能力,以及下等人由凡入圣的学习动力,皆没有提出明确的说明。因此,朴文镐性论下的"人",仍然无法超脱气禀的决定,成为真正的道德主体。也就是说,朴文镐虽然在思考架构上有所改变,但是在理论上并没有突破朱熹及韩元震所带来的限制。

17世纪朝鲜朱子学的转变

◎ 姜智恩

17世纪被认为是韩国儒学史发生思想转换的年代。朝鲜半岛在1592—1636年这四十余年间，接连遭到日本丰臣秀吉和北方后金政权的4次入侵。在此苦难的时代，经书解释开始出现不同于朱子学解释的异说。学界对于这些新的解释赋予如下述意义：这是一部分的儒者为了度过时代难关，尝试摸索新思想以取代旧有朱子学的一环。

本文认为这种意义赋予20世纪前后的知识人直面国家、民族的危机时，想要从儒学史中找出“近代”思想之萌芽的情况有密切关系。在这样的过程里，他们从17世纪儒者的著作中，导出时人认为有思想——即朱子学——没办法克服现今危险这样的见解。然而尽管20世纪的知识人确实怀抱这样的问题意识，17世纪的儒者是否真的也与他们相同呢？本文对此想要重新确认。

为了确认这件事，有必要考虑17世纪的社会环境让儒者究竟是对朱子学开始抱持怀疑，还是怀抱着更强的使命感去面对朱子学研究？首先有别于朱熹之经书解释的新解释究竟是怎么出现的呢？还有给予注释的作者提出新学说的整个过程究竟是什么样貌？而当时的社会又是如何理解这样的事呢？本文将分析其周遭同辈及政敌的反应，可以得到他们如何认知这件事的某些提示。他们是所谓那些朝着具有权威的思想体系发起挑战的人吗？而这些新学说的提出者，自己是否又以朱子学的批判者自居呢？

儒者生存的年代与20世纪前后的知识人所直面的东亚情势相差甚远，职是之故，从西洋式殖民模式里探求救国方法的近代知识人，与怀抱着以中国为中心之天下意识的朝鲜时代儒者，或以“国”，或以“天下”所确立之志向，自然不会得出同样的东西。然而殖民地时代的韩国知识人在赋予儒者之事业以意义时，或许却忘了朝鲜时代儒者生存的现实环境，以及他们的生存之道。

殖民时代的韩国知识人，以取回作为近代国民国家的韩国之主权为其第一要务。有着这样现实需求的他们，没有足够从容去踏实地思考、去站在过往朝鲜时代儒者的视角省视其穷尽一生所追求为何物？而韩国儒学史整体又有何内涵，在 20 世纪后半出生的我，怎么也无法想象当时的知识人所背负的使命感之重量。尽管本文是探讨韩国儒学史并试图修正其在后来定位的，但也希望学习当时知识人的志向，于 21 世纪的学术界中被赋予部分使命。

一、新的经书解释之出现

虽然朝鲜时代以朱子学为国是，以朱子学的经书解释为科举考试基准，但也存在提出与朱熹注释相异见解的人，他们有不少人因为招来物议，最终被处罚。这些著作异于朱熹注释者的登场及对于他们的牵制或批判的记录，从来都被理解成持有朱子学批判意识的一侧，被朱子学侧弹压的状况。“朱子学侧与反朱子学侧的对立图式”如此被确立。在那样的图式中，17 世纪的儒学史从两个对立的轴被说明——朱子学的深化研究和教条化，对立对朱子学的怀疑和批判。但是本文指出，17 世纪的儒学史应该是在超越这两个对立轴的地平面上所展开的。

一般而言，对于某个对象的研究若到了极为细密的阶段，会产生视野的窄化，或是动则被固定观念所局限，这是一个可能性。但是，在研究之际注意到该思想体系的缺点，将此研究对象客观化，开始能够批判性地认识它，这样的可能性也变得越高。就算是看起来完美无缺的思想体系，如果彻底去追究，它也很有可能从自身浮现破绽。如同后述，17 世纪韩国的朱子学者一边比对朱熹的各种著述，一边研究朱子学，认识到朱熹的学说经历数度变化，更进一步确认在朱熹的复数言说之间，存在不少矛盾。

承上所述，朝鲜时代儒者的研究可能无法断定，绝不可能成为原动力，产生异于朱熹注释的创见，也无法单单认为这些研究只有迈向朱子学教条化一途。无批判地信奉，是因对作为对象的知识还未彻底研究的状况下才容易产生。接着，拥有数百年经书学习历史的朝鲜时代士大夫，只是不断重复朱熹的解释就能获得满足，其中只有尹鑴（1617—1680）、朴世堂（1629—1703）等数人对朱熹注释提倡异见，这是有说服力的解读吗？

朱子学研究的深化和异于朱熹注释的经书解释，两者皆由儒者们的信念所生。如果过去的儒学史研究所描绘的图式脱离了这种信念，就意味着它还有修正的余地。接着，若详细分析朱子学研究的过程及异于朱注之注释诞生过程，应当可以确认前述韩国儒学史对立图式的两个轴之间如何有所关联。

提出异于朱熹注释的见解而招来物议，最后被处罚，尹鑴和朴世堂常被举为代表例。一直以来，从尹鑴和朴世堂的著作及当时对于这两者的反应思想，由以下三个要素构成。

第一，因为他们对朱子学提出异见，所以被攻击是“斯文乱贼”，然后被处罚。

第二，他们出于批判朱子学的意图，促成新的经书解释。

第三，他们的解释和大多数朱子学者的解释，相比之下是着眼点极为不同的东西。

从这些要素出发，“抱持对朱子学的批判意识，执笔新的经书解释，在严格的思想统治的栅栏中，对朱子学掀起反旗。从这件事开始，可以看出近代性意识的萌芽”这样的思想转换。

但是上述三个要素不一定与史实一致。首先，对于第一个要素，如前面所述，1960 年代李丙焘的“呼唤学问的自由，希望脱离旧壳，他们进步且启蒙的态度和思想非常重要且优秀。……在极为严苛的党论中，提倡反对朱子学的异说，实为大胆，或者不能不称许他们这是出于学问良心的一种义愤”[①]，是代表性见解。但是如同后来研究所论证，对两人的处罚至少都由复数原因导致，他们争议性的著作不一定是最主要的原因。此论证已逐渐成为现在学界的通说。

1644 年，尹鑴完成《中庸说》时 28 岁。而完成《大学古本别录》是 1671 年，他 55 岁的时候。这段时间当然不用说，如果这段时间之后，他所属的“南人”党派也执掌政权的话，他大概会继续保持在政界的地位并活跃着，也会出席宫中的经筵（文官对国王讲解经书的读书会）。1680 年，他迈入 64 岁，不久后被贬，接着不久就被赐死。但是尹鑴被赐死后 9 年的 1689 年，“南人”又重掌政权，追封他为领议政。但是以朱子学为国是的朝鲜朝，为什么会追赠“斯

① [韩]李丙焘：《朴西溪和反朱子学的思想》，《大东文化研究》第 3 期，首尔：成均馆大学大东文化研究院，1966 年，第 1 页。

文乱贼"尹鑴为领议政呢？导致被赐死的直接原因，不是因为他是"斯文乱贼"，而是因为他在围绕国丧之礼的议论中和宋时烈(1607—1689)加深了对立。追封之事可以作为当时人也如此想的证据。

朴世堂的状况则是《四书思辨录》，主要在 1680 年代依序写成，其中特别造成物议的《大学思辨录》在 1680 年 52 岁时完成。① 只是这本著作产生问题的时间是 1702 年(朴世堂 74 岁)。② 他在这一年写了李景奭(1595—1671)的神道碑铭。李景奭是 17 世纪初期、中期，仁祖、孝宗、显宗三代，50 年间活跃的名相。他在丙子胡乱(丙子战争)后，负责撰写清朝要求建立的三田渡碑的碑文。但由于碑文内容十分屈辱，受到宋时烈等人的谴责。李景奭死后，朴世堂在他的神道碑铭中，写了许多对宋时烈的批判，刺激了宋时烈门下众人。1703 年，信奉宋时烈的儒生上疏批评神道铭碑和《思辨录》。攻击朴世堂侮辱朱熹，并藉此批判宋时烈。朴世堂的《年谱》记载，这些儒生认为只提神道铭碑恐怕很难使他被处罚，所以将《思辨录》一起取来攻击。因为这件事，朴世堂被剥夺官职，作为罪人，被放逐出城门外。那之后，流放的命令由于门人的辩护上疏而撤回，但是朴世堂在 3 个月后就去世了。

朴世堂去世后的 1704 年和 1710 年，他又再度遭受继承宋时烈的老论派的谴责。当时士大夫家以三年上食为礼俗。三年上食指的是临父母之丧，卒哭(指丧礼中没有定时的哭结束，此后只在朝夕的定时哭丧)之后的 3 年间，朝夕为亡者奉上"餐食"的礼仪。宋时烈留下的《戒子孙文》说，三年上食并非古礼，命子孙不要遵行。这件事情被视为问题。③ 又在建立十代祖尚衷碑石的肃宗八年(1682 年)，宋时烈想要使用清朝的年号康熙之事，也在他死后成为再次被攻击的标靶。因为此见解与宋时烈等人相反，后者在明朝灭亡后仍主张继续使用明朝年号崇祯。老论派位居权力中心时，和宋时烈对立的朴世堂所有发言，被不断重复视为问题。在这样的过程中，他是"斯文乱贼"的印

---

① 《思辨录》的著作年代：《大学》(1680 年，52 岁)、《中庸》(1678 年，59 岁)、《论语》(1688 年，60 岁)、《孟子》(1689 年，61 岁)。之后，又加上《尚书》(1691 年，63 岁)、《毛诗》(1693 年，65 岁开始执笔，未完成)。

② 《朝鲜王朝实录(肃宗实录)》。肃宗二十九年(1703 年)四月二十三日："世堂之有此书，几三十年，搢绅之间，多有闻而之者。而初未闻历诋之言，亦未有请讨之举。今因相臣碑文，遽生恨怒，喧喧鼓扇。"

③ 围绕三年上食的论点，参见李曦载：《朴世堂的儒教仪礼观——以三年上食论争为中心》，《宗教研究》第 46 号，首尔：韩国宗教学会，2007 年。

象逐渐被固定。[①]

接着分析第二个要素。尹鑴和朴世堂出于批判朱子学的意图而完成新的经书解释，如果把他们的著作和构成朱子学核心的理论或方法论拿来对照，分析比较后便能确认。例如他们是否反对朱子学的理气论，他们是否批判“格物致知”“居敬穷理”等方法。第三个要素，他们的解释和大多数朱子学者的解释，相比之下是否着眼点极为不同？

二、问题焦点

尹鑴和朴世堂完成新的注释后，都让师友看过。从后者的回信中，可以看出当时的儒者如何看待与朱熹注释见解相异的著述。

尹鑴完成作为新批注的《读书记》后，曾拿给相同政治党派的前辈许穆(1595—1682)看。许穆读后，如下回复尹鑴：

> 蒙示读书记数篇，多发越动人。非吾希仲，安得有此说话。爱诵三复，胸次爽然。恨所欠者，其见太高，其言太易。高爽有余，而谦约不足；刚勇有余，而谨厚不足。[②]

许穆称赞尹鑴注释有感人的优秀内容，但是说的方式太轻率，谦虚严谨的态度不足是缺点。《读书记》在今日被视为反朱子学，其中含有异于朱熹注释之说。许穆既然反复读过《读书记》3次，应该知道其中异于朱子学的内容，但是他却没有提到“不该改动朱熹注释”之类的话。他并未对研究经书得出新见解这件事有违和感。这么说来，如果尹鑴使用更加谨慎的态度下笔，或许就只会被许穆称赞，而不被指摘了。

朴世堂也将记载了异于朱熹见解的著作，拿给同属于西人党派的好友尹拯(1629—1714)看。尹拯给予他以下的忠告：

> 近观浦翁(赵翼)文字，其用功之笃，可谓至矣。而至于不免异同之处，辄曰不敢自是己见，唯以备一说云云。其致谨又如是。……诚见老兄用力之勤，而其枉费工夫处为可惜。且过于主张，而谓古人为错会者，

---

① 金世奉：《西溪朴世堂的〈大学〉认识和社会回响》(《东洋古典研究》第34辑，首尔：东洋古典学会，2009年)指出，《思辨录》成为问题的根本理由，是因为朴世堂批判宋时烈，使其门人有所动作。

② [韩]许穆：《记言》卷三，《答希仲》，民族文化推进会编：《韩国文集丛刊》第98册，首尔：民族文化推进会，1990年，第43页。

无论言之得失，气象已不好，尤为可惜。[①]

对于强力推出自说并说先人见解有误的朴世堂的态度，尹拯感到违和，朴世堂的说法本身正确与否反倒未讨论。尹拯认为与先人见解相异时，应该要以赵翼的态度为模范。在经书钻研的过程中，的确会有不同的权威，提出自家说法的状况，此事本是不得已。但在那样的状况下，赵翼会保持谦逊的姿态，不说自己的看法正确，只说作为一种说法提出。也就是说，赵翼尽管得到应该获得好评的研究成果，也不会采取以自说为是、先人业绩为非的态度。

但是被称赞是对的态度的赵翼，尽管《朝鲜王朝实录(孝宗实录)》认可他"潜心性理之学"，却同时记载"其所著《书经浅说》《庸学困得》等书中，颇改朱子《章句》，人以此疵之"[②]。也就是说，赵翼也因为写了不同于朱熹见解的注释书，而被某些人非难。与此相对，拥护赵翼者是宋时烈。

对于批判赵翼的声音，宋时烈及其同宗兼政治同志的宋浚吉(1606—1672)说："尹鑴凌侮朱子而自是己说，某爷有疑于心而求质于知者，迥然白黑之不同。"[③]他们藉比较尹鑴和赵翼的态度、意图，以拥护赵翼。如果《孝宗实录》所说属实，赵翼就是一边致力朱子学研究，一边撰写和朱熹不同的经书解释。宋时烈、宋浚吉拥护同一党派的学问前辈赵翼，他们不是用"赵翼未持有违背朱子的见解"的说法辩驳，反而承认他"持有怀疑"这件事，即赵翼提出和朱熹不同见解的这一点，未被视为问题。而且如同前面引用的尹拯书信，赵翼新注释的谦逊写法获得称赞。

因此，从他们的言论可以看出"比起是否提出和朱子不同的见解，提出自说的意图和态度更重要"的想法。朝鲜时代的士大夫不问尹鑴、朴世堂主张之得失，仅以其心可议为理由批判他们。讽刺的是，进入 21 世纪后，同样也不问注释内容实际如何，尹鑴、朴世堂的注释因为勇敢地主张朱熹之说有误，反而被赞扬是带有近代性的知识分子。

之后，宋时烈被批评他不公平地拥护赵翼。听到批判自己的消息后，宋时烈写给赵翼之孙赵持恒以下的信曰：

比因人闻一种论议，则以为尤丈(宋时烈)于镌以改注《中庸》等事，

① [韩]尹拯:《与朴季肯》(辛未四月六日)之附录《论大学格致·孟子井有人章》,《明斋遗稿》首尔:民族文化推进会,1988 年,第 238 页。

② 《朝鲜王朝实录(孝宗实录)》孝宗六年三月十日。

③ [韩]宋时烈:《答赵光甫》(癸亥)附录,《宋子大全》卷七七,民族文化推进会编:《韩国文集丛刊》第 110 册,首尔:民族文化推进会,1988 年,第 528 页。

> 斥绝之既严，至其党与，亦甚痛斥。以是辗转，致有今日之事。浦渚赵相（赵翼），亦于《大学》改注，至曰沉潜三十年，不知朱说之是，愚说之非也。其为说若是，则难免非责，而拒辟之事终不加焉。今于墓道文字，赞扬无余，则鑴之党与见斥者，其可服罪乎。或已撰出，则还推灭去，似无彼此取笑之资云云。……此文若出，必有一场纷纭，以增斯文之厄，不是小事也。再昨招宋炳夏商量，[①]又更审其祖考（宋浚吉）所撰行状。则记先老爷（赵翼）雅言，以为孔子之后集群儒而大成者朱子也，其功多于孟子云云。若于《大学》，果有如言者之说，则其雅言岂有如此之理耶？以故使炳夏搜送刊行文集，则归报以不得，极可叹也。[②]

从上面的文章可以看出关于赵翼的传闻，一个是说他写了和朱熹不同的注释，另一个是他曾说过“不知朱说之是，愚说之非也”。然而宋时烈最在意的，不是赵翼的注释是否与朱熹之说相背，而是他是否说过轻视朱熹的言论。

从以上的例子来看，赵翼、尹鑴、朴世堂的注释，皆被同党派的同伴认为有学术价值。但是根据是否无视朱子学说的权威，态度上是否以自说为是，从同伴获得的评价有所差异。也就是说，欲破坏朱子学权威的不逊态度会被责备，但是提出与朱熹不同解释这件事本身，未被直接排斥。

这种想法并未随着时间变化。朝鲜时代后期的文臣徐滢修[③]（1749—1824）也说，能够认可对朱熹之说提出异见，但是直接指责朱熹有错的方法必须批判：

> 虽以朱子之步步趋趋于程子，如《易》《诗》《语》《孟》，未尝尽遵程说。《大学》《中庸》，宗程尤笃，而订正尤多。……朱子诚不能无误矣。……昔陈大章[④]熟《通鉴》，检得疏谬处，做一辨驳文字，以示其友。其友曰：不消如此，只注其下，云应作如何足矣。宇宙间几部大书，譬如父祖遗训，万一偶误，只好说我当日记得如此。若侃侃辨证，便非立言之体。《通鉴》尚然，况经传笺注乎。[⑤]

---

① 宋炳夏（1646—1697）是宋浚吉之孙，宋时烈门人。

② ［韩］宋时烈：《答赵汝常》附录，《宋子大全》卷一一六，民族文化推进会编：《韩国文集丛刊》第110册，首尔：民族文化推进会，1988年，第148页。

③ 从属西人分出来的少论派。

④ 清朝的陈大章（1659—1727）。

⑤ ［韩］徐滢修：《题毛西河集卷》，《明皋全集》卷十，民族文化推进会编：《韩国文集丛刊》第261册，首尔：民族文化推进会，2001年，第196页。

徐滢修以朱熹对程子态度作为自己议论的依据，他区分以程子学说为优先，和全盘接受程子学说两件事之别。朱熹比什么都尊重程子之说，但是解释经书时并不只限于跟随程说。例如对朱熹思想体系来说，最重要的《大学》《中庸》解释，一边宗于程子之说，一边在许多地方有所修正。徐滢修基于朱熹的做法，认为既然朱熹之说也有需要订正的地方，那么它的订正工作便是正当的。但是强调朱熹的错误，以强行主张自说是不行的。换言之，不是"不能提出异于朱熹的见解"，而是"不能抱持强调朱子之误以提出自说的意图和态度"。

三、"改朱子之注"

对于一本新的著作，作者的师友所关心的，不是其观点是否与朱子相同，而是写作态度。但是就像赵翼被非难大改《章句》一样，以改朱子之注的名目遭受政治攻击的事情时常发生。那么，对于这种攻击的反驳内容为何？还有这些作者真的改了朱熹的注吗？

赵翼写了《大学》注释的《大学困得》，其"诚意章"认为朱熹的注释并未正确解释经文，提出了新的解释。在朱子学中，当把《大学》的内容以知与行归纳的时候，"诚意"作为进入行的第一步，是被重视的条目。因为"欲为这事，是意"[①]，如果在意识萌芽的时候为善去恶，实践也如意识一般能够达成。对于《大学》的"诚意"，朱熹的想法大致从两处注释可以看出。首先是朱熹《大学章句》的经一章的注释[②]，写道："意者，心之所发也。实其心之所发，欲其一于善而无自欺也。"[③]接着，对于《大学》诚意章"所谓诚其意者，毋自欺也。如恶恶臭，如好好色，此之谓自谦"。传六章做以下解说：

> 诚其意者，自修之首也。……自欺云者，知为善以去恶，而心之所发有未实也。……言欲自修者，知为善以去其恶。则当实用其力，而禁止其自欺，使其恶恶则如恶恶臭，好善则如好好色，皆务决去。而求必得

---

① 黎靖德：《朱子语类》卷一六，北京：中华书局，1986年，第542页。

② 《大学》原本是五经之一的《礼记》中的一篇，但是朱熹将《大学》分成经一章和传十章，认为"经"是曾子记录孔子思想的内容，"传"是由曾子门人记录的曾子想法。

③ 朱熹：《大学章句》，朱杰人等主编：《朱子全书》第6册，上海：上海古籍出版社，合肥：安徽教育出版社，2002年，第3～4页。据说朱熹于过世前三日将"一于善"三字改成"无自慊"，唯本文依照通行诸本记为"一于善"。

之，以自快足于己，不可徒苟且以徇外而为人也。[①]

朱熹将“诚意”解释为自我修养的第一阶段。对于《大学》中用来说明“诚意”的“毋自欺”等句，朱熹的理解是，如厌恶恶臭、爱好美色一样，致力为善去恶。而“自谦”的解释则是，应该为了使自己快足而努力，不要以外部标准为标准，为了做给别人看而努力。

对于朱熹的注释，赵翼的问题意识是，在“诚意”这样的自我修养中，“毋自欺”和“自谦”具体而言是何种行为？如同前述，朱熹将“毋自欺”和“自谦”都解释成诚意的修养方法。要言之，努力不要对自己的念头有所欺瞒是“毋自欺”，为了使自己能感到满意而努力是“自谦”。最后作结于努力勿为他人评价而非自我意识为标准的“为人之学”。

对此，赵翼认为《大学》所言诚意的修养方法只有“毋自欺”，“如恶恶臭，如好好色”（即“自谦”）指的是由修养所得到的效果。[②] 从赵翼的想法来看，此章应该这样解释：如果善加修养诚意，便能达到自足的状态。“其恶恶则如恶恶臭，好善则如好好色”非如朱熹所说是修养的方法，“毋自欺”也不是朱熹解释的“不要为了让别人看而做”。所以《大学》传文的内容是按照“毋自欺（努力）”到“自谦（效果）”的顺序排列。朱熹因为先解释自谦，所以依此读出勿自欺的意义。但若如此解释，便和传文的顺序对不上，赵翼的说明如下：

> （朱子）章句谓当实用其力而禁止其自欺，以如好如恶为实用其力之事，以徇外为人为自欺之事。使以如恶如好为在先事，以毋自欺为在后事，以传文先后易置之。此窃恐其未必合于传文本旨也。[③]

之后，赵翼又作了两篇文章：《后说中》（1638 年 7 月）、《后说下》（1653 年 2 月），将自己无法免于提出异于朱熹见解的经过做详细说明。在这两篇文章中，他从朱熹书信中找出可以为己说做旁证的文句，认为《章句》的注只是朱熹的一时见解，定论应该如这些信件所言。他主张自己的见解虽然和《章句》多少有所不同，但是并未改变朱熹的定论。赵翼罗列以朱熹《答张敬夫书》为首的十五通书信，加上《心经附注》和《书杨龟山话后》共 17 篇文章中关于“自欺”的文句，就何者为朱熹的定论，论述如下：

---

① 朱熹：《大学章句》，朱杰人等主编：《朱子全书》第 6 册，上海：上海古籍出版社，合肥：安徽教育出版社，2002 年，第 3～4 页。

② “此章言诚意工夫，只此数句尽矣。而其用功之实，只是毋自欺三字而已，自慊其效验也。”载赵翼：《大学困得》，《浦渚先生遗书》卷一。

③ ［韩］赵翼：《大学困得》，《浦渚先生遗书》卷一，第 15 页。

> 由是观之，则朱子平生所说自欺之语，皆是谓欺其心也，未见其以为人为自欺也。唯独于《大学章句》，以徇外为人释之，及小注一两条谓为为人耳，其言不同如此。且谓为欺心，其平生所说皆然，谓为为人独见，此三两处耳。然则窃恐此所释，乃朱子偶然一时所见，非其平生定论也。后之读者，徒见《章句》所释如此，而不考朱子他时所言，便谓朱子之旨只如此，《大学》本旨只如此。则窃恐其不得为深究朱子之旨者也。区区妄说，虽于《章句》之言有不同，其于朱子平生所言之意，则实吻合。然则谓其异于《章句》则可，谓其异于朱子之旨，则实不然也。[①]

赵翼主张自己的见解尽管可以说异于《章句》，但实际上并未背离朱熹本旨。即他不否认改了朱熹的注这一点，但是强调自己正因为尊重朱子学所以改了注，采取"透过改注使朱子学本来的想法更加明确"的姿态。他将自己的新解释合并在朱子学的思想体系中，在相信能使该体系更加完备的状况下，提出上述说明。从赵翼的文集可以知道，上述主张不是他在腹中批判朱子学之非，却因为害怕他人目光所以做出的辩解。

虽然如此，因为改朱熹之注的理由，著作被焚书处分的情况不是没有。那么，受到焚书等严厉处分的作者，是如何证明自身著作之清白的呢？让我们以崔锡鼎(1646—1715)的《礼记类编》(以下称为《类编》)为例。

《类编》完成于1693年，在1700年和1707年刊行。刊行后，皇帝广赐诸臣，因此读过的人非常多。此书如书名所示，将《礼记》经文从原本的顺序，重新分类进行编辑，各项类别按照朱熹《仪礼经传通解》建立。例如设"家礼"的篇目，其中收纳《曲礼》《少仪》《内则》篇；在"邦国礼"的篇目下，收纳《王制》《月令》《玉藻》篇。将《大学》《中庸》放回《礼记》，以"学礼"的篇目收纳，并视《孝经》为原本属于《礼记》的一部分，将其编入《类编》中。1700年11月的初刊本形式是，先在各卷开头记上简略说明，收录分类编辑的经文，然后在各卷末尾加上附注。[②] 1707年再刊时，将《礼记》经文如同《四书大全》般，按照段落分记，在各段落下方附上南宋陈澔(1260—1341)的《礼记集说》的解说，其下又加上崔锡鼎自己的"附注"。《礼记集说》在《大学》《中庸》的部分未附注释，只记上"朱子章句"四字而已。而崔锡鼎则在《大学》《中庸》部分载录朱熹

---

① [韩]赵翼:《大学困得》,《浦渚先生遗书》卷一,第37页。

② 参照韩国国立中央图书馆所藏本《礼记类编》(记号:일산古1234—24)。

《章句》的注释，并和其他章一样，加上自己的“附注”[①]。

崔锡鼎在序文中提及《类编》的编纂理由及主要方针，要约如下：自秦焚书以来，六经失散，礼乐相关的书物损失尤重。朱熹就《易经》撰写《周易本义》，《诗经》撰写《诗集传》。至于《书经》，则使弟子蔡沈执笔《书集传》；于礼则以《仪礼》为中心，加上其他经书、史书、诸子百家之文，著成《仪礼经传通解》以传世。《仪礼经传通解》从诸多书物，大量引用各式各样的文章，重复处不少，且不属于特定的经。在这样的状况下，内容之庞大，使学习者难得要领。《礼记》虽本是汉儒收集关于礼乐的片段记载并编成的书，但是因为它包含古代圣人言礼之文，从永乐年间(1403—1424)以来就位列五经，不容忽视。只是以朱熹为首的先儒认为《礼记》由汉儒搜集编辑而成，对其文献内容多有怀疑。尽管朱熹有所怀疑，却未曾进行《礼记》的校勘。因此，关于文本的问题很多，笺注者尽管时被怀疑，至今却没有人辟清这些问题，长久以来，学习者皆为此苦恼。崔锡鼎深刻认识到有这么做的必要性，于是立志删定，多次来回修改，终于完成此书。[②]

至于编辑方针，崔锡鼎根据朱熹《仪礼经传通解》建立数个项目，将《礼记》篇章分类，放在每个项目底下。此书取名为《类编》的理由则是，朱熹曾惋惜唐代魏征所作《类礼》未能传世，因此崔锡鼎同样怀着希望《类礼》能有所流传的心情，将本书命名为《类编》。[③]

从上述序文可知，崔锡鼎编纂《类编》的目的如下：

第一，重整散乱的经书。

---

① 参照韩国国立中央图书馆所藏本《礼记类编大全》(记号:한古朝 6—11)。

② [韩]崔锡鼎:《礼记类编序》,《明谷集》卷七，民族文化推进会编:《韩国文集丛刊》第153册，首尔:民族文化推进会，1995年，第563页。“易书诗春秋礼乐，谓之六经，皆道之所寓也。自秦焚书，经籍亡佚，而礼乐尤残缺。汉魏以来，专门训诂，率多迂谬，后学无以识圣人之意。朱夫子身任斯道，羽翼圣言，易有本义，诗书有传，礼有经传通解。于是古经之旨，焕然复明。然《通解》一书，规模甚大，杂取诸经子史而成书。今若取以列于经书，则体既不伦，文多重出，且其卷帙繁委，初学未易领要。《戴记》四十九篇，出于汉儒之搜辑，虽未若四经之纯粹，要之，古圣人言礼之书，独此在耳。又自中朝永乐以来，立之学官，以列于五经，顾恶得以出于汉儒而或轻之哉。特其未经后贤之勘正，编简多错而大义因之不章，笺注多疑而微词以之未阐，学者病之久矣。锡鼎弗揆僭妄，有志删定，累易稿而始就”。又在韩国国立中央图书馆所藏本(记号:한古朝 6—11)中，序文的著成年月是癸酉(1693年)夏四月。

③ [韩]崔锡鼎:《礼记类编序》,《明谷集》卷七，民族文化推进会编:《韩国文集丛刊》第153册，首尔:民族文化推进会，1995年，第563页。“凡五十篇，名之曰《礼记类编》。昔唐魏征撰《类礼》二十卷，朱子有所称述，而惜其不传。名以类编，亦此意也。”

第二，继承朱熹编纂《仪礼经传通解》的意志。

崔锡鼎充分理解朱熹编纂《仪礼经传通解》的旨趣，并担负起这项尽管必须进行却未被进行的工作。即对他而言，《礼记类编》的编纂是自认为继承朱熹之道的表现。

崔锡鼎于1700年(肃宗二十六年，55岁)向肃宗建议进讲《春秋》和《礼记》，且《礼记》讲学使用自撰《礼记类编》，获得许可。[①] 该年11月，王命校书馆刊行《礼记类编》。[②] 然而此书刊行数年后，被视为"求异乎朱子"的著作，开始受到攻击。

宋时烈门人郑澔(1648—1736)写信给同门的权尚夏(1641—1721)，劝他批判崔锡鼎的《礼记类编》以正世道。[③] 权尚夏没有响应此事，但是之后，权尚夏的弟子尹凤九以尹懔等年轻读书人提出公论的形式，写了代理上疏文。[④] 尹懔等人上疏的内幕，其实由宋时烈门下的运作所导致。上疏中他们要求毁去《礼记类编》的版刻，并撤回朝廷进讲之命。[⑤]

崔锡鼎次次上书，以证明自己的清白。他举出先儒李彦迪(1491—1553)和赵翼等人的著作，说他们也曾提出异于朱熹的见解。[⑥] 他指出李彦迪及宋时烈等人拥护的赵翼都没有完全根据朱熹解释，控诉说自己的著作和两人一样，非"求异乎朱子"。

真正切断攻防保险丝的是，1709年1月同副承旨李观命(1661—1733)的上疏，内容如下：

> 今伏闻有以《礼记类编》，刊进于中宸，将欲参讲于法筵。臣取考其说，则求异乎朱子者，固不可毛举。而至若《庸》《学》，朱子自谓，一生精

① 参照《朝鲜王朝实录(肃宗实录)》肃宗二十六年(1700年)十月四日。

② [韩]崔锡鼎:《新印礼记类编序》,《明谷集》卷八，民族文化推进会编:《韩国文集丛刊》第153册，首尔:民族文化推进会，1995年，第569页。从本序可知，此书经由肃宗之命，由校书馆铸字刊行。当时崔锡鼎的官位是判敦宁府事(职司王族亲族事务的敦宁府，正一品官)。

③ [韩]郑澔:《与遂庵书》,《丈岩集》卷十，民族文化推进会编:《韩国文集丛刊》第157册，首尔:民族文化推进会，1995年，第226页。及同书《答遂庵书》，第227页。

④ [韩]尹凤九:《代四学儒生尹懔等办崔锡鼎礼记类编疏(己丑)》,《屏溪集》卷六，民族文化推进会编:《韩国文集丛刊》第204册，首尔:民族文化推进会，1998年，第128页。

⑤ 《肃宗实录》肃宗三十五年(1709年)三月十二日:"四学儒生尹懔等四十余人，上疏请亟将新刊类编，毁去其板子，仍收法筵参讲之命。"

⑥ [韩]崔锡鼎:《屏溪集》卷二十，《因学儒尹懔疏陈情辞职疏》，民族文化推进会编:《韩国文集丛刊》第204册，首尔:民族文化推进会，1998年，第262页。

力，尽在此书。微辞奥旨，阐明无憾，则此岂后人所可容议者。而《大学》第四章，揽而合之于第三章，而统之曰，右释止于至善，而去其释本末一章。《中庸》第二十八九章之正文，割截句语，釽裂数行，移东而入西，缴下而就上。至于“费隐”一章，义理最深，章句所解，至矣尽矣。而今其附注二条，显有所信本旨底意。且程子之表出《庸》《学》，意非偶然。而今此《类编》为名，不过分类便览之书。则其为体段，亦非经书之比，乃复还编《庸》《学》于其中，使先贤表章之本意，暗昧而不明。……既命刊行，又将参讲，则四方闻之，必以轻信异言，妄疑于殿下，诚非细故也。古人有言：“经文一字之误，流血千里。”①

李观命说崔锡鼎“求异乎朱子者，固不可毛举”，客观来看真的能说服人吗?

首先，让我们看一下他主张的第一个问题——合并《大学》的第三章和第四章为一章。崔锡鼎按照朱熹《大学章句》顺序记录经文，同时也记上朱熹的注。也就是他并未将朱熹分成第三章和第四章的两章合并，也未主张以上是第三章。所以“将《大学》第四章并入第三章”的李观命指控并不成立。

那么为何李观命有此批判？那是因为朱熹在第三章末写有“右传之三章，释止于至善”，在第四章末写有“右传之四章，释本末”。崔锡鼎则将朱熹的“释止于至善”一句移到第四章末。由于这个部分没有其他说明，只是抄录朱熹原文而已。崔锡鼎这么做的理由并不清楚，但是可以推测，崔锡鼎可能认为第三章的说明是一直延续到第四章的。如果是这样，便能解释为什么朱熹标记第三章关于“止于至善”，第四章关于“本末”，但是崔锡鼎却把第三、四章共同当作关于“止于至善”的文句解释。也因为如此，李观命批判他将第四章并入第三章。

然而，若看后面的第五章，崔锡鼎虽然把朱熹的格物补传（第五章）用比《大学》本文低一格的形式抄录，仍一句一句附上附注，也就是结构上将其视为经文对待，且附上“以上朱子补亡，所谓窃取程子之意以补之者也”的附注，将朱熹所作的补亡文章明确地升格成第五章的格物传。崔锡鼎同意“《大学》

---

① 《朝鲜王朝实录(肃宗实录)》肃宗三十五年(1709年)一月十八日。当时，李观命的官位是同副承旨(职司出纳王命的行政机关承政院，正三品官)。

是体现学习者修学顺序之书”的朱熹想法[①]，基于此，他以充实八条目的形式增添解释。又他移动了《礼记》诸篇的经文以进行编辑，但是对于《大学》《中庸》两章，却都是直接抄录章句内容，没有变动。

再让我们看李观命主张的第二个问题，即崔锡鼎割裂、移动《中庸》第二十八章到二十九章的内容。据《中庸章句》，第二十八章为“子曰：‘愚而好自用，贱而好自专，生乎今之世，反古之道。如此者，灾及其身者也。’非天子不议礼，不制度，不考文。今天下车同轨，书同文，行同伦。虽有其位，苟无其德，不敢作礼乐焉；虽有其德，苟无其位，亦不敢作礼乐焉。子曰：‘吾说夏礼，杞不足征也。吾学殷礼，有宋存焉。吾学周礼，今用之。吾从周。’”一见可知，此章中“子曰”有两处。然后第二十九章没有“子曰”，直接从“王天下有三重焉，其寡过矣乎”开始。一般而言，“子曰”放在章首较为自然。因此，一章内有两个“子曰”的第二十八章及没有“子曰”的第二十九章，无疑需要注释者的说明。

对此，朱熹《中庸章句》认为第二十八章的结构，第一个“子曰”孔子之言的引用，接着是子思的评论，而第二个的“子曰”是再次引用孔子之言。崔锡鼎则视第二个“子曰”为次章（第二十九章）的开始，又说原本二十九章开头的“王天下有三重焉。其寡过矣乎”一句，“王天下有三重焉”应该要移到“非天子不议礼，不制度，不考文”之前，而“其寡过矣乎”则留在原处，接续“吾学周礼，今用之。吾从周”的句子。他引用《章句》收录的吕大临注“三重谓议礼、制度、考文”，表示移动上述七字的想法不是自己恣意妄为。也就是崔锡鼎的行为，不是“因为朱子之注有误，所以改动它”，而是从《章句》的注获得根据，使其更加精细的结果。

从吕氏注释如何得出与朱熹《章句》不同的结果？以下试着类推：《中庸》第二十八章的正文有两个“子曰”，同时，接续的第二十九章开头没有“子曰”。承此，当然需要说明。朱熹《章句》并未变更章的分隔，但是在第二十九章的注释却用了吕氏之注，吕注表示第二十九章的“三重”指的是第二十八章的“议礼、制度、考文”。崔锡鼎以此为根据，与吕氏注之趣旨呼应，将二十九章的“三重”部分，移到第二十八章的“议礼、制度、考文”之前。尽管这与朱熹的分章相异，却不一定背离朱熹的意思。因为朱熹自己虽然赞同吕氏注，却没

---

① 崔锡鼎引用《大学》编目开头的朱熹《大学章句序》：“《大学》之书，古之大学所以教人之法。”和《章句》：“古人为学次第者，独赖此篇之存，而论孟次之。”

有移动正文。因此可以解释为，崔锡鼎读取此意后，将其实行。这是朱熹如果还在世或许也会进行的工作。

李观命主张的第三个问题又是如何？附在《中庸》“费隐”章的两条崔锡鼎“附注”，明显意图主张自己认为的“费隐”章宗旨，并非朱熹宗旨吗？“费隐”章从“君子之道费而隐”开始，即“君子之道谁都知道、谁都可以做，同时却有圣人也做不到的地方”这样的内容。此章的崔锡鼎“附注”被批判的句子是“见《经说》[①]及《辑略》[②]，似与《章句》所解有异”[③]。还有一个是对《章句》引用的侯诗圣（河东侯氏，程颐弟子）注的批判。前者指的是在《河南程氏经说》和《中庸辑略》中，程氏从“常道”（《河南程氏经说》）和“日用”（《中庸辑略》）的角度解释“费”字，但是《中庸章句》以“范围之广”解释，所以程子和朱子的解释并不一致。此外，崔锡鼎“附注”被批判的第二处，指称朱熹《中庸章句》引用的河东侯氏的说法不当。崔锡鼎在此使用的方法是从《朱子语类》直接引用与侯说相反的内容，最后再加上“此一条见朱子语类”一句结尾。也就是他不是以自说对朱熹《章句》提倡异见，而是使用朱熹的话语（即《朱子语类》），对朱熹的解释提出异议。因此，崔锡鼎的注释虽然改了朱熹之注，但因为提出朱熹的文句作为根据，无法确定他是否“求异乎朱子”。

李观命主张的第四个问题是将《大学》《中庸》放回《礼记》的做法，违反了先贤将此两篇提出作为独立书籍的本意。的确，《礼记类编》将朱子学中俨然成为四书之两轴的《大学》、《中庸》放回《礼记》，并以“学礼”的篇目收纳，又说《孝经》实际上是戴记的一篇而将其编入《礼记类编》。但是朱熹的《仪礼经传通解》也在“学礼”的项目收入《大学》《中庸》，《礼记类编》只是根据它的编排。崔锡鼎后来的上疏文实际上也如此反驳。再者，关于编入《孝经》之事。考虑到朱熹屡说“《孝经》是后人缀缉”“据此书，只是前面一段是当时曾子闻于孔子者，后面皆是后人缀缉而成”[④]等言，我们也无法确定崔锡鼎是否就因此“求异乎朱子”。

---

① 《河南程氏经说·中庸解》，《二程集》，北京：中华书局，1981 年。

② 《中庸辑略》是南宋石𡼖（1128—1182）编集，朱熹删订的书。从程子开始，收集诸家关于《中庸》的说法。最初的书名是《中庸集解》，删订后改名《中庸辑略》。参照石𡼖编，朱熹删订，罗佐之校点：《中庸辑略》，《儒藏精华编》第 104 册，北京：北京大学出版社，2007 年，第 5～6 页。该当处之程子之注，见第 30 页。

③ 《礼记类编》卷十一，癸酉（1693 年）夏四月刊本，韩国国立中央图书馆所藏，第 55 页。

④ 黎靖德：《朱子语类》卷八二，北京：中华书局，1986 年，第 2827 页。

以上讨论可以看出，虽然崔锡鼎的“附注”与《章句》的朱熹注有时见解不同，但是无法说是“求异乎朱子”，即从客观立场来看，实在很难同意李观命的批判。实际上，对于李观命的上疏，肃宗直接批示：“至于新刊《礼记类编》，予已翻阅矣。此岂可与《思辨录》，比而论之乎？其所为言，用意至深。噫！《类编》序文中有曰，其规模义例，悉仿朱子《通解》，而一言一句，不敢妄有所删削。”[①]将上疏驳回。肃宗应是在全部确认过李观命主张的基础上，将批判之声驳回。只是肃宗重视的是“仿效朱子”的作者意思，各个注释实际上是否异于朱熹，这件事本身并未被当成问题。

崔锡鼎呈上疏文，逐一反驳李观命的批评。他举例反驳，先儒李彦迪也曾著书改订朱熹《大学章句》，李珥（1536—1584）却给予很高的评价，这是因为两人都笃信朱子。接着又仔细说明，《礼记类编》的样式是根据朱熹《仪礼经传通解》而来，其他的编辑方针也全依据朱熹说过的话。[②] 但是环绕着《礼记类编》的议论仍日益扩大，不仅官僚争相上疏，[③]连成均馆和四学[④]的儒生都集体上疏，骚动无法平息。[⑤] 结果，最后如同李观命上疏文的要求，已经发出的《礼记类编》被回收焚烧，毁去此书之版本的要求也被许可，执行的命令下达后才终于完结此事。[⑥]

《礼记类编》被焚烧处分的真正理由，先行研究已经论证。这是老论派出于政治目的，要攻击被肃宗所信任的崔锡鼎，所以才利用《礼记类编》[⑦]。那么《礼记类编》是否真的改了朱子的注呢？这个问题的回答是“改了”。但是作者崔锡鼎并不认为“改了”这件事本身是问题，因为他确信自己的学问皆以朱熹的文句为基础。他的周遭也有抱持同样认识的人，就见解异于朱熹这一点批判他的人，只有出于政治目的批判他的一派而已。

---

① 《肃宗实录》肃宗三十五年（1709年）一月十八日。

② 《肃宗实录》肃宗三十五年（1709年）一月二十一日。

③ 《肃宗实录》肃宗三十五年（1709年）二月一日。

④ 四学，即设立于首尔之中央、东、南、西、北的四所官学。朝鲜王朝第三代国王的太宗十一年（1411年）设立，持续至第二十六代的高宗三十一年（1894年）。朝鲜朝初期原本也设有北学，但后来关闭。此外官学还有首尔的成均馆，地方乡校等。

⑤ 《肃宗实录》肃宗三十五年（1709年）二月十四日。

⑥ 《肃宗实录》肃宗三十六年（1710年）三月十三日。

⑦ 参照梁基正：《礼记类编的编刊、毁版及火书研究》，首尔：成均馆大学修士论文，2011年，第82～84页。

四、异见提出者的自我认同

那么改朱熹之注者或未持政治目的的儒者的问题关心，其中是否有包含对朱子学的问题意识？如果他们对朱子学持有批判意识，并基于此想改动朱熹的经书解释，他们的自我认同便可以说是“朱子学批判者”。他们提出异于朱熹的见解时，自我认识为何？

赵翼被非难“大改朱子《章句》”，因为有宋时烈的庇护，尽管受到对立党派批判也得免于祸，但是赵翼果真可以说是以超越朱子学的新思想为目标吗？而且提出异于朱熹的注释是此目标的一环？

赵翼任职直提学的1624年（仁祖二年），向仁祖献上《大学困得》《论语浅说》。[①] 1646年（仁祖二十四年）献上改订版的《大学困得》，以备为世子（后之孝宗）讲学，同时他也建议仁祖一读。[②] 孝宗即位之年，再度奉上《大学困得》《论语浅说》之际，举出自己和他人都认为异于朱熹解释的《大学》诚意章的注，说明自己对这一章的解说，是藉由平生思索所得到的结果。[③] 在朱子学作为官学的背景下，如果《大学困得》以批判朱子为目的执笔，那么赵翼可以像这样，自负于书中改动朱熹注释的诚意章，认为是自己平生思索的结果吗？况且还可以这么积极地劝国王一读吗？这么说，赵翼本人应该只视这部“大改朱子《章句》”的著作为经书研究的成果，不带有朱子学批判的问题关心。

被说是改了朱熹的注，著作被烧毁的崔锡鼎又是如何？他曾对朱子学持有怀疑吗？崔锡鼎曾经写信给因为信奉阳明学而被批判的好友郑齐斗（1649—1736），书信内容如下：

> 士仰（郑齐斗的字）足下，顷年因士友闲，得闻足下主阳明之学，于心窃惑焉。昨岁拜玄石丈（朴世采）坡山，玄丈忧足下之迷溺于异学而不知

---

① ［韩］赵翼：《进大学困得论语浅说疏》，《浦渚集》卷二，民族文化推进会编：《韩国文集丛刊》第85册，首尔：民族文化推进会，1988年，第45页。此上疏文于甲子年（1624年）进呈。

② ［韩］赵翼：《进大学困得疏》，《浦渚集》卷五，民族文化推进会编：《韩国文集丛刊》第85册，首尔：民族文化推进会，1988年，第92页。丙戌年（1646年，仁祖二十四年）作。

③ ［韩］赵翼：《进庸学困得疏》，《浦渚集》卷六，民族文化推进会编：《韩国文集丛刊》第85册，首尔：民族文化推进会，1988年，第107页。“为善之功，必以诚实为要。此诚意工夫是也。臣之说此章，尤是平生极意思索而得之者也”。此疏未记录年月，但从内容可以推测是孝宗即位年的秋或冬天。孝宗于1649年5月即位，但记有“春奉《论》《孟》于世子。世子即位，欲奉《庸》《学》，唯手边无草本，持故乡之写本再写以进上，足费时”。

返。……夫天下之理一也，苟理之所在，则固未可以人而轻重。然古人论学之旨，莫要于《大学》，而朱子训义，至明且备。阳明子乃斥以支离决裂，出新义于程朱之表，而其言语文字，具载遗集及《传习录》中。其论说之偏正，学术之醇疵，诚有可得而言者。则足下之信而好之如此者，无乃信其不当信而好其不当好也耶。仆年十三，读《大学》及《或问》，厥后盖尝屡读而精研矣。中闲见张溪谷（张维，1587—1638）文字，赞叹阳明之学，不一而足。于是遂求阳明文集、语录而读之。乍看诚有起诣新奇可以惊人处，既而反复而读之，博极而求之，则徒见其辞语妙畅，文章辨博，而学问蹊径，率皆颠倒眩乱。非但背驰于朱子，将与孔曾相传之旨，一南一北。有不容于无辨者，遂妄者辨学一说，思欲与同志者讲确而未能也。①

这封信写于 1692 年，也是可以窥探崔锡鼎快完成《礼记类编》时想法的材料。在此我们可以看出，他改动朱熹的注，撰写《礼记类编》时，是一位坚定相信朱子学道理的朱子学者。换言之，崔锡鼎正因为是位比什么都尊重朱熹经书解释本意的朱子学者，所以才改动朱熹的注。

这位经书解释与朱熹相异，被批评改朱注者，不仅未持有反朱子学的意图，甚至还表现出对朱子学道理的确信。承此，实在很难同意“他期望克服朱子学，所以改朱熹之注”的说法。

连带来看，当崔锡鼎《礼记类编》因为改朱注而引起全国性的议论时，不属于出于政治目的攻击他的群体的人，对于《礼记类编》是否背离朱子学这个问题抱有兴趣吗？

这个“事件”发生之际，和崔锡鼎同属少论的尹拯这么说道：“崔相（崔锡鼎）虽以晦（李彦迪）、栗（李珥）两先生自解，而既不免异于朱子。则砭者之锋，安能免也。只当安受而已，不必较也。”②

如同前述，崔锡鼎举李彦迪改朱熹《大学章句》却受到李珥高度评价为例，诉说自己著作的正当性。但是尹拯认为崔锡鼎没有必要那样反驳，就此承认攻击者的言论就好。因为崔锡鼎著作包含异于朱熹的见解是事实，对方

① ［韩］崔锡鼎：《与郑士仰书（壬申）》，《明谷集》卷一三，民族文化推进会编：《韩国文集丛刊》第 153 册，首尔：民族文化推进会，1995 年，第 120 页。壬申年为 1692 年。

② ［韩］崔锡鼎：《答罗显道（九月十二日）》，《明谷集》卷一五，民族文化推进会编：《韩国文集丛刊》第 153 册，首尔：民族文化推进会，1995 年，第 358 页。

以事实为理由攻击，回避不了。从尹拯的话，看不出持有异于朱熹的见解或表现该种见解本身很严重的想法。

此外，不是所有宋时烈门下的人都参加了追讨崔锡鼎的活动。权尚夏从同门的郑澔处收到两封劝他攻击崔锡鼎《礼记类编》的书信，仍没有动作，就算被宋时烈门下的人大加责备，直到最后也未曾涉足。①

《礼记类编》尽管受焚毁的处分，但刊行本早已分送到南边的全罗道、庆尚道等地域，在儒者社会中流传，被广泛地阅读。② 其中有一部分被藏在家里，免于焚毁，之后为《礼记》研究者屡屡引用。焚书数十年后，成海应(1760—1839)以"崔氏锡鼎《礼记类编·深衣篇》附注曰"的形式引用了崔锡鼎的"附注"。③ 成海应研究《礼记》深衣篇之际，从汉代郑玄注、唐代孔颖达疏到清代朱彝尊的《经义考》引用说法，不但网罗中国之说，同时还加上崔锡鼎的"附注"，作为《礼记》的先行研究参考。

另外，政治党派从属少论的崔锡鼎所著《礼记类编》受到严重处分，对此，从属南人的李万敷(1664—1732)如下说道：

> 其书苟有不是处，则为崔相之友者论辩之可也，本不关朝廷之是非。老论以此为击去崔相把柄，岂非党论所使乎？④

乍看之下，李万敷似乎是从南人的政治立场，批判老论的朱子学原理主义。李万敷15岁的时候，因为父亲李沃(1641—1698)被处以流放之刑，他很早就不得不放弃官场之路。导致流放的直接原因没有其他，就是因为李沃曾主张对老论领袖宋时烈处以极刑。⑤ 或许正因为有这样的父亲，李万敷才特别嫌恶老论及其朱子学原理主义。但是只从这一点说明上面引文并不充分。

李万敷和曹夏畴、李淑、李潜等好友时常进行学术讨论。让我们看一下

---

① 权尚夏门人成晚征(1659—1711)之《秋潭先生文集》卷五,《答韩仁夫(己丑)》,民族文化推进会编:《韩国文集丛刊》续第52册,首尔:韩国古典翻译院,2008年,第533页。"《礼记类编》出后,师门独无明斥之举,不但众人疑之,相知如攀桂,亦以书责之"。

② [韩]崔昌大:《先考议政府领议政府君行状》,《昆仑集》卷一九,民族文化推进会编:《韩国文集丛刊》第183册,首尔:民族文化推进会,1997年,第358页。"庚辰,具疏投进。上命校书馆印布正文,其后玉堂权尚游、尹趾仁请下两南,并注疏印进,学士大夫皆印藏而赏"。

③ [韩]成海应:《深衣考》,《研经斋全集》外集卷一五,民族文化推进会编:《韩国文集丛刊》第276册,首尔:民族文化推进会,2001年,第37页。

④ [韩]李万敷:《露阴山房续录》,《息山集》卷一二,民族文化推进会编:《韩国文集丛刊》第178册,首尔:民族文化推进会,1998年,第283页。

⑤ 参照《肃宗实录》肃宗四年四月、五年三月记事。

记录其讨论的“中原讲义”。① 曹夏畴批评朱熹的《大学》注释“杂乱烦琐”，主张“宋季学者，趋末无实，岂非朱子启之乎”。李万敷回道：“此乃后人自流之弊，岂朱子所启也?”并且他在结尾处断言道：“澄叔（李溆的字）尝言，曹兄有思而不学之病。以此数说观之，其病不但止于不学而已也。”又李万敷在其他文章提到曹夏畴时，说：“君叙公以弟为中毒于程朱，程朱之道，大中至正，本无毒可中人。然如果为所中，岂不幸甚。”②

从两人的讨论中至少能看出，他们一人严厉批判朱熹经学解释带来的弊害，另一人坚定地相信朱子学的正确。如果以过去韩国儒学史上的对立图式来区分，上记曹夏畴是嫌恶与老论派绑在一起的朱子学派，所以进行朱子学批判的一边，而李万敷则会是朱子学派那一边。但是如此一来，批判围剿崔锡鼎的老论派李万敷，和积极维护朱子学、被视为程朱学中毒的李万敷，很难说是同一个人。

五、结　　语

以上讨论显示，17 世纪被说改了朱子之注的经书解释，至少在著述之际，看不出这些作者持有对朱子学的怀疑与批判意识。又对于持有和朱子学不同学说者未严格看待的人，却对不认同朱子学贡献的好友发言做严厉的批判。这么看来，分为拥护朱子学侧和批判朱子学侧，如此说明韩国儒学史有其困难。

那么冒着得到改朱注之“罪”的风险，撰写异于朱熹见解的经书注释的人，实际上是抱持什么想法呢？接着，他们不仅把著作给亲友过目，甚至献给国王，是为了什么？

这恐怕出自于“作为道统继承者必须完成此任务”的认识。当时在东亚普遍的想法是自称中华的根据来自圣人的存在，继承作为圣人文言的经书，正是中华道统后继者的责任。如果是道统的后继者，不会任经书处于散乱不明的状态。对于继承朱子学式道统的朝鲜时代的儒者，中华继承的实质就是担负起朱熹在未完状态遗留下来的责任，确定经书意涵和整理经书。但不是谁都可以继承朱熹、肩负这样的任务。如果做得不好，会被人说是“侮辱朱

① 《中原讲义》卷一二，第 270 页。

② 《中原讲义》卷五，《与李仲渊》，第 134 页。

子""改朱子之注",甚至是"斯文乱贼"等,提供攻击材料给政治对手。只要是士大夫社会的成员不认可"你是朱子的后继者,拥有进行朱子学后续工作的资格",或是自己无法强力主张"我是朱子的后继者,拥有进行朱子学后续工作的资格",自任承继朱熹之迹者,就有可能如上述般被问罪。接着,他们还不能不证明自己的创见能够使朱子学体系更加完备。朝鲜时代的儒者正因为怀抱着这样的抱负,才冒着政治上的危险也要完成朱熹未完的工作,同时也为了确认自己是道统的嫡流,努力想完成该责任。